家庭心动力

青少年成长的原点与突破

马宏伟
封文波
著

河北出版传媒集团
河北教育出版社

图书在版编目（CIP）数据

家庭心动力：青少年成长的原点与突破/马宏伟，封文波著.—石家庄：河北教育出版社，2023.2
ISBN 978-7-5545-7064-7

Ⅰ.①家… Ⅱ.①马…②封… Ⅲ.①家庭教育－研究－中国 Ⅳ.① G78

中国版本图书馆 CIP 数据核字 (2022) 第 080216 号

书　　名	家庭心动力：青少年成长的原点与突破
	JIATING XINDONGLI: QINGSHAONIAN CHENGZHANG DE YUANDIAN YU TUPO
作　　者	马宏伟　封文波

责任编辑	孙雪松
装帧设计	李关栋
运营总监	李　静
出版发行	河北出版传媒集团
	河北教育出版社 http://www.hbep.com
	（石家庄市联盟路 705 号，050061）
印　　制	石家庄众旺彩印有限公司
开　　本	710毫米×1000毫米　1/16
印　　张	29.5
字　　数	468千字
版　　次	2023年2月第1版
印　　次	2023年2月第1次印刷
书　　号	ISBN 978-7-5545-7064-7
定　　价	98.00元

版权所有　侵权必究

推荐序一

三位一体，助力家庭教育实践

我用一周的时间，仔细阅读了马宏伟博士和封文波教授联袂完成的心血之作《家庭心动力：青少年成长的原点与突破》，看完之后，深深感动，深感佩服，深受启发。

青少年健康成长，是全社会关注和重视的议题。其中，家庭教育质量是最关键的影响因素，这已经是人们的共识。相关文献、书籍和著述早已不计其数。但是，一直以来，中国缺少对家庭实际状况全面研究的第一手资料，更缺少结合研究数据，针对性阐述理论观念的著作。

《家庭心动力：青少年成长的原点与突破》这本新书，具有理论基础扎实、调查数据丰富、案例分析到位的突出特点，可谓三位一体，助力家庭教育实践。

该书缘起石家庄市心理学会组织专业人员进行的家庭教育调研，旨在具体把握家庭心理文化建设的实际状况。作者团队做了非常认真的调研设计，数据样本覆盖几乎所有类型的家庭群体，样本量超过千人，除了问卷调查，还有26个完整家庭参加了访谈。这样全面调查所得数据，可信度很高，成果推广性很强，具有很强的说服力。

比如：数据显示，重组家庭的青少年心理脚本分数显著高于单胎核心家庭，这不仅提示不同家庭结构下青少年心理脚本差异显著，更揭示出重组家庭青少年面对各种情境时，可能会表现出更加灵活多变的心理应对脚本，社会适应能力增强的特点。

再比如：数据表明，家庭中父母照顾祖辈和自己的青少年，心理脚本分数显著高于只有母亲照顾祖辈和自己的青少年，这证明了功能完整的家庭和角色发挥充分的父母，能够给青少年提供完整的心理支持。

该书在数据调查的同时，搜集了丰富、详实的相关书籍和文献，对家庭形态、家庭文化、家庭基本结构、家庭功能、家庭角色等相关概念做了认真的梳理和说明，文字简洁易懂，结构清晰合理，对后续理解家庭心理干预过程有极大的帮助。作者应用客体关系、依恋理论、分离个体化等探讨家庭文化与家庭关系等对于青少年成长的影响时，结合具体咨询实例，针对性非常高，逻辑性强，语言生动。让读者更容易学习和掌握多种咨询干预技能。

最后，我印象深刻并极为赞同的是作者阐述"家庭心动力"的基本态度和出发点。作者反对用"问题孩子"与"问题家庭"这样的词语，因为那会"抹杀了孩子与家庭的完整性与天性"，并暗示"家庭成为孩子问题的制造单位或者是问题制造者"。家庭，是孩子终生发展的出发地，也是永远获得理解、关爱、支持的心灵港湾，尤其是在遇到困难和挑战的时候。但是，家庭、家长、亲密关系等并不是完美的存在。家庭教育总会遇到各种问题，我们一起努力去面对和解决，就会对青少年的成长有帮助。

感谢本书作者们做出的所有努力，你们的专业态度、辛苦付出，一定会让社会、家庭和青少年受益良多。

刘丹博士
原清华大学学生心理发展指导中心副主任
中国社会心理学会婚姻与家庭心理学专委会副主任委员
德国德中心理治疗研究院副主席
2022 年 8 月 31 日，北京双清苑

推荐序二

构建青少年成长的"新"原点
从家庭心动力开始!

　　成长,一般指长大、长成成人,也泛指事物走向成熟、摆脱稚嫩的过程。青少年成长的过程就是自身不断发展变化,身心日渐成熟稳重的过程。青少年的成长过程也是不断解决心理矛盾促进个人成长的过程。

　　心理学研究认为,个体的成长是一种系统性的、永恒的、目标指向的、累加性的、组织化的变化,个体的成长是一种进步,是遗传与环境相互作用的结果。在青少年的成长过程中,父母作为他们成长的重要他人,家庭环境特别是家庭心理文化环境作为他们成长的重要环境,在青少年的成长中起着至关重要的作用。家庭关系特别是夫妻关系、亲子关系、兄弟姐妹关系等,作为重要关系不断与个体进行交互作用,促进个体在解决问题中得到不断成长。可见,家庭环境、家庭文化、家庭关系成为促进青少年成长的关键要件。良好的家庭环境、家庭文化、家庭关系对于青少年的健康成长起到促进作用,反之,则会诱发青少年心理问题甚至心理疾病。在教育评价方式改革、教育"双减""家校合作共育"等多元政策背景下,防范青少年成长危机,促进青少年健康成长,培养身心健康建设者和接班人成为新时代社会发展的重要问题。

　　毋庸讳言,由于日趋激烈的教育竞争和日渐焦虑的家庭环境,加之持续随机而来的疫情,改变了学习环境、教学方式、学习方式、人际关系和沟通方式,也带来了青少年此消彼长的成长危机,引发了全社会对教育问题的高度关注和青少年心理健康的关注;毋庸讳言,在繁纷复杂、新旧杂陈的家庭教育观念中，传统与现代、东方与西方观念的碰撞没有一息停止，对家庭在青少年成长中作用机制的讨论与争论绵绵不休、莫衷一是，导致家庭在青少年成长中发力出现了"错位""越位""不到位"等诸多误区。探寻影响青少年成长的原点与突破点就成为家庭建设与心理健康教育中双重关注的焦点。

一直以来，国内外理论研究者始终笔耕不辍，不断探索影响着青少年成长的因素，不断发现制约青少年成长的要素；同时，国内外实践工作者深耕细作，不断挖掘促进青少年成长的"基因图谱"，不断尝试促进青少年成长的"千金良方"。以宏伟博士、文波教授为首的石家庄市心理学会的各位同人就是其中的代表者，他们通过系统的文献梳理、广泛的扎根调研、扎实的咨询实践、系统的材料整合，从家庭系统视角出发，在充分吸收和借鉴中国传统文化基础上运用现代心理咨询理论与技术，完成了《家庭心动力：青少年成长的原点与突破》这样一部既可当作一般读物又可当作案例分享、既可作为学习资料又可用作参考文献、既可当作调查问卷又可视为编写范本、既可当作理论研究又可被应用于实践探索的著作，"一箭多雕""一专多能"地找到了制约青少年发展痛点和启动青少年发展支点。

实践知识理论化、理论知识实践化是本书的一大特色。《家庭心动力：青少年成长的原点与突破》坚持"理论指导+操作性示范"的研究思路与写作范式，从青少年成长的原点——家庭；安全感与价值感的原点——亲密关系；青少年成长的原点——分离个体化；家庭教育的原点——家庭关系、亲密关系、亲子关系。著作从原点即困顿之点的现实问题切入，应用客体关系、依恋等心理学理论强化问题解决的理论指导，运用共情、澄清、面质、赋能和催眠暗示咨询干预技术示范催化问题解决的实践操作，为学习者和实践者提供理论支持和操作示范，双向提升读者的理论、实践知识与能力。

多种方法的融合运用大大提高了该著作的科学性、可读性和实用性，能够满足读者多元需求。该著作综合采用文献法、调查法、个案法等多种方法，帮助读者梳理了系统的家庭形态、家庭文化、家庭关系理论，进而探索家庭关系中的影响因素，为调查研究、个案研究和实践干预奠定了坚实的理论基础，也层层递进地带领读者从理论视域进入实践操作的范畴；2273份问卷以量化研究的鲜活数据展示和剖析了当代中国的家庭结构和形态、家庭地位、原生家庭冲突、家庭权力斗争、亲子依恋和分离、互动以及心理图式、代际传承等家庭形态、家庭教育、家庭关系等现实形态，不仅理据齐整地揭示了青少年成长与家庭的因果关系，而且为读者的研究提供了可资借鉴的数据支撑；32个典型个案访谈不仅深度揭示和印证了青少年成长的原点与突破原点的理论，而且充分满足了读者通过案例教学提升专业能力的求知需求。

　　"心"动力串联了"心"珍珠形成了"心"建构。围绕家庭心理文化建设和青少年发展双主线，聚焦家庭与青少年发展交互作用，作者用心去耕耘，凝结团队的"心动力"，发现了制约青少年心理发展的"心"原点——家庭关系、亲密关系和亲子关系，并以实现青少年心理发展"心"原点为突破点，建构了家庭形态、家庭文化、亲密关系、亲子关系新样态，实现了超越家庭，结出了"家"是青少年发展的"心"动力的硕果。

　　真实调查、真实访谈、真实干预，一切都是真实的存在、真实的发生、真实的因循，大大提高了阅读中的浸润感和学习中的参与感；一个个似曾相识又不相同的个案、一次次从初见到尾声的访谈、干预，在其中体悟了共情、感受了不同、体察了咨询的魅力、感悟了自己的差距，让读者在共通基础上产生别有洞天之感；发问卷易编问卷难，采数据容易处理难，该书一个个调查数据和一个个可以信手拈来的问卷，大大提升了该书的工具性价值；创新是永恒的，当我们读惯了一本书只有很少新内容时，《家庭心动力：青少年成长的原点与突破》让我们顿感焕然一新，从形式到内容带给我们"新"感受，令我们体味到了独创带给我们的快乐。

宏伟博士和文波教授扎实的传统文化积淀、深厚的心理学理论与咨询实战素养、博览群书积蓄的精准文字功底，不仅充分保证了该书的理论价值和应用价值，而且贯穿始终的中华传统文化洗染读者的心田。更值得赞赏的是心理学会的两位"大家长"，他们不仅以身示范成就着良好的职业榜样，而且忠实地履行着"家长"的责任——带领着一群孩子——心理学会的专业会员们一起建设这个大家庭：她们全部是心理咨询师。有中小学心理教师或班主任，有高校心理咨询与辅导专职教师，还有正在读书的心理学研究生。这群年龄相差十几、二十几岁的兄弟姐妹们在心理学会这个大家庭里呈现了家庭形态的多样性，其功能、角色与地位也呈现了丰富的差异性；呈现了家庭文化中的分工、情感与冲突——干劲很充沛，理念、方法与思路则不断地发生着"较量"——读者更喜欢哪个？哪个案例怎么写更有趣味性？亲密关系与亲子关系的依恋与分离也在课题组大家庭中发生着，有人喜欢文波教授性格的随性，也有人喜欢宏伟博士专业的强势，甚至有人把问题提出来想看看这两位家长如何"干架"……他们上演着心理学这个大家庭的心动力，上演着心理学成长者与成就者的原点与突破，也上演着"服务于人，成长于己"的心动力。

心动更要行动，推进家庭心理文化建设，构建青少年成长的"新"原点从家庭心动力开始！

刘毅玮博士

河北师范大学教师教育学院原院长、教授、博士生导师

自序

点燃心动力

《家庭心动力：青少年成长的原点与突破》是石家庄市心理学会的专家团队集体奉献给家长朋友、中小学班主任、心理咨询师和心理健康教育工作者们的一份珍贵礼物。这是一系列真实而丰富的家庭互动案例分析，尤其本书最后一章呈现了一个完整的青少年成长干预案例，针对案例应用客体关系、依恋等心理学理论，围绕核心概念——分离个体化，笔者重墨探讨了家庭背景，包括家庭形态、文化与关系等对于青少年成长的支持或限制，也梳理了咨询干预技能——共情、澄清、面质、赋能和催眠暗示对于青少年成长的作用。

阅读本书可以有多个维度：当作一般读物，看一个人成长的故事；当作案例，看如何分析个案；当作学习资料，看怎样旁观一个家庭；当作参考文献，看家庭形态与关系，看家庭角色分工与地位，以及看一个人怎样挣扎着长成今天的样子；当作调查问卷，看针对家庭的结构形态、地位、权力冲突、依恋与分离、代际传承等多项内容的调查研究结果；当作理论研究与实践探索，看一个个艰涩的名词概念怎样被应用于实践；当作编写范本，看作者怎样把一堆复杂无序的资料整理成有点特色、有点内涵的读物；除了以上种种，还可以当作励志读本，看一群心理学工作者、高级心理咨询师或者专家，如何在保持个性的同时成就共性，成就为民众服务的一份真心。

"诗书传家远，耕读继世长"，也有人写作"诗书传家远，耕读济世长"，读书和济世是中国世代相传的家庭教育理念。而《大学》所说

《修身齐家治国平天下》也将修身、齐家与治国、平天下并列于儒家君子济世、担当天下的思想。如果说修身起自青少年家庭教育的话，齐家则可以视为家庭教育的高级目标——让家庭的每一个成员都成长为与君子圣贤思想行动看"齐"的社会人，用现代心理学的话讲就是把圣贤思想内化在每一个家庭成员的内心，成为一个紧靠时代背景、有远大理想的社会人。需要说明的是，这里所说的"圣贤"，是一个超越了物欲、消除了自我中心的人。

时代发展到21世纪，家庭教育与青少年成长成为这个社会剧烈变革、经济高速发展时代的新话题：没有一个家庭不重视，没有一个家庭不在意，没有一个家庭不焦虑。单看写给青少年和家长的书就知道，有多少人把焦点凝集在青少年成长与家庭教育之上，可以说是百花齐放、百家争鸣，也可以说繁星点点、夜满星繁，还可以说是八仙过海、各显其能。大部分著作读来令人赏心悦目、醍醐灌顶，或者豁然开朗，或甘之如饴。当然，也有的是鸣则鸣矣，读后却让人耳鸣目障，有声音，却障了听觉之神——那个能知能觉的心灵。也有的设计雷人、惊人眼目，读来味同嚼蜡，皆因在营销上下的功夫着实超过了内容本身。这障人耳目的功夫，更加剧了青少年成长与家庭教育之难。

姑且举一个例子。相信大家都听说过"每一个问题孩子的背后都有一个问题家庭"，更相信大家深以为然。因为专家都这样讲，因为老师也这样讲，因为多数宣传媒体都这样讲……混乱之下，如有病乱投医，于是把问题青少年成长与家庭教育的责任全施加给了家长，仿佛家长是孩子一切问题的根源。殊不知，这是比当代家庭教育和青少年成长更大的问题，因为把问题归结到家长身上或者家庭教育身上，似乎暂时摘除了为人师者的责任，却也给学校教育增加了新的困难——把家长从家校合作的伙伴变成了制造问题的对手，而家长在有失偏颇的非良性认知之下不得已戴上制造孩子问题的大帽子，继而表面应和师者的"科学"优秀，实则连同攻击性转移到孩子身上，送还老师们一个更加不好管理的学生——接受了父母被老师批评甚至是羞辱之后裹挟着羞耻感的尊重。如此之下，老师原来只需要教好孩子就可以了，而现在却需要连同家长一起教——教会家长怎样配合学校教学，还要教会家长怎样教孩子、孩子怎样尊重父母……

为什么呢？因为"问题孩子"与"问题家庭"这一说法抹杀了孩子与家庭的完整性与天性。问题孩子，显然指的是出了问题的孩子、携带着问题久难教化的孩子，"问题"成为孩子的标签，成为长在孩子身体里的骨刺一般刚强难化，而家庭自然就成为孩子问题的制造单位或者是问题制造者。孩子，不再是孩子，而是成为掩盖在"问题"之下的被贬低对象，他们被归为异类，是问题携带者，他们的主观能动性、创造性、自主性被"问题"二字压迫得消失殆尽。

客观地讲，这些孩子不是"问题孩子"，是"遇到了问题的孩子"，是"遇到了问题"且缺少解决办法的孩子，而他们的家长也"遇到了问题"，遇到了孩子遇到的同样的问题，但又束手无策，这个"束手无策"成了家长的新"问题"。与此问题相仿，教师也"遇到了问题"，遇到了学生遇到的困难问题不知所以，寻根求源发现家长也如孩子一般被"问题"所困，还自认为家长拥有同样的"问题"，以为家长是问题之源。但凡以为家长是学生问题之源的教师，多数深陷不知其所以然的怪圈之中，只是一叶障目、掩耳盗铃地以为斩断了责任链，似乎学生的问题、责任与己无关，却并无妙计破局。然而真正的师者、智者，不会囿于"问题"，会以"问题"为索引，按图索骥、顺藤摸瓜，将"问题"看作一封求救的"鸡毛信"，去探索、发现学生与家长的困局所在，如此，才是解惑的师者。不能解惑，何以为师？

《家庭心动力：青少年成长的原点与突破》锁定了青少年成长与家庭教育的核心。

一、原点之说

家庭是青少年成长的原点，也是困局频生的场域；亲密关系是人生安全感与价值感的原点，同样是纠缠难解的冲突所在；分离个体化是青少年成长的原点，也是分离创伤的原发地。也就是说，家庭教育的困局，在于亲子关系、亲密关系，以及夫妻关系不良或受困。

换个角度说，家庭教育的原点，在亲子关系；亲子关系的原点，在亲密关系；亲密关系的原点，在心理是否健康、人格是否完整。如此，围绕着"关系"链入手，就确定了青少年成长和家庭教育的"原点"，也便锚定了突破的切入点。

这个原点，不是一个实在的点，而是一个象征。它可以大到无外，也可以小到无内，还可以无限大的同时无限小。这样一个看似悖论的思想恰恰有如家庭情感纠缠的"无理可说"，爱死你，也恨死你，爱恨情仇，相爱相杀。

这个原点又似太极图，居于旋转的黑白相间之处，黑中有白，白中有黑，黑即是白，白即是黑，黑依白显，白依黑明。这类似于家庭之爱，多一分成为压力，少一分转成忽视，给这个多一点，成为偏心眼，给那个多一点，又生成不公平。找到原点，便是突破困局，便是恢复活力，便是恢复平衡。

二、突破之意

所谓突破，即是把纠缠不清的两个或多个力量分别找到各自应去的处所，各安其命，各安其心，各归其位，各归其所，不在"问题"里打转转，既有心理上的解惑，也有方法上的灵活，还有关系上的涵容与情感上的信任、温暖与依托，更有思想层面的新意、接纳与空间。所谓"天地位焉，万物育焉"是也，而不知其位或无位可归，是纠缠、纠结的核心。因此，使家庭成员"知位"乃至归位，"致中和"是目标，知"中"知"和"为前提或手段。"致其知"是教师或心理工作者的任务，知其然、知其所以然是解惑过程与目标，"中"便是意满心诚、心悦诚服，"和"是欢乐和谐满堂欢的结果。

《大学》第四章借《诗》云，"穆穆"周文王的"於缉熙敬止"，并借此延展不同角色的思想与行为标准："为人君，止于仁；为人臣，止于敬；为人子，止于孝；为人父，止于慈；与国人交，止于信。"需要指出的是，"为人子，止于孝"与"为人父，止于慈"的"父慈子孝"被冠以"封建落后"的标签之后，人们失去了父子关系的准则。我们姑且把"父慈"解释为"父母带有慈爱抱持的滋养与边界护持"，把这个力量沿来路返还回去便是"孝"——向父母认同，内化了父母对待自己的方式与体验，也认同了父母对待祖先的方式，成为父母那个样子，亲子关系便回归了天道伦常，一切自然如此，"亲亲之杀、尊贤之等"便成为人际关系的内在模板，"仁、敬、孝、慈、信"便成为人生成长过程中所依止遵循的内在标准。如何用现代心理学的思想来解释"仁、敬、孝、慈、信"是另外一个课题，本文不加赘述。

这个突破，便是回归原点。

还有一些突破的说法，来自系统式家庭治疗和结构式家庭治疗。系统式家庭治疗，大意是说每个人生活在各自的不同系统之中，系统中一个元素变化，其他元素便受之影响而变，问题是这样造成的，疗愈也是这样发生的。而结构式家庭治疗，则说一家三口形成的等边三角形是较为健康的关系模式，任意一边拉长或缩短，都会改变家庭人际结构。比如，儿子跟母亲过于亲密必然会将父亲拒之千里，儿子照顾母亲过多也必然会侵犯父亲的责任与义务。所以，回归各自的位置，才是这个家庭的稳定结构。

成书过程中，我们希望在结构与思路上有所突破：一是顺序上由远及近，先看到家庭整体概貌，再具体到个体人物受家庭影响的细节；二是范围上由全而聚焦，从文献资料看普遍性，到从问卷与个案研究看群体环境，再聚焦到个体内在关系发展；三是结构上由总而分、再分而总，总说理论研究与现状调查，分说家庭形态、家庭文化，具体到家庭关系，到个体自我成长与超越，再集中到一个个体上具体说每个部分；四是程序上由普遍性到个体性，从查阅文献到设计问卷，再到个案调查研究与个案分析，逐层深入；五是内容上从理论到实践，各个章节均强调文献研究，也都有具体的文献分析与调查问卷的研究分析，做好了个案分析的理论铺垫，最后体现在一个完整个案的分析上，将理论研究与实践应用结合起来，方便读者自学与对照研究。

阅读本书如同接近、深入了解一个人的过程，按照由远及近、进而深入的常规顺序展开，比较符合大众人际交往的程式。先从初入家庭写起，介绍家庭形态、家庭文化等概貌，就像了解一个人的背景因素一样，再看家庭的基本结构、功能、角色、地位与分工、情感和冲突，继而深入探索家庭关系，重点研究原生家庭与亲密的实质，去发现父母亲密关系对青少年的影响，接着分析依恋、分离个体化程度，看互动影响，转而探索家庭关系中的影响因素。最后，综合看父母的教养方式，看榜样的作用，看怎样的干预是有效的，最终帮助青少年完成对家庭和自我的超越，完成自我重构。

三、心动力之想

显然，取名"心动力"自然着重于"心"——心理、心力、心念、心愿，也有心情、心智、心态、心量之意，它既是青少年成长与家庭教育的有效手段、最佳工具，也是核心目标、动力源泉，还是降心魔、化心结、开心窗、安心境的方法艺术。著作团队把心思用在"青少年成长与家庭教育"的操作层面，可以说是"用心"甚深。此名有三解：心·动力；心动·力；心动力。

（一）心·动力。心为总持，把握生命本质，也是觉之所在。一念起，力量升腾。自构思要调研全市家庭教育现状那一刻起，创作团队就在琢磨我们能为家长和青少年做点什么，为什么做，怎么做，以及怎么做得好、做得巧。做什么和为什么做，是为了对得起心理学工作者这个职业身份和社会所需；怎么做得好、做得巧，是为了不让读者骂街，守护他们善意的良知。假设在此基础上能够对家庭教育有所裨益，解少许青少年成长之惑，也算对得起创作团队的初心了。

全书共八章，为方便读者使用，设计成两个单本。前七章为理论研究，犹如北斗七星，步步为营；第八章为案例分析，以一个案例统合前七章理论成果，独立成册，具有故事性和可读性。其中：

第一章为家庭形态，从家庭结构、家庭功能、家庭角色、家庭地位到不同家庭形态下青少年的心理发展等五节进行分类阐述，从文献分析到问卷调查再到个案研究，犹如进了大院，看到了庭院结构、门庭、厢房尽收眼底。

第二章为家庭文化，从家庭分工、家庭情感、家庭冲突和不同家庭文化下的青少年四节进行讲解分析。本章好似进了正室厅堂，看到了家庭人员关系的粗略形貌。

第三章为亲密关系，重点呈现原生家庭、亲密的实质与父母亲密关系对青少年的影响。本章开始聚焦青少年成长及其父母的亲密关系状况，开始仔细端详家庭中青少年的两位最重要他人的相处模式，以及青少年成长与父母亲密关系的关联和纠葛。

第四章为亲子关系，从依恋、分离个体化、亲子互动和亲子关系的理想模型等几个部分解析家庭核心关系。这部分更细化，聚焦于亲子关系，从青少年的客体关系依恋二元关系到三元关系，乃至彼此间的互动，深入个体生活的细节，此时开始审视青少年本身，以及父母对他的直接影响。

第五章为家教因素，以子女的视角看待父母对他的家庭教育的影响，重点总结了不同家庭形态下的家庭教育、不同家庭文化下的家庭教育、亲密关系以及亲子关系对家庭教育的影响。本章好像一个话外音、一个旁白，呈现个体生活的时代环境与心理研究背景。

第六章为家教效能，以父母的视角梳理父母的言行举止对孩子的教育效果，从父母的角度来说明系统家庭教育的影响作用，包括育儿观的演变，父母的教养方式、榜样作用，最后落脚到家庭教育的干预效能。本章再次回溯家长的育儿观念与教养方式，意在帮助有心的家长对照、反思、觉察、调整家庭教育理念和方式，遇到问题及时止损，调整航向。

第七章为超越家庭，从代际传承到心理辅导与干预，以及青少年的自我重构三个方面，描述了青少年突破家庭教育的困局、实现自我重构、走向整合的过程。从个人发展的角度来说，是一个青少年开始带着较为完整、稳固的自我功能走向成熟，我们会隐约看到一个挺起身子、昂起头、迈着坚定的步伐走向未来的青少年！

第八章为家庭干预，用一个被授权加以修改的真实案例，向大家呈现了一个从原生家庭中成长起来的青少年。案例中既按照本书的成书结构对当事人的家庭形态、文化与关系进行了探索，也对母女关系的依恋、亲密与互动进行了分析与介绍,加入了咨询师的干预,以及咨询师干预的依据与自我分析,可供专业人员和家长讨论、借鉴。

最终形成的八章,可以总结成一个顺口溜:

初入家庭看形态,

文化关系见存在,

效能影响因和果,

分离成长助英才。

这个顺口溜既涵盖了本书的核心内容,也标定了心理健康教育、心理咨询与治疗乃至家庭教育的核心目标:培养身心合一、知行合一、家国合一的健康人才。

为了方便阅读与交流,我们结合本章节的内容,给章节中的主要故事制作了家谱图,梳理一个当事人家庭结构的概貌,可以帮助我们更清晰地理解故事中的人际关系、相互影响的因素与深刻程度。最后,每章末预留了一张空白图,供读者结合家庭情况绘出自己的家谱图,思考自己家庭成员关系影响的走向,清晰自己性格、行为冥冥之中的影响动力,以期保留或调整某种影响因素,完善自我。

(二)心动·力。毫无疑问,心动,自然是生力无穷。既然起了要为家庭教育和青少年做点事的心,动了这个念,那创作的思想也便喷涌而出。

为了让内容读起来既丰富、又有新意和亮点,本书采用了多种研究方法并举的策略:文献分析法,介绍近期前人研究的概貌,以交代工作背景,方便读者比较、溯源;问卷调查法,用问卷星在网络上随机发放2273份问卷(青少年填答976份,成年人填答1297份),了解家庭结构和形态、家庭地位、原生家庭冲突、家庭权力斗争、亲子依恋和分离、互动以及心理图式、代际传承等内容;个案访谈法,从问卷中挑选出32个典型个案（访谈对象涉及23名成人和9名青少年）进行电话或面对面访谈，依次从家庭形态、家庭教育、家庭关系、未成年家庭成员、家庭发展等主题予以回答；个案分析法，选择了一对母女的三次访谈内容作为分析对象，并依据本书章节顺序从家庭形态、家庭文化、亲密关系、亲子关系、影响因素、发展效能和超越家庭等方向进行分析，从防御机制、客体关系、依恋模式、分离个体化等方面进行深度解说。

各章内容既自成体系，又与其他章节内容互为补充、相互照应。每章节如散落在各处的珍珠，体现独立性、个性化和多样化，而最后成书似将所有珍珠串成一条精美的项链——用一个案例完整呈现家庭形态、家庭文化、亲密关系、亲子关系、家庭教育干预以及超越家庭等内容，既是一次梳理归纳，又是一个深化与延展。每个部分既可以独立参详，又可以与其他章节或方法相互补充，任由读者择取。

（三）心动力。有了心，便有了动力；心动了，便催生了力量，最后整合成为"心动力"——一个完整的、完善的、完满的力量，演变成为全新的生命、活力四射的生命、常用常新的生命、灵动不昧的生命。《大学》里说"大学之道，在明明德，在亲民，在止于至善"，那个"亲民"多解释为"亲近爱抚（或关爱）民众""亲自治理民众"之意，而《康诰》"作新民"与汤之盘铭的"苟日新，日日新，又日新"给了一个"新"意：如果那个"明明德"可以解释为"行动上彰明人的光明本性"的话，那么"亲民"则可以解释为个体民众"心灵上的日有所新"，意为天地宇宙人生常变常新、无一时刻停留的运动本质，即"非常道"，识得此道，即是悟道。顺便臆断一下，"止于至善"则可以解释为达到"无善无恶心之体"之非对待的纯善境界了。

如此，心动力，便是超越了欲望的纯粹、圣洁、隽永、深邃，也是朴实无华的真诚与真实。于人，自然是"亲民"，自然可以"明明德"，自然可以止于慈孝、止于敬信、止于仁德。用于青少年的成长，便是树立了一个生命的榜样、一个成长的目标、一个未来成就的境界；用于家庭教育，自然是父慈子孝、夫妇相随。

在这样的初心萌动之下，怀揣着对青少年成长与家庭教育的关切与祝福，封文波教授的研究生苏颖、贺世杰、张琳琳、徐子珍、赵鑫、张越、吴浩、张帆等人搜索并查阅了大量的文献后整理成文，并参与了问卷设计与调查，一众同学态度热情、谦虚踏实、工作严谨。贺世杰、苏颖更是其中的佼佼者，贺世杰承担了大量数据处理与统计分析工作，苏颖完成前期任务后又细致认真地参与后期统稿的文献审核、注释核对、文本校对等大量工作，本书的最终成稿蕴含着他们辛勤的劳动和汗水。

后期的统稿审定工作，有赖于各章主创人员的通力合作，他们除了参与开始的整体构思、阶段性任务的落实以及最终的统稿任务，带领并协调小组完成文献、问卷、访谈等工作之外，更重要的是完整经历了这次战略思想的提升，学习到集团军作战如何统一思想、如何保持全局观念、如何步调一致、如何保持各自的战斗优势，还学习到如何控制自我中心，如何补足自己的短板、提升专业素养与水平。如此，才能把自己的专业能力与创作激情提升到"为家长写本能看、想看的图书""为孩子们说几句中听的话""为同行们做一个清晰的专业汇报"的层面。

本书创作团队由石家庄市心理学会会长马宏伟博士、副会长封文波教授联袂指挥。封文波教授任学术总指挥，全程把握专业方向，他创造性地把一个青少年成长和家庭教育的主题，用摄影技术构思出来：用长焦镜头拍远景，看家庭，看文化，看关系；用短焦镜头甚至是微距拍近景，看亲密关系，看亲子关系，看干预影响与效能。他领衔设计了本次课题研究的整体框架，参与了每一个章节的创作、修正、增删、校对与定稿。本书稿主创人员均为学会专业会员、大中小学心理健康教育骨干、专业心理咨询师，6人具有硕、博士学位。具体分工为：第一章"家庭形态"（刘瑞芳）、第二章"家庭文化"（焦俊娟）、第三章"家庭关系：亲密关系"（张艳）、第四章"家庭关系：亲子关系"（孙建欣）、第五章"家教因素"（李丹萍）、第六章"家教效能"（耿书兰）、第七章"超越家庭"（许晓玮）、第八章"家庭干预：心动力的唤醒与燃起"（马宏伟）。为了方便阅读，我们把前七章"调查与理论研究"等内容列为第一部分，而把第八章专业操作的"分析与家庭干预"作为第二部分单列。

本书涉及32个案例，全部获得当事人同意授权并做了保密处理，参与案例讨论与分析的人员全部签署了保密协议。

在心灵的大海遨游，人类总会发现自己的渺小。本书创作团队在成书过程中发现了自己很多不足与缺欠，难免见拙于同行和读者，恳请各位批评指正！

最后，感谢石家庄市社会科学界联合会给予项目的扶持，感谢河北教育出版社的领导和编辑为本书出版所做的努力。

目 录

第一章　家庭形态 …………………………………………………001
　　第一节　家庭结构 ………………………………………004
　　第二节　家庭功能 ………………………………………017
　　第三节　家庭角色 ………………………………………028
　　第四节　家庭地位 ………………………………………039
　　第五节　不同家庭形态下青少年的心理发展 …………049

第二章　家庭文化 …………………………………………………061
　　第一节　家庭分工 ………………………………………063
　　第二节　家庭情感 ………………………………………074
　　第三节　家庭冲突 ………………………………………088
　　第四节　不同家庭文化下的青少年 ……………………102

第三章　家庭关系：亲密关系 ……………………………………111
　　第一节　亲密关系的原生家庭影响 ……………………113
　　第二节　亲密关系 ………………………………………124
　　第三节　父母亲密关系与青少年心理成长 ……………142

第四章　家庭关系：亲子关系 ……………………………………151
　　第一节　亲子依恋 ………………………………………154
　　第二节　分离个体化与自我 ……………………………167

第三节　亲子互动 …… 176
第五章　家教因素 …… 195
　　第一节　不同家庭形态下的家庭教育 …… 198
　　第二节　家庭文化对家庭教育的影响 …… 216
　　第三节　家庭关系与家庭教育 …… 228
第六章　家教效能 …… 237
　　第一节　育儿观 …… 240
　　第二节　父母教养方式 …… 250
　　第三节　榜样示范作用 …… 262
　　第四节　家庭教育的干预效能 …… 269
第七章　超越家庭 …… 277
　　第一节　代际传承 …… 280
　　第二节　家庭心理系统的干预与辅导 …… 292
　　第三节　自我整合超越原生家庭 …… 311
第八章　家庭干预：心动力的唤醒与燃起 …… 323
　　第一节　基本框架 …… 325
　　第二节　分析干预 …… 360

附录
　　调查问卷 …… 422
　　被调查者情况分布 …… 441

后记：绵延不绝的心动力 …… 442

第一章
家庭形态
famil

电视剧《父母爱情》中出生农村的男主角——军官江德福，从单恋资本家小姐安杰，到彼此相爱，再到结婚成家，然后一个个孩子出生。随着其妹江德华从老家来帮助照顾孩子，家庭人员增加，家庭形态发生变化，家人互动变得多元，家庭人际关系不断延展深化。

江德福、安杰夫妇加上5个子女组成的核心家庭，关系波动且平衡地承接着经济、繁衍、抚养、教育、情感等诸多家庭功能，居住地选择、工作安排等家庭重大决策多受江德福左右，子女教育等多受安杰主导，二人家庭作用不同，地位大体平等，对家庭的存续发展都不可或缺。辅线故事中，老丁与原配王秀娥有四个儿子，原配去世后，老丁与江德华再婚，生下女儿小样，建立了重组家庭，大儿子、二儿子、三儿子均在老家生活，小儿子四样、女儿小样和他们夫妇一起生活，江德华既是亲妈又是继母，任劳任怨地照顾一家四口的生活，只在家庭日常事务中有一定话语权，与老丁的关系明显处于弱势。老丁突然离世后，儿子们提出将老丁的骨灰送回老家与原配合葬，德华难过却又无力反对，是侄女江亚菲替她出面，才表达出她的真实意愿。

家庭是社会的细胞，新家庭的产生主要来自配偶结合。基于婚姻关系、孩子抚养、老人赡养等共同生活的家庭成员的不同，会形成不同类型的家庭结构，如核心家庭、主干家庭或联合家庭等。新家庭组建后会启动系列家庭功能，如生育、情感抚慰、子女抚养和教育、赡养老人等，成员的家庭角色不断发展变化，家庭地位也会在动态平衡中趋于稳定。《父母爱情》围绕主人公的恋爱、婚姻、家庭变迁、姑嫂关系、子女成长、退休等人生事件的推进，全面深刻地诠释了各种家庭形态的形成、发展、变迁。

当今社会，科技创新尤其互联网文明飞速发展，促进了社会分工细化，大型、固化的家庭结构，被一点点撕裂开，组成一个个的小核心家庭，传统家庭功能不断萎缩，比如生育功能的节制，教育、赡养等一部分功能转由社会承担，大家族父权和以男性为主的家庭角色发生很大变化，内部成员的家庭地位也在悄然变化中颠覆传统。

电视剧《大宅门》中，二奶奶临危受命，努力维持这个大家族几十年直到七十大寿。但大家族不可能一直不分家，原来的发展轨迹被打破，每个小家甚至每个家庭成员都会有不同的生活选择，分家后每个人也更明确自己的家庭角色及应承担的责任。

家庭是个体生活的原点，是起点，是立足点，也是终点。家庭形态包含家庭结构、家庭功能、家庭角色和家庭地位等要素，反映了一个家庭的客观生活状态。家庭是个体心理发展的源泉，心理成长的两个核心——认知图式和心理脚本是个体在家庭形态基础上建构出来的精神模型。深入全面地理解一个人，首先需要解读他所生存的家庭形态的存在方式和特点。

第一节　家庭结构

电视剧《家有儿女》讲述了一个重组家庭的故事，男主人公夏东海离婚后带着7岁的儿子夏雨归国，并与国内长大的女儿夏雪团聚，后又与离异的刘梅结婚，刘梅带有一子刘星。剧中既有继父母与继子女之间的矛盾冲突，又有不同年龄段青少年的成长问题，家庭结构复杂却关系分明，家庭成员因婚姻或血缘关系彼此产生了连接，既展示了家庭成员之间的日常互动，又呈现了孩子们与同伴和亲友间的社会交往，一幕幕故事让观众对家庭结构特别是重组家庭有了更多感受和了解。

一、什么是家庭结构

费孝通认为，家庭结构是一个家庭里包括哪些成员和他们之间的关系。[1]潘允康则在此基础上，提出家庭结构指由家庭中全体成员和各种角色所形成的综合关系，[2]并被大多数研究者所采纳。

彭立荣定义家庭结构为家庭的构成，特指家庭中成员的构成及其相互作用、相互影响的状态，以及由于家庭成员的不同配合和组织的关系而形成的联系模式；[3]徐汉明和盛晓春认为，家庭结构是指家庭成员

---

[1]费孝通.三论中国家庭结构的变动[J].北京大学学报（哲学社会科学版），1983（03）：3-7.

[2]潘允康.社会变迁中的家庭：家庭社会学[M].天津：天津社会科学院出版社，2002.

[3]彭立荣等.婚姻家庭大辞典[M].上海：上海社会科学院出版社，1988.

的构成及其相互作用、相互影响的状态，以及由这种状态形成的相对稳定的联系模式，包括家庭人口要素和模式要素两个基本方面。[4]郑杭生提出家庭结构是在婚姻关系和血缘关系的基础上形成的共同生活关系的统一体，既包括代际结构，也包括人口结构，是二者组合起来的统一形成。[5]杨善华认为家庭结构是家庭关系的组成方式。[6]朱贻庭认为广义的家庭结构将家庭结构分为外部结构和内在结构，家庭外部结构即家庭人口结构，内部结构是指家庭边界内家庭关系的运行方式，包括权力结构、成员角色结构、成员关系和价值观四个方面。[7]

本书定义家庭结构为家庭形态的构成因素之一，是以婚姻和血缘为基础而共同生活的家庭成员组成及其社会关系架构。

二、家庭结构类型

法国的勒普莱最早划分了家庭类型，将家庭分为"父权或扩大家庭""不稳定或核心家庭""主干家庭"三类。[8]1949年，美国的默多克提出了核心家庭概念及相关理论，将人类家庭区分为核心家庭、复合家庭和扩大家庭三种基本模式。[9]

---

[4]徐汉明，盛晓春.家庭治疗——理论与实践［M］.北京：人民卫生出版社，2010.

[5]郑杭生.社会学概论新修［M］.北京：中国人民大学出版社，2009.

[6]杨善华.中国当代城市家庭变迁与家庭凝聚力.北京大学学报（哲学社会科学版），2012（2）：150-158.

[7]朱贻庭.应用伦理学辞典［M］.上海：上海辞书出版社，2013.

[8]（美）马克·赫特尔.变动中的家庭——跨文化的透视［M］.宋践，李茹，等译.杭州：浙江人民出版社，1988.

[9]邓伟志，徐榕.家庭社会学［M］.北京：中国社会科学出版社，2001.

1983年，费孝通将家庭结构做了以下区分：①不完整的家庭（没有成对的配偶）；②小家庭（核心家庭）；③扩大的家庭（一对配偶加父或母）；④大家庭（两对及以上的配偶）。[10]1985年，费孝通修正为残缺家庭、核心家庭、主干家庭、联合家庭四种家庭结构类型。王跃生等借助2000年第五次人口普查数据，分析了当代中国的家庭结构分布，将我国的家庭结构分为核心家庭、直系家庭、复合家庭、单人家庭、残缺家庭及其他无法分类家庭六类。[11]

基于家庭人口构成、成员社会关系和共同生活模式三方面，本书将家庭结构区分为核心家庭、主干家庭、联合家庭、单亲家庭、重组家庭、丁克家庭、空巢家庭、多元家庭八种类型。

（一）核心家庭

核心家庭，由配偶和子女组成，包含父亲（丈夫）、母亲（妻子）、子女等最主要的家庭角色，是其他家庭结构的基础，是现代社会最主要的家庭类型。核心家庭是社会群体组成的基本单位，经济合作、生产、生儿育女和社会化等功能都在其中实现。默多克认为核心家庭又称夫妇家庭，指父母与未婚子女共同居住和生活，包括三种具体形式：仅由夫妻组成（无子女）、夫妻加未婚子女（含领养子女）、仅有父或母与子女（单亲家庭）。[12]在《人类学词典》中将核心家庭定义为"由一对夫妇及其未婚子女组成的家庭"。[13]《父母爱情》中安欣一家四口——

---

[10] 费孝通.家庭结构变动中的老年赡养问题：再论中国家庭结构的变动[J].北京大学学报（哲学社会科学版），1983（6）：6-15.

[11] 王跃生.当代中国家庭结构变动分析[J].中国社会科学，2006（1）：96-108，207.

[12] 同[8]

[13] 吴泽霖.人类学词典[M].上海：上海辞书出版社，1991.

父母和一对双胞胎女儿，一直在一起生活，属于典型的核心家庭。

（二）主干家庭

主干家庭也称直系家庭，法国的F.勒普累认为主干家庭是指由（外）祖父母、父母及第三代组成的家庭。在我国，（外）祖父母照料（外）孙子女非常普遍，有的是单纯依靠（外）祖父母隔代养育，有的是祖辈和父辈共同养育第三代。主干家庭中代际间情感交流较多，赡养老人、抚养子女和管理家务上也具有更多便利。但家庭中两对夫妻、两个中心，谁执掌家庭权力的问题容易凸显，常衍生出婆媳矛盾等人际冲突。主干家庭实质是由两代及以上核心家庭组合构成。电视剧《麻辣婆媳》中秦思平和区建华夫妻俩，上有老母亲林美玉，下有儿子区大良和儿媳吴芮，麻辣热闹的一家人构成了主干家庭的代表。

（三）联合家庭

《人类学词典》中对联合家庭的定义为：几个具有血缘关系的群体共同居住生活在一个家庭，指由父母及两个以上已婚子女的家庭组合，实质上联合家庭是在两代人的基础上扩展了两个已婚子女以上的核心家庭。家庭中兄弟姐妹虽然已经结婚，但并不分家另过。联合家庭人口较多，关系更为复杂。电视剧《大宅门》中白家老太爷在世时，三个儿子虽都已成家，但在当时的社会背景下，老爷子坚持不许分家，全家大大小小几十口人长期生活在一起，这种家庭结构在清朝末年及民国时期很常见。

（四）单亲家庭

单亲家庭现象自古就有，单亲家庭概念的提出却是来自20世纪六七十年代欧美国家对婚姻现实的考察。施莱辛格（Schlesinger）界定单亲家庭为"以男性或女性为家长，同被抚养子女生活在一起的家庭，这样的家庭多由死亡、离婚、分居、抛弃或者未婚而形成"。[14]埃利斯·凯斯莫定义"单亲家庭是一个家庭单位，其中只有生亲或养亲一人，带着需要抚养的在学或学龄前子女的家庭"。[15]我国《婚姻家庭大辞典》中明确指出"单亲家庭是指由父亲或母亲一方与未婚子女共同构成的家庭，核心家庭因夫妻一方去世或夫妻离异而成"。[16]《中国大百科全书》定义单亲家庭"是指由父亲或母亲一方与未婚子女共同构成的家庭"。我国与西方的差别在于单亲家庭子女的年龄及自立性。我国的单亲家庭概念对子女年龄没有划定，只提出未婚状态，子女年龄可能低于或者高于18岁，也可能是具备独立生活能力；而西方学者对子女年龄明确界定，指出子女年龄处于需要抚养、在学或学龄前，不具备独立生活能力。

本书认为单亲家庭的概念应该涵盖三个方面：①家庭中只有父母一方与子女；②子女的年龄应该有所限制；③子女应该是未婚且不具备独立生活能力。明确定义是：父亲或母亲一方与其18周岁以下不具备独立生活能力的未婚子女共同生活的家庭。《乔家的儿女》中，生第五个孩子乔七七时乔妈妈难产去世，七七被送到二姨家寄养，父亲乔祖望没有再婚，其余四个孩子均未成年，一家五口一起生活，这一家人就属于单亲家庭。

（五）重组家庭

父母离婚后再次结婚产生了重组家庭，其定义较为多样化。王秀云指出，重组家庭是基于再婚而产生的，其家庭成员之间的关系不是基于

---

[14] Schlesinger, B.One-Parent Families: Knows and Unknowns [J].Social Science, 1980 (1): 25-28.

[15] （英）埃利斯·凯施莫.单亲家庭 [M].姚洵, 觉知, 邓远译.北京：世界知识出版社, 1990.

[16] 彭立荣.婚姻家庭大辞典 [M].上海：上海社会科学院出版社, 1988.

血缘关系而是基于姻亲关系形成的[17]。杨菊华、何炤华认为,重组家庭是指夫妇双方至少有一方已经历过一次婚姻,并有一个或多个前次婚姻的子女及夫妇重组后的共同子女的一类家庭。[18] 重组家庭中,子女与继父母间没有血缘关系,家庭成员构成较为多元。重组家庭涉及原生家庭的亲子关系、继父母与子女关系,还可能有继兄弟姐妹关系。如《父母爱情》中老丁在原配去世后再娶江德华,俩人又生下一个女儿小样,就是典型的再婚重组家庭。

（六）丁克家庭

丁克家庭指夫妻双方有生育能力但自愿选择不生育子女的夫妻家庭。20世纪六七十年代,丁克家庭出现在欧美一些国家,随着西方文化融入,"不孝有三,无后为大"的传宗接代婚育观受到冲击,丁克家庭也成为婚恋的一种时尚。随着城市化进程加快,社会保障体系逐渐完善,为丁克家庭的养老奠定了基础,退休金、公费医疗等让老年人不依靠子女也可安度晚年,减少了丁克家庭者养老的后顾之忧。现代人的自主意识觉醒后,婚姻生活的选择多元化,也奠定了丁克家庭的精神基础。比如有些文艺界名人就表示选择丁克是希望他们夫妻过自己愿意过的生活。

（七）空巢家庭

家庭生命周期理论认为,空巢家庭指的是无子女或虽有子女但离开了父母,老人独自生活,独守"空巢",是家庭生命周期的最后阶段。[19]

---

[17] 王秀云.离异重组家庭子女心理特点及教育[J].学周刊（中旬）,2010（9）：10-10.

[18] 杨菊华,何炤华.社会转型过程中家庭的变迁与延续[J].人口研究,2014,38（2）：36-51.

[19] 王跃生.家庭生命周期、夫妇生命历程与家庭结构变动——以河北农村调查数据为基础的分析[J].社会科学战线,2011（06）：176-190.

李瑞芬等以家庭成员年龄、双方单人、有无子女为依据，区分为年轻空巢家庭和年老空巢家庭、孤身空巢家庭和配偶空巢家庭、无子女空巢家庭和有子女空巢家庭。[20]电视剧《都挺好》中，苏母去世后，三个儿女均已成人成家，父亲苏大强由原来的配偶空巢家庭变成了孤身空巢家庭。

（八）多元家庭

多元家庭包含三层内涵：一是同性婚姻平权；二是新型伴侣制度，指法律允许前提下，任意两人不以爱情和性为前提结为伴侣（双方有血亲关系或为已婚人士除外）；三是全新家属制度，指不限人数、性别的同居约定合法化。

世界范围内，多元家庭是一个分歧议题，西方一些国家承认同性家庭，我国家庭制度中并不承认此类家庭的合法地位，但我国台湾地区对多元家庭有所认可。我国台湾地区涉及多元家庭的法律条文有如下表述：一是婚姻方面，关于婚姻与家的描述，从男、女两性修改成中性，例如将夫妻改成配偶，将父母改成双亲，使法律除了可以承认和保障男性与女性之间的婚姻关系，也扩及同性恋、跨性别、变性等之间的婚姻关系。二是伴侣制度——非婚姻关系，是两个成年人为共同生活签订之民事契约，且排除直系亲属，同一当事人仅能从婚姻制度与伴侣制度择一缔结，基本精神为平等协商、照顾互助。缔结成伴侣的双方，法律地位原则上大致与婚姻的配偶相当，与婚姻制度的不同在于不以性关系为必要条件的成家方式。伴侣制的双方，如无约定，采取分别财产制，并可协商继承权，无性忠贞义务，可申请民事赔偿。解除伴侣关系，无须双方同意，单方确定即可。三是家属制度，家属是两人或两人以上，以永久共同生

---

[20] 李瑞芬，蒋宗凤.空巢家庭问题探析[J].北京教育学院学报，2006，20（3）：40-43.

活为目的的关系，不限于亲属，例如无血缘关系之友伴家庭、病友团体、灵修团体等，均可成家，在户政机关登记后，即受法律保护。

目前我国家庭制度中尚未承认多元家庭的合法地位，2020年颁布的《中华人民共和国民法典》关于"结婚"的有关条文如下：[21]

第一千零四十六条　结婚应当男女双方完全自愿，禁止任何一方对另一方加以强迫，禁止任何组织或者个人加以干涉。

三、家庭结构的分布

王跃生研究了中国第一历史档案馆中乾隆年间的婚姻家庭类档案，结果显示，核心家庭超过50%，直系（主干）家庭约为30%，复合（联合）家庭不足10%，说明清朝中后期核心家庭是主流。[22]

2021年第七次全国人口普查结果显示，全国总人口141,178万人，全国家庭49,416万户，家庭户人口129,281万人，平均每个家庭2.62人，比2010年普查数据减少0.48人，家庭人口数缩小，受人口流动日趋频繁、住房条件改善、年轻人婚后独立居住等诸多因素的综合作用，普查数据中难以明确划分家庭结构类型。[23]

本书明确界定了八类家庭结构，调查了成人和青少年两类人群，家庭结构分布符合社会大众的直观感受，核心家庭是最主要的家庭结构类型。

成人被调查者来自核心家庭最多，其次是主干家庭、联合家庭，接下来依次是单亲家庭、空巢家庭、丁克家庭、重组家庭，我国法律并不

---

[21] 中华人民共和国民法典[J].中华人民共和国全国人民代表大会常务委员会公报，2020（S1）：1-177.

[22] 王跃生.十八世纪中后期的中国家庭结构[J].中国社会科学，2000（02）：167-177，209.

[23] 宁吉喆.第七次全国人口普查主要数据情况[J].中国统计，2021（05）：4-5.

认可多元家庭，难以取得真实数据，故调查中未列入此项。有同胞兄弟姐妹的核心家庭青少年最多，其次是独生子女核心家庭，再次是联合家庭。出人意料的是，被调查者中4.7%的青少年是隔代抚养的，可能是父母外出工作，照料子女精力不够，将子女交给祖辈抚养。接着依次是单亲家庭、主干家庭、住校或独住、重组家庭，与成人差别很大，来自主干家庭的青少年人数下降明显，原因可能是当代人对独立生活的追求，更倾向与祖辈分开生活以减少代际矛盾。（见表1-1）

表1-1 不同年龄段被调查者的家庭结构

成人（25— 岁）			青少年（12—24岁）		
家庭结构	n	%	家庭结构	n	%
核心家庭	662	51.0	单胎核心家庭	288	29.5
			二胎核心家庭	447	45.8
主干家庭	368	28.4	主干家庭	28	2.9
联合家庭	123	9.5	联合家庭	107	11.0
单亲家庭	64	4.9	单亲家庭	35	3.6
重组家庭	14	1.1	重组家庭	7	0.7
空巢家庭	51	3.9	住校或独住	18	1.8
丁克家庭	15	1.2	隔代抚养	46	4.7

男女两性的家庭结构没有差别（见表1-2），受教育程度不同，家庭结构会有明显差别（见表1-3），初中学历者来自联合家庭、重组家庭和丁克家庭的占比明显高于其他受教育程度的比例，而核心家庭占比却低于其他受教育程度的比例。学历较低者可能收入也较低，需要更多家庭成员相互扶持，且多受传统大家庭观念影响。高中学历者主干家庭占比相较其他学历者都低，而随着学历的提升，核心家庭占比呈升高趋

势，可能高学历者的工作和生活节奏较快，家庭中有未成年子女，需要与老人同住，帮忙料理日常家务。

表1-2 男女两性的家庭结构比较

性别	联合家庭	主干家庭	空巢家庭	核心家庭	单亲家庭	重组家庭	丁克家庭
男	30	84	9	149	10	6	4
女	93	284	42	513	54	8	11
χ^2	\multicolumn{7}{c}{6.172}

注：*P<0.05，**P<0.01，***P<0.001，以下同

表1-3 不同教育程度被调查者的家庭结构比较

教育程度	联合家庭 n	%	主干家庭 n	%	空巢家庭 n	%	核心家庭 n	%	单亲家庭 n	%	重组家庭 n	%	丁克家庭 n	%	N
初中	25	13.7	42	23.1	12	6.6	85	46.7	11	6.0	5	2.8	2	1.1	182
高中	21	10.3	43	21.2	6	3.0	114	56.2	13	6.4	2	1.0	4	1.9	203
大专	28	7.7	109	29.8	7	1.9	198	54.1	17	4.6	4	1.1	3	0.8	366
本科	44	9.8	143	31.7	23	5.1	216	47.9	17	3.8	2	0.4	6	1.3	451
研究生	5	5.3	31	32.6	3	3.2	49	51.6	6	6.3	1	1.0	0	0	95
χ^2							39.568								

四、家庭结构的变迁及影响因素

胡亮研究中国第一历史档案馆的婚姻家庭类档案指出，16世纪以来，核心家庭就已成为当时最主要的家庭结构。[24]马爽等指出我国当

---

[24] 胡亮.由传统到现代——中国家庭结构变迁特点及原因分析[J].西北人口，2004（2）：29-31.

代的家庭结构呈现小型化、多类型并存的趋势。[25]本书研究者的调查显示，家庭结构的变迁与社会发展水平息息相关，家庭结构明显呈现出规模小型化、结构核心化、类型多元化这三个特点。当前我国最主要的家庭结构为核心家庭，单亲家庭、空巢家庭、离异家庭等占比逐渐增多，青少年相比成人的家庭结构变化明显，青少年被调查者的核心家庭比例上升，主干家庭比例显著下降。

家庭结构变迁，宏观层面是多种因素共同作用的结果。首先，是人口本身这一因素，计划生育政策变化影响了家庭的子女数量，人口预期寿命延长，老龄化现象明显；其次，社会生产力提高，经济发展增速，人们生活水平提高，个体的经济自主性增强，影响了家庭建立、维系的工具性价值；再次，家庭法律制度的变化，比如家庭财产权、抚养赡养的责任、权利、义务的制度变革不可避免地影响了家庭成员的生活方式；最后，社会文化、男女平权、同性婚姻等社会意识的变化导致个体对家庭生活的自主选择。

微观层面，家庭结构变化受孩子出生、父母同住、家人异地（国）求（留）学、家人异地工作、夫妻分居或离异、家人亡故等因素的影响。本书研究者调查发现，76.6%的成人被调查者的家庭结构近期没有变化，发生变化的家庭主要是二胎出生居多，接着依次是家人异地工作、家人异地求（留）学、父母搬来同住、家人亡故、夫妻分居或离异，两种原因以上的家庭占比最少。75.0%的青少年被调查者家庭结构没有变化，家庭结构发生变化的原因依次是：家中二胎出生、家人异地求（留）学、家人异地工作、祖辈搬来同住、家人亡故、符合两项以上原因、父母分

---

[25] 马爽，刘毅杰，梁小娜.试析我国现代家庭结构的新趋势及对策[J].辽宁行政学院学报，2013（2）：167-169.

居或离婚，成年人与青少年被调查者家庭结构变动的原因相对一致。（见表1-4）

表1-4 家庭结构变化的原因

成人			青少年		
家庭结构变化	n	%	家庭结构变化	n	%
家人亡故	26	2.0	家人亡故	21	2.2
家人异地工作	43	3.3	家人异地工作	44	4.5
夫妻分居或离异	20	1.5	父母分居或离异	16	1.6
父母搬来同住	34	2.6	祖辈搬来同住	26	2.7
二胎出生	127	9.8	二胎出生	65	6.6
家人异地求（留）学	37	2.9	家人异地求（留）学	51	5.2
符合两项以上	17	1.3	前面两项以上	21	2.2
无变化	993	76.6	无变化	732	75.0
合计	1297	100	合计	976	100

五、家庭结构变迁的个案解读

受访家庭，夫妻俩都是独生子，30多岁，有2个孩子，女儿6岁半，儿子1岁10个月，丈夫在工程队工作，平时分居，周末相聚。生老大是有计划的，妻子生产后公婆负责照顾，但老大出生后7个月公婆还在工作，就请婆婆的亲妹妹看孩子，两年后婆婆退休和公公一起照顾孩子。后来，孩子的爷爷突发心脏病去世，老二由奶奶单独照顾。丈夫特别想生两个孩子相互陪伴，怀二胎时公婆有些接受不了，感觉帮忙带孩子有些累。老二出生后，丈夫参与家庭事务多了，会给孩子讲故事，也会操心老大的学习与生活。公公遗留的债务使家庭经济压力增大，夫妻与婆婆共同承担，妻子希望孩子大一点与婆婆分开住，认为一定的距离会更舒适自如。丈夫选择外地就业，报酬可多些，周末回家，或者妻子带孩子在双休日到丈夫工作地相聚。第一个孩子出生后祖辈来照看，三代同堂共同生活，这时的家庭结构属于典型的主干家庭。

人口是家庭结构的首要因素，家庭运转需要经济支撑，家庭收入影响家庭成员的生活模式，家庭法律制度、遗产继承制度和婚前财产制度都会影响家庭结构的变化。

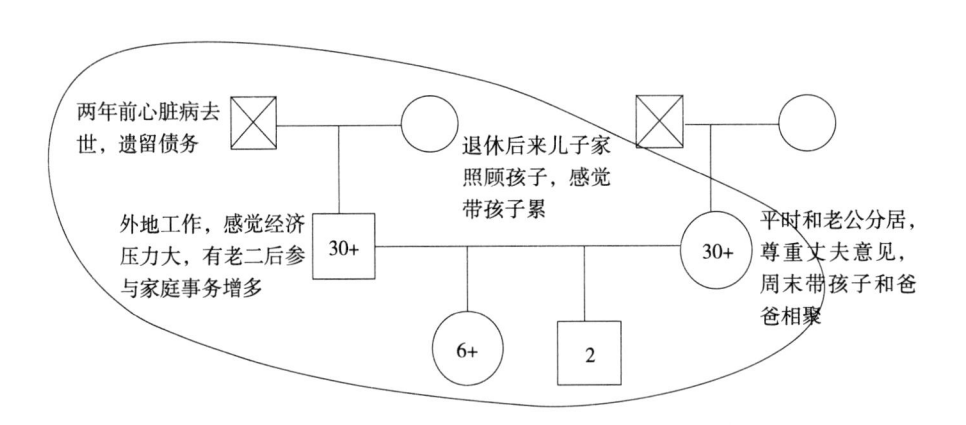

夫妻刚结婚时自己单过，有孩子后先请人帮忙照顾，公公婆婆退休后住在一起共同照顾孩子，妻子希望孩子大一点与婆婆分开住会更舒适自如。

□ 男性　　○ 女性　　✕ 去世　　□─○ 婚姻存续　　⬭ 共同生活

图 1-1　家庭结构变迁案例

第二节　家庭功能

电影《遗愿清单》讲述了两位身份悬殊却时日无多的老人的故事。卡特生活拮据，但妻子和孩子深爱着他，他体验着纯真的爱情和亲情，精神生活并不孤独；爱德华富可敌国，美女相伴，但缺乏家人关爱，感觉别人接近他都是看重他的财富，内心很难感受到人情温暖。两个人的生命都将走到尽头，需要家人照顾和陪伴，可境遇却为何如此不同呢？

卡特与妻子育有两儿一女，日子过得紧紧巴巴，但美满幸福。卡特偶尔也会感觉遗憾，有一些想独自去做却没办法做的事。他生病后得知自己最多还有一年的时间，提笔写下这些愿望。卡特和妻子共同承担了家庭的经济、生育、日常生活、情感、抚养与教育等主要功能，虽然家庭的休闲娱乐及自我实现功能一直以来无暇顾及，但卡特的努力付出受到妻儿的尊重和感谢。

爱德华先后结过四次婚，换了好几任妻子，最终还是选择自由自在，唯一的女儿还跟自己断绝来往。爱德华虽然为经济、生育、抚养等家庭功能做出了贡献，但他将更多的精力投入事业中，家庭长期不稳定，日常生活、女儿的教育及情感等家庭功能明显缺失，当他老去的时候，自然要承受相对凄凉和孤独的一面，身边只有一个拿工资帮他处理事务的男助理。

一、什么是家庭功能

施瓦布（Schwab）指出，涉及家庭功能的词汇多而混乱。[26]定义家庭功能有两种倾向，一是以奥尔森（Olson）等为代表，关注家庭内部对于家庭成员的具体作用，认为家庭功能是家庭系统中成员之间情感联系、家庭规则、家庭沟通以及应对外部事件的有效性，包括家庭亲密度、家庭适应性和家庭沟通三方面；[27]郑杭生认为家庭功能本质是满足个人需求的表现方式，比如吃的需求表现为组织生产、积累和消费的单位，性的需求表现为婚姻的缔结与维持以及爱情，生育、抚养和赡养、教育等功能是出于对永生的需求。[28]二是以丁文等为代表，从家庭的外部任务来定义家庭功能，指家庭对人类生活与社会发展方面的作用，家庭功能是在家庭与社会的联系和作用中，具有的满足人类生存的各种需要，以及适应和改变社会环境的功用和效能。[29]刘茂松将家庭的功能分为本原功能（生育、养育和教育、抚养和赡养、人的社会化）、经济功能（生产、消费）、衍生功能（管理、权力、文娱、信仰、情感）。[30]邓志伟把家庭的功能归类为：生物功能（生育等）、心理功能（情感慰藉等）、经济功能（生产、分配、交换和消费）、政治功能（小型政府、家长权力）、教育功能（社会化、家庭教育）、娱乐功能和文化功能（习

---

[26] Schwab J J, Gray-Ice H M. Family Functioning-The General Living Systems Research Model [J]. New York 233 Spring Street: Kluwer Academic/Plenum Publishers, 2000: 19-20.

[27] Olson, D. H. Circumplex model of marital and family sytems. Journal of Family Therapy, 2000, 22（2）: 144-167.

[28] 郑杭生. 社会学概论新修 [M]. 北京：中国人民大学出版社，2003.

[29] 丁文. 家庭学 [M]. 济南：山东人民出版社，1997.

[30] 刘茂松. 论家庭功能及其变迁 [J]. 湖南社会科学，2001（2）：30-34.

俗、宗教学习）。[31]

家庭功能的具体内容受社会形态影响，一些家庭功能是任何社会都具有的，另一些则是派生的。聚焦家庭本身并结合家庭为必须要素的社会功能，我们将家庭功能区分为生产经济、生育繁衍、日常生活、抚养赡养、情感交往、教养教育、休闲娱乐七个方面。

二、影响家庭功能的因素

影响家庭功能的宏观因素，主要在于社会发展水平的要求。微观因素则体现在家庭本身特性上，可从横向和纵向两个角度分析。横向可区分为非家庭关系与家庭关系两类因素，其中非家庭关系因素包括家庭结构、家庭的社会经济地位等；纵向可以划分出家庭发展阶段和生活突发事件两类因素。

（一）社会发展水平

血婚制、伙婚制和对偶婚制时期，个体的家庭身份并不明确，家庭主要满足人类性的需求及生育和繁衍等生物功能，没有或很少具有心理、经济和政治等方面的功能，氏族内部严禁性关系及禁止通婚，氏族外通婚建立家庭这一组织形式可以限制和减少氏族内部成员的竞争和冲突，促进人类群体社会的稳定和整合。

专偶制早期，家庭成员的关系明确限定，家庭功能扩展，除生物功能外，经济、政治、心理、文化教育和娱乐等功能也慢慢发展起来，只是小农经济社会中家庭经济功能占据首要地位，家庭制度往往围绕着财产权利形成和发展。

工业化社会，社会分工的细化促使家庭功能分化，家庭的生产与消

---

[31] 邓志伟，徐榕. 家庭社会学［M］. 北京：中国社会科学出版社，2001.

费功能逐渐弱化，工厂企业逐渐取代家庭单元的经济模式，家庭经济功能外移，家庭教育功能也逐渐转移到学校、社会辅导机构等。文化娱乐从源起就是家庭功能的附属产物，服务于其他功能，多会被文娱、传媒等社会组织代替。家庭功能中，婚姻结合更在于感情及性功能的充分实现，不再以传宗接代为主旨，情感交流成为家庭最主要的功能，开始强调"家是讲爱的地方"了。

（二）家庭本身特性

1. 横向因素

伯恩斯坦（Bernstein）采用家庭功能评价工具（Family Assessment Device，FAD）测量了134名被学校拒绝的儿童的家庭功能，结果发现，单亲家庭功能的角色作用和沟通呈现某些问题。[32]家庭结构是直接影响，还是通过其他中介变量，比如抚养方式、亲子关系等间接影响家庭功能，并没有一致的结论。[33]父亲是知识分子或干部，其家庭功能的健康水平优于父亲为工人、农民的家庭，但在情感反应与情感卷入方面，后者反而优于前者；父亲文化程度高的家庭功能健康水平高于父亲文化程度低的家庭，尤其在信息沟通、情感反应、情感介入、行为控制及家庭整体功能方面；[34]乡村家庭在情感反应与情感介入方面优于城市家庭，而其他家庭功能维度却比城市家庭要差；积极的亲子关系与良好的家庭功能相关。

---

[32] Bernstein G A, Borchardt CM. School refusal: Family Constellation and Family Functioning [J]. Journal of Anxiety disorders, 1996, 10 (1): 1-19.

[33] 王圆圆. 家庭功能的弱化对留守儿童社会化的影响研究 [D]. 苏州大学, 2009.

[34] 詹茂光. 自我概念的研究及其对青少年发展的影响 [J]. 兰州学刊, 2005, 146 (5): 227-229.

2. 纵向因素

奥尔森将家庭分成新婚无小孩儿、学前儿童、小学儿童、青少年、中年、空巢及退休七个阶段。[35] 不同阶段的家庭亲密度和适应性存在差异；特定的生活事件，如角色转换或家庭成员死亡、分离都会妨碍家庭成员基本需要的满足，使家庭成员之间的关系出现问题或使家庭出现新的适应，从而增强或弱化家庭功能。[36]

三、当代社会的家庭功能

本书研究者调查了经济、养育照料（抚养子女、赡养老人、照顾生病者等）、情感维系与交流（夫妻的性与感情状态）及日常生活（家务打理）四个方面的家庭功能。

（一）家庭的经济功能

本书研究者将家庭经济功能分为家庭经济来源和收入支出管理方式两个方面。

64.2%的成人被调查者选择家庭收入主要来自夫妻双方工薪，68.3%的青少年选择父母双方工薪，说明大多数家庭收入主要来源是夫妻双方共同承担家庭的经济运转。说明大部分人是通过工薪来履行家庭经济功能的；受测者女性居多，有19.5%的成年女性会认为"自己的工薪"是家庭收入的主要来源，而19.8%的青少年认为"父亲工薪"为家庭主要经济来源，应该与青少年心中"男主外，女主内"的传统分工观念有关。调查结果显示，青少年子女认为父母双方都有工作，对家庭收入有

---

[35] Olson D H. Circumplex model of marital and family systems: Assessing family functioning [A]. Walsh F eds. Normal family process（2nd ed）[C]. New York: The Guilford Press, 1993.

[36] 尚秀华. 家庭功能研究综述 [J]. 黑龙江科技信息, 2010（2）: 93.

贡献，但父亲的收入是家庭主要的经济来源，而成年女性多认为自己的工薪才是家庭主要的经济来源，这说明尽管事实上母亲的收入可能在家庭收入中所占的比重越来越高，但男主外的传统观念在青少年心中还是存在。（见表1-5）

表1-5 家庭收入主要来源

成人			青少年		
家庭收入主要来源	n	%	家庭收入主要来源	n	%
配偶投资	40	3.1	父亲投资	57	5.9
配偶工资	103	7.9	父亲工薪	193	19.8
配偶父母资助或遗产	2	0.2	祖父母资助或遗产	5	0.5
夫妻双方工薪	832	64.2	父母双方工薪	667	68.3
父母资助或遗产	3	0.2	外祖父母资助或遗产	2	0.2
自己工薪	253	19.5	母亲工薪	44	4.5
自己投资	64	4.9	母亲投资	8	0.8
合计	1297	100.0	合计	976	100.0

家庭收入支出管理方式占比最多的为"共同账户支付家庭开销"，成人被调查者为44.1%，青少年为37.5%；成人是"自己统一管理"，青少年则是"母亲统一管理"，成人调查对象以女性居多，这两组数据反映的内容基本是一致的；AA制和由老人管理的占比最小，说明现代社会中夫妻共同决定家庭收入支出成为常态，而妻子具有相对更多的发言权。（见表1-6）

表 1-6　家庭收入支出的管理方式

成人			青少年		
家庭收入主要来源	n	%	家庭收入主要来源	n	%
配偶统一管理	102	7.8	父亲统一管理	101	10.3
配偶父母统一管理	2	0.2	祖父母统一管理	12	1.2
夫妻AA制支付家庭开销	19	1.5	父母分别负担约定的家庭支出	227	23.3
共同账户支付家庭开销	572	44.1	共同账户支付家庭开销	366	37.5
夫妻分别负担约定的家庭支出	250	19.3	父母AA制支付家庭开销	27	2.8
父母统一管理	8	0.6	外祖父母统一管理	6	0.6
自己统一管理	344	26.5	母亲统一管理	237	24.3
合计	1297	100.0	合计	976	100.0

（二）家庭中的养育照料功能

1.抚养子女和赡养老人的家庭功能

不管调查对象是成人还是青少年，一半以上家庭首先是夫妻双方共同抚养子女和赡养老人，其次是夫妻抚养子女，老人独自生活，由祖辈照顾孩子、父母按时看望并给予费用的家庭占2.9%—8%，大部分家庭抚养子女和照顾老人的功能基本正常。（见表1-7）

表 1-7　抚养子女和赡养老人的家庭功能情况

成人			青少年		
家庭抚养与赡养功能	n	%	家庭抚养与赡养功能	n	%
配偶照顾子女和父母	4	0.3	父母共同照顾子女和祖辈	671	68.8
配偶照顾子女，父母独自生活	42	3.2	父母共同照顾老人，自己成家	73	7.5
夫妻共同照顾子女和父母	674	52.0	父母抚养自己，老人独自生活或无老人	103	10.6

续表

成人			青少年		
家庭抚养与赡养功能	n	%	家庭抚养与赡养功能	n	%
父母照顾子女，夫妻按时看望并给予费用	37	2.9	父亲照顾自己和祖辈	17	1.7
自己抚养孩子，父母独自生活或无老人	300	23.1	母亲照顾自己和祖辈	18	1.8
夫妻共同照顾老人，孩子成家	105	8.1	祖辈照顾，父母按时看望并给予费用	78	8.0
自己照顾子女和父母	135	10.4	母亲照顾自己，祖辈独自生活	16	1.6
合计	1297	100.0	合计	976	100.0

一半左右的家庭在家人生病时，都是父母亲照顾；11.6%以上的家庭是"家人谁空闲谁照顾"；近90%的家庭在家庭成员生病时均会由其他家庭成员负责照顾，但有13.5%的成人、7.6%的青少年是"自我照顾"，这意味着在少量家庭中，家庭成员尤其是成年人即使在生病时也难以得到家人及时的照顾。（见表1-8）

表1-8 家庭成员生病的主要照顾者

成人			青少年		
照顾者	n	%	照顾者	n	%
自我照顾	175	13.5	父母	455	46.6
雇佣保姆或护工	1	0.1	父亲	16	1.6
兄弟姐妹	4	0.3	母亲	270	27.7
家人谁空闲谁照顾	150	11.6	祖辈	21	2.2
子女	12	0.9	家人谁空闲谁照顾	133	13.6
父母	54	4.2	兄弟姐妹	4	0.4
配偶	670	51.6	雇佣保姆或护工	3	0.3
配偶和子女	231	17.8	自我照顾	74	7.6
合计	1297	100.0	合计	976	100.0

(三)家庭的情感维系与交流功能

无论成人眼中与配偶的感情状态,还是青少年眼中的父母感情状态,超过一半的调查结果是彼此欣赏、相处和谐的;搭伙过日子的,成人被调查者认为彼此感情平淡的占比8.1%,而青少年认为父母感情平淡的占比高达10.3%。这一差异说明青少年观察到的父母关系并没有成人自己认为的那么和谐美好。(见表1-9)

表1-9 成人配偶间与青少年眼中父母的感情状态

成人			青少年		
配偶间感情状态	n	%	父母感情状态	n	%
厌恶	11	0.8	厌恶	19	1.9
委屈	19	1.5	委屈	5	0.5
平淡	105	8.1	平淡	101	10.4
搭伙	201	15.5	搭伴	193	19.8
顺从	129	9.9	顺从	48	4.9
讨好	19	1.5	讨好	15	1.5
欣赏	813	62.7	欣赏	595	61.0
合计	1297	100.0	合计	976	100.0

(四)日常生活

柴米油盐酱醋茶,洗衣做饭拖地板,无疑在家庭生活中是琐碎细微的,如果没有良好的规则、妥帖的处理,往往是最能积累家庭冲突的方面。

大多数成年女性被调查者认为是自己打理家务,55.4%的青少年看到的家务打理者是母亲,不同调查对象的结果互相印证,说明女主内即女性负责家务劳动还是主流。有三成左右的家庭由父母或家庭成员共同

打理家务,"雇佣保姆或者临时工"的比例很低,说明家务打理外包的潜在需求可以进一步开发。(见表1-10)

表1-10 家务打理者

成人			青少年		
家务打理者	n	%	家务打理者	n	%
自己	421	32.5	母亲	541	55.4
父母	46	3.6	外祖父母	17	1.7
家人共同承担	352	27.1	家人共同打理	216	22.1
夫妻分工协作	292	22.5	父母分工协作	144	14.8
雇佣保姆或者临时工	16	1.2	雇佣保姆或临时工	11	1.1
配偶的父母	61	4.7	祖父母	23	2.4
配偶	109	8.4	父亲	24	2.5
合计	1297	100.0	合计	976	100.0

四、核心家庭案例的家庭功能分析

受访家庭的丈夫和妻子均为40多岁,儿子22岁,2020年儿子上大学后,家中就是夫妻二人共同生活。

孩子从小到大,丈夫照顾时间相对少,妻子负责孩子的生活及学习;婚后夫妻二人会定期带食品探望双方老人,但不用给老人钱财,现在双方老人都已去世。夫妻二人周一到周五上班,孩子上学,周六、日全家待在一起,主要是看电视,有时会短途旅行。三口人一起吃早、中、晚餐,孩子去外地读书后,夫妻二人一起吃饭。

二人感情稳定,始终相惜相爱。婚后妻子感觉丈夫不够浪漫,没有给自己想要的情调,会明确提出要求,比如说,"亲我一下""抱一抱"。

双方日常互动和情感交流比较和谐,妻子撒娇说亲一下、抱一下时,丈夫会回应,但回应往往达不到妻子期望的热情,妻子希望丈夫互动更真挚热烈些。妻子叙述,当丈夫喝酒后夸自己好看、说浪漫的话,此时很开心,自己身体不舒服或生病时,丈夫会倒水端药,照顾起居,嘱咐自己休息好,感觉很温馨。老人或孩子过生日时,会给他们发红包,做一顿大餐,一家人和和气气、热热闹闹。

这是一个核心家庭,在孩子离家后演化成空巢家庭。家庭情感交流主要涉及亲密关系和亲子关系,少有婆媳等多元关系的牵扯。家庭花销以协商为主,家务决策也多是协商,家庭分工没有内外之分,夫妻二人共同承担家庭责任和义务,双方平等。家庭功能最主要体现的是情感和性功能,其次是抚养和家庭教育,独生子反映了生育功能受国家政策影响,经济功能体现虽不明显,却是家庭稳定的基础,家庭休闲娱乐功能并不在突出的地位,但全家人一起吃饭、看电视、短途旅游等相对稳定持久的家庭互动模式,是这个家庭稳定和谐不可缺少的润滑剂。

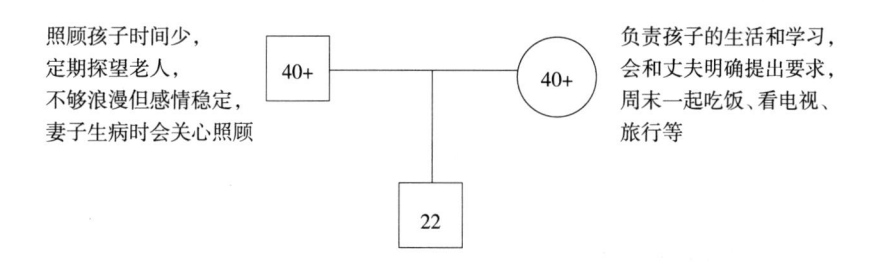

图 1-2 核心家庭的家庭功能案例

第三节 家庭角色

电视剧《大宅门》讲述了清末民初一个老字号药店的兴衰荣辱，故事围绕两个中心展开，一是以白文氏（二奶奶）为中心的母系生活，二是以白景琦为中心的父系生活，两位代表性人物的家庭角色丰富而饱满，不同家庭角色的责任、权利和义务也错综复杂。

白文氏不仅是妻子和母亲，也是嫂子、奶奶等角色，更是大宅门的一家之主，她的一言一行影响到白氏家族的每个人。作为妻子和母亲要相夫教子，要为儿子成年后的婚事严格把关；作为一家之主，她站在家族的高度，对内要一碗水端平，以身作则，考虑家族中诸人的想法，整合家族利益，对外要审时度势，处理家族事业，应对相关人等。

白景琦是白文氏之子，父母眼里的宝贝疙瘩，孩提时代就格外顽劣，长大后更加叛逆，被母亲赶出家门独自创业，在母亲去世后成为家族接班人。作为儿子，他既是浪子又是孝子；作为丈夫，他既是情种又是渣男；作为父亲，他既是严父又是隐形人，他对自己的儿女陪伴很少，子女的堕落与他大有关联。他承担的种种家庭角色，个性张扬，独树一帜。

一、家庭成员间的社会关系与家庭角色

角色概念是美国社会学家米德借鉴戏剧而来，[37]并发展出社会角色理论。人们的活动就像是一幕幕社会剧，每个人在这个剧本中扮演着

---

[37] 邱德亮. 论社会角色责任与角色道德建设 [D]. 东北师范大学，2007.

自己的角色，米德认为我们的角色就是在我们的互动过程中形成的。美国人类学家R.林顿认为，每个人在社会中具有一定的地位，根据这个地位实现自己的权利和义务时，就扮演着相应角色。[38]

家庭角色，是指家庭成员基于家庭社会关系所产生的家庭身份和关系负荷，是符合一定社会期望的身份、责任、权利和义务的综合体。家庭成员是指相互负有扶养义务的一定范围内的直系亲属或旁系亲属。家庭角色主要包括亲密关系中的丈夫与妻子、亲子关系的父母与子女、同胞关系的兄弟姐妹、其他婚姻关系衍生出来上下位关系中的婆婆公公与儿媳、岳父岳母与女婿、平辈衍生关系中的小姑子与嫂子、妯娌，以及连襟、姐夫与小姨子、大姨子与妹夫、大舅哥与小舅子等。

家庭角色指家庭中每个成员都有一个明确的位置，如丈夫、妻子、儿子、女儿。一个家庭成员通常同时承担几个角色（丈夫、父亲、儿子等）。角色指导家庭成员的行为，赋予他们在家庭和社会中的责任、义务和权利。家庭成员在其社会化过程中，获得知识，发展技能，形成态度、价值观、人生观，从而以正确的态度运用所学的知识和技能完成角色任务。一个人在家庭中的位置和所承担的角色会随着年龄的增长而发生改变，如女性在公婆健在、孩子还小时，同时兼有儿媳妇、妻子、母亲等角色。随着自己的孩子成家、公婆去世，她的家庭角色除了母亲、妻子之外，还会增加婆婆（岳母）或奶奶（外婆）等角色。

二、家庭社会关系对应的家庭角色

个体未结婚前，所在核心家庭的成员包括父母和兄弟姐妹，扩展性

---

[38]（苏）Г·M·安德列耶娃.西方现代社会心理学[M].李翼鹏,译.北京:人民教育出版社,1987.

的家庭社会关系包括父母双方的直（旁）系亲属；婚后，核心家庭成员包括配偶、儿女，此时扩展性的家庭社会关系还包括配偶的直（旁）系亲属。原生家庭与新建家庭比较，社会关系有所变化，每一种家庭关系及扩展性的家庭社会关系都意味着个体要承担对应的家庭角色。

（一）丈夫与妻子

传统父权社会中，女性在家庭中处于弱势从属地位。传统伦理强调男性是一家之主，是家庭规则的制定者和传承者，负责家庭的经济来源和对外关系，女性的家庭角色被定位为相夫教子、操劳家务，负责家庭的生育、抚养、教育、赡养及家庭内部关系的平衡协调等。新时代的女性参与外部工作越来越多，传统权力区域分隔原则已经发生了变化，当前，很多家庭事务的决定权往往考虑以家庭利益最优化为出发点，受家庭成员个人相应能力的高低影响。丈夫和妻子的责任、权利和义务情况存在明显的家庭差异，形成了多种类型的丈夫角色和妻子角色。

1. 丈夫的代表性家庭角色形态

"大男子主义型"丈夫：受传统家庭观念影响，一些男性固执地认为，在家庭中女人要听自己的。此类男性作为丈夫，家庭责任感较强，但情感功能较低，强调家人尤其妻子一定要听从自己的决定，否则会生气发怒；平常对家庭生活不闻不问，当需要他帮忙做家务时，多以工作忙为借口拒绝，总感觉自己可以为家人遮风挡雨，但很多时候他经常是家庭纷争的源头。比如《小舍得》里的南建龙，习惯性将妻子当女佣，不管是在子女还是外人面前都对妻子不够尊重。

"妈宝男型"丈夫：像长不大的孩子，处处需要父母尤其是妈妈的意见和帮助，很少主动规划并努力实现自己的未来，对家庭事务更是缺少积极主动参与。比如《小舍得》里的颜鹏，对妻子看似百依百顺，也不缺乏激情浪漫的细心，可孩子六年级了他都没参与过教育，也没有进过家长群，家里大事小情都是妻子在承担，口头禅也总是"我妈不也是为咱们好嘛！""我妈说……"

"暖男型"丈夫：越来越多已婚男人既挣钱养家又抚养教育子女，分担日常家务，能够很好地平衡工作和家庭的关系。虽然在外工作辛苦，但回到家仍然对家人嘘寒问暖，贴心照顾。比如《媳妇的美好时代》中的男主人公余味，虽然没有显赫的社会地位，也不具有强大的经济实力，但他幽默包容，能够给妻子毛豆豆足够的自由和空间，对她非常地信任和理解，全心全意地照顾和守护家人。

2. 妻子的代表性家庭角色形态

"女皇型"妻子：将自己当作一家之主，男人在家只有干活的义务，没有说话的权利；男人把工资上交后，再由自己给很少的零花钱，限制男人在家庭之外的社交，安排男人在家庭内的活动，凡事需要经自己同意才能做。此种角色的形成，一般由于丈夫不能很好地承担起家庭的主要责任，或者是丈夫太爱自己、过分骄纵而形成的。比如电视剧《大宅门》中的二奶奶、《都挺好》中的赵美兰，她们承担了家庭中的大部分责任，里里外外都由自己来掌控安排。

"保姆型"妻子：[39]已婚女性由于经济地位的不独立，或者是男女双方的地位悬殊太大，或者是女性性格中的过分懦弱，在家中处于弱势地位，无论是否外出工作，都要在家中承担绝大部分家务，将自己变成了全家人的保姆。这样的妻子，既要抚育孩子，又要对老公依赖妥协，慢慢会成为没有自我的女性。还包括一些全职太太，看起来似乎是养尊处优，实际上只不过是具有主人地位的高级保姆。比如电视剧《父母爱情》中和老丁结婚的江德华、《我的前半生》中全职在家时的罗子君，

---

[39] 任人，莫奈. 娶老婆是为了找"保姆"？[J]. 心理咨询师，2014（6）：2.

都没有独立的经济来源，在家庭中处于相对弱势。

"合作伙伴型"妻子：妻子和丈夫地位平等，妻子有自己较为稳定的经济来源，既可以和丈夫共同养家，也可以共同承担各种家庭责任，共同教育子女、赡养老人、分担家务，还会有自己的兴趣爱好和社交圈子，目前大部分家庭中这种妻子角色类型最为多见。《家有儿女》中的刘梅就是"合作伙伴型"妻子，她有稳定而忙碌的工作，和夏东海共同养家，共同承担着各种家务、教育子女、赡养老人等家庭责任。

（二）父母和子女

父亲角色的社会期待具有相对延续性和稳定性，与文化习俗、性别角色等密切相关。传统家庭分工"男主外，女主内"，认同父亲主要承担挣钱养家的工具性角色，无须与母亲一起照料子女。当代社会期待、鼓励父亲积极参与子女教育，可适度减轻家庭经济责任。阿特金森（Atkinson）指出，父职行为的性别角色化正在向去性别角色化趋势发展，期望父亲成为子女的照顾者和养育者，注重与子女的情感互动，为子女提供多种形式的情感抚慰。[40] 与母亲一样，父亲也可以具有抚育性，父亲养育同样是温暖的。有些家庭，母亲参与工作，父亲会成为子女的主要照顾者。父亲参与子女的教养是一个多面体，包括子女的日常照料、关怀陪伴、子女教育和心理支持等。

在传统社会中，母亲是家庭子女养育的主角，扮演照料子女生活的"工具性角色"，大到子女教育决策，小到衣食住行，女性注重细节，能够对子女在心灵上温柔抚慰，更容易做到耐心教导、细心叮嘱。现代的母亲角色，除了尽心尽力地养育照顾孩子之外，还负责对孩子进行规

---

[40] 钟阿敏.家庭教育中的父职参与状况研究——以90后大学生为调查对象[D].江西师范大学，2015.

则明确、约定可行的管教，母亲可以通过自身家庭功能的扩大化获取更多话语权。

父母角色的刚性法律要求和柔性道德诉求反映的是人类幼代成长的基本需要。子女则让度一定自由权服从父母的教养，成年后承担年老父母的赡养义务，两者构成了子女角色的核心内涵，共同构筑家庭延续性的代际传承。

（三）同胞兄弟姐妹角色

同胞兄弟姐妹，原指生身父母相同的平辈关系，也称作同胞手足。在现代，同胞的概念有所扩展，形成了五种不同的类型：全同胞、半同胞、继亲同胞、收养同胞和寄养同胞。[41]《乔家的儿女》中，乔妈妈去世后，最小的儿子乔七七被送到二姨家寄养，其余四个同胞兄弟姐妹乔一成、乔二强、乔三丽和乔四美艰难度日，相依为命，二姨的儿子齐唯民把乔七七当作亲弟弟一般照顾和爱护，他们属于寄养同胞的关系。

（四）婚姻关系衍生的婆媳翁婿等角色

婆媳、翁婿等角色是由婚姻关系派生出来的，彼此并不具有直接关系，是以姻亲中介产生的角色。《中华人民共和国民法典》规定，子女对父母有赡养义务；孙子女、外孙子女在特定情况下对祖父母、外祖父母有赡养义务；儿媳不是公婆财产的法定继承人，女婿不是岳父母财产的法定继承人。《中华人民共和国民法典》没有规定儿媳对公婆、女婿对岳父母必须尽赡养义务，但鼓励儿媳对公婆、女婿对岳父母尽赡养义务。

电视剧《婆媳过招千百回》中，林好育有二子一女。长子陈荣华娶妻林素兰，从小不做家务；次子陈富贵娶了杨菁菁，有主见，主张家事、

---

[41] 赵凤青，俞国良. 同胞关系及其与儿童青少年社会性发展的关系[J]. 心理科学进展，2017，25（05）：825-836.

家务都要共同分担。两子结婚都与父母共同生活，婆婆林好和两个儿媳在不断磨合中相互适应。电视剧《媳妇的美好时代》中，余味的父母离婚各自再婚，毛豆豆嫁给余味后有两个婆婆，余味生母曹心梅是亲婆婆，余味继母是继婆婆。

（五）婚姻关系衍生的姑嫂等平辈角色

姑嫂、小叔子、大/小舅子、大/小姨子、妯娌、连襟等平辈关系和角色，同样是由婚姻关系派生出来的、以夫妻关系为纽带而诞生的相关角色。姑嫂角色联系相对紧密。《父母爱情》中江德华和安杰的姑嫂角色呈现得立体、全面，江德华从老家到部队照顾侄子、侄女，虽然姑嫂之间不乏争吵和矛盾，但亲情仍是姑嫂相处的主旋律，江德福和欧阳懿互为连襟角色，安泰是江德福和欧阳懿的大舅子。

三、当代社会两性家庭角色的变化

现代社会分工越来精细化，更多女性进入职业领域。[42] "男耕女织""男外女内"的传统家庭分工模式逐步转变为"男工女耕""男女同工"，男女双方的家庭角色、地位等也发生了明显变化。

（一）女性家庭角色的变化

女性一生中会扮演女儿、姐妹、妻子、母亲、（外）祖母等多种家庭角色，其中妻子和母亲角色承担的事务和责任更重。在父权制传统社会中，女性处于被动弱势的从属地位，男尊女卑，男女分工界限鲜明，"男主外，女主内"，男女在家庭分工各自负责的范围内拥有决定权，丈夫负责家庭的生产经营决策，妻子自主安排家务，家庭权力呈现"事

---

[42] 张互桂.从家庭角色认知的变化看当今农村妇女地位的变迁[J].社会科学家，2008（7）：100-103.

权统一"特征。[43]传统社会确立"三纲五常"的伦理原则，形成了"母以子贵""妻以夫荣"等价值观念，主张女性的行为准则即"在家从父、出嫁从夫、夫死从子"，女性只能通过关联男子，主要是丈夫和儿子来实现自己的社会价值，几乎没有独立的社会人格。妻子角色往往是相夫、生殖、教子、家务等义务的代名词，母亲对儿女重在"慈"，强调母亲角色的亲情温暖与慰藉，典型如"孟母三迁""岳母刺字"等母亲教育子女的故事也只能在父亲角色缺席后发生。

现代社会，女性的家庭角色有了诸多变化，性别平权成为必然，虽然两性关系并没有完全跳出传统角色，但呈现了一些实质性的变化，"妻子"与"母亲"在逐渐摆脱绝对化的家庭角色定位，依附、被动、服从的女性角色特征逐渐开始转向主动、平等、自主、独立。以电视剧《当家的女人》中的乡村姑娘菊香为例，她上学时成绩优秀，高中毕业可以保送大学，却被人顶替，但她并没失掉生活的热情，嫁给家境贫寒但精明能干的李二柱，提出结婚后自己当家的条件，夫妻共同努力发家致富。二柱姑姑李月春，不满意菊香开了女人当家的先河，对菊香处处刁难。但坚持当家的菊香能力出众，发家致富有道，在她的努力下，生活一日好过一日，最终获得了家庭内外的一致认可，故事中的菊香可以看作是践行两性平等、独立自主的女性代表。

（二）男性家庭角色的变化

男性在家庭中可能扮演儿子、兄弟、丈夫、父亲、（外）祖父等多种家庭角色。孟子强调以血缘为基础的父子关系重于夫妻关系。"父为子纲"强调父亲对子女绝对的统治地位，"父慈子孝"强调儿子对父亲单方面的顺从。再加上对女性三从四德的要求，充分体现男性的父权、

---

[43] 同 [42]

夫权的统治地位。在某些地方，现在还保留着年节时请客吃饭女性不上桌的传统习俗。

随着女性的独立自主和家庭地位的提高，部分男性对自己的家庭角色产生了深深的困惑，处境尴尬，却又不愿意接纳现实。一方面认同男性在家庭中的主导地位，另一方面，作为丈夫，既不愿意分担家务、照顾教育孩子，经济收入也不高过甚至低于妻子，与理想家庭地位无法匹配。作为父亲，简单粗暴地对待子女，知识视野却远不如新时代的儿童，在交流中在意子女对自己的顺从却很难获得孩子的信任和亲近。一些男性能够适应家庭角色的变化，作为丈夫，能够主动分担家务、照顾教育孩子，自愿加入"家庭煮夫"群体。作为父亲，对待子女和蔼可亲、民主平等，同时不乏权威，关心、关注子女但不强加干涉，以平等理性的方式将父亲的权利与义务付诸实施。

（三）两性家庭角色变化的案例解读

张某，42岁，妻子37岁辞职在家。夫妻二人都是独生子女，大儿子出生后，在离岳父母家较近的一套房屋居住，方便岳母和妻子一起照顾孩子。

儿子出生后家里开销增大，暂时没有要二胎的打算，后来妻子意外怀孕，二人商量后决定生下来，在添丁进口的表面喜悦下，也拉开了家庭冲突的序幕，夫妻二人的情感关系就此急剧恶化。

妻子和张某商量，想让小儿子随母亲姓，甚至下跪相求，张某坚决拒绝。没想到的是，孩子满月前一天晚上他刚到家，妻子就说孩子已经上好户口了，随母亲姓。张某异常愤怒，摔门而去，负气回到自己父母家，接下来将近三年时间再也没回去过。目前，张某与父母同住，妻子带着两个孩子和岳父母同住。张某认为自己心里是有两个孩子的，单位有外派或去其他城市工作的机会他都没去，考虑孩子有需要还是在本地比较方便。期间妻子和他联系大多是让他转钱给大儿子报课外班或者给两个孩子买东西，他都会直接转钱或买好东西寄过去，和母子三人几乎没有接触。

最近一两个月，张某与妻子联系增多，因为大儿子上二年级以来，与同学经常发生矛盾冲突，老师要求停学在家并建议家长带孩子做心理辅导。妻子忙不过来时，让张某帮忙带大儿子来做心理辅导，张某去岳母家接大儿子时才第一次见到小儿子，听妻子说，小儿子在见到其他小朋友由父母陪伴玩耍时，会一脸落寞地说"我没有爸爸"，张某很受触动，但仍对妻子及岳父母的做法、态度耿耿于怀。和妻子的矛盾没有解决，大儿子又出了状况，小儿子满月后近三年他都不在身边，对这个家庭该如何走下去，他感到困惑。

夫妻二人均是独生子女，与各自原生家庭联系较为紧密，与各自父母的分化程度不高，夫妻间的凝聚力不稳定。二人对新家庭要承担的角色认识上存在分歧，各自依据自己的想法行事，诸多的责任、权利和义务没有达成共识，对于家庭角色产生了很多潜在的冲突。比如孩子出生后，丈夫忙于工作，妻子作为新手妈妈和孩子的主要照料者，难以适应新家庭角色，习惯性地回归到原生家庭中，难免依赖父母，导致父母在不知不觉中介入新家庭的事务中，增加了夫妻冲突的变数。夫妻对孩子出生后的养育问题，如是否母乳喂养为主、孩子的玩具与用品的选择、双方老人的介入等方面都存在较多的观念分歧。尤其是丈夫不想要二胎，妻子坚持要生下来，又在关于跟父姓还是母姓问题上产生激烈的矛盾，夫妻二人都没法认同、接纳对方承担的家庭角色，都想将自己的意志强加给对方，出现矛盾分歧时不能有效沟通，也做不到相互妥协，从而使夫妻关系出现了明显的裂痕。特别是丈夫采取逃避的方式，不再承担父亲和丈夫角色的责任、义务，使得家庭不确定的风险因素增强。只有双方理性沟通，就彼此家庭角色的责任、权利进行澄清并达成一致，家庭才有可能回到正轨上。

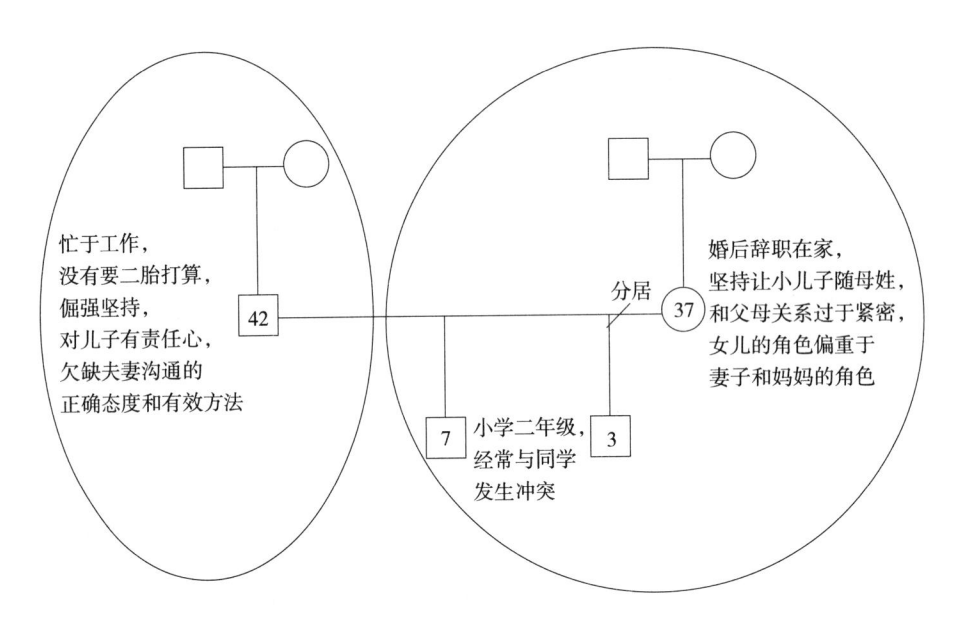

图 1-3 两性家庭角色变化

第四节 家庭地位

电视剧《都挺好》中，苏母赵美兰出生在农村多子女家庭，她父母重男轻女，逼迫漂亮又精明的她嫁给缺乏主见的苏大强。婚后家里大事小情基本由苏母做主，包括家庭资源的使用支配权、对家庭成员的干预控制权及话语决策权等。比如，苏母让女儿苏明玉读免费的师范学校，明玉不愿意却无法反抗；把大儿子从美国寄回来的钱补贴在娘家弟弟身上。苏大强不满意却不敢言，在隐忍压抑中对于日常家庭事务的承担更加逃避，被苏母贬低和嫌弃，被女儿看不起，苏明玉屡屡被母亲不公平对待，喊父亲主持公道，苏大强不敢替女儿说话，以去厕所等理由视而不见。从苏大强游离的眼神中可以看到，他不仅怕老婆，也怕自己的女儿。

苏大强的家庭地位一直很低，不仅全方位被苏母压制，甚至还要低于三个儿女，夫妻地位长期不平等，对苏家的每一位成员都产生了很大影响。

一、什么是家庭地位

家庭地位体现在家庭成员的重要性排序及对家庭事务的影响力上，实质上反映了家庭资源的控制权和家庭事务决策权及相应的义务、责任。杨玉静和郑丹丹认为，可以从家庭资源的使用支配权、家庭成员行为的干预控制权、家庭事务的决策话语权及家务的分工承担等四个方面来进行衡量。[44]

---

[44] 杨玉静，郑丹丹. 新时期中国妇女婚姻家庭地位的变迁 [J]. 中国妇运，2014（1）：17-19.

（一）家庭资源的使用支配权

家庭资源是家庭成员赖以生存和发展的基础，包括基础性资源、财产性资源和亲属网络资源等方面。传统农业社会以主干家庭和联合家庭为主，已婚女性的地位还受到丈夫以外的其他家里人尤其是婆婆的限制。"未嫁从父、既嫁从夫、夫死从子"的观念使女性在家庭中没有独立地位，但同时"以孝治天下"的传统也维系着母亲在家庭中的地位和权威。当代社会"男尊女卑，男主女从"的父权制基本瓦解，实现了男女"同工同酬"的分配机制，女性经济上能够独立，社会理念层面、两性的政治地位逐渐平等。但在现实层面上，男女两性平等还有待落实，大部分家庭主要还是男性支配家庭资源，只是越来越多的已婚女性从事社会生产活动，逐渐同丈夫一样成为家庭经济的供养者，由单一的家庭角色转换为家庭和社会的双重角色。传统"男主外，女主内"的性别分工模式逐渐被打破，女性的家庭资源使用权和支配权不断提高，两性平权趋近。比如《都挺好》中赵美兰嫁给苏大强后，就一手掌控着家中的经济资源、户口资源及亲属网络资源等。

（二）家庭成员行为的干预控制权

"男主外，女主内"的分工模式限制甚至剥夺了女性获得知识、拓宽视野、发挥创造力的权利。当前，男性和女性的家庭地位平权，大多女性也不再委曲求全来维系家庭的稳定。比如电视剧《我的前半生》中的罗子君，发现丈夫出轨后虽然伤心难过，但能够直面应对，可以选择离婚，也可以选择原谅，可以全职在家带娃，也可以重回职场。许多男性的观念和行为也发生了变化，他们积极分担家务劳动，照顾看护子女，对于子女的情感婚恋，也接受了婚恋自由的观念。比如电视剧《媳妇的美好时代》中的余味，与毛豆豆谈恋爱，双方父母都不支持，但他温和自然地为人处事，打消了老人们的顾虑。他经常夹在媳妇与母亲之间，在她们产生冲突时善于圆场,心甘情愿地照顾家人。

（三）家庭事务的决策话语权

家庭日常事务包括家庭日常生活和收支安排,凸显更多责任而不是权利,大多数家庭中更为常见的是女性负责日常事务,"女主内"的传统模式依然稳定,母亲或妻子仍然是家庭日常事务的主要承担者。家庭重大事务决策权把握家庭发展命脉,是家庭权力、地位的重要体现,是影响家庭走向的实质性权利。传统观念中强调男性为一家之主,而当代社会更提倡家庭成员共同协商。电视剧《父母爱情》中江德福和安杰是身份、地位、性格等相差悬殊的两个人,结婚后家里的日常事务如洗衣做饭、卫生习惯等由安杰说了算,江德福为此做了很多改变。在家庭重要事情的决策上,江德福会尊重安杰的意见,比如江德福主动申请去海岛戍边时,安杰不同意一起上岛,江德福并不勉强,孤身前往,直到安杰自己决定要去时才享受一家团聚。

（四）家庭事务的分工承担

家务劳动是家庭内部成员自我和相互服务的活动。家务劳动谁承担,既是家庭运转的必要内容,也与家庭成员地位关系密切。传统文化中,平辈家庭成员地位相对较低者更多地处于服务者的位置,家务劳动主要由女性承担,男性参与家务劳动的很少。现代两性平权在家庭中的直接体现,就是家庭分工的平等自愿与共同参与。电视剧《老有所依》中的吕希和江木兰在面对双方父母养老、女儿教育等一系列问题时,采取合作分担方式。丈夫吕希经常挤出时间接送女儿上学、给老人做饭,支持妻子的工作,妻子江木兰亦然。

二、现代女性家庭地位的演变

"家天下""父天下"的价值观念中,父亲作为权力和威严的象征,在家庭中拥有绝对话语权，对家庭重大事件甚至子女的人生大事有着决定权。新时代的女性参与国家全面建设，多数女性走入职场，取得丰富的社会成就，女性的家庭地位也全面提升。电视剧《女不强大天不容》中，女主人公郑雨晴人近中年，临危受命成为主编。凭着自身能力和一腔热血，以女性的柔婉、坚韧，努力让报社经营有了转机。传统纸媒受到冲击，报社面临着新危机。郑雨晴努力学习新事物和团队一起走出了一片新天地，家庭生活也在矛盾冲突中不断蜕变转型。

2015年的《中国性别平等与妇女发展白皮书》指出，夫妻共同决策家庭事务成为趋势，70%以上的妇女参与家庭重大事务决策。[45]越来越多的妇女能够平等分享家庭资源，男女共同分担家务的观念得到更多认同，两性家务劳动时间差距由10年前的150分钟缩短到74分钟。[46]全国妇联和国家统计局的"中国妇女社会地位抽样调查"，调查了女性的"婚姻自主权""家庭重大事务决策权""个人事务的自主权""家务劳动时间""家庭财产拥有权和支配权"等方面，[47]结果显示已婚女性的家务劳动时间逐步减少，由单一的家庭角色向家庭和社会的双重角色转换，女性家庭地位的变化主要体现在以下几个方面：

（一）女性的家务劳动时间减少

家务劳动是指服务家庭成员或者维持家庭生活运转且没有报酬的工作。它既包括打扫卫生、洗衣、做饭等体力劳动，也包括抚养孩子、陪伴照看家人等情感劳动。调查显示，从1990年到2010年，已婚女性每天家务劳动时间逐渐减少（见表1-11），无论在城镇还是在农村，

---

[45]《中国性别平等与妇女发展》白皮书发表[J].当代劳模，2015（10）：16-17.

[46] 李昌禹. 我国男女平等达到新水平[N]. 人民日报，2015-09-23（16）.

[47] 刘石洋. 河北省妇女家庭地位研究[D]. 河北大学，2012.

大部分已婚女性每天家务劳动时间虽然有所减少，夫妻双方差距缩小，但夫妻双方的无偿家务劳动时间配置依然存在明显的性别差异，妻子依然是家务劳动的主要承担者。[48]比如《父母爱情》中安杰、安欣两姐妹，婚后都是一边生儿育女一边工作，同时还操持家务、洗衣做饭等。

表 1-11　已婚女性每天家务劳动时间

年份	城镇		乡村	
	男	女	男	女
1990	2.16	3.75	2.23	5.18
2000	1.22	2.87	1.57	4.43
2010	0.72	1.70	0.83	2.38

资料来源：1990 年数据根据《当代中国妇女地位抽样调查资料》整理计算；2000、2010 年数据根据《第三期中国妇女社会地位调查全国主要数据》整理

(二）家庭重大事务决策权的扩展

在全国妇联和国家统计局有关中国妇女社会地位调查中，家庭重大事务指"决定从事何种生产、决定住房的选择或盖房、决定购买高档商品或大型生产工具、决定投资或贷款、决定孩子的升学或职业选择等"。[49]结果显示，中国已婚女性在家庭重大事务决策上有了更多的参与权。比如"从事何种生产"决策，"夫妻共同决定"和"主要由妻子决定"，相较 1990 年，2010 年提高 22.5 个百分点。在"家庭投资或贷款"和"盖房、买房"决策上，妻子参与决策的比例分别比 20 年前

---

[48] 唐永霞. 改革开放 40 年中国农村已婚女性家庭地位的变化——基于中国妇女社会地位抽样调查数据的分析 [J]. 甘肃高师学报，2020，25（3）：138-142.

[49] 狄凌芳. 国家话语下女性主体性的建构 [D]. 兰州大学，2010.

提高 24 个和 8.4 个百分点。但"以男性为主"决定家庭重大事务的比重依然很大,比如在"盖房、买房"决策上,男性为主高出女性为主 3 个百分点。

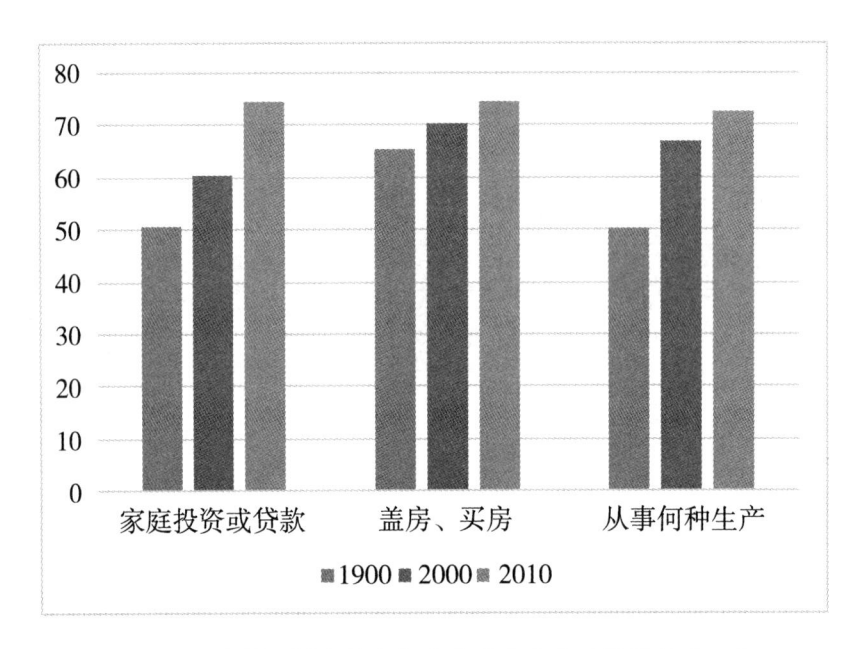

图 1-4　农村已婚女性参与家庭重大事务决策比较(%)

来源:唐永霞.改革开放 40 年中国农村已婚女性家庭地位的变化:基于中国妇女社会地位抽样调查数据的分析.甘肃高师学报,2020(3).

本书研究者调查家庭重要事项,诸如投资、购房、教育等方面的重大决策,成人认为夫妻沟通决定的占 69.6%,青少年认为父母沟通决定的占 55.0%,两者占比都是各组里最高的,但差距也较明显,可能成人认为的夫妻协商与青少年认为的父母协商的界定有所不同。成年夫妻看起来是协商决定,旁观者清,在子女看来可能还是以一方的意见为主,协商更像是形式而不是实质。很有意思的是,认为自己决定家庭重大事务的成人为11.6%，而青少年眼中由父亲单方决定的比例高达20.7%，一是可能成人和青少年的视角不同，二是青少年倾向于认为父亲在家庭中更具权威性地位，三是成人被调查者中女性偏多。（见表1-12）

表 1-12 家庭重要事项的决策者

成人视角			青少年视角		
家庭重要事项的主要决策者	n	%	家庭重要事项的主要决策者	n	%
自己	151	11.6	父亲	202	20.7
父母	10	0.8	祖父母	8	0.8
夫妻沟通	902	69.6	父母沟通	537	55.0
主要出资者	12	0.9	主要出资者	6	0.6
家庭成员协商	160	12.3	家庭成员协商	145	14.9
配偶父母	6	0.5	外祖父母	2	0.2
配偶	56	4.3	母亲	76	7.8
合计	1297	100.0	合计	976	100.0

（三）拥有更多个人事务自主权

个人事务自主权是指个人能否不受他人干涉自主决定自身发展和个人消费等权利，即拥有"自我发展抉择权"和"消费支配权"。沙吉才等认为："自我发展抉择权的实质，是能否不受他人干涉而按照自己的发展意愿行事，尤其是自身智力的开发与利用和价值的实现与发挥。"[50]在当代社会中，已婚女性依附于男人的状况有了极大变化，逐步拥有了一定的自我发展抉择权。

---

[50]沙吉才. 当代中国妇女家庭地位研究[M]. 天津：天津人民出版社，1995.

调查结果显示，农村已婚女性已经逐步拥有了自我发展的机会，相较 1990 年，2000 年、2010 年数据表明，已婚女性自我发展决策权逐步提升。[51] 如"外出学习或者打工"，2000 年有 83.5% 的人可以自己做主，高出 1990 年数据 14.8 个百分点。2010 年数据显示，在"自己外出学习／工作"方面，有 88.8% 的人选择"基本可以"或"完全可以"以自己的意见为主，比 10 年前提高 5.1 个百分点。1990 年妻子的家庭经济收入支配金额低于丈夫。2000 年则有 88.7% 的女性表示"完全可以"或"基本可以"自己做主"购买个人的高档商品"；能自主决定"资助自己父母"的女性比例为 91.3%，两性间差异不大。"购买自己用的贵重物品"和"资助自己父母"方面，2010 年分别有 92.9% 和 94.5% 的女性表示，能"基本可以"或"完全可以"以自己的意见为主，比 10 年前分别提高了 4.2 个和 3.3 个百分点。已婚妇女的个人事务自主权亦有很大的提升，性别差异虽然存在，但逐步缩小。

职业和社会活动增强了女性自强自立的能力，推动了女性社会化和人格化发展，使她们开始重新审视自身、家庭和社会，这为始终禁锢于家庭和传统伦理的女性提供了解放自己的机会，也为个人自主性成长提供了可自由选择的空间。女性家庭地位的提高，有赖于社会进步及个人自主意识的觉醒，是一个复杂与曲折的发展过程。

三、主干家庭中女性家庭地位的案例解读

当前，我国主干（直系）家庭在家庭结构中占比仅次于核心家庭，主干家庭中成员的家庭地位层次更多元，差异更大。

---

[51] 第二期中国妇女社会地位调查课题组.第二期中国妇女社会地位抽样调查主要数据报告[J].妇女研究论丛，2001（5）：4-12.

受访对象M女士，儿子8岁，结婚后夫妻二人与公公、婆婆一起生活。公公身体经常不舒服要去医院看病。婆婆前些年重病一场，目前恢复不错。小姑子大龄未婚，休假回家时会与他们全家一起居住。M认为公婆家住房宽敞，觉得结婚就该和老人共同生活、相互照顾。

M感觉高攀了男方，期盼着婚后一大家子人其乐融融。M检查有卵巢囊肿，流产后婆婆不让M老公在医院和家里陪护照顾，M才得知丈夫前几年就患有双相情感障碍，需要服药控制。M很受打击，后来慢慢接受了这一事实，却再没有勇气尝试怀孕生子。此后M和丈夫抱养了一个男孩，二人分房睡。孩子抱来时公婆要自己带，M认为自己作为妈妈应该亲自带孩子，多次沟通交涉后公婆态度有所改变，但孩子入幼儿园和上小学都是公婆决定的。M考虑儿子上初中时要择校，也计划买房出去单住，但都很难如愿，一方面是公婆的各种阻挠和反对，另一方面觉得自己不具备支撑一家三口独立的经济条件和生活能力。孩子的生活和学习费用大多由公婆和丈夫承担，孩子课外报了英语、围棋、小记者、篮球等多个课外班；婆婆在家承担大部分家务，公公和丈夫也会帮忙，M感觉自己干活经常被婆婆挑剔，还常被指责"白吃白喝白住还不干活儿"，丈夫也不吭气。M努力和家人进行沟通，与小姑子、公公的关系顺畅了一些，但自己的家庭地位并没有明显改观。

M家庭地位受到自身经济能力、家庭角色、亲密关系、自主性等诸多主客观因素的影响。M的工作由婆婆帮忙调动，工资明显低于公公的退休金，住房也由公婆提供，对家庭事务的话语权、决策权以及被其他家庭成员尊重的程度明显偏低。小姑子、丈夫和公婆生活在一个家庭，M结婚后进入丈夫的原生家庭中，婆婆仍然是家庭的女主人，M只是新加入家庭的一个成员，她缺少对自己在此家庭中所扮演角色的清醒认知，不明确自己的家庭地位，难以以适合的角色融入这个家庭。M的丈夫长期患病，本身还依赖公婆保护照顾，M对自己家庭中"局外人"的角色缺乏明确认知和自我接纳，困惑和苦恼也会油然而生。

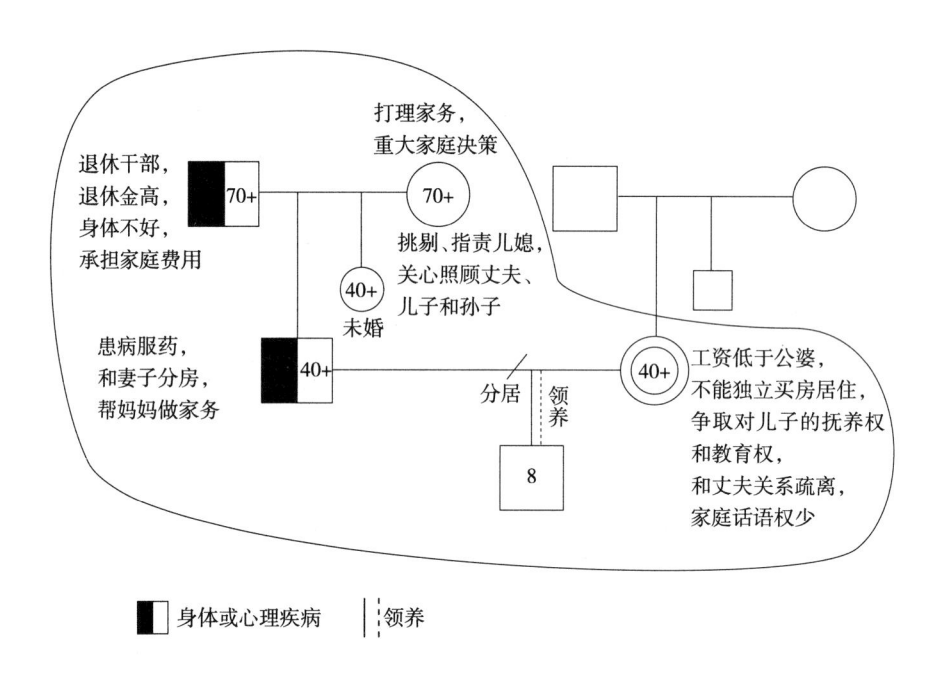

图1-5 主干家庭中女性家庭地位

第五节　不同家庭形态下青少年的心理发展

《红楼梦》中生活在大观园里的贾宝玉，如果换成在小家门户中，还可能是同一个人吗？林黛玉幼时丧母，后又丧父，在贾府看似尊贵实则寄人篱下的处境，让她变得越来越敏感，不经意的一句玩笑，她也会认为是对自己的轻侮，这与她的身世处境有着密切的联系。薛宝钗同样寄居在贾府，但母亲和哥哥一直陪在身边，宝钗的内心相对强大，处事更为周到，对自己的生活状态有着更为清醒的认识，家庭形态的不同，对两个人的心性也有着不同的影响。

电视剧《最好的我们》中，耿耿的父母离异，遇到困难和烦恼时无从诉说自己的心意。剧中余淮前期生活还算一帆风顺，妈妈后来得了尿毒症，爸爸如果从非洲回来就没有经济来源给妈妈治病，余淮如果上清华就不能照顾妈妈，家庭陷入困境，让余淮的人生轨迹发生了很大的变化。家庭结构和家庭地位的不同，家庭角色和家庭功能的变化，都会对青少年的心理成长产生直接而强烈的影响。

一、不同家庭结构下青少年的心理发展

不同家庭结构下青少年心理发展的差别主要体现在心理（认知）图式与学业成就、情绪情感、人格特质、社会化与心理脚本等四个方面。

（一）心理（认知）图式与学业成就发展差别

母亲能够对青少年提供更多情感支持与呵护，与母亲共同生活促进青少年的学业。独生子女的学业成就高于非独生子女，即使不与母亲共同生活，独生子女学业优良的概率仍高于与母亲共同生活的非独生子女（见表1-13）。心理图式是指对个体认识客观事物后的概括性意象，是感知分析客体后形成的关于客体的心理表征模型，是对客观世界的框架性或结构性认知。不同家庭结构下，青少年的心理图式并没有显著差异（见表1-14），说明个体看待世界的认知方式与其家庭结构没有必然联系。青少年的学业成就乃至未来的社会成就，不仅依靠自己的智力和思维方式，也依靠重要他人的引导和社会支持。不同家庭结构下的青少年心理（认知）图式并没有差异，学业成就却因家人的情感抚慰和精神支持会有很大差别。

表1-13 学生学业能力表现预测概率表

母亲教育水平	子女学业表现	母亲&无兄弟&无姐妹	无母亲&无兄弟&无姐妹	母亲&有兄弟&无姐妹	母亲&无兄弟&有姐妹	无母亲&有兄弟&无姐妹	无母亲&无兄弟&有姐妹	母亲&兄弟&姐妹	无母亲&有兄弟&有姐妹
高中或中专	较差	0.000	0.000	0.001	0.001	0.001	0.001	0.001	0.002
	中等偏下	0.429	0.516	0.561	0.589	0.645	0.670	0.708	0.775
	中等偏上	0.297	0.274	0.257	0.246	0.220	0.207	0.187	0.148
	优秀	0.274	0.209	0.181	0.165	0.125	0.122	0.104	0.075

来源：曹谦. 家庭结构对青少年学业能力影响的实证研究[J]. 统计与信息论坛，2015（9）：107-111.

如同电影《再见，少年》中，班级里的尖子生黎菲，家庭和谐美满、团结幸福；张辰浩的母亲遭遇车祸成植物人，父亲被裁员，为躲债不知所踪，他不仅要忧愁母亲的医药费，还要应付上门讨债，小小年纪背负着家庭的巨大压力，缺少社会支持，心情郁闷便旷课打架，成为老师眼里的坏孩子。

（二）情绪情感发展差别

在不同家庭结构中，儿童的情绪稳定性存在差别，[52]核心家庭、主干家庭中儿童的情绪稳定性高于单亲家庭和再婚家庭，可能单亲或再婚家庭的儿童面对家庭的变故、家庭关系和角色的变化，心理上短期内难以接受，面对不熟悉的新家庭成员时容易冷漠、拘谨；再婚家庭儿童的轻松、兴奋情绪明显低于其他家庭结构的儿童，忧虑、抑郁、紧张、困扰和精神压抑等情绪则明显高于其他家庭结构的儿童。重组新家庭中，生活的自由度、在经济上的支配权等与自己亲生父母共同生活有落差，导致心理上不平衡和不适应；再婚家庭儿童在恐惧、敌意、嫉妒和羞怯等情绪上也均高于其他家庭结构的儿童，儿童对继父母存在心理抵触，担心会遭到继父母的"欺负"，面对家庭事件，会产生消极解读。

初中女孩李玩，母亲在她幼时离家，父亲再婚后又生了个儿子，年迈的爷爷奶奶照顾她，但隔代间的观念差异大，相处隔阂明显，李玩内心孤独、忧郁。父亲送的一只小狗成为李玩的玩伴和情感寄托。继母和弟弟的加入，让她觉得自己更像个局外人，越来越沉默、拘谨和冷漠。电影《狗十三》鲜活地呈现了重组大家庭中青少年更复杂多变的情绪情感状态。

（三）人格特质发展差异

离异重组家庭和留守寄养家庭的儿童精神质得分高于正常家庭儿

---

[52] 王殿春，闵慧男. 家庭结构对儿童情绪状态的影响研究 [J]. 黑龙江教育学院学报，1999（1）：99-103.

童，性格较冷漠、孤僻等。[53]何思忠等研究发现，单亲家庭儿童的神经质得分高于核心家庭和主干家庭，掩饰性得分低于核心家庭和主干家庭。[54]对于留守或寄养家庭的儿童来说，长期与父母分离或不能完整地得到父母的关爱，缺少与父母正常的情感交流，出于对父母的思念而引起的情绪波动，焦虑、抑郁、苦闷、烦恼等消极情绪长期困扰着他们。对于单亲重组家庭的孩子，父母离异前长时间的争吵或冷漠的家庭氛围，尤其父母离异这一创伤性事件，给孩子带来的不安全感和被抛弃感的负性情绪体验，很可能会内化成孩子的不良认知模式。如果此时这两类家庭结构中儿童的社会支持系统不能帮助他们化解这些情绪，就会导致儿童的性格日趋内向、孤僻、敏感多疑，遇到挫折容易退缩，不善言谈、缺乏人际交往技巧，形成精神质人格。比如《红楼梦》中，林黛玉母亲早逝，孤苦无依，对环境很敏感，小心翼翼，心事重重，最后抑郁而终。

（四）社会化与心理脚本发展差别

儿童的社会性发展是指掌握社会规范、社会技能、价值体系获得社会适应性的过程。在核心家庭中，子女扮演的角色单一，家庭内社会互动的对象和内容也比较单调，缺乏多维人际交往机会，往往不能客观认识自己，"自我概念"的发展，不如家庭规模较大的主干家庭的儿童。主干家庭，祖辈、父辈、孙辈共同生活在一起，家庭人口多，规模大，人际层次复杂，青少年要与上两代的家庭成员交往，扮演子女和孙子女等角色，通过观察祖辈及父辈言行，处理诸多人际互动关系，在应对更

---

[53] 王艳祯，滕洪昌，张进辅. 不同家庭结构下儿童人格特征研究[J]. 保健医学研究与实践，2010（02）：25-27，31.

[54] 何思忠，刘苓. 不同结构家庭及精神环境下儿童个性特征与父母个性的关系[J]. 中国心理卫生杂志，2008（08）：553-556，563.

多家庭场景中学习，增强社会生活适应能力和人际交往能力，促进其社会化发展。

心理脚本是个体应对客体关系来进行人际互动，再整合自己情感状态的内部程序，具体表现为主体与客体建立连接的过程中，识别情境，明确角色，选择或套用应对模式的一系列内部心理操作流程和相关线索。调查显示（见表1-14），不同家庭结构下青少年心理脚本差异显著，重组家庭的青少年心理脚本分数显著高于单胎核心家庭，可能是经受了家庭分裂的痛苦，经历变化被迫提升了适应力。重组家庭青少年面对各种情境时，反而会表现出更加灵活多变的心理应对脚本。

表1-14 不同家庭结构下青少年心理图式及心理脚本比较

家庭结构	n	心理图式	心理脚本
单胎核心家庭	288	23.3 ± 5.81	21.1 ± 5.35
二胎核心家庭	447	22.9 ± 5.27	21.3 ± 4.96
主干家庭	28	22.7 ± 6.41	18.7 ± 5.60
联合家庭	107	22.1 ± 6.03	19.9 ± 6.47
单亲家庭	35	21.8 ± 5.78	20.0 ± 5.86
重组家庭	7	25.6 ± 2.57	19.9 ± 5.96
住校或独住	18	23.4 ± 6.28	18.1 ± 5.66
隔代抚养	46	21.8 ± 5.44	21.4 ± 4.71
F		1.228	2.576*

二、家庭功能对青少年的影响

家庭功能运转情况会加强或抵消学校教育的效果，不仅与青少年的认知发展和学业成绩有关，还对其学业和未来社会成就有很强的预测作用，[55]同时也影响着其社会性发展。

（一）认知和学业发展

家庭资源较差的青少年学业不良的概率更高，青少年的学业成就与家长的文化程度和职业类型相关。[56]电影《老师好》中，洛小乙从小没有父母，跟爷爷一起生活，在学习、人际等方面难以得到恰当的指导，学习状态及成绩起伏不定，被同学诬告早恋后，他不能理性与老师沟通，直接选择逃课去混黑社会，从此喝酒打架成了家常便饭。本书研究者调查发现（见表1-15），不同抚养状态的青少年心理图式差异不显著，两者间的不同可能在于家庭资源的定义，对于孩子的学业，父母的心理素质水平还有陪伴示范这样的心因性资源可能比家庭经济收入等物质化资源更重要，而两者研究并没有明确区分。

（二）青少年情绪情感

家庭作为其成员间情感交流最充分的场所之一，家庭功能运转不畅会给孩子带来更多情绪方面的困惑和问题。青少年对家庭支持的需求比较高，不仅需要家庭给予物质、生活的关心与照顾，更需要精神的支持与鼓励，以及情感的理解与安慰。如果家长对孩子所做事情的情绪反应过于强烈，对子女干涉过多，会导致孩子缺乏独立性，对自身的情绪知觉、评价不一定很准确，对情绪调节的自我效能感降低，缺乏有效的情绪调节策略。理想的家庭功能发挥的过程和结果，会增强青少年的情绪调节和自我效能感，帮助其习得有效的情绪调节策略，有意识地反思自

---

[55] Marjoribanks K. Families, schools and children's learning: a study of children's learning environments [J] .nternational Journal of Educational Research, 1994, 21: 439-555.

[56] 崔新芝.学业不良青少年的家庭功能对其学业动机的影响[J].教育现代化, 2017（8）：257-258.

己的情绪调节，提高情绪调节的监控水平。反之，如果家庭成员之间缺乏感情，彼此忽视，互相不重视，彼此之间反应迟钝、情感淡漠，导致家庭的亲密度与适应性变差，会觉得压抑、抑郁，缺乏温暖与安全感，可能会影响青少年的情绪知觉、情绪评价、情绪调节自我效能感等能力，会减弱青少年的情绪调节能力。电影《少年的你》中，女主角陈念成长于单亲家庭，母亲沉沦在传销组织，陈念孤独无依，在学校经常被同学霸凌；另一单亲家庭女孩罗婷，父亲酗酒，她经常遭受家庭暴力，情绪无法正常表达和调节，在校园中只会用暴力解决问题，令人心情复杂又颇为痛心。

（三）个体的社会化和心理脚本

家庭功能不良会导致子女出现更多的外显和内隐问题。郑希付在《行为与家庭》中提到，家庭中子女行为异常程度与家庭功能的得分成正比关系，家庭功能越差，相应的子女行为异常程度越高，直接影响子女的正常社会化。[57]

调查显示（见表1-15），家庭中父母照顾祖辈和自己的青少年，心理脚本分数显著高于只有母亲照顾祖辈和自己的青少年，这意味着家庭功能较为合理的家庭，青少年在处理感情问题方面更加有能力，更能变通，更加灵活并且困扰较少。家庭功能良好的子女，心理问题较少。家庭功能完整，父母角色发挥充分，能够给青少年提供完整的支持。反映残奥冠军苏桦伟的电影《妈妈的神奇小子》中，苏家是香港20世纪80年代新移民，苏爸是油漆工，苏妈无固定工作。苏桦伟得黄疸病导致脑痉挛，无法正常站立行走。苏妈和苏爸共同养家，努力陪伴和激励儿子，不仅帮助儿子站了起来，还发掘了他的跑步天赋并尽心培养。苏

---

[57] 郑希付. 行为与家庭[M]. 长沙：湖南师范大学出版社，1995.

桦伟最终通过个人努力夺得了残奥会冠军且打破了世界纪录。

表 1-15　家庭抚养者与青少年心理图式、心理脚本

抚养者	n	心理图式	心理脚本
父母照顾祖辈和自己	671	22.60 ± 5.38	21.26 ± 5.15
父母照顾祖辈，自己成家	73	23.19 ± 6.02	20.04 ± 5.95
父母抚养自己，无祖辈或独自生活	103	23.83 ± 5.93	20.17 ± 5.62
父亲照顾祖辈和自己	17	23.41 ± 8.85	20.53 ± 5.41
母亲照顾祖辈和自己	18	22.67 ± 7.50	19.00 ± 6.48
祖辈照顾自己，父母辅助	78	23.27 ± 5.03	19.60 ± 5.53
单亲照顾自己，无祖辈或独自生活	16	23.50 ± 6.10	21.06 ± 5.48
F		0.930	2.307*

三、家庭角色对青少年的影响

电视剧《家有儿女》中讲述了一个重组家庭的生活状态，开始夫妻俩慢慢磨合，三个孩子则是火星撞地球，分歧争吵不断。作为丈夫和爸爸，夏东海积极地运用各种巧妙的方法从中调和，促进家庭发展的稳定与和谐。夏东海和刘梅共同分担家务，积极协商沟通，各负其责，能够面对自己和孩子们真实的感受和想法，作为父母，二人对自身所应承担的角色和义务有清晰的认识，能够积极主动"整合"两个人的爱心和智慧，共同培养快乐生活的下一代。

当三个孩子有了矛盾，夫妻二人并不做过多的干涉，而是选择放手、选择信任，让孩子们自己去解决问题；当刘梅从女儿小雪的抽屉里翻出了照片、贺卡，误以为小雪早恋时，夏东海及时制止妻子的盲目举动并耐心劝导："每一个孩子都有自己的小秘密，有时候，她不愿意被别人

知道。一个孩子得不到尊重,她怎么会尊重别人呢?"刘星的学校要开家长会时,夏东海主动要求参加家长会,为的就是向刘星的老师和同学们宣布:刘星再也不是单亲家庭的孩子了,他有新爸爸了!他理解这些对孩子的重要性,并认为这会极大地提高孩子的自信心。

在夏东海和刘梅的用心经营下,孩子们相处得越来越亲密、友好,虽然难免争吵,但感觉温暖、内心欢乐,关系逐渐走向稳定而深入。父母亲角色的积极示范和主动承担,潜移默化影响着孩子的自我和社会化发展,会间接促进孩子的学业成就,有助于增强孩子们的身心健康。

家庭关系稳定,家庭成员角色清晰,家庭成员各自的责任、权利、义务边界明确,容易建立良好的亲子关系,有助于孩子的独立、自信和成长。孩子生活在宽松的家庭环境中,能够获得足够的安全感,在学业上更能做到自主负责,发挥自己的真正潜能,情绪情感更为稳定积极,社会化发展与其年龄特征更为匹配,能够开放地与家庭成员主动分享讨论自己的情感体验。

电影《少年的你》中小北的家庭和人生则是另一番景象。父亲酗酒,行为粗鲁,母亲软弱。后来父母离异,父亲不要他,母亲也为了一个男人抛弃了他,父母的家庭角色不是扭曲就是缺失。他一个人住在一栋狭小的破房子里,没人关心,年少辍学、喜欢打架、上网泡吧、言语粗鲁。他虽身处黑暗,却心向光明。他会为了一个被打骂的小孩大打出手,为了一个喜欢的女孩子付出一切。从小就要学会在社会上摸爬滚打,他不是不想读书,只是没有办法,一个人生活,没有收入来源。他只能用仅有的力量,去保护一棵雨中飘摇的小草。缺少家庭支持的小北,虽然内心坚强,但他的人生走向终是让人唏嘘担忧。

家庭关系混乱,家庭重要成员角色的缺位,亲子关系不完整甚至完全缺失,孩子的成长缺乏必要的社会支持,孩子既无心于学业,情绪情感也经常处于困扰挫折之中。如果孩子的自我力量不足，很容易被卷入复杂纷扰的暗黑精神世界，走入人生的歧途。

四、家庭地位对青少年的影响

当代中国，自由民主、男女平等的思想已经深入人心。城市家庭夫妻平权，夫妻共同决策极为普遍；但女性还是偏向于家庭日常事务，如在家庭日常消费或家庭经济管理中做主，大多时候丈夫在家庭中还是掌握着"组织权力"，妻子对于家庭日常事务的决策权仅仅是一种"执行权力"，[58]父强母弱、母强父弱或父母平权的三种模式都不少见。

电视剧《大宅门》中白老太爷在大宅门里是一个说一不二的人，是典型的父强母弱模式。白老太爷眼看着家族即将走向衰败，只能找一位才能卓越者接任当家人，三个儿子在他强势的教育管控下，大儿子被抓，二儿子胆小窝囊，三儿子奸诈狡猾，白老太爷只能将白家交给二奶奶。白家又形成了母强父弱的家庭地位特点。儿子白景琦既有叛逆的一面，也有顺从的一面，遇到良师季宗布，这才浪子回头，儿子长大成年后择偶敢于忤逆母亲的意愿，先斩后奏，生米做成熟饭，但在大宅门里他又不得不对母亲言听计从。

当代家庭更加推崇民主平等的夫妻关系，大事要协商，小事多沟通，夫妻间有冲突、有矛盾并不可怕，但要遇事不回避、不退缩，或达成共识，或暂时妥协，关心、接纳是亲情的黏合剂和万能贴。在这种温暖安全的家庭模式中成长的孩子，会有更强的安全感和自信心，敢于表达自

---

[58]时聪聪.资源因素、文化规范和城乡家庭夫妻权力[D].南京大学学报，2012.

己，和人相处时也会更尊重对方，认知学业、情绪情感及社会化等方面的发展也更均衡和稳定。电视剧《父母爱情》中江德福和安杰的家庭，江德福真心爱慕安杰，对安杰足够包容和体贴，安杰也慢慢学会了妥协，适应并享受着艰苦朴素但温暖开心的家庭生活。

在这样平等民主的家庭氛围中成长的五个孩子，人品性格发展都很理想。比如江德福教育孩子绝对不许恃强凌弱，尤其是不能欺负烈士子女。儿子江卫国和江卫东曾经与烈士儿子打架，被父亲狠狠地教训后，理解了父亲的心情。

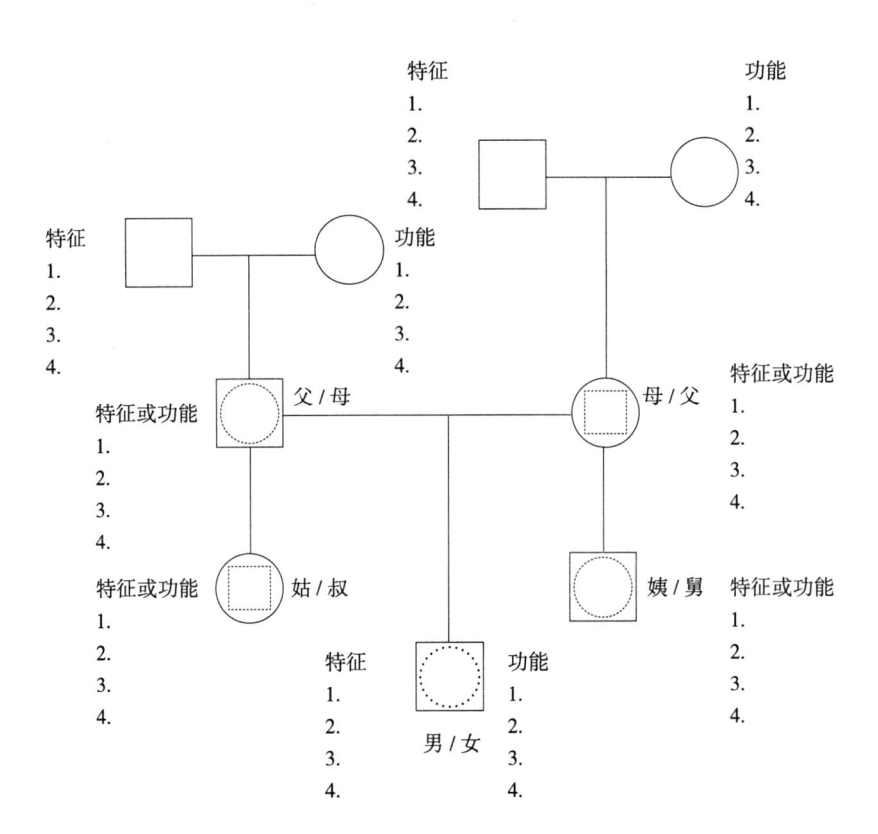

060　家庭心动力：青少年成长的原点与突破

特征
1.
2.
3.
4.

功能
1.
2.
3.
4.

特征
1.
2.
3.
4.

功能
1.
2.
3.
4.

父/母

母/父

特征或功能
1.
2.
3.
4.

特征或功能
1.
2.
3.
4.

特征或功能
1.
2.
3.
4.

姑/叔

姨/舅

特征或功能
1.
2.
3.
4.

特征
1.
2.
3.
4.

男/女

功能
1.
2.
3.
4.

身份请根据实际选定

图 1-6　家谱图练习

第二章

家庭文化

famil

电视剧《小舍得》描绘了再婚的南建龙与蔡菊英及两个女儿两代三家人的家庭故事。南建龙承担家庭经济责任，蔡菊英照顾家庭生活，男主外、女主内；亲生女儿南俪与女婿夏君山共同承担家庭内外事务；继女田雨岚能力强，性格强势，主导家庭生活。三个家庭分工各有缘由，有同有异。南俪能给予孩子充足的情感陪伴，孩子有困扰时也会积极向父母求助，交流沟通顺畅，家庭成员情感体验愉悦；田雨岚对儿子的学业有很高的期望，难免忽略孩子对温暖体贴的情感需要，亲子间隔阂明显。围绕着家庭的第三代夏欢欢和颜子悠的小升初，呈现了激烈的亲子冲突，裹胁着南建龙夫妻继发的争执。祖孙三代，尤其南俪和田雨岚各自的小家庭内部，面对不同的家庭分工、家人的情感诉求及回应方式、家庭冲突及应对方式等，剧中展示了一个联合大家庭彼此关联、相互影响，你中有我，我中有你，边界模糊而又各有特点的家庭情感氛围和家庭文化模式。

广义来讲，家庭文化指家庭制度及其体现的文化内涵，包括规范婚姻关系和血缘关系的家庭制度体系及体现社会发展和时代精神的文化内涵。狭义来讲，家庭文化是家庭成员的日常生活范式、情感互动模式和文化娱乐参与方式，着眼点是家庭本身，而不在家庭与社会、家庭与文化之间的关系。有研究者定义，家庭文化是人类为了生存和发展而选择的具有婚姻关系和由此产生的血缘关系的人类群体，以及他们共同的生活方式和全部生活内容。[1]本书关注家庭成员间的精神交流和情感互动模式，侧重狭义的家庭文化，定义家庭文化为家庭成员间稳定的精神交流和情感互动模式，它反映了家庭成员的精神需求和价值导向，体现在家庭的日常生活、交流沟通和娱乐休闲中，包括家庭分工模式、家庭情感互动和家庭冲突应对三个方面。[2]

---

[1] 余华林.中国现代家庭文化嬗变研究[D].首都师范大学，2002.
[2] 吴琼.海南妇女家庭分工的现状调查[J].学理论，2011（20）：35-36.

第一节　家庭分工

电视剧《我的前半生》讲述了罗子君从全职太太经历婚变成长为优秀职业女性的故事，也让我们看到了一个典型的"男主外，女主内"的家庭分工模式从建立到解体的历程。

一、什么是家庭分工

家庭分工是指夫妻之间对家庭事务的责任分配，包括对外事务和对内事务，对外事务主要是指外出工作维持家用，对内事务主要指家务劳动、照顾子女、赡养老人等。"我家是他挣钱，我花钱，孩子的花销是大头""我们家是我主外，她主内"，类似这些就是家庭分工。

美国帕森斯提出性别劳动分工理论，认为传统两性分工有利于工业社会的稳定，即成年男性负责挣钱养家，女性依附于男性，担任妻子和母亲的角色。[3] 20世纪60年代，美国贝克尔（Gary.S.Becker）提出家庭分工理论，他认为男性和女性生理上固有的差异导致女性主要在提高家庭生产效率，特别是生育和照料子女的人力资本上进行投资，而男性则更多在有利于提高其市场活动生产率的人力资本上进行投资。[4] 也就是说，女性更适合从事家务劳动，而男性更适合从事社会劳动。他运用边际分析方法，结合家庭生产函数，研究家庭内部如何配置时间和使

---

[3] 王妍.家庭分工对婚姻质量的影响[D].南京财经大学学报，2019.

[4]（美）加里·贝克尔.人力资本（原书第3版）[M].陈耿宣，等译.北京：机械工业出版社，2016.

财富达到最大化，得出家庭分工比较优势理论，指出基于比较优势，家庭才会出现分工，相较于男性，女性比较擅长家务劳动，女性具有的家庭照料优势使她们花费大部分时间从事家庭劳动，其生物角色也要求其在家庭中投入更多精力，男性则有更多的时间投入工作中，形成了"男主外，女主内"的家庭分工模式，男性市场劳动和女性家务劳动通过家庭内部交换增加家庭整体效率。郭砚莉[5]、胡艳艳[6]研究了我国的家庭分工模式，支持了比较优势理论。

二、"男外女内"家庭分工的演变与发展

（一）农耕社会的男外女内

自远古时期开始，体力强壮的男性擅长狩猎与耕作，女性长于内务与幼崽养育。漫长持续的农耕社会强化了"男外女内"家庭分工的行为方式和思想观念，家庭角色分工与性别联系在一起，"男外女内"观念与角色规范被广泛赞许。男性从事生产、养家糊口，女性负责生儿育女、料理家务，依据男性支配、女性服从的角色期望行事，利于家庭稳固，反之则承受伦理压力。正如林语堂所说，"出嫁是女人最好、最相宜、最称心的职业"，还有一些奇特的文化传统，如女性自幼裹足的陋习，以抛头露面为耻的风俗，对女性"笑不露齿""大门不出，二门不迈""女子无才便是德"的行为举止要求和道德规范等更加强了"男外女内"模式。

家庭分工模式受集体无意识的影响，反过来也影响社会进步和个体发展。传统社会"男耕女织"的分工是集体意志的约定俗成，"男外女内"

---

[5] 郭砚莉.比较优势理论与家庭内部劳动分工[J].经济经纬，2007（4）：79-81.

[6] 胡艳艳.家庭内部劳动分工视角下西北农村留守妇女从业困境及其务工选择——以甘肃为例[J].安徽农业科学，2011，39（31）：19496-19499.

的家庭分工从个体生存和种族延续角度讲具有历史合理性，形成了深厚持久的文化渊源。程裕祯从文化人类学角度分析，认为中国家庭的"男外女内"文化传统在古代具有存在合理性。[7]第一，契合男女生理差异，"男外女内"有利于小农经济为主的劳动生产率；第二，符合人口繁衍需要，人丁对于传统家庭的重要性使得社会对女性的最主要期待是生育孩子；第三，有助于孩子的健康成长，母亲可以有大量时间对孩子进行启蒙教育，现代心理学研究也证实了母亲不可替代的养育作用；第四，维护传统道德，"男外女内"协调了社会成员的生产与人际关系。

（二）工业社会"男外女内"面临的挑战

明清时期，工业化萌芽发展促使社会和行业分工发生了较大变化，也打破了"男耕女织"的传统模式。万历年间冀州枣强县志记载，"庶民，男力耕作，女勤纺绩"；崇祯年间保定府蠡县志记载，"男务农桑，女勤织纴"；清代道光年间南宫县志记载"妇人皆务绩纺，男子无事亦佐之"，贵州兴义县志记载"全郡男资以织，女资以纺"，从上述史料中可以看到，由男耕女织到男女共同从事纺织产业的变化历程。[8]

随着世界范围内性别平等观念的确立，许多国家的女性获得了教育、就业、选举等诸多社会权利，科技进步和女性职业化的双重作用减少了女性的家务时间，女性走出家庭，面向社会，经济独立在实质上促进了女性摆脱附庸从属，逐步走向两性平权。在这一过程中也出现了一些失衡现象，一方面她们依然承担诸多家庭事务和责任，母性使她们在养育孩子中投入大量的情感；另一方面还要在职业发展上投入大量精

---

[7] 张旭, 潘寅儿. 中国传统家庭分工模式的优点 [J]. 佳木斯教育学院学报, 2010（05）: 331.

[8] 于秋华. 原始工业化时期的劳动分工与社会分工 [J]. 财经问题研究, 2011（02）: 12-18.

力，过度耗竭和角色冲突造成"蜡烛两头烧"的困境，女性要承担更多的责任和压力。

许多男性对自身家庭角色认知没有发生根本变化，性别角色期望和角色态度仍然是传统的，认为料理家务和照顾子女是女性的职责，但现实中妻子陷于职业发展分身乏术，丈夫的经济实力又不足以独立承担整个家庭面临的压力，丈夫不得不参与家务劳动，这与他们的男性角色期望冲突，抱怨和心理失衡引发家庭中的矛盾冲突。

（三）基于多元化选择的家庭分工新建构

当前我国的家庭分工逐渐转变，形成了男女共同主内外甚至男主内女主外的模式，女性经济独立、视野开阔及自身价值感的提高，促使其能够直面自己的家庭情感需求，受教育水平的提升帮助女性提升了敏锐深刻的感受力和良好的沟通表达能力，能够与家人有效交流，利于良好家庭文化氛围的营造，促进家庭关系的新变化。但多个因素的综合作用使得许多家庭依然是男主外女主内模式，一是男性比女性更易获得良好的工作机会，二是女性更善于料理家务也愿意照顾家人，三是此种模式家庭开支相对较低，四是传统男权观念的影响。

2016年，《中国青年报》进行了关于"家庭分工"的网络调查，结果显示，53.1%受访者认为通常主外者家庭地位更高；超过1/3的人认为家庭结构调整会造成夫妻间冲突；43.5%受访者认为夫妻应该承担同等家庭内外事务。[9]随着社会经济和产业结构变化，消费、文化等第三产业比重超过第一、二产业，女性有了更多参与社会生产的机会，体力劣势的影响减弱。互联网的发展促使劳动管理方式发生变化，社会

---

[9]周易.家庭分工模式：夫妻共同承担内外事务最普遍[N]，中国青年报，2016-09-13.

劳动逐渐个体化、分散化，家庭分工模式越来越多样化也成为可能。

宋扬经调查发现，男大学生对分工模式的态度更开明，不再强调男主外女主内，女大学生会根据"经济收入""社会地位"和"忙碌程度"三方面作为负责家庭中对外事务的衡量指标。[10] 本书研究者调查发现（见表2-1），对家庭分工的态度，成人与青少年存在显著差异，11.2%的成人赞同男主外女主内，9.5%不赞同；与之相反，12.5%的青少年不赞同，8.5%赞同，与宋扬的调查结果相似。成人抑或是青少年，对家庭分工社会文化基础的归因呈现出明显的一致性，有四成多被调查者认为家庭形态特点是影响"男外女内"家庭分工的主要原因，接近四成认为这是风俗习惯的力量和受生产力水平的限制，归因儒家文化影响的是最少的。性别差异在于，男性归因强调家庭分工现象的客观社会发展基础，女性归因带有情感色彩，女性更关注"缺乏性别平等教育"，相比而言，男性对这个原因的认同则少得多。（见表2-2）

表2-1 对"男主外，女主内"家庭分工的态度

分工态度	成人 n	成人 %	青少年 n	青少年 %
非常不赞同	32	2.5	64	6.6
不赞同	123	9.5	122	12.5
倾向不赞同	60	4.6	56	5.7
视情况而定	747	57.6	518	53.1
倾向赞同	122	9.4	76	7.8
赞同	145	11.2	83	8.5
非常赞同	68	5.2	57	5.8
合计	1297	100.0	976	100.0
χ^2	36.167***			

[10] 宋扬. 试析当代大学生理想中的家庭分工模式[J]. 社会工作, 2008(8): 48-50.

表 2-2 "男外女内"文化基础认知归因的人群比较

文化基础认知归因	成人（N=1297）				青少年（N=976）			
	男（n=292）		女（n=1005）		男（n=413）		女（n=563）	
	n	%	n	%	n	%	n	%
生产力水平限制	115	39.4	384	38.2	151	36.6	195	34.6
性别差异	92	31.5	341	33.9	156	37.8	201	35.7
家庭形态特点	139	47.6	497	49.5	184	44.6	235	41.7
女性歧视	92	31.5	341	33.9	156	37.8	201	35.7
缺乏性别平等教育	42	14.4	219	21.8	97	23.5	180	32.0
风俗习惯	122	41.8	376	37.4	149	36.1	185	32.9
儒家文化	49	16.8	96	9.6	42	10.2	28	5.0

64.4%的成人被调查者认为，理想家庭分工模式是"男女平等，共同承担"，12.3%认为应该"根据年龄、精力和健康水平而定"，11.0%认同"男主外，女主内"是理想家庭分工状态，6.1%持"一切随缘"的态度，少部分成人认为要"视二人收入水平而定"或者"视与配偶关系密切程度而定"，极少数的成人赞同"女主外，男主内"。（见表2-3）青少年与成人的理想家庭分工态度显著不同，青少年接受"男主内，女主外"家庭分工的比例明显提高。认为家庭分工的理想状态根据夫妻双方意愿共同决定的人数最多，意味着当前社会主流的共识是夫妻双方以开放的态度协商合作，提示"平等与合作"将成为家庭生活与事务的基本原则，青少年更愿意接受平等协商的家庭分工模式。

表 2-3　理想的家庭分工模式

分工模式	成人 n	成人 %	青少年 n	青少年 %
一切随缘	79	6.1	86	8.8
根据年龄、精力和健康水平而定	159	12.3	85	8.7
视与配偶关系密切程度而定	21	1.6	27	2.8
视二人收入水平而定	57	4.4	41	4.2
男女平等，共同承担	835	64.4	621	63.6
男主内，女主外	3	0.2	8	0.8
男主外，女主内	143	11.0	108	11.1
合计	1297	100.0	976	100.0
χ^2	\multicolumn{4}{c}{19.770**}

全球化背景下，传统的"男主外，女主内"家庭分工模式已经失去了赖以存在的社会物质和心理基础，家庭分工模式会因不同家庭情况而趋于多样化、个性化。

三、家庭分工模式个案对比分析

下面选取两个不同的家庭分工模式案例，来分析家庭分工模式的形成过程及关联家庭生活状态、家庭成员的心理感受和应对方式。

（一）典型"男外女内"的家庭分工模式

受访家庭是夫妻二人和两个儿子，大儿子出生后，夫妻俩协商决定妻子辞去工作，专心照顾孩子和家庭。家庭中分工明确，丈夫负责打理自家生意、家庭经济支撑和对外关系，妻子负责家庭生活，包括照顾一家人的生活起居和两个孩子的学习。目前妻子全职在家17年，妻子回顾当时的分工决定，认为主要在于双方原生家庭都是"男外女内"模式，容易达成共识。

妻子对家庭分工总体上比较满意，但从生活细节和对孩子的影响上又有些不满意，感觉这样的家庭模式比较松散，不能给孩子提供积极有动力的榜样，夫妻二人各自负责的事务交集不多，沟通较少。妻子内心很矛盾，一方面时间、精力比较充足，对孩子照顾比较周到，能见证孩子的成长过程，亲子关系比较紧密；另一方面，孩子自理、自立能力不够，缺乏生活动力，这种状况与目前家庭分工尤其是丈夫的参与不足有关。

妻子在意识层面说自己的主要困扰集中在对孩子的养育方面，尤其是在大儿子进入青春期后感觉对孩子的教育力不从心，觉得自己与社会接触较少，眼界不够宽阔，在许多事情上不能给到孩子合适的引导。在经济和时间上都感觉不自由，感觉自己没有为家庭创造价值，心理承受能力变差，不能为孩子提供好的榜样，认为大儿子目前学习和生活动力不足与家庭模式有关。有了二儿子后家务事较烦琐，没有个人空间，感觉自己像是被某个东西封闭了，非常需要丈夫的鼓励和支持，但丈夫工作和养家压力大，业余时间需要放松，并不能够给自己提供足够的情感支持。丈夫感觉男性就应该在外打拼，很习惯当前的家庭分工模式，极少参与家庭事务和养育儿子，认为儿子青春期的发展问题与家庭分工没什么关系，不认为自己的生活习惯会对孩子有不良影响。妻子想二儿子上小学后重新调整家庭分工模式，准备出去工作，希望丈夫留出时间多参与孩子教育，但是丈夫担心妻子工作后对孩子照顾不够，目前正在协商中。

案例中家庭分工模式属于典型的男外女内。在孩子小的时候，这种家庭分工模式夫妻双方都比较适应，妈妈照顾孩子时间富余、精力充沛，丈夫工作没有后顾之忧。大儿子进入青春期，二儿子出生，单调、重复的家务劳动和大儿子的学业压力让妻子自我价值感变低，感到力不从心，担心不能给孩子树立积极的榜样。丈夫的主要精力放在工作上，对家庭和孩子关注不够，家庭教育参与感弱，心理游离于家庭之外，家长的责任感减弱。家庭的经济、生育、抚养等家庭功能运行良好，开始双方也比较认同家庭分工模式，但妻子逐渐感觉不适应，内心冲突，丈夫不能理解妻子关于家庭分工的感受和诉求，双方在有共识的家庭分工上出现分歧，局限于家庭事务中的妻子难免会产生不被理解、无法沟通的感受，甚至有一种人被封锁在家庭中的体验。双方分工不同，生活的感受体验有较大差异，丈夫将子女的成长责任完全推给妻子，家庭成员深层次的情感联结不足，父子关系形成远距离美感效应，对子女成长出力较少的一方反而不承担养育责任，再加上子女身心发展出现一些偏差，导致家庭成员的情感交流陷入停滞，甚至互相指责。家庭分工模式需要适应家人成长的需要，家庭成员要达成分工和责任的共识，在家庭情况变化时协商调整，克服家庭分工模式的偏见和僵化思维。

（二）非典型"男外女内"的家庭分工模式

受访家庭，夫妻二人在婚前没有过多讨论婚后家庭生活，结婚之初在经济上实行 AA 制，家中房屋为二人共同购买，共同承担家庭开销和孩子养育费用。孩子出生后不久丈夫离家到外地做生意，妻子照顾家庭和孩子，后来丈夫生意不景气，经营情况不好无力承担家庭经济，主要由妻子承担家庭经济开销。3 年前夫妻俩协议离婚，目前妻子带着儿子一起居住。

妻子感觉自己婚后承担了 80% 的家庭责任，从结婚到离婚，自己承担大部分的孩子抚养教育费用及家庭基本支出，两家父母也是自己照顾。妻子一方面对自己的付出感到骄傲和开心，有成就感，自己父母也会引以为傲；另一方面她也感觉到很辛苦，耗竭感强烈，觉得里外都要操持很不公平，并且感觉到儿子越来越退缩和胆小，认为父亲没有起到积极榜样作用来引导儿子发展，希望丈夫多承担一些家庭责任，为此和丈夫多次沟通，但对方没有什么改变，最终实在无法长期忍受这种状况而选择了离婚。离婚后的主要收入是自己的工资和投资收益，前夫基本不给经济支持，也很少和孩子见面。

妻子回想自己从小在原生家庭中承担事务就比较多，婚后在新家庭中也习惯性承担较多事务，所以形成了这样的家庭模式，同时反思离婚前的家庭分工模式也与自己性格强势有关。案例中，女方觉得父母男外女内的模式是理想的家庭分工模式，希望以丈夫事业为主，自己事业为辅。夫妻刚结婚时共同承担家庭对内和对外事务，儿子出生，丈夫去外地做生意，妻子除了工作外对家庭内部事务的投入相对比较多，后来丈夫收入不好减少了对家庭的经济贡献，也不分担家务，家庭模式开始发生了变化。妻子开始付出更多精力支撑家庭内外事务，感觉很累，家庭功能不平衡，丈夫没有积极主动地面对问题，对家庭事务和孩子的成长参与也很少，夫妻之间、父子之间很少有情感交流的机会，家庭成员的情感需求不能得到满足，夫妻多次沟通后无法达成一致意见，导致家庭解体。

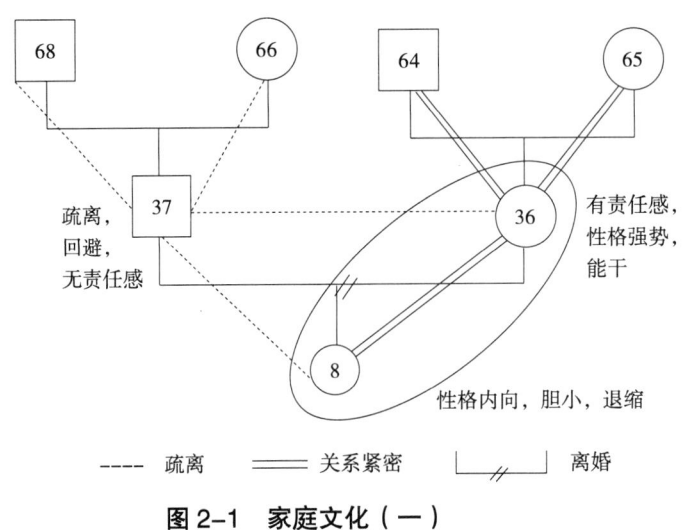

图 2-1　家庭文化（一）

在这两则案例中，家庭成员对家庭分工的态度会受到原生家庭影响，也在家庭生活中不断地发生变化。如果家庭成员接受家庭分工，家庭生活就比较和谐稳定；如果家庭分工出现矛盾和冲突，家庭事务的责、权、利容易发生混乱，家庭成员产生消极、委屈、愤怒等情绪体验，也可能会消极怠工或者家庭冷战，引发家庭危机。

第二节　家庭情感

《小舍得》中，南俪的女儿夏欢欢数学成绩不好，爸爸夏君山和女儿一起补习了两个月，夏欢欢数学考试仍然没有及格，自己一个人在书桌前哭，夏君山安抚女儿，夏欢欢怪"爸爸的辅导根本没用，爸爸是个大骗子"。夏君山也感到委屈和挫败，但他还是继续安慰女儿，"都是怪爸爸，都是爸爸不好"。女儿的情绪平息后，一家人吃饭时，夏欢欢表现出一副内疚的样子。爸爸给女儿夹了喜欢吃的菜，并告诉女儿："没事儿，宝贝，爸爸没往心里去，但是你要记住，我们是一家人，一家人要好好说话。"欢欢遇到挫折的时候将挫败感投射到了爸爸身上，爸爸先是把这个"锅"接了过来，然后在女儿情绪平复后明确告诉她，"爸爸理解你的痛苦，但你不能随便发脾气，要好好说话"，并通过为女儿夹菜告诉她，爸爸是爱她的。这个桥段呈现了家庭亲子间蕴含的情绪体验、表达与沟通的情绪互动过程。

一、家庭人际情感

卢家楣定义人际情感为个体对自己与他人相处、交往活动评价时产生的一种内心体验。[11]家庭人际情感需求是家人对其他家庭成员的情感需求，主要指在某一时期对家人的某种情感期盼，并希望从某个特定

---

[11] 卢家楣.论青少年情感素质[J].教育研究，2009（10）：30-36.

家人身上获得情感满足。[12]任露、毛齐明将家庭人际情感生活细化为情感体验—陪伴、情绪表达—尊重接纳、情感沟通—及时有效三个方面。[13]

有些家庭，成员不在一起共同生活，长期分离，彼此间的情感联结不充分，家庭的情感功能难以实现。忽视、拒绝、否定、攻击家庭成员合理的情感要求，家庭成员无法得到满足，就会产生愤怒、失望和怨恨的情绪，如果长期不满足的话，可能会引发家庭危机，甚至家庭解体。在青少年的网瘾、早恋、校园欺凌、搞小团伙、离家出走，以及成年人的婚外情、家庭暴力、长期分居等家庭事件中，都能看到家庭成员的情感需要不被关注、家庭情感功能缺位的起因。

留守儿童的人际情感低于全国常模，合作感和亲密感较低。父母的长期缺位，使亲子间缺乏必要的沟通和情感交流，留守儿童对父母的情感诉求无法得到满足，可能会对父母形成怨恨心理。[14]如果父母更多关注子女的生活照顾方面，亲子间缺乏心灵情感沟通，会导致孩子抑郁、心理封闭，容易产生厌学、拒学心理。[15]家庭人际情感需求获得关注和满足，可以促进家庭成员的归属感和幸福感。[16]情感需求不被满足

---

[12]包福存.农村留守家庭情感需求和社会支持问题研究[J].九江学院学报，2016（181）：72-74.

[13]任露，毛齐明.留守儿童家庭情感生活调查[J].基础教育，2014，11（4）：98-104.

[14]汪海彬，邵慧敏，夏平平.安徽省留守儿童人际情感的现状调查研究[J].陕西学前师范学院学报，2016（02）：19-22.

[15]周光德.十八小学情感缺失儿童家庭教育现状调查报告[J].东西南北，2018（22）：19-20.

[16]欧阳爱辉，刘璇.专制型家庭教育模式对青少年犯罪行为的影响：以依恋理论为中心视角[J].青少年学刊，2019（05）：38-42.

会导致儿童孤独、失落，缺乏安全感，产生心理和行为问题。家庭人际情感需求的满足水平和方式是链接家庭成员人际关系的纽带，也是家庭文化的本质体现，家庭文化可以说是家庭成员间情感体验、表达和交流稳定成型的范式或模板。

（一）家庭情感体验

家庭情感体验是指家庭成员对家庭事务或人际互动的主观感受，比如儿童看到父母微笑，感受到父母的关注、接受父母爱抚，从而获得被关爱的体验。和谐、充满爱意的家庭氛围能够减少家庭成员的孤独感，增加愉快的体验，产生积极的家庭情感体验。父母的陪伴会带给孩子被爱的体验，稳定的家庭环境会带给孩子安全感和信任感，父母的关爱、欣赏、赞美，会促进孩子自尊的发展和自信的建立。反之，父母陪伴不够的孩子，会在内心形成一种被抛弃感、孤独感和自卑感。

父母有意识加强与孩子的情感交流，呵护、尊重孩子的情绪体验，为孩子的情绪命名，教给孩子学会识别情绪和疏导情绪，能够为孩子建立强有力的家庭情绪支持系统。父母和孩子之间的情感交流是双向互动的过程，父母的支持和教导会让亲子间的情感、情绪表达更顺畅，促进亲子关系良性发展。亲子情感上的亲密有赖于家长创设温暖、积极的心理支持环境，紧张的家庭情绪氛围会引起亲子关系的疏远和紧张。

现代家庭亲密关系是核心，良好的亲密关系互动，能够带给孩子安全、信任和温暖的人际体验。良好的亲密关系使得父母作为一对养育者能够在情感上互相支持，在养育孩子上互相配合，让孩子感觉到父母是可以依靠的，孩子能够感受到温暖的内心体验，支持孩子将积极体验内化为心理结构的核心成分，促进自尊、自信的提升。

（二）家庭情感表达

家庭情感表达指家庭成员通过言行传达情感体验给其他家人。如儿童情绪低落时向父母倾诉，包括积极情绪表达和消极情绪表达，前者体验感受的内容以正性和中性情绪为主，即使表达负性情绪，也会局限于自身的感受体验上，并不具备侵入性；后者传递负性情绪的内容，往往指向被表达者，情绪表达和传递具有侵入性和攻击性。彭源等研究认为，父母积极的情绪表达与青少年内外化问题显著负相关，消极情绪表达与青少年内外化问题显著正相关。[17]临床心理工作中也发现，情绪、行为和躯体化问题的青少年多和家庭重要他人的情绪表达不良有关，儿童被压抑、不允许表达的情绪往往会以躯体化、破坏性行为或是多动、抽动等行为呈现出来。在日常生活中，儿童遇到阻碍或不如意时，能否主动且被允许向父母表达负性情绪是亲子关系是否良好的重要指标之一。儿童产生负性情绪，比如愤怒、挫败感、无助感、无力感本身是正常的，但他们面对这些情绪时，一是难以消化，二是不会表达，容易投射到重要他人身上，三是表达时不被允许或者被压抑，情绪会变形。当青少年将他们自己消化不了的负性情绪转置到父母身上时，父母需要先"背锅"，承接住孩子的负性情绪，通过理解和陪伴，帮助孩子一起接纳事实，正视负性情绪，等其情绪平复时再理性分析，进行引导。父母对儿童的情绪表达，尤其是对负性情绪的消极表达能否良好应对，是对子女成长起到积极示范和榜样作用的重要体现，影响儿童的情绪表达方式及情绪管理能力，也会影响到子女成年后情感关系的应对。

家庭情感表达涵盖正性情绪、中性情绪和负性情绪的表达与传递。正性情绪表达，包括向对方表达愉悦的、积极的情感，比如父母向孩子

---

[17]彭源，朱蕾，王振宏.父母情绪表达与青少年问题行为：亲子依恋、孤独感的多重中介效应[J].心理发展与教育，2018（4）：504-512.

表达关爱、喜欢、鼓励和欣赏，孩子向父母表达爱、关心和感恩。中性情绪表达，包括表达自己真实的体验和感受，比如孩子向父母表达自己内心对学习和生活中发生的某件事情、对某个人、对父母的感受，父母向孩子表达对孩子所做的某件事情、某些行为的看法，区别在于只是表达感受而不带有情绪倾向性。负性情绪表达，包括对自己内在的不舒服的感觉，比如恐惧、愤怒、悲伤、难过等情绪的表达。父母对于孩子表达的负性情绪会试图回避、掩盖或者用说教的方式让孩子去掉"坏情绪"，但实际上这会让孩子认为负性情绪是可怕的，是不能谈的，这样的情况会造成孩子情感的隔离，不能理解自己的情绪，无法形成良好的情绪控制力。

情绪表达的内容与方式之间存在一定关联，正性情绪容易采用积极的表达方式，负性情绪容易采用消极的表达方式。比如《小舍得》中，夏欢欢不能承受考试带来的挫折感向爸爸发脾气的情节就属于消极表达的方式，表达的是负性情绪，同时还有指向爸爸的指责，其实是她把对自己不能考试合格的愤怒指向了爸爸。并不是说表达负性情绪一定是用消极的表达方式，消极表达和积极表达的区别在于表达方式而不是表达内容。消极的表达方式往往会给被表达的人带来被指责、不舒服的感受，积极的表达更注重自己的体验和感受，既包括正性的、中性的内容，也可以是负性的情绪，但是不会给被表达的人带来不舒服、被指责和侵入的感觉。夏欢欢哭着对爸爸说，"爸爸，我这次又没有考好，我觉得我根本就学不会数学，我心里面很难过"，这也是在表达一种负性情绪，但却是一种积极的表达方式。她把自己内在难过的感觉表达了出来，同时接受了自己没有考好的现实，这让她能够容纳没有考好带来的挫败感，利于形成良好的抗挫力。

（三）家庭情感沟通

家庭情感沟通是家庭成员间情绪情感的传递、接受、理解、反馈的双向互动过程。比如夫妻互相倾诉经历一件事情后的感受体验，自己觉察表达同时理解对方。父母和子女经常交流沟通，能促进安全依恋关系的发展，有助于孩子焦虑、紧张、胆怯、恼怒等负性情绪的减轻、消除，促进自尊发展。亲子间常态化的情感沟通能够给予孩子更多情感自由表达的机会，也促进孩子对他人体验感受态度的理解，调控自我中心，促进和谐人际关系的建立和维系。父母与儿子间情感沟通的较好方式是共同参与活动后的体验感受分享，比如亲子游戏、亲子旅游，参观博物馆、美术馆，家庭文化娱乐、听音乐会、观看文艺表演，图书馆查阅等，父母通过倾听理解儿子的情感流动。父母与女儿情感沟通的较好方式是亲子悄悄话和家庭小八卦等，倾听女儿分享的小故事，理解女儿的情感态度，亲子情感沟通的共性是：倾听为先，理解为主，适当分享，引导贴切。

家庭成员情绪的有效沟通有助于亲子互相理解，达成一致，表现在能够觉察和理解自己的情绪，感受到对方的情绪，能够以语言清晰表达自己的情感需要、感受和想法，也能够接收对方的表达；无效沟通则表现为个体使用模糊的、虚假的语言表达情感，或者是使用对方较难接收和理解的非言语行为表达，比如沉默、冷战、发脾气，这可能是因为个体自我发展不足，难以清晰地觉察自己的状态和意图，情绪表达产生困难。

产生明显心理困扰的案例中，无效的沟通方式在人际互动中存在较多。比如夫妻由于对孩子的教育方法不一致而争吵，妻子对丈夫很不满意，心底已经很生气嘴上却表达不出来，反而默不作声转而去做家庭事务。而丈夫则可能会认为妻子已经同意了自己的做法，或者丈夫会借此回避沟通带来的情绪张力，长此以往，孩子的教育问题无法达成一致，夫妻之间的误会和积怨越来越深，直至到达某种程度而无法调和。在青少年和父母的关系中也常常会出现无效沟通，比如青少年对于父母的管教方式不满意，往往会使用对抗、不合作、抵触的方式来表达，但是这样的方式并不能让父母知道孩子的心理需求是什么，反而会容易引起父母的愤怒甚至是惩罚，亲子双方的情感需求没有办法获得满足，长此以往造成亲子关系之间的裂痕难以修复。

《小舍得》中，丈夫颜鹏并不赞同妻子田雨岚对儿子学习上的严苛要求，开始会表明自己的观点，但都被强势的田雨岚几句话怼得不敢回嘴，对妻子心里很生气可不敢表达出来，只能选择到游戏中回避问题，田雨岚反过来抱怨颜鹏对儿子的学习不闻不问，夫妻之间的矛盾冲突不断升级。儿子颜子悠和妈妈的互动模式与爸爸比较类似，当妈妈要求他做卷子而不能去踢足球时，他很生气可是并不敢对妈妈说，在妈妈看不见时偷偷地玩游戏，这又引发了田雨岚进一步对儿子的数落和控制，甚至威胁把他养的小宠物扔掉，子悠感到恼怒，也很失望，开始以冷漠的态度来表达对妈妈的不满，亲子间产生隔阂甚至是愤恨的心理。田雨岚与丈夫矛盾升级，和儿子冷漠仇视，看不到丈夫和孩子的合理诉求，不能满足他们内心的需求和情感需要，对于家庭关系的裂痕负主要责任。

有效沟通会促进家庭成员间的情感交流和理解，有利于形成温暖放松的家庭文化氛围，促进亲子关系深入联结，帮助青少年提升人际交往能力和情绪管理能力。无效沟通会造成家庭成员间的误会、指责甚至怨恨，导致配偶或亲子间对抗、不合作。

家庭情感体验、情绪表达和情感沟通是家庭情感互动逐渐递进的三个方面，家庭情绪体验具有主观性和独特性；家庭情绪表达关注某个家庭成员主体的单向情感流动；家庭情感沟通侧重家庭成员间的情感双向互动。在家庭情感互动中，体验是起点，表达是手段，沟通是目标。家庭成员间有效的情感互动交流状态,对于维护家庭和谐具有重要的作用。家庭成员的情感体验能否被关怀、情感表达能否被理解和接纳、情感沟通是否及时有效,是解析家庭成员情感需求是否满足的三个线索。从某种意义上讲,家庭情感互动的流畅性和有效性才是家庭文化建设的核心和关键,具体的活动内容则是途径和手段。

二、家庭人际情感需求情况调查

59.3%的男性在遇到困扰时想向配偶倾诉,比例明显高于女性的53.4%,说明男性对配偶的情感依恋高于女性;19.5%的男性自己消化,12.0%的男性向配偶和子女倾诉,而女性自己消化与向配偶和子女倾诉的比例都超过16%,男性自己消化情感困扰的多于女性;5.8%的男性会向父母讲;5.3%的女性和自己的父母倾诉,4.6%的女性与自己的兄弟姐妹倾诉,而男性只有1.7%的比例会和自己的兄弟姐妹倾诉。选择原生家庭成员倾诉时,男性更倾向于依赖父母,而女性依赖兄弟姐妹的比例明显升高。(见表2-4)

表2-4 工作难题或人际困扰时想倾诉的家人

家人	男 n	男 %	女 n	女 %
配偶和子女	35	12.0	165	16.4
配偶	173	59.3	537	53.4
子女	3	1.0	14	1.4
父母	17	5.8	53	5.3
兄弟姐妹	5	1.7	46	4.6
其他亲属	2	0.7	23	2.3
自己消化	57	19.5	167	16.6
合计	292	100.0	1005	100.0
χ^2		13.481*		

学习取得成绩或工作获得奖励,44.2%的男性最想告诉的家人是配偶,而 34.4%的女性想和配偶倾诉,男性明显高于女性;44.5%的女性想与配偶和子女倾诉,38.7%的男性想对配偶和子女倾诉;2.4%的男性优先告诉自己的子女,4.6%的女性优先和自己的子女说,说明女性取得成绩或获得奖励时,相对于男性,与子女分享的比例更高些;与倾诉困难比较,取得成绩与家人分享的比例更高,表明我们的家庭文化,报喜不报忧更明显。(见表 2-5)

表 2-5 取得成绩或奖励最想告诉的家人

家人	男 n	男 %	女 n	女 %
配偶和子女	113	38.7	447	44.5
配偶	129	44.2	346	34.4
子女	7	2.4	46	4.6
父母	26	8.9	97	9.6
兄弟姐妹	3	1.0	20	2.0
其他亲属	2	0.7	6	0.6
自己消化	12	4.1	43	4.3
合计	292	100.0	1005	100.0
χ^2			11.614	

不同家庭结构中的成年人,遇到工作难题和人际困扰时想倾诉的家人也有所差别。选择向配偶倾诉的被调查者中,主干家庭占比最高,超过六成;然后是核心家庭,占比超过五成;空巢家庭和联合家庭占比接近五成;重组家庭占比最少。"自己消化"选项重组家庭占比最高,其次是单亲家庭,主干家庭和空巢家庭占比最少。重组家庭在自我消化这一选项上占比最多,选择配偶最少,可能是重组家庭中再婚配偶之间的

情感亲密度比起其他类型家庭配偶之间的情感亲密度较弱所致。联合家庭中大部分成年人较少只向子女倾诉自己的工作和人际困难，也基本不会向父母倾诉，可能在于联合家庭中成员间存在较强的生活联结，日常交流更多些，而深度情感性交流多在配偶间进行；单亲家庭的成人对兄弟姐妹倾诉占比较高，可能单亲家庭自己单独要承担很多的家庭压力，自己兄弟姐妹的情感抚慰能起到重要的支持作用。（见表2-6）

表2-6 遇到工作难题或人际困扰时想倾诉的家人

家人	核心家庭	主干家庭	联合家庭	单亲家庭	丁克家庭	重组家庭	空巢家庭
配偶和子女	109	43	20	11	5	2	10
配偶	362	227	59	23	9	5	25
子女	9	1	3	3	0	0	1
父母	29	27	6	3	0	0	5
兄弟姐妹	24	12	4	9	0	0	2
其他亲属	15	2	5	0	0	0	3
自己消化	114	56	26	15	1	7	5
合计	662	368	123	64	15	14	51
χ^2	81.260**						

取得成绩或奖励时最想告诉的家人，在核心家庭、主干家庭、联合家庭三类家庭中，配偶和子女是成年人分享喜悦情感的主要家庭成员。单亲家庭与配偶分享的，远远低于上面三类家庭，这从侧面反映了婚姻满意度的指标。值得注意的是，重组家庭成年人向配偶和配偶子女分享的占42%，高于核心家庭、主干家庭和联合家庭，表明再婚家庭中的成年人更注重和配偶及配偶子女之间的情感分享和交流。空巢家庭中向配偶和子女分享的占比最高，表明在孩子离家后父母反而会更需要和子女之间的情感交流。（见表2-7）

表 2-7 取得成绩或奖励最想告诉的家人

家人	核心家庭	主干家庭	联合家庭	单亲家庭	丁克家庭	重组家庭	空巢家庭
配偶和子女	295	144	49	23	10	6	33
配偶	246	149	44	15	4	6	11
子女	23	12	5	11	1	0	1
父母	60	38	10	8	0	1	6
兄弟姐妹	8	6	4	5	0	0	0
其他亲属	5	2	1	0	0	0	0
自己消化	25	17	10	2	0	1	0
合计	662	368	123	64	15	14	51
χ^2	\multicolumn{7}{c}{77.668**}

三、家庭情感互动案例分析

（一）家庭氛围良好，情感互动流畅，但不平衡

受访者，女性，24 岁，在读研究生。

家庭主要收入来自父亲，父亲经常出差，陪伴女儿时间不多，主要是母亲照顾她和弟弟。她小时候想与父亲有情感互动，但经常遭到拒绝。比如一次下雨，她希望父亲给自己送伞，但父亲以"要出差没有时间"为由拒绝了。此类事情发生多次后，她与父亲的交流明显减少，遇到困难或问题就会找母亲。

家庭气氛民主、宽松，比较和谐。受访者非常喜欢一家人在一起的感觉，尤其喜欢过年大家聚在一起，享受放松自由的状态。父母会让姐弟俩参与到家庭会议中讨论家里的事情。有关她的事情，父母基本上会尊重她的意见，只是在一些重大事情上与父母可能会发生分歧。比如在她考研还是工作的问题上，父亲认为直接参加工作更好，母亲比较鼓励、支持她按照自己的想法去做，会为她出谋划策并且给予情感安慰。父母认为未来的路要自己走，支持子女但不会为他们做决定。平时在学校经常和母亲打电话，沟通生活、交友及情感困惑等，学校的逸闻趣事也会和母亲分享，每次与父母电话交流感觉很受鼓励，心情变得放松舒适。母亲负责照顾他们姐弟多，受访者对母亲的情感投注较多，与母亲的情感交流多，对母亲的情感需求强。

受访者遇到困难或是愉快的事情时都会对家人倾诉，与父亲的情感互动受挫后更依赖母亲。父亲与孩子们较少有深度情感交流，但母亲在女儿与父亲间起到了良好的调和与桥梁作用，弥补了女儿与父亲情感互动不足的缺憾，对女儿起到了情感支持作用。被访者未来进入亲密关系，可能由于父亲角色的相对缺位会有所投射，因此更需要自我觉察和自我成长。

（二）母亲情感需求不被满足导致家庭情感互动不平衡

受访者，女性，40岁左右，丈夫在外地工作，数月回家一次，儿子20岁上大学，女儿10岁上小学，目前家中主要是母女共同生活。丈夫负责家中经济开销，几乎没有参与到孩子的养育中，妻子在本地工作，负责照顾孩子和老人。

受访者认为丈夫很爱自己，尤其是恋爱期间对自己非常迷恋，那时能够得到充分的心理满足和情感享受，但步入婚姻后感觉丈夫在家庭事务上不太信任自己，感到很不舒服，丈夫还会贬低她而提高自己的自尊，导致二人关系出现不平衡。孩子出生后，丈夫会和孩子争夺受访者的关爱，让她感觉不但没有得到足够的关爱，反而要在子女之外付出过多情感去关照和支持丈夫。受访者希望丈夫在家中能够支持、分担、包容、赞美自己，还希望他在经济和日常生活上都能照料到家庭。

受访者认为，母亲需要通过孩子证明自身的价值，自己则通过行为来反抗母亲的管束，自己与母亲间爱恨交加；父亲则是一生不得志，由于自我失望，很多情况下会处于和母亲的争吵中，受访者感觉父亲对待她和弟弟是有区别的，特别希望父亲能够平等对待他们。

受访者感觉儿子非常维护自己，女儿对自己的态度则很矛盾。受访者也能感觉到自己对女儿情感的不稳定和矛盾性：一方面，花大量的时间照顾女儿，认为自己作为母亲有责任照顾女儿；另一方面，不可抑制对女儿的烦心甚至厌恶。受访者希望孩子能够理解、体谅自己，期待孩子能够治愈自己的伤痛，同时也希望孩子能够健康成长，表达这些需求时自己感觉到很矛盾，也觉察到其中有诸多不合理的想法，但不能分辨，而且难以改变。

受访者对家庭中的所有成员都充满了期待，希望父母、丈夫、孩子能够满足她的情感需求和愿望。她从小在原生家庭中对父母的情感需求没有被满足，成年后就把情感需求转移到与丈夫的关系中，希望丈夫能够满足她所有的期望，在丈夫去外地工作后，又把情感需求转移到儿子和女儿身上，希望孩子能够满足自己，治愈自己的伤痛。目前儿子外出上大学，她只能把期望投注到小女儿身上，未被满足的情感需要以母女之间矛盾的互动关系呈现出来。要改善和女儿的互动关系，需要妈妈能够觉察自己的情感需求和不能表达的矛盾，也需要丈夫多和妻子沟通，表达对妻子和女儿的情感关注。妈妈的情感需求获得满足以及心理成长后，自然更能关注女儿的情感需求，满足女儿的发展需要。

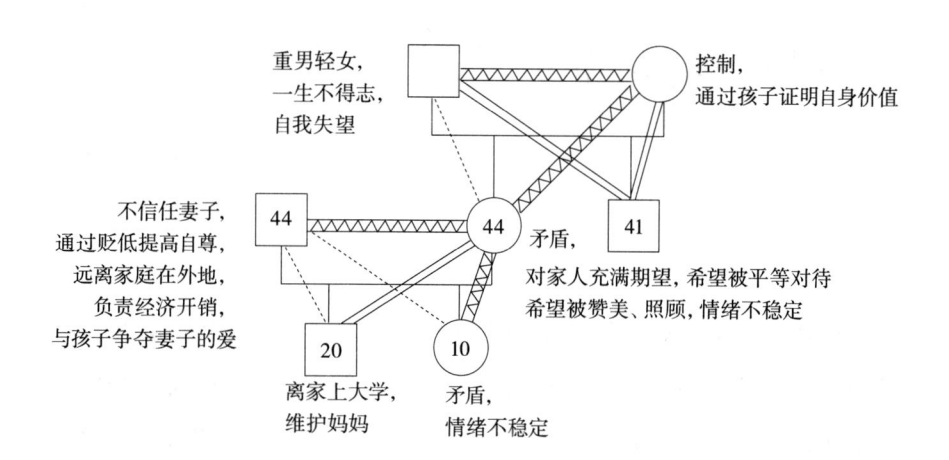

图 2-2 家庭文化（二）

第三节　家庭冲突

电视剧《都挺好》讲述了苏家的种种人际矛盾和冲突。苏母突然离世，苏父的生活安置问题打破了国外的大哥、本城的二哥和小妹的平静生活。父亲苏大强压抑的情绪反弹，对几个孩子提出过分要求。老大苏明哲要挑起家庭重担却不堪重负，引发妻儿的不满，感情疏远。啃老的老二苏明成事业、家庭双重惨败。老三苏明玉18岁起曾发誓与这个家庭划清界限，却因亲情牵绊，再次搅进了苏家的泥潭之中。苏父与三个孩子的家庭互动反映了苏父苏母不平衡婚姻关系的深刻影响。苏母强势控制，掌控着家庭的绝对话语权，家庭权力不平衡，子女也就无法得到父母合力的保护，苏明成被极度呵护长大，依赖父母生活，缺乏独立性，苏明玉被忽视，从小离家，独立奋斗，事业有成但内心缺乏安全感。

一、家庭控制欲

控制欲是人类的基本需要之一，每人都有控制欲，区别在于不同个体想要控制的事物或人不同。个体能够控制事件的进程或者有效掌握事态结果，会体验到一种自我满足感。伯格（Burger）和库珀（Cooper）将个体控制各种生活事件和生活环境的欲望和动机称之为控制欲。[18]

---

[18] 封文波，刘晓媛. 大专生控制欲、控制感与焦虑抑郁关系[J]. 中国学校卫生，2016，37（5）：771.

家庭控制欲则是指家庭成员对家庭事务和其他家庭成员的掌控愿望。个体的控制欲对象指向外在客观事物，会促使个体通过学习去深入了解事物的内在特征，掌握其发展规律，力求让事物的发展在自己的期望或掌控之中。个体的控制欲对象指向家庭成员，则会努力争取让家庭成员的行为和心理符合自己的预期，控制他人的方法包括以下四类：胁迫恐吓、诱惑奖赏、认知灌输、情感（道德）绑架。

家庭中的胁迫恐吓是指家庭成员以抛弃、惩罚、伤害对方等方式来威胁其他家庭成员以让其服从自己的要求。比如配偶之间，一方以分手或离婚威胁对方，胁迫其服从自己的想法，如果对方害怕威胁，就会压抑自己的需要，屈服、妥协、听从威胁方的要求，这会让被威胁一方产生愤怒和怨恨情绪，当不满或愤怒积累到一定程度时就可能爆发，产生强烈的冲突，最终导致分手或婚姻破裂。胁迫恐吓更常见于父母与子女之间，父母威胁孩子要听话，否则就会把你"送走"或者"不要你了"，或者"不爱你了"，如果父母经常以威胁的方式让孩子听话，就会破坏亲子之间的依恋关系，造成孩子害怕被抛弃，不敢表达真实的自己，学会撒谎、退避等消极适应行为。

家庭中的诱惑奖赏是指家庭成员以奖励、给予、满足对方要求等方式让其他家庭成员按照自己的预期方式行事。比如父母使用物质奖励对孩子进行教育管理，"只要你这次考试能考到前十名，就给你买手机""只要你参加这次辅导，就奖励给你金钱""只要你写完作业，就可以玩一个小时手机"等等。通过诱惑奖赏，父母对孩子的生活、学习进行控制，孩子为了获得奖赏会接受父母的安排，在具体事情上能暂时起到的效果。但是，这种方式会使得孩子对生活和学习的内在动力外化为物质奖励，弱化孩子的主动性，影响孩子的自主性发展。

家庭中的认知灌输是指家庭成员把自己对事物的看法、观点及知识信息强行单向传递给其他家庭成员,让其接受自己的价值观念和思维方式,并据此展开思想和行为。这在夫妻之间发生,会让另一方觉得被否认和控制,引起对方的反感和对抗,造成夫妻冲突。在亲子关系中,如果父母以这样的方式和孩子互动,可能会忽略孩子的感受和想法,否定孩子的观点和判断,长此以往,孩子会觉得自己的观点是没有价值的,不敢相信自己的感受和想法,产生自卑、退缩、依赖心理,严重时甚至导致意识发生混乱。

家庭中的情感绑架是指家庭成员以牺牲者、弱者或受害者的形象,表面上付出很多,实则是以这样的方式让对方接受自己的影响,满足自己深层次的人际控制需要。比如父母会对孩子说,"我这么做都是为了你,你怎么能不听我的",在一个父母关系不好的家庭中,妈妈常常对孩子说"都是为了你,我才和你爸爸维持这个不幸婚姻的,我牺牲了自己的幸福,你怎么能这么对我",通过这样的方式达到控制孩子的目的。这样的表达会让孩子认同妈妈的说法,对妈妈充满了内疚感,觉得是自己拖累了妈妈,为了达到心理平衡,孩子会牺牲自己的意愿,听从妈妈的安排和决定,以此来减轻内疚感。还有,在家庭中比较常见的是,父母站在道德角度对孩子进行评价,比如在某件事情上与孩子无法达成一致,就会说"你居然不听父母的话,真是不孝",或者"我养你这么大,你怎么能不听我的呢?我是你妈妈,你就得听我的"。这些做法都会导致孩子进入选择的两难境地,造成孩子的内心冲突。在夫妻关系中也常常会发生这样的场景,比如丈夫对妻子说"我这么爱你,你怎么能不相信我",以此来试图掌控另一方的情感,更有甚者对伴侣进行情感控制和心理操控,被控制一方会严重怀疑自己的思想、体验的真实性和自己的价值感,严重的甚至会精神紊乱。

无论是以胁迫恐吓的方式迫使家人屈从妥协,以诱惑奖赏的方式使孩子的行为暂时可控，还是以认知灌输的方式试图让家庭成员接受自己对事物的观点和看法，或是以情感（道德）绑架的方式，使家庭成员因为内疚和责任被掌控，无论这些语言如何变换，所有语言背后的潜意识含义都是在说：我要掌控，你必须听我的。这些行为都是为了满足某个成员的控制欲，结果是被控制的一方会感到恐惧、愤怒，不自由，引发家庭成员的心理冲突和家庭人际冲突，尤其不利于儿童青少年的心理成长和发展。

家庭控制欲是家庭成员的心理需求，无可厚非，但控制欲过强又实现不了，就会体验到焦虑、愤怒等负性情绪，自己痛苦，伤害家庭人际关系。就像《都挺好》里，妈妈赵美兰为了控制女儿的生活，强迫女儿听她的去读师范学校，在经济上对女儿进行苛刻的控制，不给交补课费、不给买资料费、把女儿的房间偷偷卖了，当女儿和她争论的时候，她冷漠地说"把你生下来，养这么大，你就不知道心疼父母，白养你了，你这个白眼狼"，试图以此对女儿进行控制。但是倔强的苏明玉不甘被妈妈控制，愤怒地摔门而去，宁可自己打工赚取生活费，一直到母亲去世再也没有回家，在母女关系中留下了一生的伤痛，也为后续兄弟姐妹之间的矛盾埋下了隐患。

如果控制欲的目标是家庭成员的行为，还可以通过沟通协商甚至威胁、诱惑等方法迫使家庭成员妥协，满足自己的控制欲。如果控制欲的目标是家庭成员的情感或观念，对于家庭成员来说，其思想和情感甚至不是自己能够控制的，何况要满足控制者的愿望。在很多时候，这种对家庭成员思想和情感的控制，一是难以配合，二是容易引发家庭成员的愤怒甚至反抗，会令人感受到这种控制是对他人的不尊重。对于儿童来说，这种控制欲也就罢了，青春期的孩子随着自主性的增强，会对父母的这种控制产生强烈的不满意，从而引发巨大的家庭冲突。

二、家庭冲突

每个家庭成员都有控制欲,面对家庭事务也都有自己的态度和想法,家庭成员间的差异是必然的,一致是偶然的,区别在于,有些家庭成员的家庭角色重要、家庭地位高,在家庭事务中具有更多的发言权,他们的家庭控制欲更容易实现。反之,有些家庭成员的控制欲难以实现,家庭控制欲就会被压抑下来,但并非消失,而是可能以不配合、消极怠工甚至被动攻击的方式呈现出来。家庭冲突是难以避免的,家人间的差异和矛盾经常通过隐性甚至显性的家庭冲突呈现出来。没有家庭冲突,就不是完整意义上的家庭,家庭冲突出现并不可怕,怕的是不敢面对,回避掩盖甚至美化。家庭的和谐与理想发展,是在正视家庭冲突的前提下,将引发家庭冲突的问题与家庭成员各自的期望和想法摆到桌面上,沟通协商,妥协退让,尊重自主,求同存异,建立规则,明确奖惩,形成约定,达成共识。这样,家庭冲突的顺利处理就成了家庭成员关系深度发展的契机。

本书研究者对成人的调查显示,家庭控制欲与家庭控制感显著正相关,家庭冲突与家庭控制感显著负相关,家庭冲突与控制欲无相关。说明家庭控制感低更容易引发家庭冲突;家庭冲突多的家庭成员,家庭控制欲未必强,要受到控制欲实现的手段和能力的影响,控制欲强且控制力也高,自然容易体验到高控制感,家庭冲突不强,如果控制欲强但控制力弱,控制感不高,反而容易引发强家庭冲突。(见表2-8)

表2-8 家庭控制欲、家庭控制感与家庭冲突的相关

控制与冲突	家庭控制感	家庭冲突
家庭控制欲	0.425***	0.021
家庭控制感		−0.138***

（一）夫妻冲突

如果配偶双方处于控制和被控制关系，就容易导致家庭的权力斗争，引发夫妻冲突。从三个角度来解释：一是资源论，夫妻各自拥有的资源决定了他们在家庭中的权力、地位，包括教育水平、经济收入、家世出身、容颜才情等，资源优势一方拥有更多的家庭话语权与决策权。二是文化规范论，强调夫妻地位受文化与亚文化中普遍盛行的夫妻两方权力规范和习俗道德的影响。三是爱和需要的相对论，对于婚姻及对方赋予更高价值的一方将处于家庭弱势地位，而较少付出感情或者不太在意婚姻及对方的一方可以更自由、有效地控制双方关系，占据家庭优势地位。[19]电视剧《都挺好》中，苏大强和赵美兰的关系就属于第一种和第三种情况。赵美兰弟弟说，"我姐姐是十里八村的一枝花，有多少男人都排队追求她"，苏大强花了许多心思追求她，以解决弟弟一家的户口为条件，赵美兰才答应嫁给他。在婚姻之初苏大强就处于被控制的一方，赵美兰由于自身容貌优势拥有绝对的家庭话语权和决策权。婚后，赵美兰的初恋情人想带她走，如果不是怀孕，赵美兰可能会离开家庭，她在这段婚姻关系中较少投入情感，并不太在意这段婚姻。而苏大强结婚处于弱势地位，非常看重这场婚姻，喜欢赵美兰的美貌，付出了较多的感情，害怕赵美兰离开他，处处妥协。

与社会文化观念有关的家庭控制，在封建社会中是比较常见的现象，认为女性应该"在家从父，出嫁从夫，夫死从子"。男尊女卑的思想遗留仍然存在不同程度的影响，尤其在偏远落后的地区，还会强调女性没有地位，是从属于男性的，在婚姻中要服从于男性，这样的

---

[19]陈飞强.女性家庭权力及其影响因素的实证分析[J].湖南行政学院学报，2015（3）：60-66.

社会文化习俗使得女性在婚姻关系中处于被控制的一方，男性则属于控制的一方。

（二）婆媳斗法

封建社会的婆媳关系是一种极不平等的关系，传统伦理规范要求媳妇对婆婆唯命是从，在婆婆面前不可以有自己独立的态度，媳妇面对婆婆的要求只能是逆来顺受。"多年的媳妇熬成婆"，一个"熬"字，是婆婆对儿媳控制严格的真实写照。多年后，媳妇的儿子娶了媳妇，成了婆婆的媳妇，又继续对儿媳施以淫威，从中得到一种报复的快感，恶婆婆成为社会传统势力的代表和象征，代代延续下来，成为一个命运怪圈。

我国传统社会中，父辈在指导后代上具有绝对的权威和指导意义，在家庭中具有绝对权威。"婆尊媳卑"，班昭的《女诫》中有许多具体的行为准则，并且被广泛用于女性教育，使其从思想观念上接受婆媳之道。对于男性而言，要遵循母尊媳卑的原则，要选择站在母亲一边。《后汉书·列女传》记载，广汉人庞盛的女儿嫁给姜诗为妻，其母喜欢喝长江水，儿媳到江边汲水，家距长江六七里路。一次，庞女取水，遇到大风，未能及时赶回家，婆婆口渴，抱怨儿媳不孝，姜诗大怒，就把妻子休掉了。[20]在这样的礼教下，婆婆对于儿媳的辱骂和责打是被允许的，即便上升为刑事案件，所承担的法律责任和责罚远远小于儿媳伤害婆婆要承担的责任。

当代社会，婆媳关系不再是单向服从关系，既有矛盾冲突又有理解协商，成为新时代婆媳关系的主线，能够将传统美德与现代文明融为一体的新型民主婆媳关系是社会所倡导的。

---

[20]王秀贵.婆媳关系变迁历史及文化研究[J].人民论坛，2013（23）：192–193.

儿子与媳妇的结合，使原本生活在不同家庭的两个女人发生了联系。从婆婆的心理上，媳妇有些像外来入侵者，儿子的爱被人分享，对母亲很依赖的儿子找到了新的精神寄托，有了心爱的人，可能会忽略母亲，母亲感觉儿子对自己的爱被人侵占，养了多年的儿子倒跟一个外人更亲密。母亲理性上知道儿子应该娶妻生子，但在情感上难以割舍，容易产生莫名的失落感，担心含辛茹苦养大的儿子娶了媳妇忘了娘，婆媳之间不自觉地上演感情争夺战。

张爱玲的《金锁记》描写曹七巧嫁入大家族姜家后，从一个性情温和的女性转变为一个恶婆婆的变化历程。曹七巧对两个媳妇都非常地敌视，儿子娶亲之时，她生怕儿子长白娶了媳妇忘了娘，对媳妇寿芝刻薄、恶毒，导致儿子长白不喜欢儿媳寿芝。曹七巧把儿媳当成了外来入侵者，觉得媳妇会把儿子抢走，不惜通过各种恶毒的手段先后把两个儿媳折磨致死，儿子长白就是典型的妈宝男，受到曹七巧身体和精神的双重控制和打压。

丈夫如何处理妻子和母亲的矛盾，对于婆媳冲突处理至关重要。如果丈夫不够成熟，不能顺畅地处理婆媳之间的矛盾，反而会导致矛盾激化。男性感到自己夹在母亲和妻子之间，左右为难，很是痛苦。妈宝男仍然依赖妈妈，对妈妈言听计从，婆媳间的冲突就会放大，甚至以悲剧收场，如果丈夫完全不考虑母亲的感受，媳妇可能会有胜利者的心态，也会产生不安全感，他这样对待自己的母亲，又怎么可能从始至终地善待自己呢？内心的担心终会影响夫妻相处，使夫妻关系走向存在隐忧。

（三）姑嫂争雄

大（小）姑子和兄弟自幼耳鬓厮磨，建立在血缘基础上的互帮互助的手足之情会因嫂嫂或弟媳有所削弱，姐妹们也期望自己的兄弟能一如既往地关照、帮助父母和自己，多承担些责任。对妻子来说，由于丈夫，姑嫂二人才建立了关系链接，对丈夫的期望则有所不同，她希望丈夫把主要精力放在自己小家庭的建设上，譬如自己的事业、孩子的学习、经济的投资等。男人很难平衡自己的精力与财力，于是，矛盾和冲突经常就会出现，姐妹认为兄弟对大家庭不那么上心了，变得自私了，妻子则埋怨丈夫顾大家不顾小家，是"妈宝"或"姐妹控"。姑嫂之间彼此怨恨，各藏心结。

女性的视角和关注的领域具有相似性，都会关心家庭的经济收入、家庭建设、小孩子的教育等。大（小）姑子难免会提出自己的看法，如果丈夫采纳姐妹的建议，而没有按照妻子的想法处理，妻子会觉得是大（小）姑子从中作祟，反之，大（小）姑子则感觉兄弟娶了媳妇忘了姐妹。如果大（小）姑子插手兄弟的家庭事务，或者嫂子插手大（小）姑子的相关事务，则姑嫂矛盾很难避免，当事人还会感觉委屈，认为对方"不识好人心"。

在姑嫂冲突中，引发点就是当事人边界不清晰，不经对方同意就插手对方的家庭事务，尤其是家庭结构复杂、经济收入和财产等边界不清晰的家庭，这种姑嫂关系在利益冲突或者价值观差异的作用下，有可能会放大或者激化。现实生活中姑嫂关系是丰富多彩、多种多样的，与家庭实际情况及相处模式有很大关系。

M女士两年前与丈夫结婚。丈夫十几岁时，公婆因为一场意外离世，留下丈夫和大7岁的姐姐相依为命，M的婚礼是大姑姐一手操办的。大姑姐习惯了参与弟弟的生活，以心疼弟弟为由对家里家务分工、经济支出、投资等事务处处参与意见。M父母从小对她比较民主和宠爱，在很多事务上和大姑姐的意见不一致，丈夫珍惜和姐姐相依为命的情感，不忍心驳回姐姐的意见，M又拗不过强势的大姑姐。时间长了M觉得很憋屈，感觉自己的家庭事务为什么要让别人来做主，会和丈夫生气，俩人多次因为家庭事务引起激烈冲突。一次激烈争吵后，M 感觉到心慌胸闷一下子喘不上气来，此后多次发作。M 对大姑姐和丈夫都充满了怒气，经过一段时间的心理咨询，压抑很久的情绪得以表达，M 的症状好了很多，她对自己的感受和需要也越来越清晰，能够心平气和地和大姑姐谈论她的想法，感谢大姑姐对他们小家庭的支持，但是不希望大姑姐代替他们决定自己的家庭事务。经过几次和大姑姐沟通，大姑姐开始反思自己对弟弟家庭事务的控制，也开始能够理解 M 的心情，并且愿意退出弟弟的家庭决策，还表示愿意在他们需要的时候继续给予支持。

在姑嫂冲突中，丈夫不参与，保持中立还好，一旦参与很容易成为风箱中的老鼠——两头受气。处理姑嫂冲突的关键有两点：一方面在于丈夫处理兄弟姐妹关系时，持公平立场，处理事务和利益做到一碗水端平；二是双方都要有清晰的边界意识，不要不经对方同意而插手对方的小家庭事务。

（四）父子针锋

弗洛伊德认为小男孩在 3—6 岁，潜意识中想独占母亲的爱，意识层面又担心来自父亲的惩罚，于是以父亲自居，模仿父亲的行为和态度，试图替代父亲的家庭角色，如果父亲内心没有成熟，自我不强大，对儿子的自主性尊重不够，就演化成父子的直接对抗，甚至可能激烈到发生摔手机、砸电视一类的家庭暴力事件。

一个 16 岁的高二男生，父亲对他要求比较严厉，批评指责也比较多。儿子与父母关系紧张，尤其经常对抗父亲，觉得父母一点也不理解他，对他的生活进行全面控制，自己没有任何喘息的空间，觉得"反正考大学也不是自己为自己考的，是为爸爸考的"，后来发展到拒学，在家日夜打游戏。父亲努力说服儿子回到学校，甚至动手打了儿子，导致矛盾激化，儿子一气之下在家里乱摔了一通东西，后来躲在屋子里不再见父母。父母觉得以前那个听话懂事的儿子不见了，现在的儿子变"坏"了，母亲以泪洗面快抑郁了。

接受辅导后，父母开始能够理解儿子的成长需求，反思自己对儿子的期待是因为自己当年没有考上理想的大学，希望儿子能够代替自己完成理想。从小就对儿子的学习要求格外严格，在这样的高期待下看不到儿子的心理需求和痛苦，儿子进入青春期后情绪波动比较大，很容易被爸爸的批评和控制激怒，导致父子之间的冲突不断升级。儿子对咨询较为抵触，最初不太合作，经过一段时间才慢慢与咨询师建立了信任关系，情绪开始稳定下来，能够理解父母对自己的爱，能够和爸爸心平气和地谈话，表达自己的需求，紧张的父子关系初步得到了缓解。

儿子试图自主决定个人的人生方向，以此证明自己是有力量的，这是心理发展的必然阶段，如何处理儿子自主意识的提高与能力发展之间不平衡的矛盾，就看父母尤其是父亲的智慧了。首先，要求父亲是一个成熟的男人，而不是一个没长大的孩子，能够直面儿子的长大，直面自己的无力，尊重孩子的自主性，以一个成熟稳重、有担当的父亲角色示范给儿子，自主性的真正含义是选择后的负责任和担当，而不是凭借自己的意气和偏好放任。其次，父亲要学会接受和允许儿子在自己能力范围内对自己的事务做选择，讲清责任，一起分析可能的结果，给予支持和理解。再次，接受每个人都有自己的人生，儿子面对的人生与自己的生活环境有差别，不要将自己未完成的人生愿望强加在儿子身上。

（五）母女较力

都说女儿是妈妈的贴身小棉袄，母女关系按说是最和谐的了，可现实情况中经常见到母女之间争吵。女性的心理发展相对于男性更复杂一些，小女孩要与妈妈争夺爸爸，渴望变得跟妈妈一样有魅力，模仿她的行为和穿着打扮，学习她增加魅力的方式。小女孩慢慢理解父母的配偶关系，她开始放弃父亲，要找到像父亲一样的恋爱对象。由于母女关系的紧密性，在孩子心理发展的这个阶段，很容易激起母亲的心理反应。几乎所有的女儿都抱怨过母亲的控制欲，从年少时穿不穿秋裤到工作后的连环相亲，再到结婚后如何带孩子，女儿与妈妈的争执不断，尤其体现在对"美"的话语权上。青春期的女儿开始特别在意自己的脸蛋、发型、身高、体型，并对衣服和饰品蠢蠢欲动，母亲将之视为危险信号，一是她难以接受女儿从一个天真无邪的女孩成为一个性感迷人的女人；二是担心女儿被男性伤害，于是采取保守的方法，来裹住女儿美的可能性，隔离伤害源；三是如果妈妈自身成长不很顺利，可能会把没有处理好的内在情感投射到女儿身上，从而严格控制女儿。母女冲突的本质，是女性害怕自己陷入像母亲那样的生活中，是她不认同母亲作为一个女性的生活状态，她希望从中蜕变出来，创造一个美丽的、有爱的、自由的、丰富的新世界。她害怕这个妈妈真的影响了自己，并在潜意识里恐惧自己终究会变成她。

德国电影《钢琴教师》，讲述了钢琴女教师和妈妈之间控制与被控制的关系。40多岁的她还和妈妈睡在一起，在生活中处处被妈妈管控，和妈妈既冲突又紧密纠缠。当女儿遇到追求她的男孩时，母女多年平静的生活被打乱了。妈妈看到女儿开始打扮自己，开始变得和以前不一样。妈妈一方面担心女儿上当受骗被男性伤害，另一方面也意识到女儿可能要离开自己了。想到女儿走后孤独的生活，妈妈内心充满了恐惧，变本加厉地对女儿跟踪、控制、阻拦、破坏、大打出手，最后女儿也没有追求到自己渴望的自由生活，因为她无法摆脱母亲控制带来的心理病态，无法和男性建立起健康舒适的亲密关系。

《都挺好》中赵美兰从小在重男轻女观念的农村长大，嫁给了苏大强，原生家庭的模式又在小家庭中重演。对儿子过度溺爱，对于女儿则是完全相反的态度，把一生的不如意都怪到女儿身上，对女儿非常刻薄，试图控制女儿的学业、生活，在无意识中希望女儿经历和自己同样的人生。

三、高家庭控制欲激发强家庭冲突的个案解读

受访者 T 先生，在家时间相对较少，妻子有稳定工作，儿子 15 岁上初三，一家三口一起生活。

家里的事情都是妻子说了算，他只负责挣钱，花钱的事情做不了主，就很少参与家里的事情了。T 觉得妻子的控制欲太强了，既希望他多赚钱，又希望他能多在家陪她和孩子，事事都要向她汇报，如果不说就会发火，问多了自己会觉得生气烦躁，觉得不被信任。自己不敢出门太久，能忍着不冲突就不冲突，在家中感觉很紧张，被掌控得几乎没有自由，一不注意就会被训斥，家庭气氛很压抑，工作忙了，不回家反倒轻松些。

母子二人想法不一致，就会发生冲突，结果基本上是孩子听妈妈的，只有妈妈不在意的事情孩子才能自主。妈妈关注孩子学习，辅导班安排得满满的，除此之外的事情都不太愿意让孩子去做。妈妈和孩子脾气都很倔，几乎不能正常交流，妈妈总想什么都管孩子，孩子大了不想让管，矛盾很多。

T 工作忙，对孩子照顾少，交流也少，孩子遇到困难时都是找妈妈。T 一方面要多挣钱，另外妻子也不让自己参与孩子的教育，自己说什么都是错的，想带孩子出去玩，妻子会觉得学习重要，一面抱怨他不带孩子，一面又拒绝让他管孩子，关于孩子的事，T 无论做什么，都会被妻子指责没有好好教育孩子。

孩子受挫能力很差，考试失利、朋友离开、换学校等都会让他很难过；学习成绩一般，小学高年级后，开始不好好学习，隔三岔五就要跟妈妈在家吵一架；最近孩子嚷着要出国，T 和妻子都不同意，但是孩子闹得厉害，不满足就会在家里闹，有的时候还会大打出手。

T 面对妻子的要求、孩子的折腾，感觉很乏力，觉得不应该总迁就孩子，但是妻子不同意，他的意见也不会被接受。T 觉得孩子受家庭影

响挺大的，妈妈管得太多，导致孩子什么都干不了，一说让孩子自己干，妈妈就说不用干，好好学习就行。现在孩子一遇到挫折就会变得很脆弱，但是又不甘心，看着孩子挺痛苦。

T 的夫妻冲突和亲子冲突都比较强烈，妻子有极强的控制欲，总是想控制丈夫和孩子，一旦感觉丈夫和儿子不受自己的控制，感觉到失控，就会以发脾气的方式试图重新控制局面。丈夫觉得在家里压抑，是他选择外出挣钱、逃离家庭的原因，实质是想摆脱妻子的控制。当家庭中父亲逃离出去之后，儿子成了妈妈试图掌控的对象，正好儿子处于青春期，情绪容易冲动，控制和反控制的互动模式在母子间反复上演。最终演变成焦虑失控的妈妈、缺位的爸爸和无助失控的孩子。

妻子的高控制欲是夫妻与亲子冲突的主要导火索，与孩子争夺控制权的矛盾集中在孩子的学习上，妈妈控制儿子的学习，儿子反过来也在学习上控制妈妈，妈妈可以决定儿子报多少班，但是儿子可以决定学不学，家庭中涌动着控制与反控制的暗流。妈妈对丈夫和儿子的控制欲越强，家庭冲突的程度越激烈。家庭成员应对这种局面多采用僵化、极端、激烈的方式，并不能用一种建设性的、协商的、合作的方式来理解彼此内在的心理需要。

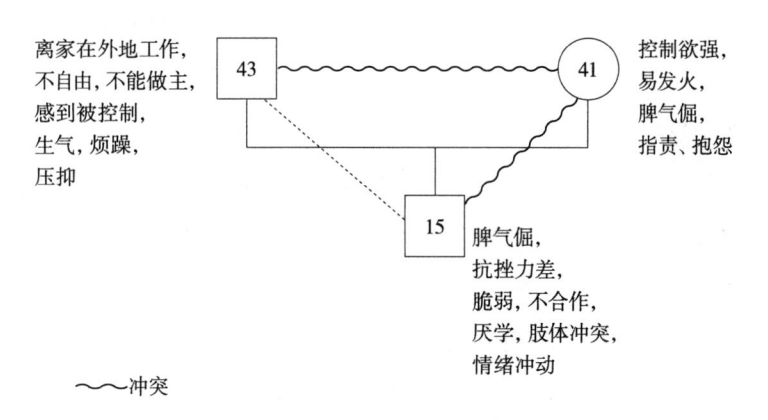

离家在外地工作，不自由，不能做主，感到被控制，生气，烦躁，压抑　43

41　控制欲强，易发火，脾气倔，指责、抱怨

15　脾气倔，抗挫力差，脆弱，不合作，厌学，肢体冲突，情绪冲动

～～～冲突

图 2-3　家庭文化（三）

第四节　不同家庭文化下的青少年

电视剧《小舍得》中，南建龙第一段婚姻是男女共同主内外的分工模式，前妻赵娜是职业女性，注重自我发展，为女儿起到了鲜明的榜样示范作用，女儿南俪自信乐观，内心充满了富足感，在事业和家庭生活上发展平衡。南建龙和蔡菊英重组家庭后则变成男主外女主内，经济开支和对外事务由南建龙承担，蔡菊英在心理上感觉低人一等，在家庭中事事忍让，总要求亲生女儿妥协，造成了田雨岚补偿式的强势性格，她在工作和生活中不但处处争强好胜，甚至以咄咄逼人的方式弥补内在的低自尊感，反映了她内心深处的不安全感。

两个女儿原生家庭的情感氛围不同。南俪小时候，父母恩爱，互相欣赏，她的信任感和安全感较高，人际情感互动和沟通能力强，后来遭遇父亲生病和父母婚变，能够很快地坚强起来。建立小家庭后和丈夫之间情感和谐，能够互相给予对方爱和支持，在生儿育女后能给予孩子情感上的陪伴，培养孩子健康的情感表达、体验和沟通能力，短暂的情绪失控，能够很快地恢复和反思，能够及时修复与爱人和孩子的关系。继女田雨岚从小生活在家庭文化环境相对贫乏的家庭中，单亲妈妈蔡菊英带着她独自生活，和南建龙重组家庭后，妈妈经常为了讨好南建龙和南俪而忽视她的情感需要，导致田雨岚心理的不平衡。为了给自己争口气，把儿子的学习成绩视为和南俪竞争的筹码，不惜血本培养子悠，却忽视了儿子的情感需要，造成亲子之间的隔阂，还给儿子留下了心理阴影。

观察剧中家庭冲突对第三代成长的影响，南俪夫妻二人教育孩子观念一致，偶尔有分歧也会有效地沟通，较少发生冲突，一对儿女快乐自信，充满了友爱，在小升初的学习压力下引发了亲子冲突，但能够很快地沟通和修复。田雨岚夫妻二人因对孩子教育的观念不同而产生了很多剧烈的冲突，丈夫颜鹏一般让着田雨岚，小心翼翼地去哄田雨岚开心，儿子颜子悠对妈妈敢怒不敢言，又对妈妈为自己做的牺牲感到内疚，内心的痛苦无法言说，以至于产生严重的心理问题。

一、家庭分工对青少年心理发展的影响

张李玺研究了家庭分工重构中的夫妻冲突，双职工家庭中的女性确实减少了家务劳动时间，男性增加了劳动时间。[21]家务劳动和工作不只是简单的交换关系，还涉及性别角色态度和角色期望，女性家庭角色转变的同时，男性家庭角色并没有发生根本的变化。男性的性别角色态度和性别的角色期望仍然是传统的，他们认为料理家务和照顾子女是女性的职责，双方家庭分工理念的差异可能激发家庭冲突，家庭中的子女有时不可避免地被卷入这种冲突中，甚至有时会被逼迫表态站队，对于子女形成家庭分工刻板印象起到了推波助澜的效果。

本书研究者调查发现，对"男主外，女主内"持不同态度的青少年的心理图式和心理脚本均存在着显著差异。（见表2-9）非常不赞同"男主外，女主内"的青少年的心理图式显著高于持非常赞同态度的青少年，不赞同者对世界的结构性认知更理性，刻板印象少，固执的观念和束缚较少，处理不确定信息更灵活。对理想家庭分工态度不同，青少年的心理图式和心理脚本存在着显著差异。（见表2-10）视情况而定的青少年，

---

[21]张李玺.夫妻冲突：家庭性别分工模式重构过程中的一个必然现象[J].妇女研究论丛，1998（03）：4-8.

比持非常赞同"男主外,女主内"态度的青少年心理脚本更具适应性,对权威不会特别恐惧,能够平等处理人际情感关系。

表 2-9 家庭分工态度的不同青少年心理图式和心理脚本

家庭分工态度	n	心理图式	心理脚本
非常赞同	57	20.6 ± 7.96	17.1 ± 7.86
赞同	83	21.1 ± 5.83	19.9 ± 6.21
倾向赞同	76	22.1 ± 5.08	20.7 ± 5.03
视情况而定	518	23.1 ± 5.14	21.5 ± 4.80
倾向不赞同	56	23.5 ± 5.56	20.1 ± 5.78
不赞同	122	23.8 ± 5.81	21.0 ± 4.98
非常不赞同	64	24.0 ± 5.52	21.3 ± 4.95
F		4.614***	6.678***

表 2-10 理想家庭分工态度不同青少年的心理图式和心理脚本

理想家庭分工态度	n	心理图式	心理脚本
男主外,女主内	108	21.9 ± 7.17	18.2 ± 6.68
男主内,女主外	8	20.1 ± 8.69	13.8 ± 7.11
男女平等,共同承担	621	22.7 ± 5.28	21.5 ± 4.91
视两人收入水平而定	41	24.6 ± 5.38	20.5 ± 5.31
视与配偶关系密切程度而定	27	24.0 ± 4.31	18.2 ± 5.60
根据年龄、精力和健康而定	85	23.8 ± 5.56	22.5 ± 4.41
一切随缘	86	23.1 ± 5.46	20.0 ± 5.32
F		2.274*	11.697***

二、家庭情感需求对子女心理发展的影响

（一）家庭情感氛围流畅的青少年案例解读

来访者 S，高二女生，17 岁。S 认为爸爸性情平和，母亲关爱自己，父母关系融洽，家庭气氛和谐欢乐，情感沟通顺畅；父母陪伴自己较多，休息日会带自己到图书馆看书，到公园散步，会陪自己玩游戏；自己也会看电视或者玩手机，但是比较节制；学习时间安排比较合理；家中设有独立书房，妈妈喜欢读书，经常会给自己讲一些历史故事；S 学习没有太大起伏，语文和英语比较好，数学稍差，学习上遇到困难的时候会和父母沟通，爸爸妈妈会鼓励自己，妈妈还会想办法找老师补课帮助自己提升成绩。S 觉得家庭成员之间互相信任，遇到困难的时候能够互相支持，生活在这样的家庭中很幸福。

S 父母比较重视家庭教育和家庭文化建设；父母陪伴孩子时间足够，对孩子有界限恰当的行为限制；父母以身作则，示范积极；孩子有情感困扰时能够给予抚慰支持，帮助孩子缓解情绪压力。流动顺畅的家庭情感氛围，受访者主观体验温暖亲切，亲子情感联结稳定；孩子的自我力量积极发展，客体关系自然转向学业，父母的支持和鼓励增强了孩子的自信。

（二）家庭情感氛围封闭的青少年案例解读

来访者 L，初三女生，情绪低落，胳膊上有多条划痕，语言表达流畅，思路清晰，声音比较低落，最近开始频繁出现自杀观念，感觉到很无助。妈妈形体瘦削，眼神比较回避，说话时声音较低，呈现出明显的抑郁情绪，谈到女儿时多次泪流满面，同时否认女儿的自杀观念。

L 谈到，从小看到爸爸的脾气很不稳定，经常会把自己关在屋子里面，很少看到爸爸妈妈融洽地交流，自己遇到生活和学习中的困难，或者是心情不好的时候想和爸爸妈妈谈谈，不敢靠近爸爸，和妈妈的交流稍多一些，妈妈也总是让自己不要多想。谈到在学校里被同学欺负，妈妈会觉得同学不会那么做的，没有那么严重，时间长了，她怀疑是不是自己想多了。L还谈到有些开心的事情想和父母分享，父母也总是敷衍着说知道了，L感到很失望。妈妈说，L和自己谈到生活和学习中遇到困难的时候，自己不知道怎么帮助女儿，希望丈夫和自己一起帮助女儿解决困难，丈夫会回避谈这些不开心的事情，多说一点就会发脾气吵起来，时间长了对丈夫完全失望了，自己也感觉到很无助和绝望，只能希望女儿自己能好起来。

可以看到家庭中的情感交流是封闭的，夫妻之间很少有情感交流，丈夫遇到心理和情绪困难时的方式是自己一个人躲在房间里面，夫妻之间为了女儿的事情有些沟通也是不愉快的；对L来说，爸爸的支持也是难以获得的；和妈妈的交流也不足以抚慰她自己的情感需求；L面临青春期的发展任务和现实生活的压力，内在的和外在的压力冲击让她觉得难以承受，发展出自残的方式来缓解内心的痛苦感。

案例中家庭情感多数处于封闭状态，父母并不能提供女儿发展需要的情感支持，当女儿遇到困难的时候不能及时满足支持的需要，当女儿遇到有成就感的事情想和父母分享时也不能提供及时的正性反馈，在没有反应的环境下产生严重的抑郁情绪，发展出自残行为和自杀的念头，造成了青春期发展困境。

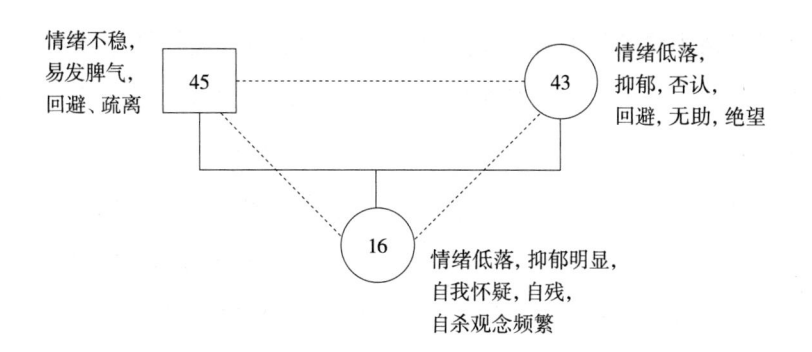

图中标注：
- 45：情绪不稳，易发脾气，回避、疏离
- 43：情绪低落，抑郁，否认，回避，无助，绝望
- 16：情绪低落，抑郁明显，自我怀疑，自残，自杀观念频繁

图 2-4　家庭文化（四）

三、家庭冲突对子女心理发展的影响

家庭亲子互动具有微妙性与复杂性，父母和孩子在意识和无意识的不同层面交织影响，在具体的情境中往往很难分清楚是哪一方在哪一个点上引发了另一方的反应，而另一方的反应又反过来影响了前一方的反应，前一方的反应再一次升级引发另一方更大的反应，反应的不断叠加循环伴随着情绪的不断升高，导致亲子间的冲突不断升级，最后发展为混乱的局面。由于孩子的心理功能发展不成熟，很容易卷入父母之间的矛盾冲突中，常见的是父母的冲突由来已久，多年的婚姻中并没有找到一个恰当的方式来处理，后来集中在对孩子学习的态度上，或者是对待孩子成绩的态度上，孩子的学习问题成了父母争夺家庭控制权的一个集中点，父母之间展开了"冠冕堂皇"的斗争和控制权的争夺，这会使孩子对学习的态度比较矛盾，父母的矛盾冲突会内化为孩子的心理冲突，这些内化的心理冲突最后可能会以厌学拒学，或者是焦虑抑郁的情绪状态呈现出来。父母需要觉察和理解夫妻之间的冲突对孩子心理发展的影响。

（一）高控制欲父亲与子女的高冲突

来访者 E，独生女，大学生。谈到妈妈脾气不好，爸爸情绪稳定，家里的事情主要是爸爸拿主意，比如自己考大学选专业就是爸爸决定的，感觉很矛盾，一方面觉得爸爸有道理，另一方面又觉得他太控制，单方面决定自己的事情让她感觉很不舒服。常常和爸爸发生冲突，爸爸会用冷处理的方式解决，以"不说话"告终，过后会找别的事情和自己和好，不会再谈发生冲突的那件事情，自己很生气，不搭理他，冷战一段时间。E感觉爸爸处理冲突的方式对自己影响很大，自己在人际关系中也习惯性用"冷战"来处理冲突。有了男朋友后，互动有点像和爸爸之间的关系模式。

E家庭结构比较稳定，爸爸有绝对的控制权，包括E的事情。和爸爸之间的互动模式内化为E人际互动的心理脚本，人际关系使用"冷战"来处理对人际关系造成一定破坏；E和男朋友的互动关系中重复和爸爸之间的互动模式，E独立性不够与爸爸的控制欲有关。父母的控制欲越高，子女在人际关系处理、情绪处理、心理独立性的能力发展上越低。

（二）低控制欲父亲与子女的低冲突

来访者W是10岁男孩的父亲，夫妻俩比较注重家庭文化生活，家庭文化氛围较好。经常带孩子出去玩、旅游等；对于读书和学习兴趣，夫妻俩不强迫而是会引导儿子；鼓励儿子对音乐和体育兴趣发展，曾尝试过吉他、小提琴等，运动类兴趣曾尝试过游泳、足球等，儿子选择了网球运动。来访者在养育儿子方面属于"放养型"教育，希望儿子有自由的发展空间，让儿子对读书、各种运动以及音乐产生了浓厚的兴趣，儿子和爸爸交流比较多，遇到困难时会向爸爸寻求意见或者帮助。儿子性格开朗，学业发展良好，和同学关系融洽。

W家庭文化氛围良好，夫妻关系融洽，亲子关系和谐，家庭中父子关系比较亲密但有自由发展的空间，较少控制，较少冲突，亲子关系既有联结又不过于黏着。家庭氛围带给儿子自由放松的人际体验，在学习和各项活动上保持了较好的兴趣；和父母之间良好的沟通交流体验也让儿子学会了如何与人沟通，在学校里和同学关系融洽。父母控制欲越低，子女在人际关系处理、情绪稳定性、心理独立性的能力发展方面越高。

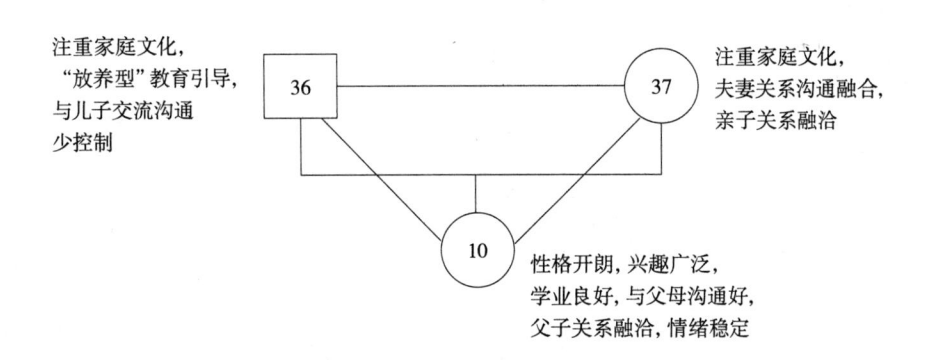

注重家庭文化，"放养型"教育引导，与儿子交流沟通少控制 — 36

注重家庭文化，夫妻关系沟通融合，亲子关系融洽 — 37

10 — 性格开朗，兴趣广泛，学业良好，与父母沟通好，父子关系融洽，情绪稳定

图 2-5　家庭文化（五）

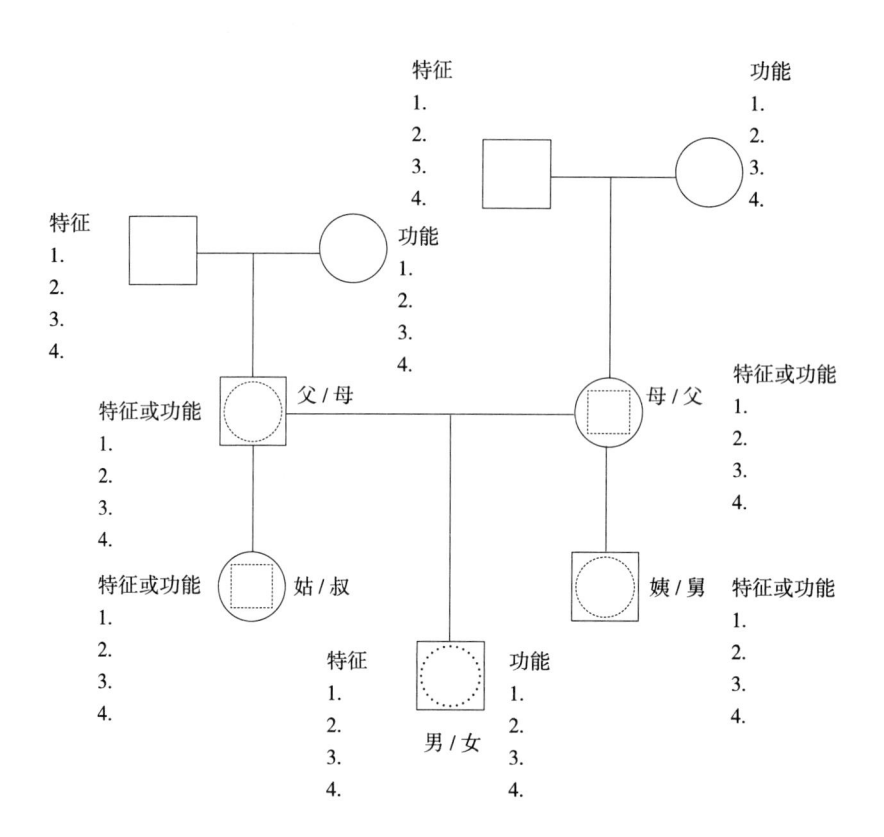

110 家庭心动力：青少年成长的原点与突破

特征　　　　　　　　　　　　　功能
1.　　　　　　　　　　　　　　1.
2.　　　　　　　　　　　　　　2.
3.　　　　　　　　　　　　　　3.
4.　　　　　　　　　　　　　　4.

特征　　　　　　　　　　　功能
1.　　　　　　　　　　　　1.
2.　　　　　　　　　　　　2.
3.　　　　　　　　　　　　3.
4.　　　　　　　　　　　　4.

特征或功能　　　父/母　　　　　　　　母/父　　特征或功能
1.　　　　　　　　　　　　　　　　　　　　　1.
2.　　　　　　　　　　　　　　　　　　　　　2.
3.　　　　　　　　　　　　　　　　　　　　　3.
4.　　　　　　　　　　　　　　　　　　　　　4.

特征或功能　　　姑/叔　　　　　　　姨/舅　　特征或功能
1.　　　　　　　　　　　　　　　　　　　　　1.
2.　　　特征　　　　　功能　　　　　　　　　2.
3.　　　1.　　　　　　1.　　　　　　　　　　3.
4.　　　2.　　　　　　2.　　　　　　　　　　4.
　　　　3.　　男/女　 3.
　　　　4.　　　　　　4.

图 2-6　家谱图练习

第三章

家庭关系：
亲密关系
famil

电视剧《裸婚时代》演绎了价值观念碰撞下亲密关系的吸引、冲突、妥协、融合。刘易阳和童佳倩冲破双方父母的阻拦，成功"裸婚"。现实生活中的麻烦接踵而来。各自的原生家庭是摆脱不掉的客观存在。男主出身于普通工人家庭，女主则在一个干部家庭中长大，婚后面对具体生活时无法回避甚至被不断放大。

刘易阳的奶奶，重男轻女观念重，最大的期望是生一个男孩，延续香火，坚信童佳倩会生男孩，给小两口极大的压力。双方父母价值观也有明显差异，童佳倩的母亲不希望自己的孩子再过苦日子，对女儿娇生惯养；刘易阳的母亲过于节俭，觉得儿媳花钱大手大脚。刘易阳的母亲臣服于夫权之下，童佳倩的家庭则是妈妈拥有话语权。来自原生家庭的亲密关系模式深深地影响着小两口，新家庭中的权力斗争无处不在。

维系亲密关系，不仅需要物质保障，更注重核心价值理念的和谐。组成新家庭必将面临各种挑战、妥协、斗争，才能达到包容整合。家庭亲密关系的和谐，直接影响下一代的健康发展。

第一节　亲密关系的原生家庭影响

通常人的一生中会有两个家庭，一个是自己出生和成长的家庭，另一个是自己成人后进入婚姻生活所建立的家庭。从小成长的那个家庭被称为原生家庭，成人后所组建的家庭被称为新生家庭。为了生存发展，克服孤独感，人与人之间需要建立并维持亲密关系。

学者易中天说：婚姻原本是为了爱而建立的，然而婚姻不等于爱情。爱情是个人的事，婚姻是社会的事。一男一女两个人组成的家庭受到原生家庭价值观念、家庭文化的影响。不同的原生家庭，在家庭文化、关系模式、家庭规则方面自然不同，两个来自完全不同的原生家庭的人，带着各自家庭的影子组成新的家庭。如果没有意识到这种差异，也处理不好这种差异的话，上演的不是两败俱伤，就是心力交瘁的生活剧。

小说《新结婚时代》中，顾小西和何建国的"城乡结合"的婚姻冲突，演绎了原生家庭对亲密关系的巨大影响。何建国的父亲是典型的大男子主义，家庭中大事小事自己说了算，母亲对父亲俯首听命，何建国的"原生家庭情结"要求配偶围绕着自己转。顾小西，自小感受到父亲对母亲的照顾，并不认同一切由男人说了算的观念。她的想法使丈夫的控制欲和家庭地位受到了挑战，故此一有机会丈夫就会和她争执。顾小西在对婚姻的绝望中体会到母亲反对的理由，"婚姻要门当户对，或者说，要条件般配，不能只凭感情。再深的感情，在门不当户不对、条件上不般配所带来的生活琐屑中，也得给磨没了"。

"门当户对"的内涵顺应时代要求在逐渐发生着变化，但是两个原生家庭是否匹配依然是多数伴侣走向婚姻时要考虑的核心要素之一。

一、原生家庭的"门当户对"

清朝于成龙在其家训中主张"结亲惟取门当户对，不可高攀，亦不可就下"。《红楼梦》作为中国古代社会的百科全书，门当户对的联姻无处不在。笔墨不多的贾敏和林如海的婚姻可管中窥豹，贾敏是贾母最疼爱的女儿，林如海祖上世袭列侯，自己探花出身，钦点为巡盐御史，仕途之路春风得意，与贾敏的身份地位非常匹配。鲁迅先生诙谐地表达，"贾府上的焦大，也不爱林妹妹"。林妹妹更会嫌弃焦大粗鄙不堪。传统社会，婚姻关系多立足于现实需求，精神和情感层面的需要排在次要的位置。

（一）"门当户对"反映特定历史时期的社会发展要求

"门当户对"最早出自元代王实甫《西厢记》第二本第一折"虽然不是门当户对，也强如陷入贼中"。后来"门当"与"户对"逐渐演化成社会观念中衡量男婚女嫁条件的一个常用语。《现代汉语大辞典》中对"门当户对"的解释是：男女双方家庭的社会地位、经济状态相当，结亲状况相当，结亲最合适。[1]

作为一种择偶标准，"门当户对"最早出现于西周时期，贵族阶层为了保持其血统的高贵、纯正，严格限制了通婚范围。封建社会"门当户对"主要指婚配双方的门第、社会地位和财富等方面大体相当，而并不关注当事人的情感体验。《红楼梦》中迎春嫁给"中山狼"，探春远嫁，常年不能和亲人相见，更多反映的是家族需要。

社会地位和经济生存是中国古代重视"门当户对"婚姻观的重要原

---

[1] 阮智富.现代汉语大词典[M].上海：汉语大词典出版社，2000.

因，以血统为线索的等级制度促使封建贵族地主通过联姻方式来加强和巩固家族地位。比如魏晋南北朝时期，豪门大户仅在本阶层的很小范围内互相通婚，与普通人结亲，被视为有辱士类；普通人家婚嫁时主要考虑的是婚后的经济生活，婚姻不可避免地与吃穿住行、孩子抚养、老人赡养等因素联系在一起。普通人家很难超越阶层去寻找配偶，现实境况让他们无力也不敢奢望攀附权贵，婚姻的主要目的是与门当户对的另一半共同维持家庭，双方社会地位和经济基础相当，谁也不嫌弃谁，这才是共同努力生活、家庭稳定的前提条件。

（二）"门当户对"具有强大的文化惯性

文化惯性，指处于特定文化背景下的人们遵循某些价值观念和行为准则的内在动力支持，文化惯性在长期的文化认同中形成，人们的思想观念和行为方式几乎固化。文化惯性既是一种隐性的思想观念、思维定式和价值判断，也是一种显性的影响力、渗透力、推动力；大到可以影响一个国家、一个民族的生死存亡，小到直接影响一个家庭、一个人的生活方式。传统婚姻关系依托于封建道德伦理和礼法，婚姻制度对维持统治阶层的地位稳定有强大的作用；婚姻双方的经济条件和社会地位平等或差别不大，双方的价值观和生活习惯也更可能相容，婚姻关系容易趋于平衡。传统文化思想对当代人婚姻仍然有强大的影响力，"夫为妻纲""男主外，女主内""男人是顶梁柱"的思想观念虽有所改变，但"门当户对"的婚姻观念，依然作为一种价值观渗透到人们的思想中，"门当户对"择偶标准的社会现实价值，是亲密关系要注重配偶双方的经济基础、精神交流与价值观的相近性。

（三）现代家庭"门当户对"逻辑的冲突与演变

某婚恋网站的调查数据显示，被调查者中58.98%赞同门当户对的婚恋观，其中21.71%认为婚姻不只是两个人的事，也是两个家庭的事，他们认为门当户对的两个家庭往往更合拍，18.72%相信门当户对有助于婚后的和谐相处，13.17%觉得门当户对意味着婚姻的匹配度更高，而5.38%则表示不希望找比自己条件差的另一半，认为门当户对是彼此交往的基础。当代大多数青年依然强调门当户对是建立婚姻的基础。

门当户对，除了传统意义上社会和经济地位相当，还趋向于双方家庭文化和精神层面的相容。门当户对的家庭文化下，双方才会有类似的生活理念和情感模式，会有更多的共同语言、相近的价值观念。这启示着人们在寻找人生伴侣进入婚姻家庭的时候，除了生理吸引之外，还要考虑一些双方社会心理层面的因素。[2] 原生家庭的门当户对使得双方的日常生活更容易整合，而家庭文化层面的门当户对会促进亲密关系更稳定持久。我说的这个门当户对一定是精神上的、思想上的、灵魂上的。我特别喜欢刘震云写的《一句顶一万句》里面一句话：一辈子找的就是一个能说得上话的人。两个人在一起，如果精神上门当户对，你放心，其他的东西想拆开你们，很难。

现代女性已具有了较为强烈的平等意识，主张并实践夫妻共同承担家庭事务，使得婚姻中男女趋于平等。这种两性关系的变化，使得依然坚持"夫纲"的男性的思想受到冲击，如果面对自己的伴侣争取家庭平权，可能难以妥协和接受，家庭冲突就会发生甚至激化。

---

[2] 马柯楠.论中国古代婚姻中"门当户对"的社会学意义[J].法制与社会：旬刊，2014（17）：15-16.

二、亲密关系中的原生家庭冲突

皮莱格（Peleg）[3]与帕特里克（Patrick）[4]等观察了52例原生家庭影响婚姻的案例，提出了亲密关系的代际传承观点，儿子会传承父亲的家庭角色特点，包括怎样做丈夫，妻子应该是什么样的以及家庭生活模式的理念；女儿则传承了母亲的家庭角色特点，包括怎样做妻子，丈夫应该是什么样的以及家庭生活模式的理念。亲密关系的代际传承除了家庭角色行为外，还会包括家庭运作模式等一些细致的方面，包括亲密关系的文化娱乐休闲模式等。原生家庭中父亲是绝对的权威，而母亲和其他成员则被要求绝对服从，儿子长大之后，在其择偶或组成的家庭活动中也会习惯性地支配所有人，特别是自己的恋人或妻子，要求对方绝对服从或表现为弱势。原生家庭中母亲是权威，父亲处于从属地位，家庭的女儿长大后，在择偶或组成的家庭活动中也会习惯性地支配所有人，特别是自己的家庭成员。

亲密关系的核心差异在于原生家庭浸润而成的生活价值观，与原生家庭连接紧密并且温暖的个体，其生活价值观更像是父母的翻版。反之，与原生家庭链接松散疏离的个体，其生活价值观容易走到父母的反面，不管是复印还是反刻，原生家庭的影响如影随形，难以磨灭。

生活价值观及对应的生活决策与模式体现在家庭生活的各方面，比如以下案例，H女士因婆媳关系问题求助，她本来觉得先生的家庭满足

---

[3] Peleg O. The Relation Between Differentiation of Self and Marital Satisfaction: What Can Be Learned From Married People Over the Course of Life？[J]. The American Journal of Family Therapy，2008，36（5）：388-401.

[4] Patrick S, Sells J N, Giordano F G, et al. Intimacy, Differentiation, and Personality Variables as Predictors of Marital Satisfaction [J]. Family Journal，2007，15（4）：359-367.

了她对理想家庭的美好想象,公婆之间关系和谐、相敬如宾,家庭气氛民主宽松,不像自己的原生家庭,父母关系紧张,自己经常被挑剔、批评、指责。结婚以后,她很欣赏看重的部分反而成了婚后矛盾冲突的焦点。在公婆身上她投射了理想化父母的部分,一旦自己幻想的成分没有得到满足,就会激起内心的不满,种种看似对公婆的不满实际上是对自己父母不满的一种置换,原生家庭的亲密关系模式完全无意识地投射在自己的亲密关系中。如果没有意识化的帮助,那原生家庭亲密关系的影响基本就会成为复刻,满意的部分认同,不满意的部分走向反面。

当两个人的价值观差异与实际家庭生活的具体决策相结合,比如婚后什么时间生育,生育几胎,对子女的性别偏好,孩子谁来带,家庭财产管理以谁为主,都可能变成争执事由。冲突点可能发生在许多方面,尤其在新家庭的开始阶段,对照新家庭与其父母的原生家庭中的互动模式,新家庭的经济收入管理支配权、家务分工、生活习惯磨合、家庭生活与工作的时间精力分配、姻亲关系处理、家庭教育等夫妻间的事务冲突,都可以看到各自原生家庭的影子。

(一)家庭收入管理

在很多婚礼的现场,婚礼司仪都会问到婚后钱包由谁管的问题,婚后夫妻不可避免要面对家庭财政大权谁来掌管的问题。意见不一致,就有可能引发夫妻间的冲突。在一档情感节目中,王女士因为家庭收入管理的问题寻求帮助。她家里是妈妈管钱,爸爸挣钱,家庭关系很和睦。她认为婚后就应该她来掌握财政大权。她计划购买新房,首付后集中收入还房贷。丈夫的原生家庭是父亲掌管家中财政,他认同男人管钱天经地义,他接受不了自己挣的钱完全交给妻子,并不打算买房,更想投资股票、基金、期货等,结果投资失误,手里的钱差不多套进去了,感情挺好的小两口现在天天为钱的事儿吵架。

家庭财产管理不外乎四种模式：妻子管，丈夫管，夫妻AA制，夫妻协商。湖南台的一档节目——《妻子的浪漫旅行》中，四对明星夫妻也谈到了上述话题。两家都让老婆管钱，认为这是一种尊重妻子的态度，是给妻子的一种安全感。一家表示二人的财务是独立的。另一家则表示家里的财务更多的是丈夫在管理。

有人认为女人比男人细心，男人的自制力不强，喜欢乱花钱；也有对丈夫的不信任，担心他"有钱就变坏"，或者说妻子管钱，在自己原生家庭里就是惯例。有人则支持丈夫管钱，强调女性花钱没有节制，男性有投资理念，可以"钱生钱"。年轻夫妻则更倾向于"财务自由"和经济自主，愿意自己挣钱自己花，各管各的钱。有的夫妻则愿意共同协商，对家庭收入进行合理分配，认为AA制伤害夫妻感情，一方管钱容易引发矛盾，更接受小钱分工合作、大钱沟通协商的家庭财政方式，比如妻子管理家中日常财务支出，丈夫负责投资理财，家庭大额花费共同协商。

如果家庭中的财政权交给谁，双方没有共识，没有形成一致意见，就很容易因为不同意见发生争执。如果出现大的财政困难，那双方更容易就责任、权利问题的不清晰引发大的矛盾，甚至可能导致家庭的解体。不管哪种家庭财务管理方式，都有利弊，每个家庭成员的接受度也有不同。明确家庭财务的责、权、利，夫妻双方达成明确共识，才能最大程度减少家庭财务引发的不必要冲突，实现夫妻财产管理的优化。

（二）家务分工

家务劳动是维持家庭日常生活不可缺少的部分，是家庭成员需要承担的义务。现代家庭倾向于夫妻共同承担家务劳动。子女习惯并认同自己原生家庭的家务分工模式，在新家庭里会不自觉地沿用。

小J与小Y夫妻俩，双方均是独生子女，婚后与父母分开居住。

新婚生活刚开始时，二人都感觉很新鲜，由于都不太会做饭，所以下班后要么吃饭店，要么点外卖；换下的衣服、袜子四处乱扔，双方都不愿意收拾。蜜月期的热情渐消，看着脏乱差的房间，摸着瘪下去的钱包，二人开始考虑在家做饭，收拾家务。二人决定家务分工，各司其职。一段时间后，小Y不干了。小Y的原生家庭中是妈妈做家务，使小Y自然地认为家务活就是女人的事，回家就想好好休息一下，帮小J一段已经很不错了。小J不能接受，小J家父母分工合作，一起承担家务，爸爸烧得一手好菜，女人同样上班挣钱。两个人观点不同，就此开始了长期的拉锯战。

对于家务的分工，不管谁做什么，哪个多做了，哪个少做了，都像一锅粥，难以达到绝对公平。如果婚前双方沟通协商，明确分工，确立产生意见不统一时的处理方式，就家庭分工以及不完成、不承担的奖罚达成共识，夫妻家务分工的自觉性和主动性会加强很多。

（三）生活习惯

小L两口子彼此相爱，房、车都有，孩子健康，家庭美满。女主人从小家里干干净净，东西用完放回原位，摆放得井井有条。小L东西拿了随手一放，用的时候经常找不到，就用其他东西来应急。早起刷牙洗脸，拿起牙膏挤了一点出来，妻子看到就说："你怎么这样挤牙膏呀，牙膏不是这样挤的，牙膏应该从下面一点一点卷上来，不能随便挤。"小L觉得妻子有些多事，自己家就从来没人在乎这点小事，一笑了之。此后，两口子为此吵了无数次，可是仍然无解，谁也改变不了谁。

夫妻将原生家庭的生活习惯带入自己的新家庭，生活细节可能会存在很大差异。每个人都很想把家变成自己熟悉的样子，因为熟悉会带来安全感。当夫妻双方总盯着对方令自己不舒服的生活习惯时，就会引发诸多的矛盾和冲突。两个人可能因为很小的事情，慢慢就争吵起来，到最后甚至上升到你的家教好还是我的家教好的问题。

看起来家庭中少有大事，都是鸡毛蒜皮的小事，但从家庭生活、家庭情感的角度来看，家庭中又没小事，任何小的事情产生的矛盾冲突，都要面对解决，如果置之不理，容易让家庭成员感觉被忽视、被冷落，感觉不到家庭的温暖，误会丛生，引发不满、指责，进而演变为争吵，家庭成员的感情会在这些小事情上逐渐被消磨，甚至耗尽。

（四）姻亲关系

姻亲关系是指以婚姻关系为中介而衍生出的各种亲戚关系，如婆媳关系、姑嫂关系、翁婿关系、隔代关系等。其中，婆媳关系的相处模式是当代中国极具代表性的姻亲关系缩影。

D女士，刚结婚时感觉婆婆对她很好，相处久了感觉婆婆说话拐弯抹角，没有一家人的亲近感。接受心理辅导后，D女士觉察到，自己的母亲非常情绪化，会把D托付给老人照顾。D的童年期经常处于一种分离焦虑中，缺乏安全感，很难对他人产生信任。婚后，她将原生家庭投射到了婆媳关系中，婆媳之间的关系非常微妙。D女士与自己母亲相处的方式很直接，家庭分化度不高，对婆婆产生了理想化父母的期待，不能满足幻想时，引发了不满、憋闷情绪。D需要看清自己在婆媳关系中的期待，可能与童年时缺乏妈妈的积极情感回应有关。

H先生讲述，母亲和媳妇常常争执不下，自己夹在中间很是为难。妈妈看不惯媳妇的生活习惯和带孩子的方式，而媳妇也不认可老妈带娃的方式。夫妻俩尝试过搬出来住，保持一碗汤的距离，但婆婆还是会在他们上班的时候过来帮忙带孩子，继续无原则地溺爱孩子。夫妻俩也考虑过请个阿姨帮忙带孩子，婆婆不同意，媳妇希望能采用科学的方式来育儿，双方很难理解和接纳对方的方法。H先生家的婆媳问题聚焦在生活习惯和子女教育上，H要看到妻子与母亲的情绪，寻找满足妻子与母亲心理需求的平衡点。

（五）子女教育

许多夫妻对子女教育持不同观点，双方的原生家庭环境不尽相同，也会影响各自对子女教育的态度和模式。

K女士与丈夫是大学同学，K父母对她从小到大的学业和生活上的要求非常严格。K认为孩子考上名校是理想前途的唯一选择。K丈夫的父母经商，对他的教养很随意，他从小在学习上也没让父母操过心，都是自己负责，成长环境很自由。对待小学三年级儿子的教育，两人意见非常不一致：K强调孩子的学习要从小抓，就给儿子报了多种课外班，丈夫则认为孩子小，不要丢掉童年的快乐。二人经常争执，都想说服对方，甚至会发生激烈冲突，孩子无所适从，在学校上课注意力不能集中，学习成绩逐渐下滑。夫妻共同接受心理辅导后，看到彼此的冲突源于双方原生家庭的差异，开始尝试互相理解并深入对方内心，发现问题的真相，寻求建立新的共识。

夫妻原生家庭差异引发的冲突会表现在家庭收入管理、家务分工、生活习惯、姻亲关系、子女教育等各个方面。复刻并且过度认同自己的原生家庭导致冲突激烈程度增加，与原生家庭分化水平高；能够觉察、接纳彼此原生家庭的差异性，对分歧、矛盾协商达成共识，则能扩展彼此的人生经验，丰富人际联结体验。

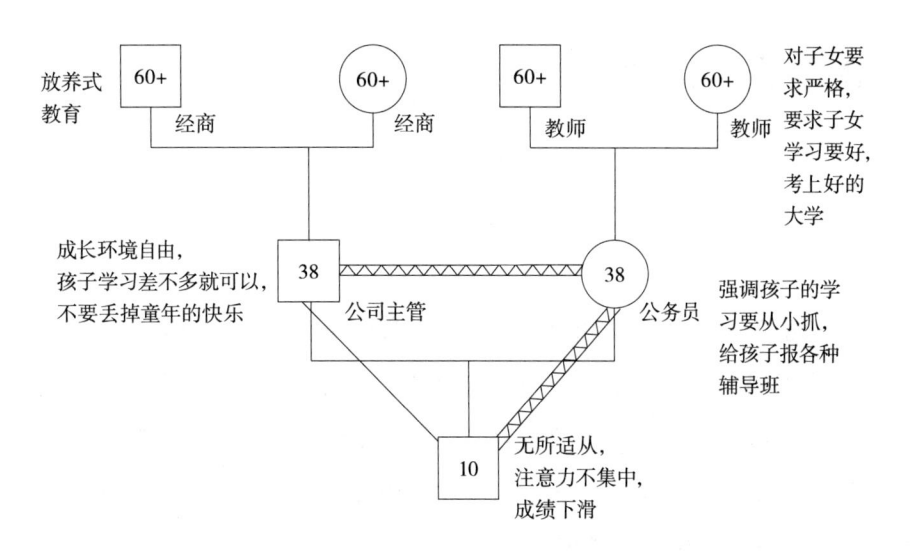

图 3-1　子女教育

第二节　亲密关系

亲密关系存在广义和狭义之分。广义的亲密关系从个体间的情感依赖程度定义，处于亲密关系中的个体彼此情感依恋程度深，包括婚恋关系、亲子关系、朋友关系等。狭义的亲密关系内涵更清晰，外延更明确，仅指双方基于生理吸引而建立的恋爱或婚姻关系，包含双方的生理吸引、社会支持和情感依恋。本节内容讨论狭义的亲密关系。

鲁迅的《伤逝》和亦舒的《我的前半生》两部小说，女主人公都叫"子君"，主人公的命运相似却有不同。"子君"都在亲密关系中受了伤，差别在于，前者的子君心碎回到娘家结束了生命，后者的子君则收获了更美好的爱情。

《伤逝》中，涓生与子君遇到家庭的阻挠，子君表示："我是我自己的，他们谁也没有干涉我的权利！"但婚后的"安宁和幸福"并未维持多久，涓生被解聘后生计成了问题，给他们的亲密关系蒙上了阴影。子君甘愿成为丈夫的附属品。涓生在感受到生活压迫后，将抛弃子君作为"向着新的生活跨出去"的第一步，导致了子君的死亡，他自己也在整日悔恨与悲哀中消磨生命。一个是接受五四新思潮的青年，另一个是追求个性解放的新女性，他们畅想男女平等，建立了灵魂碰撞的亲密关系，但败在了柴米油盐的琐碎生活下。

《我的前半生》中，子君和俊生是大学同学，毕业就结了婚。子君当全职太太后依附于俊生，俊生另结新欢后二人离婚。子君痛定思痛，发现自己在陶艺上的天赋，开启了新的人生篇章。俊生被她的改变吸引，提出复合，她拒绝后，找到自己的新伴侣，学会了亲密关系中的人格平等、经济独立，情感生活更容易持续幸福。

从鲁迅到亦舒的时代，当代女性经济独立后，自我意识觉醒，亲密关系也从依赖、攀附，走向尊重、独立。

一、什么是亲密关系

亲密关系也称"伴侣关系"，是指两个人（通常是一男一女）在吸引的基础上建立合作互惠的人际关系。[5]研究发现，积极的亲密关系满足大学生爱和归属的需要，产生高自我价值感体验，对大学生的自我与社会性发展具有显著的预测作用，恋爱持续时间长的大学生更为喜爱自己并认为自己具有高价值。[6]也有研究者结合家庭系统、情感依恋、文化因果思维等理论，提出多元的亲密关系观点。胡秀倩提出亲密关系不仅是单纯的夫妻二人关系，须将社会变迁、文化价值、家庭系统等纳入整体考虑，才能洞悉错综复杂的婚姻关系。[7]阎云翔考察黑龙江下岬村，发现中华人民共和国成立前后，下岬村青年人的结婚对象主要遵循父母意愿，年轻人无自主权，婚姻主要凭"父母之命、媒妁之言"，父母对子女的婚姻具有绝对权威；到20世纪60年代后，

---

[5] Kirchler E, Rodler C, Hoezl E, et al. Comflict and decision-making in close relationships: love, money, and daily routines, hove [M]. East Sussex: Psychology Press, 2001: 39-47.

[6] 梁凤华, 叶鉴伟, 胡俊华. 大学生亲密关系经历与自我概念的关系[J]. 中国学校卫生, 2010, 31（2）: 3.

[7] 胡秀倩. 亲密关系中的正向信念——以台湾中年夫妻为例[D]. 安徽医科大学, 2011.

即便与父母意愿相左，子女的个人意愿开始占据上风，缔结婚姻逐步由青年人自主决定；改革开放后，子女可完全自主地决定自己的婚姻。虽然乡村年轻人的婚姻缔结与亲密关系仍受彩礼等风俗的影响，但核心决策则是根据年轻人的自身需求自主决定。[8]

能够成功保持个体已建立的亲密关系对身心健康和自我认同具有更强的支持作用，而亲密关系的解体与丧失可能导致个体焦虑、沮丧、困惑或敌意，甚至会对子女产生持久的负面影响。[9]个体的亲密关系质量会受诸多因素影响，比如，"大五"人格的"宜人性"特质可以正向预测亲密关系满意度；心理类型的相似性也会影响亲密关系质量，性格迥异的夫妻有着更美满的婚姻生活，态度、信念、兴趣、价值观等类似的夫妻彼此更加喜欢，并且这种喜欢持久稳定。成人在亲密关系中的依恋与儿童期的依恋风格相似，且对亲密关系质量具有重要影响。比如，儿童期建立安全型依恋的个体，成年时对情感亲密和相互依赖感到自在；回避型依恋者多会陷入游戏式的爱，回避深层情感亲近；而焦虑—矛盾依恋者会寻求更多超出配偶自愿提供的亲密和安慰，容易妨害亲密关系进一步发展，阻碍关系满意感提升。[10]

克雷默（Cramer）发现，冲突与亲密关系满意感之间没有相关，只有当一方感受到被接受和理解时，另一方的支持行为才与关系满意感显

---

[8]阎云翔.私人生活的变革：一个中国村庄里的爱情、家庭与亲密关系（1949-1999）[M].龚小夏，译.上海：上海人民出版社，2016.

[9]（美）罗兰·米勒，丹尼尔·珀尔曼.亲密关系[M].第5版.王伟平，译.北京：人民邮电出版社，2011.

[10]隗晶林，王希华.成人亲密关系质量的影响因素研究综述[J].漳州师范学院学报（哲学社会科学版），2012，26（02）：119-123.

著相关,接受和理解均属于情感支持的内容。[11] 1979年,Howard发现,良好的婚姻生活行为模式在减少婚姻不愉快方面具有重要作用,夫妻自发的交流模式可以有效预测日后婚姻生活的满意度。[12]

冲突解决方式也会对亲密关系质量造成严重影响,冲突会妨害亲密关系的健康发展,而冲突的积极解决则能帮助双方发展并维持关系满意感。冲突发生时,有些人会采用冷漠、敌对、恶意攻击等消极方式去疏远对方,而非通过积极交流和沟通来解决冲突。双方在冲突解决中的行为表现可以预测亲密关系质量,关系满意度低的恋人或伴侣在冲突解决中通常有更多消极行为;而在冲突解决中更多地采用积极应对策略的夫妻,其关系满意度较高,也更能容忍对方的负面行为。[13]

二、亲密关系调查分析

(一)配偶间的情感状态

本书研究者调查结果显示(见表3-1),无论男女,对配偶或恋人持"欣赏"态度占比最高,说明多数成人亲密关系是较为满意的。相比较而言,女性被调查者认为双方的感情处于"搭伙""平淡"的状态占比高于男性,反映了亲密关系中女性更看重情感的交流,对于亲密关系中的感情态度存在更高的期待。

---

[11] Ho M, Chen S, Bond M, et al. Linking Audult Attanchment Styles to Relationship Satisfaction in Hong Kong and the United States: The Mediating Role of Personal and Structural Commitment [J]. Journal of Happiness Studies, 2011, 13 (3): 565-578.

[12] Markman H J. Application of a behavioral model of marriage in predicting relationship satisfaction. of couples planning marriage [J]. Journal of Consultiong & Clinical Psychology, 1979, 47 (4): 743-749.

[13] 苏彦捷, 高鹏. 亲密关系中的日常冲突及其解决 [J]. 应用心理学, 2004 (2): 37-42.

表 3-1　成年人与配偶的感情状态

对配偶的情感态度	男 n	男 %	女 n	女 %
欣赏	174	59.6	639	63.6
关注	7	2.4	12	1.2
尊重	55	18.9	74	7.3
搭伴	37	12.7	164	16.3
平淡	15	5.1	90	9.0
委屈	3	1	16	1.6
冲突	1	0.3	10	1.0
χ^2			40.398***	

生理吸引和性是亲密关系中非常重要的因素，具有高质量性生活的伴侣间亲密关系满意度更高，充实快乐的性生活会使得伴侣相处体验更愉悦，伴侣关系具有更高的情感价值，充满爱意的性行为可以释放个体压力，怡情养性，可明显激励伴侣和谐相处的动力。[14]本书研究者调查结果显示（见表3-2），男性主动对配偶发出性要求的比例远高于女性，女性被动配合比例远高于男性；传统观念一般认为男性性活动会有更多快感，自然在性要求上更为积极主动，女性性行为主旨是繁衍，相对更被动；调查结果也反映了传统性观念对于配偶间的性互动模式具有强烈影响。一周一次的性生活频率是多数配偶的常态（见表3-3）。

---

[14]靳方园.依恋风格、性沟通与亲密满意度的关系研究[D].哈尔滨工程大学，2018.

表 3-2　配偶间的性生活状态

性生活状态	男 n	男 %	女 n	女 %
积极主动	60	20.6	24	2.4
比较主动	33	11.3	36	3.6
偶尔主动	27	9.2	31	3.1
看情况	157	53.8	680	67.6
偶尔被动	3	1.0	42	4.2
比较被动	3	1.0	30	3.0
被动配合	9	3.1	162	16.1
χ^2	\multicolumn{4}{c}{205.590***}

表 3-3　配偶间的性生活频率

性生活频率	男 n	男 %	女 n	女 %
次/每天	5	1.7	5	0.5
每周数次	48	16.4	110	11.0
每周 1 次	107	36.7	372	37.0
双周 1 次	49	16.8	154	15.3
每月 1 次	32	11.0	132	13.1
不足每月 1 次	10	3.4	42	4.2
很少	41	14.0	190	18.9
χ^2	\multicolumn{4}{c}{14.425*}

多伊奇（Deutsch）认为亲密关系冲突是一方获利或达成目标时可能损害对方利益。[15]霍尔梅斯特（Holmest）和莫瑞（Murray）认为亲密

---

[15] Morton Deutsch. The Resolution of Conflict: Constructive and Destructive Processes [J]. American Behavioral Scientist, 1973, 17（2）: 248-248.

关系冲突是指一方获得自己利益的行动是以影响伴侣利益为代价的。[16]亲密关系冲突反映了对伴侣的期待不能实现,引发负性体验和争执不满,主要表现在以下几方面:一是共处时间,比如伴侣投入到工作或运动中的时间过多,减少了二人的相处时间;二是兴趣爱好,比如周末一方喜欢到郊外游玩,另一方愿意待在家里看电视;三是人际应对,比如不喜欢伴侣的某个朋友或家人;四是家政管理,比如一方花钱大方,而另一方不认可;五是社会支持,比如一方处于困境时没有得到希望的鼓励和同情;六是亲密感,比如不满意伴侣间的情感分享、亲昵行为主动性和频率等。[17]

鲁斯布尔特(Rusbult)等指出评价亲密关系冲突存在主动与被动、建设与破坏两个维度,亲密关系冲突行为可归纳为四类:脱离行为,指主动、破坏性的行为,比如对伴侣大吼或威胁断绝关系;忽略行为,指被动、破坏性的行为,比如拒绝与伴侣讲话;交流行为,指主动、建设性的行为,比如与伴侣讨论问题、提出建议、协商方案等;忠诚行为,指被动、建设性的行为,比如耐心交流改善亲密关系。[18]亲密关系满意度与脱离行为、忽略行为负相关,冲突中表现包容、建设性行为有利于亲密关系发展,冲突中的消极行为对亲密关系具有伤害性。

亲密关系冲突行为存在明显的性别差异,男性比女性有更多的回避

---

[16] Holmes J G, Murray S L. Conflict in close relationships [M]. New York: Guilford Press, 1996.

[17] Neff K D, Harter S. The Authenticity of Conflict Resolutions Among Adult Couples: Does Women's Other-Oriented Behavior Reflect Their True Selves ? [J]. Sex Roles, 2002, 47(9): 403-417.

[18] Rusbult C E, Drigotas S M, Verette J.The investment model: A interdepence analysis of commitment process and relationship maintenance phenomena [J]. In: Canary D J, Stafford L, eds. Communication and relational maintenance, 1994: 115-139.

行为，男性具有地位和力量优势，对冲突事件改变没有兴趣，不需要通过冲突获得什么，却可以通过回避获得独立的好处。[19]男性在休闲娱乐、日常消费和共度时光冲突情境中有更多的正面行为，一方面男女在需要内容与满足需要方式上存在差异，另一方面，男性希望通过满足伴侣的愿望和需要，也满足自己独立、自由、支配、地位等自尊需求，大多数男性迎合伴侣的行为并不需要牺牲自己的需要。[20]本书研究者调查结果显示（见表3-4），无论男性、女性，与配偶的冲突方式，冷战、不理睬对方占比均最高，其次女性是批评指责对方，而男性则是离开冲突情境，男女两性对冲突的处理方式有显著差异。

表3-4 配偶间的冲突方式

主要冲突方式	男 n	男 %	女 n	女 %
冷战不理	128	43.8	412	41
转身离开	86	29.4	182	18.1
批评指责	42	14.4	283	28.1
大发脾气	23	7.9	75	7.5
激烈谩骂	2	0.7	18	1.8
摔砸物品	5	1.7	18	1.8
肢体冲突	6	2.1	17	1.7
χ^2	33.684***			

[19] Christensen A, Heavey CL. Gender and social structure in the demand/withdraw pattern of marital conflict [J]. Journal of Personality and Social Psychology. 1990, 59（1）: 73-81.

[20] Neff KD, Harter S. The authenticity of conflict resolutions among adult couples: Does women's other-oriented behavior reflect their true selves? [J]. Sex Roles: A Journal of Research. 2002, 47（9-10）: 403-417.

（二）亲密关系中的交流内容

本书研究者调查结果显示，亲密关系中交流的话题排在前十位的分别是生活、工作、家事、财务、学习、交往、趣事、旅游、新闻、往事，这些话题在男性和女性被调查者中的排序基本一致，亲密关系交流更多关注与生活相关的部分。聊天交流是亲密关系中占比最高的共同活动，婚后的交流多是柴米油盐等各种生活琐事，无论男性还是女性，谈心交流都是占比最高的配偶间表达感情的方式。（见表 3-5，3-6，3-7）

表 3-5　配偶间的交流话题排序

排序	男 话题	%	女 话题	%
1	生活	97.6	生活	96.1
2	工作	82.8	工作	88.8
3	家事	79.0	家事	88.1
4	财务	56.0	财务	63.4
5	学习	54.6	学习	55.3
6	交往	48.5	交往	43.8
7	趣事	34.4	趣事	35.2
8	旅游	27.5	旅游	25.9
9	新闻	21.7	往事	25.3
10	往事	20.6	新闻	17.4

表 3-6　配偶间主要的共同活动

共同活动	男 n	%	女 n	%	合计 n	%
聊天	130	44.5	444	44.2	574	44.3
休闲	52	17.8	170	16.9	222	17.1

续表

共同活动	男		女		合计	
	n	%	n	%	n	%
看电视	48	16.5	141	14.0	189	14.6
读书	8	2.7	23	2.3	31	2.4
散步	42	14.4	183	18.2	225	17.3
运动	11	3.8	40	4.0	51	3.9
游戏	1	0.3	4	0.4	5	0.4
χ^2			3.158			

表 3-7 配偶间主要的感情表达方式

表达方式	男		女		合计	
	n	%	n	%	n	%
送礼物	27	9.2	92	9.2	119	9.2
下厨房	63	21.6	270	26.9	333	25.7
陪伴休闲散步	37	12.7	110	10.9	147	11.3
拥抱爱抚	30	10.3	129	12.8	159	12.2
接吻亲热	16	5.5	45	4.5	61	4.7
一起运动	9	3.1	19	1.9	28	2.2
谈心交流	110	37.6	340	33.8	450	34.7
χ^2			7.207			

三、婚恋观念调查

本书研究者调查结果显示（见表3-8），成人与青少年的爱情忠诚观存在显著差异，成人比青少年更认同"人们通常不满足一生只有一段感情"的观点，可能青少年对爱情还是抱有美好的想象，而成年人历经诸多世事后，看待爱情似乎更现实了。成人与青少年的婚姻幸福观存在显著差异（见表3-9），成人比青少年更认同"多数人的婚姻不幸福"的观点，青少年对婚姻生活还是有着美好或者模糊的幻想，而成年人历经婚姻后，更加认清楚婚姻中的摩擦与不和。成人比青少年更不认同"婚姻关系不能被其他关系取代"的观点（见表3-10），可能青少年对婚姻关系的重要性和忠贞程度的想象要更加坚定，而成年人历经婚姻后，能够接纳婚姻的波折或者可能分离，婚姻关系是人生重要的关系，但非唯一的关系。成人比青少年更加认同"结婚会让人感到兴奋满足"的观点（见表3-11），可能青少年离婚姻关系较远，只是会对婚姻美满有期待，但还没有产生真实的情感体验，而成年人历经婚姻后，感受到了结婚时的幸福陶醉，印象深刻并且有较深的体会。

表3-8　忠诚专一的爱情观

爱情观	成人 男 n	成人 男 %	成人 女 n	成人 女 %	青少年 男 n	青少年 男 %	青少年 女 n	青少年 女 %
完全认同	19	6.5	59	5.9	38	9.2	35	6.2
认同	59	20.2	182	18.1	62	15.0	89	15.8
倾向认同	44	15.1	142	14.1	67	16.2	78	13.9
视具体情况	74	25.3	253	25.2	119	28.8	201	35.7
倾向不认同	27	9.2	113	11.2	42	10.2	53	9.4
不认同	56	19.2	212	21.1	59	14.3	73	13.0
完全不认同	13	4.5	44	4.4	26	6.3	34	6.0
χ^2	2.070				7.753			
	34.263***							

表 3-9 婚姻幸福观

婚姻幸福观	成人 男 n	成人 男 %	成人 女 n	成人 女 %	青少年 男 n	青少年 男 %	青少年 女 n	青少年 女 %
完全认同	19	6.5	21	2.1	20	4.8	26	4.6
认同	34	11.6	93	9.2	37	9.0	41	7.3
倾向认同	39	13.4	110	10.9	43	10.4	61	10.8
视具体情况	82	28.1	285	28.4	140	33.9	183	32.5
倾向不认同	43	14.7	163	16.2	56	13.6	80	14.2
不认同	62	21.2	279	27.8	86	20.8	125	22.2
完全不认同	13	4.5	54	5.4	31	7.5	47	8.4
χ^2	21.143**				1.536			
	23.862**							

表 3-10 婚姻关系的不可替代性

不可替代性	成人 男 n	成人 男 %	成人 女 n	成人 女 %	青少年 男 n	青少年 男 %	青少年 女 n	青少年 女 %
完全认同	102	34.9	273	27.2	101	24.5	87	15.5
认同	120	41.1	440	43.8	108	26.1	162	28.8
倾向认同	23	7.9	110	10.9	59	14.3	87	15.5
视具体情况	35	12.0	110	10.9	99	24.0	141	25.0
倾向不认同	5	1.7	27	2.7	24	5.8	38	6.7
不认同	5	1.7	36	3.6	15	3.6	35	6.2
完全不认同	2	0.7	9	0.9	7	1.7	13	2.3
χ^2	10.887				14.820*			
	158.388***							

表 3-11　婚姻的满足感

满足感	成人 男 n	成人 男 %	成人 女 n	成人 女 %	青少年 男 n	青少年 男 %	青少年 女 n	青少年 女 %
完全认同	65	22.3	143	14.2	55	13.3	51	9.1
认同	102	34.9	291	29.0	92	22.3	93	16.5
倾向认同	50	17.1	179	17.8	84	20.3	89	15.8
视具体情况	58	19.9	283	28.1	142	34.4	240	42.6
倾向不认同	3	1.0	40	4.0	10	2.4	34	6.1
不认同	13	4.5	55	5.5	19	4.6	40	7.1
完全不认同	1	0.3	14	1.4	11	2.7	16	2.8
χ^2	26.310***				24.458***			
	78.420***							

四、现代社会亲密关系的心理内涵

现代社会，亲密关系以繁衍和经济动机为主转变为寻求精神愉悦与情感寄托为主。马丁·布伯说：关系有两种，一种是我与它，一种是我与你。[21]当一方将另一方看作满足需要的对象时，是"我与它"的关系。当一方理解尊重对方的自主性和独立性，接纳对方的全部存在，是"我与你"的关系。完整的亲密关系是既接受我与它，也提倡我与你，是这两者间的自觉与平衡，亲密关系的核心是增进亲密感同时也保持舒适的心理距离。

（一）吸引、理解、互惠与亲密感

外貌吸引力往往是一段亲密关系开始的契机，人们倾向于选择长相美丽或英俊的伴侣，外貌吸引力高的年轻人更容易找到伴侣。比如《红

---

[21] 王晓东，刘松. 人类生存关系的诗意反思——论马丁·布伯的"我—你"哲学对近代主体哲学的批判[J]. 求是学刊，2002, 29 (4): 38-42.

楼梦》,"宝黛初会"有大段的外貌描写,宝玉看黛玉,"闲静时如姣花照水,行动处似弱柳扶风";黛玉看宝玉,"面若中秋之月,色如春晓之花,鬓若刀裁,眉如墨画,面如桃瓣,目若秋波"。1966年,沃尔特(Walster)将刚入学的大学新生随机安排成男女对子,参加大型舞会的派对约会。研究者要求被调查者在舞会当晚及随后跟踪期间,评价他们的约会对象并说出自己在多大程度上愿意再看到对方。结果发现,美貌比起智商高、人品高尚、社会技能良好等因素,更容易引发他人的高评价和好感,对于不同性别的被调查者皆是如此。[22]

好感也来自对方特定的人格特质。有人喜欢温润如玉,有人喜欢霸气勇敢,有人喜欢蕙质兰心的温婉,有人喜欢英姿飒爽的果决。每个人都在意伴侣的某种特质。而某些特质的吸引力源自内心的理想化客体,起先源自父母意象,后续再加入老师、同学等重要他人意象后扩展丰富直至成形。亲密关系的深度联结需要彼此深度的理解接纳,所谓高山流水、心有灵犀是精神相通的诠释。比如《红楼梦》,宝玉对黛玉的孤苦自怜时刻放在心上,黛玉对宝玉的玩世不恭有与众不同的欣赏,黛玉的《桃花行》一诗,比千万句赞美更动人心肠,一个掩红落泪低吟,一个恸哭悲伤,情不知所起,却共鸣一心。

人有表达、连接的需要,尤其结识到亲密的对象,更想获得对方的理解、回应和支持,就像小时候父母对待自己那样,如果吸引自己的人恰好能够理解、支持自己,那对方对于自身的情感价值会是稀缺的、独特的。如果自己也能吸引对方,能够给予对方的理解和支持也是对方需要的,双方的这种互动持续下去,形成契约化、程式化的互惠,

---

[22] Walster E, Aronson V, Abrahams D, et al. Importance of physical attractiveness in dating behavior.[J]. Journal of Personality & Social Psychology, 1966, 4(5): 508-516.

彼此的亲密感会逐步加深。张德芬指出，"对于一般人来说，我们每个人都在亲密关系里面寻找童年时期的遗憾。如果你可以给一个人他童年没有得到的那种爱：支持、包容、理解、关怀，那这个人是永远不会离开你的。在我们能够做到这些之前，我们需要有一定的智慧，经由读书、灵修、内省、定静之后，得到的人生智慧，才能够解读对方，了解他的需求。此外，如果你是一个不断修炼自己、向内反思的人，你也在逐渐扩大自己的内在空间，有更多的余地去包容对方，给对方所需要的灵魂滋养。"[23]

亲密关系的心理实质之一是，个体努力寻找一个吸引、理解、抚慰和支持自己的理想个体，并通过吸引、理解、抚慰和支持对方，建立稳定的相互陪伴关系。亲密关系中的双方需要建立一个命运共同体，彼此吸引、互惠互利，关系方可稳定长久。

（二）控制、冲突、分离与心理距离

现代社会，夫妻平等反映了亲密关系中一种最主要的权力模式，但配偶间到底谁拥有更大的权力不能一概而论。[24]当亲密关系呈现我与它的关系模式时，难免物化对方并加以控制，伴侣是利用的对象，是满足欲求和利益的工具人。电影《囧妈》展现了丈夫徐伊万与妻子张璐的控制与被控制，徐伊万心中存在一个理想的妻子意象，他一直努力将张璐塑造成那个想象的妻子。当张璐说："你看，这就是我们俩之间的问题，你心里面长了一个幻想的老婆，她应该喜欢什么，讨厌什么，该怎么说话，你都设定好了，你为什么要锲而不舍地改造我呢？都这么多年了，你难道还没有意识到，我不是你想的那个人么？"徐伊万非常震惊

---

[23] 张德芬，何欣洋.张德芬：人生的快乐来源永远在自己身上[J].婚姻与家庭（婚姻情感版），2019（4）：22-24.

[24] 王浩，俞国良.亲密关系中的权力认知[J].心理科学进展，2017，25（4）：639-651.

后才有了初步觉醒。

完全接受对方的控制，融合到对方的世界里，控制者固然体验到高度的亲密感和舒适感，另外一方的体验则很复杂，建立亲密连接的同时淹没了自己，避免孤独而走入亲密关系，为维持关系却被过度控制。不经历对方逃离或反抗后的自省，控制者往往很难看到被控制者的自主思想和态度。当下关系的控制者，很有可能是原生家庭中的被控制者，这种控制的循环往复是家庭系统中的关系经典模式。比如徐伊万，既是自己婚姻中的控制者，也是亲子关系中的被控制者。被控制者无法逃离、无力反抗，结果是自我分裂，过度控制导致自我分裂的成年人，不知道自己想要什么样的生活，也不知道自己的兴趣爱好是什么，总用别人的评价来衡量自己。过度控制与被控制的亲密关系，彼此无法理解，看不到对方的真实感受，甚至给对方的关心帮助也是为了弥补自己内心的缺失，感受到委屈、愤怒时无处发泄。

在亲密关系中有时存在伴侣间的利益冲突，即一方的利益和其伴侣利益不一致，个体需要选择自身利益还是牺牲自身利益以维护亲密关系，这种两难困境中常见的应对是一方牺牲自己的利益以满足对方利益或维护关系。[25]选择以自己的利益为主，伴侣不满意，可能引发对抗，导致关系疏离，结果仍然受损；选择牺牲自己的利益，委屈别扭，产生内心冲突，感觉维持亲密关系失去意义。发展到这一步，冲突几乎是必然的，冲突本身并不直接影响亲密关系质量，对冲突的处理方式和内心接受程度才是亲密关系的关键。托尔斯特德（Tolsted）和斯托克斯（Stokes）研究发现，亲密关系发展初期，两个人之间的交流主题广泛，但自我表

---

[25] Van Lange, P.A.M., etc.Willingness to Sacrifice in Close Relationships [J]. Journal of Personality and Social Psychology，1997，72（6）：1373-1395.

露深度不高；确定恋人或伴侣关系后自我表露广度变小，深度逐渐增加；关系恶化时，双方的自我表露广度缩小，深度却仍在增加，但主要内容多是彼此发泄消极负面情感。[26]跨越恋爱和婚姻两个阶段后的亲密关系，上述变化尤为显著。恋爱阶段，对自己做出积极评价的"恋人"关系最亲密，进入婚姻阶段，情况发生逆转，反而喜欢对自己做消极评价的"配偶"，这是亲密关系中非常有意思的现象，意味着伴侣间的冲突有可能是促进亲密关系深化的契机和催化剂。

分离个体化不完整的个体，很难真正接受亲密关系。低分化家庭中的个体很难从共生依恋的家庭关系中完整分离，且到青春期分化水平就已经稳定且持久，只有个体意识化的自我觉察和分析，分化水平才会提高。鲍恩（Bowen）指出，"大部分夫妻都是感情世界的俘虏，为对方的情结所束缚，而没有去真正了解对方。在求爱期，大部分夫妻可以使他们成人生活的关系极为开放。婚后，每个人都开始迅速了解使对方焦虑的问题。面对焦虑时，为避免自己的不适，避免双方都焦虑的问题，于是，婚姻中越来越多的问题就成了讨论的禁忌话题。从某种程度上讲，在多数婚姻中，这是一种沟通的失败"。高分化者在亲密关系中真正尊重对方，关注对方的自主态度和观点，认可伴侣意见的合理性，理解并尊重他的成长情境，让亲密关系双方更加明确自己和他人的不同意见。[27]当前年轻人开始发展网络爱情，结合成虚拟世界伴侣，一起布置"爱的小屋"，一起"浇灌花园"，一起"饲养宠物"，说说情话，聊聊经历。[28]

---

[26] Tolsted, B.E.& Stokes, J.P.Self-disclosure, Intimacy, and the Depenetration Process [J].Journal of Personality and Socila Psychology, 1984, 46 (1): 84-90.

[27] 魏骊臻，梁进龙.从自我分化角度看如何保持良好的亲密关系 [J].思茅师范高等专科学校学报，2011, 27（06）：68-70.

[28] 安雅."网络同居"PK现实爱情 [J].绿色中国，2008（16）：98-99.

网络互动反而不怕说错话，真实表达更多，能增加彼此精神层面的了解，同时双方并不发生现实层面的联结，也不承担真实的责任、义务、权利，虚拟相处反而更放松，如果个体并不需求真实陪伴与利益互惠，只需要精神层面的交流，尤其对自我分化不理想的个体，与他人发生真实联结有阻碍，反而可以借助网络发展虚拟亲密关系，但是如果双方想将这段关系转换到现实层面，往往会"网恋见光死"，因为偏重精神层面的虚拟关系与全方位的真实关系，内在逻辑有明显不同，其转换所需要的主客观条件难以符合，建立完整的亲密关系需要双方均具备成熟的分化水平。

　　亲密关系的心理实质之二就是我们尊重理想的人具有独立自主的生命。看清亲密关系的本质，看到对方的真实存在。正如武志红所说，"假若两人都看到了对方的真实存在，并愿意接受彼此的真实存在，那么，一个新的、真实的关系就会建立，而这种关系会更稳固、更牢靠、更有弹性，也更轻松自如。"[29]分析理解自己和对方的控制模式和背后需求，学会以沟通协商的方式实现自己的控制，建立彼此认同的心理边界。没有控制也就无所谓关系，过度控制关系就会失去活力。控制不是洪水猛兽，但不被允许或接受的控制必然导致强烈冲突，双方矛盾自然加深。明确坦诚的沟通才可能让双方面对真实的自己，也能理解和接受对方的敏感和在意，尊重对方的心理边界，以彼此接受清晰的心理距离互动，更容易体验到舒适的亲密感。能够接纳关系的疏密波动，积极应对深层冲突，当伴侣间的自我高度开放时，人际互动会进入更深入但也更波动的状态，对彼此也更敏锐，不再依赖浪漫和物化的幻影与表象来尊重彼此的自主性，遇到问题能够开启真正的对话，真正进入我—你关系，接纳彼此联结，但是需要自主建构人生意义的独立个体。

---

[29] 武志红. 亲密关系的真相［J］. 幸福：下，2021（2）：1-1.

第三节　父母亲密关系与青少年心理成长

美剧《大小谎言》中有一段情节，小女孩目睹父母的婚姻要破裂，虽然父母维持着表面生活的一切平静和正常，孩子们也照常去上学读书、社交。但当父母决定咨询专业的婚姻顾问，也决定为家庭努力下去的时候，小女孩一下子扑到爸爸的怀里，爸爸才知道原来女儿一直都知道发生了什么。没有台词，父亲和女儿都在默默流泪，一切委屈，都在无声的眼泪中得到充分表达。孩子什么也没说，但父母间的亲密关系，孩子都尽收眼底，并且深深地埋藏在心里。

电视剧《小欢喜》展示了父母亲密关系不同的孩子的成长。乔英子的母亲强势专制，父亲则"投其所好"。英子体验到许多父母关系的僵持，母亲对父亲的"嗤之以鼻"与不屑，以及对自己近乎刻薄的专制与掌控。英子被理解、尊重和认可的渴望在母亲这里很难得到满足，逐渐丧失对生活的希望、对梦想的憧憬，得了抑郁症。随着亲生父母的关系缓和，英子的"病"也逐渐好转。季杨杨从小与父母分离，缺乏父母的照顾与关爱，对父母有诸多埋怨。杨杨的父母关系相对融洽，并且愿意为改善亲子关系做出努力，亲子关系也从最初疏离的状态变得越来越紧密。父母的改变与调整，使亲子关系在一定程度上得到修复和重建。方一凡的父母相亲相爱，家庭氛围温暖，他的内在价值系统稳定，自尊水平高，不会因为母亲的偶尔否定和指责而自我怀疑，父母良好的亲密关系给了他成长的榜样示范和支持，促进他的自我认知明确清晰。

一、父母亲密关系调查

本书研究者调查结果显示，儿童观察到的父母亲密关系与青少年存在显著差异，男性与女性青少年也存在显著差异，男性与女性儿童没有差别。儿童眼中父母相互欣赏的比例（71.3%）远高于青少年（61.0%），青少年观察到父母搭伙过日子（19.8%）、感情平淡（10.3%）的明显高于儿童（分别对应 7.5% 和 5.6%），女性青少年认为父母的感情状态是"搭伙"或"平淡"的高于男性青少年（见表 3-12）；儿童所知道的父母相识过程与青少年存在显著差异，男性与女性青少年也存在显著差异，男性与女性儿童则没有差别，青少年知道父母相识过程为媒人牵线的比例（43.5%）远高于儿童（32.2%）（见表 3-13）；儿童观察到的父母拥抱频率与青少年存在显著差异，男性与女性青少年也存在显著差异，男性与女性儿童则没有差别，很少观察到父母拥抱的青少年高达 49.9%，儿童是 28.7%（见表 3-14）。

表 3-12 青少年和儿童观察到的父母亲密关系

父母亲密关系状态	青少年 男 n	青少年 男 %	青少年 女 n	青少年 女 %	儿童 男 n	儿童 男 %	儿童 女 n	儿童 女 %
欣赏	257	62.2	338	60	135	70.0	132	72.9
讨好	11	2.7	4	0.7	10	5.2	6	3.3
顺从	19	4.6	29	5.2	17	8.8	16	8.8
搭伙	75	18.2	118	21.0	17	8.8	11	6.1
平淡	40	9.7	61	10.8	11	5.7	10	5.5
委屈	5	1.2	0	0.0	1	0.5	1.0	0.6
厌恶	6	1.4	13	2.3	2	1.0	5.0	2.8
χ^2	15.208*				3.301			
	51.979***							

表 3-13　青少年和儿童知道的父母相识过程

父母相识过程	青少年 男 n	青少年 男 %	青少年 女 n	青少年 女 %	儿童 男 n	儿童 男 %	儿童 女 n	儿童 女 %
母追求父	14	3.4	2	0.4	1	0.5	4	2.2
媒人牵线	171	41.4	254	45.1	59	30.6	61	33.7
相亲认识	71	17.2	92	16.3	33	17.1	23	12.7
偶然相识	37	9.0	42	7.5	21	10.9	15	8.3
青梅竹马	11	2.6	12	2.1	6	3.1	0	0.0
自由恋爱	73	17.7	119	21.1	49	25.4	56	30.9
父追求母	36	8.7	42	7.5	24	12.4	22	12.2
χ^2	17.108**				10.799			
	25.049***							

表 3-14　青少年和儿童观察到的父母拥抱频率

父母拥抱频率	青少年 男 n	青少年 男 %	青少年 女 n	青少年 女 %	儿童 男 n	儿童 男 %	儿童 女 n	儿童 女 %
每天	29	7	24	4.3	24	12.4	21	11.6
频繁	13	3.2	15	2.7	14	7.3	7	3.9
经常	32	7.8	46	8.2	29	15	34	18.8
有时	61	14.8	84	14.9	36	18.7	29	16
偶尔	60	14.5	87	15.4	27	14	36	19.9
节日	27	6.5	11	1.9	5	2.6	4	2.2
很少	191	46.2	296	52.6	58	30	50	27.6
χ^2	18.494**				5.294			
	72.626***							

相比儿童，青少年对父母的相识过程知道得更全面，更能发觉父母情感关系中的一些隐含性因素。儿童的父母比青少年的父母相对属于年轻一代，相识渠道更多，孩子年龄较小，父母在子女面前表现亲热的场景也会自然。面对青少年期的子女，父母会内敛一些，青少年性意识觉醒，羞涩感增强，可能会有意回避父母拥抱的场景，或者会无意识屏蔽相关记忆；而儿童的记忆则较少扭曲，知道父母拥抱频率会更准确。女性青少年比男性更敏感，观察到的细节可能会很丰富，对父母感情状态的判断更接近真实的样子；青少年女性知道父母自由恋爱和媒人牵线的比例均高于男性，知道母亲追求父亲的比例则远低于男性；女孩子对父母的相识过程了解更全面，可能蕴含了自身希望被男性积极追求的性别角色投射，也有可能是青少年父母与儿童的父母相比，有年代差异，亲密关系行为模式更传统些。

二、子女眼中的父母亲密关系与其婚姻观的关系

本书研究者调查显示，除了父母自由结识的子女更容易接受婚姻可以获得幸福的观点外，父母的相识过程与子女其他的婚姻爱情观相关不显著；当父母亲密关系状态良好，子女多会认同爱情忠诚、婚姻幸福、婚姻不可替代及婚姻中能获得强烈的满足感等观点；当父母亲密关系状态不佳，甚至恶语相向时，子女更倾向于持相反观念；父母拥抱频率高，子女的婚姻幸福观与满足感也高。（见表 3-15）

表 3-15　子女觉察的父母亲密关系与其婚姻观的相关

子女观察	爱情忠诚观	婚姻幸福观	婚姻关系的不可替代性	婚姻满足观
父母相识过程	0.05	0.089**	0.011	0.008
父母亲密关系	0.088**	0.306**	0.095**	0.114**
父母拥抱频率	−0.034	0.135**	0.043	0.069*

三、父母亲密关系与青少年心理成长案例解读

（一）亲密感稳定但心理距离模糊的亲密关系

受访者 W 女士，46 岁，与爱人是大学同学，自由恋爱。W 从小跟着姥姥姥爷，10 岁才回到父母身边。姥姥姥爷比较温和，W 受姥姥姥爷的影响比较大，和爱人的互动模式也是有什么事情商量着来，认为夫妻感情是建立在尊重和信任基础上的，尊重对方的意见。

W 感觉和爱人之间的亲密关系基本和谐，不会发生激烈的争执。她描述自己在生孩子之前脾气很急，和爱人之间有分歧时，她会追着爱人讲道理，有时候急了还会摔东西。爱人基本不说话，W 就更着急，有了孩子以后，脾气慢慢变得温和。

W 对儿子的学习不太满意，想给儿子报英语班，爱人觉得没必要。W 有时控制不了自己的情绪，和儿子发生冲突，爱人会充当灭火器的角色，帮助她恢复理智。W 觉得儿子长大了，跟爸爸亲近多了，自己管的就少了。

W 觉得家庭教育对孩子影响还是挺大的，夫妻关系和谐稳定了，孩子也会轻松些，孩子能交流，这点挺好的。儿子像他爸爸多一点，有主意。

家庭关系比较民主、温和的原生家庭，子女的压抑情绪和心理冲突较少，成年后进入婚姻关系时能够更快适应婚姻生活，在婚姻生活中最初出现摩擦冲突时，也能够更好地反思和调整，内心的弹性更好些。

妈妈活泼开朗，爸爸偏理性、有主意，在家庭相处中，平时妈妈占据核心位置，对孩子情绪情感影响较大，爸爸始终处在家庭主心骨位置，更有力量感，孩子在处理事情的时候会更加认同爸爸的力量感。妈妈有很好的反思功能，及时理解丈夫和儿子，在家庭重要事务上以丈夫为核心，整个家庭氛围良好。孩子虽然在学习上遇到一些困难，表现出青春期成长问题，但父母遇到矛盾和冲突时会及时做出调整，孩子和父母之间沟通顺畅。

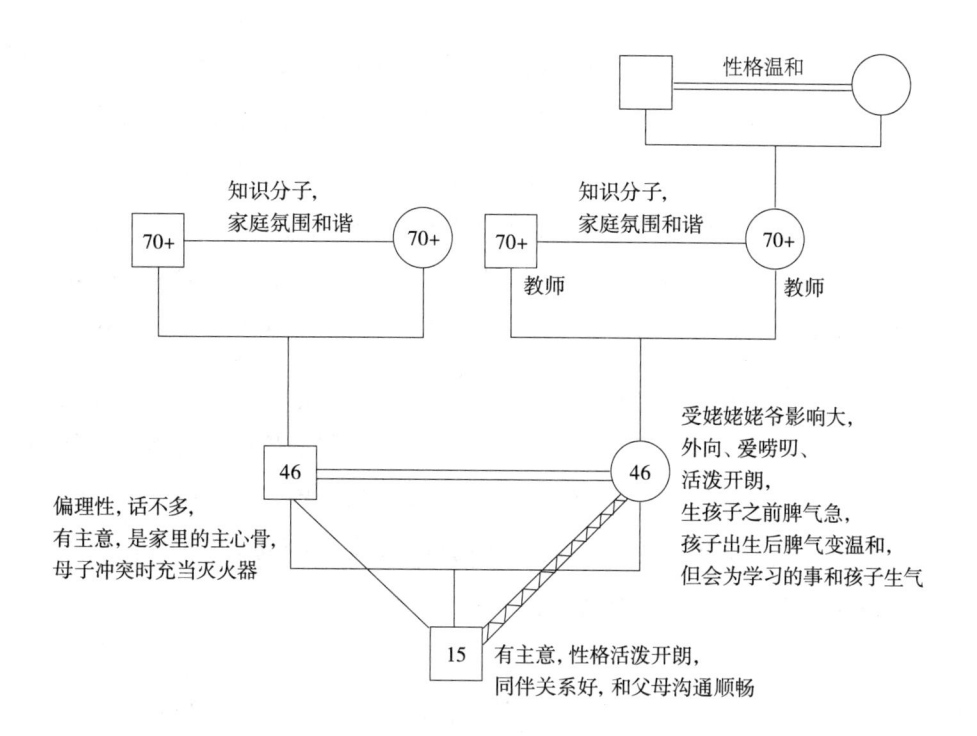

```
                                    ┌──性格温和──┐
                                    □           ○
                                    │           │
        知识分子,              知识分子,
        家庭氛围和谐            家庭氛围和谐
    □70+ ─────── ○70+      □70+ ─────── ○70+
                               教师          教师
                                              
                                          受姥姥姥爷影响大,
                                          外向、爱唠叨、
                                          活泼开朗,
         □46 ═══════════════ ○46          生孩子之前脾气急,
                                          孩子出生后脾气变温和,
   偏理性,话不多,                          但会为学习的事和孩子生气
   有主意,是家里的主心骨,
   母子冲突时充当灭火器
                        □15  有主意,性格活泼开朗,
                             同伴关系好,和父母沟通顺畅
```

图 3-2 父母亲密关系与青少年心理成长案例解读（一）

（二）亲密感变化且心理距离疏远的亲密关系

D 先生和妻子有较好的感情基础，俩人是一个村的，家境相当，算门当户对，育有两个女儿。生育第一个孩子以后，妻子身体不好，脾气也不好，D 做生意投资失败，经常会引发夫妻矛盾。D 感到妻子控制欲很强，爱指派别人，总希望事情都能按照她的想法去发展。时间久了，D 就会用回避的方式来处理问题，夫妻之间平时沟通交流比较少，D 身体不舒服也不会和妻子说，担心她会着急上火。夫妻间的亲密关系目前是一种疏离的状态。

D 的大女儿 15 岁，上初二，正值青春期。小学阶段学习成绩一直很好，比较让父母省心。近期敏感易怒，和妈妈的冲突较大，经常表示不想上学，尤其是疫情期间，在家上网课，成绩下降，开学后不愿上学，还会说"不想活了，活着没意思"之类的话。与大女儿关系特别好的同学少，有时候看不惯班里同学的某些行为，会和同学发生矛盾。

D 觉得夫妻间的亲密关系模式对孩子影响挺大的，有时候会当着孩子面吵架，孩子会发脾气，摔门出去，或把自己关在屋里。孩子感觉家里很压抑，不喜欢家庭里的氛围，觉得没有家庭温馨和谐的感觉。D 自己感觉也很无奈，担心影响孩子的成长。

夫妻双方虽有较好的感情基础，但生活上的一些实际问题常会引发矛盾，二人亲密关系的对抗和疏离直接影响到孩子的情绪。孩子现在敏感易怒、爱发脾气，和同学相处时也多会复制家庭中的关系模式，表现出挑剔、指责，影响到自己的同伴关系。

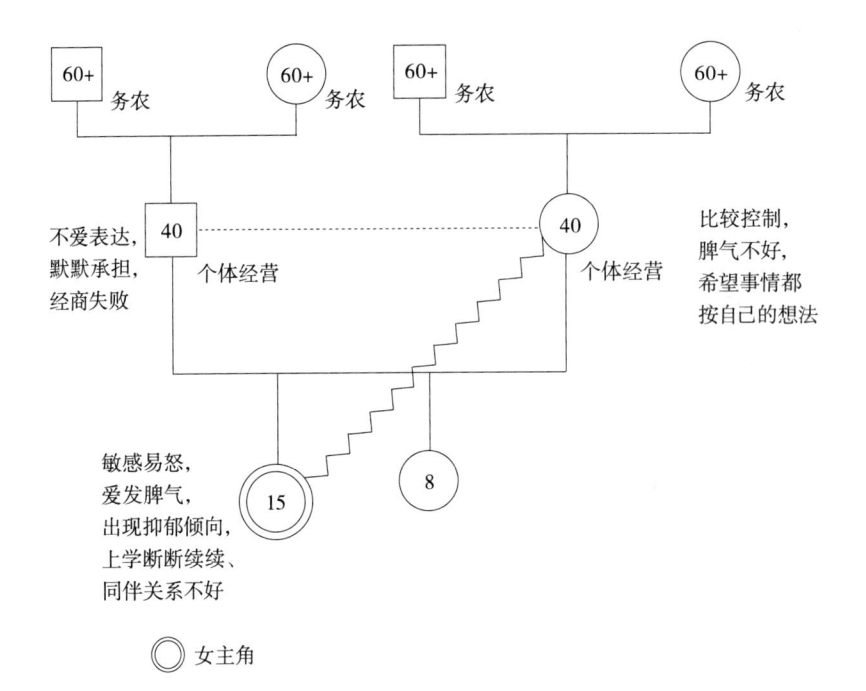

图 3-3　父母亲密关系与青少年心理成长案例解读（二）

父母冲突会对儿童的认知、行为、情感以及未来的生活产生重要影响。[30]学龄前儿童比年龄大点的儿童会对父母冲突的体验更加强烈，对于冲突的知觉更加敏感，更可能导致他们产生各种适应性问题。父母冲突是青少年出现情绪问题和心理健康问题的主要原因，严重的家庭冲突甚至有可能演变成社会危机事件。长期处于父母冲突的环境中，子女容易出现社会适应障碍、行为问题、人格障碍、心理健康问题甚至心理疾病，子女如果在小时候就经常看见父母正面冲突，他们长大后患心理疾病的概率会大大增加。[31]

两个案例中，呈现出不同的父母亲密关系背景下，青少年的心理发展也会有不同的表现。案例一中的青少年，父母的亲密关系相对和谐，他的情绪相对稳定，愿意和父母沟通，能够认同父母；案例二中的青少年，对不和谐的父母关系感到压抑，出现了抑郁倾向。无论从个案还是调查数据都能够看到，许多成年人由于早年父母不和而导致自身在情感与择偶方面的极端化处理。在幼儿的世界里，父母是高山大川，是坚强的依靠和有力的保障，父母亲密关系和谐，有助于孩子安全感的建立，对自我和社会化发展具有不可替代的榜样作用和潜移默化的影响，子女成年后更容易体验到亲密感，亲密关系更为和谐。

---

[30] 梁丽婵，边玉芳，陈欣银. 父母冲突的稳定性及对初中生心理健康影响的时间效应：一个追踪研究[J]. 心理科学，2015，38（1）：8.

[31] 彭厚鹏，罗五金. 小学生心理健康问题及其影响因素研究[J]. 医学与社会，2004，17（5）：37-38.

特征
1.
2.
3.
4.

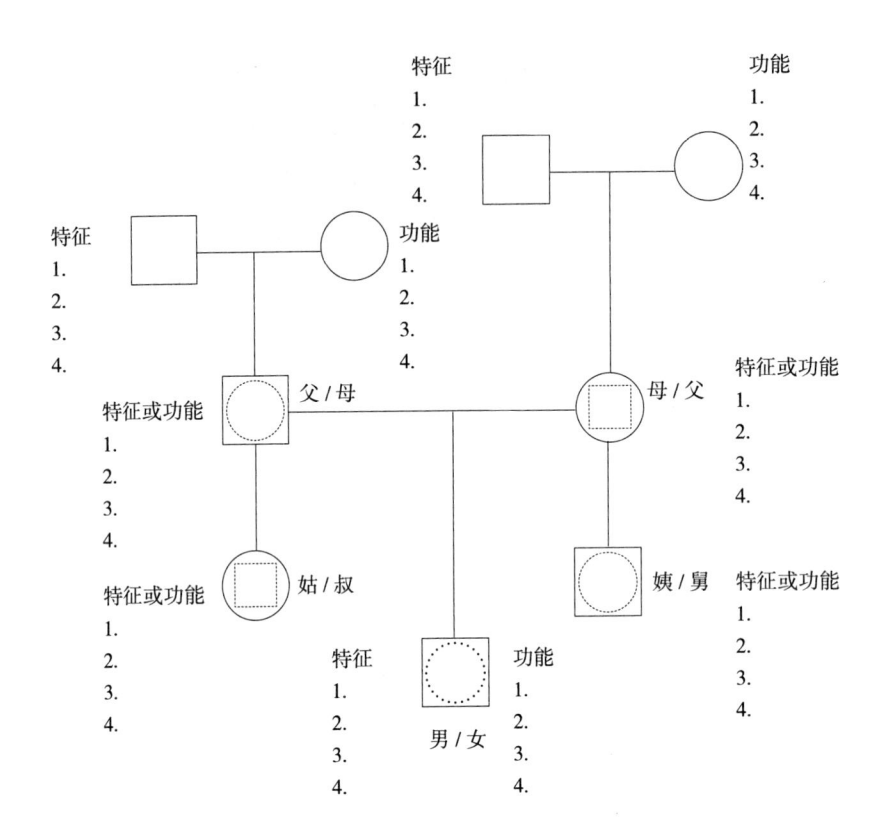

功能
1.
2.
3.
4.

特征
1.
2.
3.
4.

功能
1.
2.
3.
4.

特征或功能
1.
2.
3.
4.
父/母

母/父
特征或功能
1.
2.
3.
4.

特征或功能
1.
2.
3.
4.
姑/叔

姨/舅
特征或功能
1.
2.
3.
4.

特征
1.
2.
3.
4.
男/女

功能
1.
2.
3.
4.

图 3-4　家谱图练习

第四章

家庭关系：
亲子关系

鸡娃、内卷等词引发亲子关系话题的网络热议。电视剧《小舍得》中，子悠感觉"妈妈喜欢的不是我，而是考满分的我"，让人心疼；《小欢喜》中，女儿乔英子承受不了母亲宋倩"我为了你付出了所有"的沉重之爱，想要逃离；《小别离》中，张小宇与继母各种折腾，父亲为了安抚娇妻决定将其送出国，敏感的张小宇说"老张，为了赶走我给你们仨腾地方，你真是费尽了心机啊"，让人看到一个被爸爸嫌弃的孩子内心的孤单，他不断地折腾，是在验证自己在父亲心里到底重不重要。

《2019~2020 中国国民心理健康发展报告》指出，我国青少年抑郁比例高达 24.6%，其中重度抑郁 7.4%，是什么偷走了孩子的蓬勃活力，甚至导致了一起起极端事件的发生？2000 年，徐力弑母案，谈及弑母动机，他说："在家里，我没有一点秘密可言，我很压抑。"2015 年，北大学生吴谢宇弑母案，难以想象，自律乖巧、性格温和的学霸成了残忍冷酷的杀人犯，吴谢宇自述是想帮助母亲解脱痛苦后再自杀。2019 年，一名 17 岁男孩与母亲回家，路上疑被责骂后跳桥身亡。2020 年，武汉一男生被母亲在学校楼道扇耳光，转身跳楼身亡。

我们困惑于这些极端事件，是什么使得孩子将屠刀举向母亲，又是什么让青少年结束生命，仅仅是父母的一句恶语、亲子间一次剧烈的冲突，或者伤害自尊的那一记耳光吗？这不过是压在骆驼身上的最后那根稻草罢了，冰冻三尺非一日之寒，悲剧早蕴含在亲子关系的日益恶化中了！指责父母的无知无情，批评孩子的敏感脆弱，将责任推向谁都挽不回悲剧。需要警醒的是，亲子情感的基调色彩和亲子关系的发展深化在亲子互动的一个个瞬间日积月累逐渐形成。

父母和孩子之间从未剪断脐带，父母将孩子看作自己的私人财产、私有物品，将孩子的生命牢牢地控制在自己的手中，亲子间缺乏必要的边界，处于"你的就是我的，我的就是你的"的共生状态。这个过程使得孩子丧失了与父母分离的能力，与父母纠缠在一起，无法完成一个孩子成长所需要的分离个体化的过程。《目送》一书中写道:"我慢慢地、慢慢地了解到,所谓父女母子一场,只不过意味着,你和他的缘分就是:今生今世不断地在目送他的背影渐行渐远……"心理学家西尔维亚也曾说过:"这世上所有的爱都以聚合为目的,只有一种爱指向分离,那就是父母对孩子的爱。"一个无法独立的个体,无论长到多大,都只能是巨婴。

分离个体化水平有赖于亲子依恋关系的质量。若父母子女间建立起亲密的亲子关系,子女在亲子间的亲密中感受爱与温暖、安全与信任,那么子女便能从中获得向外发展的力量,进而实现与父母的分离。如《小别离》中方朵朵与父母之间便建立了一种较为亲密的亲子关系,因此,方朵朵可以将精力用在发展自己的学业上,获得了非常优异的成绩。如果亲子间无法建立好的依恋关系,那么孩子便无法顺利完成与父母的分离。如《小别离》中幼年丧母的张小宇,与父亲和继母关系比较冲突,在父亲用冠冕堂皇的理由将其送出国后不久,他便因为打黑工被遣送回国,嬉皮笑脸、玩世不恭是他给人的印象。一个无法建立亲子依恋关系的孩子丧失了很多发展自我的机会。

亲子互动模式决定了亲子依恋的质量。《小欢喜》中母亲宋倩与乔英子是典型的控制与被控制的互动模式,母亲对女儿缺乏必要的尊重,一厢情愿为女儿付出,却全然不顾孩子的想法和感受。女儿热爱天文,母亲强迫其选择北京的学校,女儿在母亲"我都是为了你好"的情感绑架中一味地压抑自己,患上抑郁症,走上轻生的道路。亲子间缺乏必要的沟通交流,无法建立亲密的依恋关系,导致亲子间会有很多纠缠,无法实现亲子间的分离。

亲子关系是一个人持续一生的最美好的关系。如果不尊重亲子关系的相处逻辑,肆意践踏亲子间的自主性,亲子关系可能会疏离或恶化,甚至酿成极端的人生悲剧。

第一节　亲子依恋

英国的约翰·鲍尔比采用两段经典录像研究人类依恋行为，改变了医院陪护制度和生育模式。[1]第一段，一个三四岁的小女孩生病住院，与妈妈分离了七天，妈妈每天短暂探视，小女孩与妈妈见面后需要越来越多的时间才能进入一种较好的互动状态。小女孩出院时，母女没有任何亲昵互动，只有两个孤独的背影。第二段，一个两三岁的小男孩，被迫与妈妈分开九天。小男孩在睡梦中被临时送到养育院，第二天一睁眼谁也不认识，保育员对小男孩的情感需求缺乏关注。开始，他还试图和成年人接触，但没办法获得保育员如父母般的照顾。等妈妈接他的时候，妈妈抱起他，小男孩在妈妈怀里扭动、挣扎着，如同妈妈是个陌生人一样，妈妈很伤心，在指导下亲子关系才慢慢修复，随后的岁月中，妈妈报告小男孩的情绪还是会莫名地不稳定。

我国类似上述亲子分离的场景很常见，大多养育者也不以为意，造成了近年来大量的留守儿童现象。养育者倾向于好的养育是要给孩子创造好的物质条件，满足他们的物质需求，更愿意外出工作改变经济状况。亲子分离不当引发的留守儿童心理行为问题越来越突出，甚至有养育者为培养孩子所谓的独立性，刻意制造非必要的亲子分离。比如，民间"养育宝典"——"不要孩子一哭就抱，小孩子很精，如果总抱，孩子会总让抱着，会放不下，会惯坏孩子"，甚至以小孩子没有被抱需要，对自

---

[1]（英）约翰·鲍尔比.依恋三部曲：依恋（第一卷）[M].汪智艳，王婷婷，译.北京：世界图书出版有限公司北京分公司，2017.

己的"成功养育"倍感骄傲。幼小的孩子由于缺少身体抚触，经历了艰难的挣扎后体会到被抛弃或忽视的绝望，对今后的人际互动，尤其是亲密关系带来难以磨灭的负性影响，甚至是无法修复的创伤。有的父母本着锻炼孩子独立性的想法而过早地让孩子进入寄宿学校，损伤孩子的安全感和信任感。

孩子从呱呱坠地到长大成人，成长过程中需要什么，什么样的成长环境是必不可少的？父母在养育子女的过程中，如果能够及时有效回应子女的情感需求，容易促进子女的安全型依恋，形成联结紧密的亲子关系，对青少年的心理成长更有利；反之，父母由于个人成长经历的情结及创伤未修复，可能会将自己的消极情绪模式带入与子女的互动中，导致子女的高焦虑与高愤怒，促使子女形成回避型、矛盾型等依恋模式，限制或阻碍子女的心理成长与发展。

一、依恋的定义

依恋是指婴儿与照顾者（一般为母亲）之间存在的一种特殊的感情关系。产生于婴儿与其父母的相互作用中，是一种感情上的联结和纽带。最初，研究者研究依恋主要关注母婴关系如何随婴儿成长而丰富变化。

1950年，约翰·鲍尔比首次提出依恋理论，认为依恋是"个体与含有特殊意义的个体形成稳固的情感纽带的倾向，能够为个体提供安全和安慰"，是个体与照顾者之间的一种长久的情绪、情感和生理的链接。[2] 现在，研究者通常认为，依恋是人类生存适应的重要方面，不仅可以提高婴儿的生存可能性，而且建构了婴儿终生适应的特点，帮助婴儿发展出更好的生存适应方式。

---

[2] 同[1]

二、依恋理论

20世纪50年代，美国哈利·哈洛等做了婴猴的代母实验，将两个分别用铁丝与绒布做的假猴子替代母猴，在"铁丝母猴"胸前安置了一个提供奶水的橡皮奶头，"一个是温暖柔软的母亲，一个是全天候提供奶水的母亲"。[3] 开始，婴猴多围着"铁丝母猴"，没过几天，婴猴只有在饥饿时才到"铁丝母猴"那儿喝几口奶水，更多时候都是与"绒布母猴"待在一起；婴猴在遇到不熟悉的物体，如一只木制大蜘蛛的威胁时，会跑到"绒布母猴"身边并紧紧抱住它，似乎"绒布母猴"能给婴猴更多安全感。

上述亲子依恋的经典实验对西方育儿理论产生了极大影响。1958年，约翰·鲍尔比提出"人类依恋行为的重要性是等同于交配行为和亲职行为的一种社会行为，对个体自身具有独特的生物学功能"。[4] 依恋会激活某些行为系统，这些行为系统源于婴儿与环境的适应性互动，尤其是与母亲的互动。鲍尔比将婴儿和照料者之间的依恋模式分为安全型和不安全型两种，安全型依恋是一种心理资本，不安全型依恋会导致功能失调。母亲与婴儿的互动方式，决定了孩子的依恋类型，不同的依恋体验对个体成年后的社会适应、人际关系和自我调节等均有重要影响。

三、亲子依恋模式

界定儿童依恋模式的标准是母亲短时间离开后儿童是否会抗议及抗议强度。安斯沃斯认为，仅这一个标准并不足够，且容易误导，他提出，观察儿童依恋行为至少要区分母亲的位置、行动，以及他人是否在

---

[3] 林雪涛. 真正的依恋，并非"有奶便是娘"[J]. 课堂内外（作文独唱团），2019（12）：68-69.

[4] 同[1].

场、非人类环境状况及儿童自身状态等。[5]他选取白人中产阶级家庭的婴儿为样本,观察他们出生后 12 个月内的依恋行为,并对 83 对母婴进行陌生情境实验。他提出安全感是评估儿童依恋行为的重要维度,根据母亲短暂离开再回来时儿童对母亲的反应,将亲子依恋模式分为安全型、回避型、矛盾型三种,之后梅因(Main)增加了依恋的第四类——混乱型。

（一）安全型依恋

儿童自由探索,陌生人出现时不感到沮丧,母亲离开时能够觉察到,并在母亲回来时迎接,靠近母亲,接受母亲把自己抱起来,黏在母亲怀里,也接受待在母亲身边,这些反应特点属于安全型依恋。安全型依恋的儿童在短暂分离时会感到一点沮丧,但很快专注自己的游戏继续玩耍,分离结束后会寻求与母亲的接触,容易被安抚。其探索和玩耍非常活跃,将母亲作为安全基地,会满足地离开母亲,也会时不时转头,留意母亲的行动,呈现出探索和依恋的愉悦平衡。

（二）回避型依恋

即使母亲在场,儿童也不会专注探索或玩耍,陌生人出现让他们警觉。母亲离开时,似乎没反应,但生理指标显示他们非常警觉,无法继续探索活动;母亲回来时,他们看似毫无兴趣或者避开母亲,尤其是母亲第二次短暂离开后,婴儿会回避她,会对陌生人更友好。这些反应特点属于回避型依恋,在样本儿童中约占 20%,跟母亲的亲密接触有典型的靠近—回避冲突。他们可能靠近母亲,但随即停止,或者退缩,或者调转方向。在母亲身旁时,婴儿不太愿意触碰母亲,或者只触碰母亲身体的外围,被抱起来时,他们不太舒服地靠在母亲怀里,但被放下时,

---

[5]同[1]

他们则可能表达抗议，想再次被抱起来。回避型依恋儿童在母亲离开时更有可能追随母亲，他们在母亲离开时会表现出愤怒行为，但愤怒并不指向母亲，而是指向某些物体，可能没有明显理由地击打或啃咬母亲，并且没有呈现明显的情感色彩。

（三）矛盾型依恋

母亲在场及母亲的离开都让儿童非常警觉，无法进行探索活动，母亲不在时，他们会呈现出一蹶不振、极度无助的痛苦；而母亲回来时，儿童却无法迎接母亲，呈现出对母亲既渴望又抗拒的矛盾反应，属于矛盾型依恋，约占样本儿童的10%。他们在寻求与母亲亲近和抗拒跟母亲互动间摇摆，面对母亲的离开更加容易愤怒。矛盾型依恋的儿童比较消极，不怎么探索周围，几乎不主动交流，经常能从他们身上观察到刻板行为，探索时间很短，似乎一直担心母亲在哪儿。他们热切地盼望留在母亲身边，并跟母亲相互交流，但这样做似乎并不会给他们带来愉悦感。

（四）混乱型依恋

混乱型依恋模式是研究者在观察录像的时候才发现的。一些儿童在前十几秒钟以内的行为，不能完全归于前三类依恋模式，但通常此类依恋模式很难察觉，只有在仔细观察录像的时候才会发现。这类儿童对父母在场时的反应是难以捉摸的，或者说是怪异的。比如与母亲重逢，儿童向后躲开妈妈，或者一动不动，或者瘫软倒地，或者陷入茫然、恍惚的状态。当依恋对象对儿童来说是安全港，同时也可能会体验为危险源时，就会导致儿童的混乱型依恋。大部分混乱型依恋模式的儿童到17岁左右会发展成严重心理病理状态，表现为临床心理障碍。混乱型依恋模式的儿童与监护人分离或重聚时的情绪和行为是混乱反常的，没有稳定规律，难以监控和预测，可能由于儿童对母亲的情感不确定性造成的犹豫、徘徊和混乱。

四、儿童的亲子依恋与家庭形态和文化的关系

(一) 儿童亲子依恋发展的家庭结构差异

本书研究者研究成人被调查者显示（见表4-1），不同家庭结构下的亲子依恋水平差异显著。祖父母、父母和子女组成的主干家庭的亲子依恋水平最高，其次是父母和子女组成的核心家庭，再次是祖父母、父母、父母的兄弟姐妹、子女等组成的联合家庭，依恋水平较低的是子女不在家的主干家庭和核心家庭，依恋水平最低的是重组家庭。依恋关系形成与维系的关键因素是亲人间身体抚触和情感交流的可获得性，主干家庭成员多，父母养育孩子可借助的资源较丰富，其他家人也可帮助看护孩子，对子女照顾更到位，满足孩子情感需要的来源较多元。包括父母的兄弟姐妹的联合家庭比核心家庭的子女依恋水平低，或许是家庭成员构成关系更复杂，利益冲突可能性增大，人际互动容易相互掣肘，影响养育者的精力，或者子女能感受到更多亲人间的隔阂冲突，进而影响亲子依恋。

表4-1 不同家庭结构下成人的亲子依恋

家庭结构	n	总分	情感	沟通	态度
联合家庭	123	67.8 ± 9.52	30.3 ± 4.82	29.4 ± 4.65	8.2 ± 3.15
主干家庭	368	67.8 ± 8.35	30.5 ± 4.32	29.8 ± 4.44	7.4 ± 2.91
空巢家庭	15	65.2 ± 9.49	28.5 ± 6.01	29.5 ± 4.27	7.3 ± 3.28
核心家庭	662	67.4 ± 7.66	30.2 ± 4.34	29.9 ± 3.94	7.3 ± 2.76
单亲家庭	64	65.5 ± 8.41	28.7 ± 5.17	29.3 ± 3.98	7.5 ± 2.77
丁克家庭	51	63.6 ± 7.38	27.9 ± 5.00	29.2 ± 3.91	6.5 ± 2.56
重组家庭	14	62.0 ± 8.95	28.3 ± 4.55	25.9 ± 5.43	7.9 ± 2.85
F		3.745**	4.680***	2.487*	2.586*

青少年被调查者中，重组家庭结构下的亲子沟通与情感分数较高，与成人被调查者不一致。（见表4-2）分析原因，可能是青少年自我意识及成人感发展，经常以特立独行或反向方式彰显自己的独立自主性；或者子女压抑自己的情绪、情感需要，与父母（继父母）维持一种假性的表面亲密，营造一种家庭和谐的气氛，以维持自己的认知协调。

表4-2 不同家庭结构下青少年的亲子依恋

家庭结构	人数	总分	情感	沟通	态度
联合家庭	107	61.3 ± 13.07	27.2 ± 6.40	25.7 ± 6.87	8.4 ± 3.05
主干家庭	28	58.1 ± 14.71	25.5 ± 8.28	24.9 ± 7.17	7.6 ± 2.70
二胎核心家庭	447	60.8 ± 11.53	27.5 ± 6.04	25.8 ± 6.02	7.5 ± 2.97
核心家庭	288	63.0 ± 11.15	28.5 ± 5.94	27.0 ± 5.96	7.5 ± 2.98
单亲家庭	35	58.5 ± 13.46	25.1 ± 6.98	24.8 ± 6.91	8.5 ± 3.28
住校或独住家庭	18	56.4 ± 14.65	24.3 ± 8.00	23.8 ± 7.83	8.5 ± 3.00
重组家庭	7	63.1 ± 5.34	27.6 ± 3.51	27.4 ± 2.37	8.1 ± 2.85
留守家庭	46	64.2 ± 10.71	28.6 ± 5.23	27.8 ± 5.97	7.8 ± 3.10
F		2.371*	3.20**	2.281*	1.859

（二）亲子依恋与家庭文化的相关

本书研究者调查结果显示，除了青少年被试亲子态度与家庭文化的相关不显著，成人和儿童被试的亲子依恋总分及情感、沟通和态度三个因子与家庭文化均呈显著正相关（见表4-3）。养育者学识修养高，家庭文化活动丰富，家庭文化氛围良好，亲子间情感互动流畅，回应及时有效，亲子依恋可以借助稳定的文化活动媒介稳固增强，有利于形成连接紧密的安全型亲子依恋。反之，家庭文化贫乏，养育者难以及时有效地回应孩子的情感需要，亲子间不容易建立密切的情感链接，孩子可能会压抑自己的情感需求，形成回避型依恋；也可能受父母情绪裹挟，淹没在焦虑恐慌情绪中，形成矛盾型依恋；更有甚者，如果存在家庭虐待，或孩子被长期忽视，或经历某种创伤，孩子会产生极度的不安全感，感觉环境充满威胁，容易形成混乱型依恋。

表4-3 家庭文化与亲子依恋的相关

相关		亲子依恋			
		总分	情感	沟通	态度
家庭文化	成人	0.225**	0.270**	0.206**	−0.088**
	青少年	0.310**	0.323**	0.292**	−0.051
	儿童	0.152**	0.230**	0.216**	−0.185**

（三）亲子依恋与家庭形态及文化关系案例解读

受访者L女士，3个孩子，老大高一、老二初中、老三幼儿园。老大出生后，L将精力更多放在孩子身上，丈夫到外地工作，L全职照顾家庭和子女。寒暑假时L的姐姐会过来帮忙，其他时候保姆与L一起照顾孩子，属于核心家庭。

L承担了所有家务，孩子出生后，对丈夫照顾减少，丈夫感到失落却很少表达，夫妻二人都比较回避深度情感交流与冲突，丈夫离家刚好符合两个人的意愿。L感觉丈夫只是挣钱养家，回来后不仅帮不上忙还添乱，L不想给孩子买手机，丈夫就给孩子买了，没法教育孩子。L不仅要照顾孩子还要照顾丈夫，感觉更累，还不如他不回家。L问女儿，爸爸不回来是否生气，女儿则表示爸爸回来会给妈妈添麻烦，夫妻俩的回避型相处影响到女儿的依恋模式。

女儿不到两岁被送到幼儿园，保姆抱着，L看到女儿哭，一边开车一边安慰。到了幼儿园门口，女儿说，"我不哭了，哭也得去，不哭也得去。"L发现女儿回来不开心，便不让上了。老二出生后，女儿就又被送去幼儿园，女儿的反应是依然不哭，躲在一个角落里，不去和小朋友玩。L说女儿很少撒娇，母女有心理距离，而老二老三跟妈妈很亲昵。女儿多数时候压抑自身的情感需要，与他人保持距离，降低期待，属于回避型依恋。

核心家庭的运转主要靠夫妇二人，丈夫在外忙事业，L无论是家庭事务还是情感需要，在丈夫这里几乎得不到支持。L需要应对大量生活事务，照料大女儿难免忽视，过早送孩子到幼儿园，老二老三出生后更是忽略大女儿的情绪变化，得不到丈夫的理解、支持，她内心也会有很多不满、委屈、无助、孤单等，更加影响她感受大女儿需求的敏锐度及反应的及时有效性。L缺乏安全感，照料大女儿时会激活很多恐惧体验，这些负性情绪投射到自己弱小的女儿身上，保姆也是一个十几岁的孩子，不具备照顾婴幼儿的经验，这些都强化了女儿的回避型依恋。反正母亲和保姆也不能周到照顾自己，索性我就不再需要你，以压抑和淡漠的态度克服求而不得的失望感、无助感，这种依恋模式也构成了一种防御性保护。

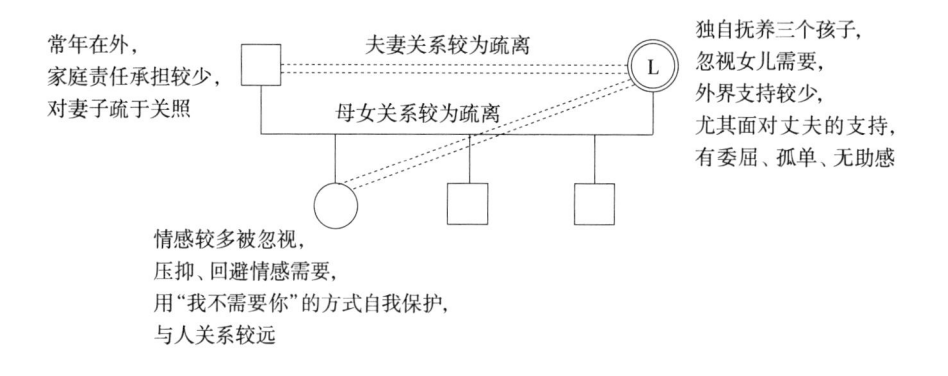

图 4-1 亲子依恋与家庭形态及文化关系解读

五、亲子依恋与亲密关系及家庭教育的关系

（一）亲子依恋与父母亲密关系、家庭教育的相关

本书研究者调查结果显示，父母亲密关系质量越高，子女的亲子依恋水平越高（见表4-4）。亲密关系质量高，父母能够对自己和家人的需要保持灵活而开放的态度，不一味索取也非全然付出，父母与子女的依恋模式迁移性强，多呈一致性。父母无法建立亲密的情感链接，说明父母建立亲密关系的能力存在欠缺，在亲子关系中也会存在类似的部分，不利于亲子间亲密关系的建立。父母亲密关系不足，无法为孩子提供榜样示范，不利于亲子安全型依恋关系的建立。

表4-4 亲子依恋与父母亲密关系、育儿观和榜样示范的相关

群体	亲子依恋	父母亲密关系	父母育儿观	父母榜样示范
成人	总分	0.198**	0.190**	0.464**
	情感	0.205**	0.122**	0.406**
	沟通	0.190**	0.143**	0.445**
	态度	−0.038	0.141**	0.032
青少年	总分	0.349**	0.299**	0.648**
	情感	0.364**	0.199**	0.588**
	沟通	0.331**	0.265**	0.623**
	态度	−0.064*	0.220**	0.045
儿童	总分	0.190**	0.264**	0.497**
	情感	0.240**	0.165**	0.503**
	沟通	0.132*	0.225**	0.442**
	态度	0.001	0.148**	0.027

（二）子女依恋与父母互动模式关系案例解读

受访者 C 女士，女儿 13 岁，儿子不到 3 岁。

平时夫妻交流不多，经常由于孩子及与公婆争执后冷战，过后丈夫会主动与 C 沟通。二人事务性交流多，比如丈夫叙说工作忙、辛苦等，C 会表达意见，但回避深度情感交流。面对冲突多选择冷战，C 习惯自我消化负性情绪，夫妻间更多是责任与支持，感受不到更多的亲密感。

女儿是以 C 为主、丈夫为辅一起带大，C 时间较自由，陪伴孩子多，经常领孩子各处去玩，比如看电影、逛公园、去图书馆等。幼儿园离丈夫单位近，丈夫方便接送孩子、参加幼儿园活动等，但父女交流少，爸爸会训斥女儿，女儿对爸爸很抵触。他经常采用讲道理的方式劝说女儿改变某些行为习惯，比如发现女儿说不良网络用语，给女儿念叨了三个小时。父母对孩子要求和控制偏多，与孩子的情感交流少。对女儿的情绪尤其负面情绪不能及时捕捉，也不能有效回应，只给予事务指导。

女儿 2 岁时主动要求上幼儿园，进门就把妈妈忘了，只有三次不想去，但到了幼儿园门口又进去了。当妈妈生病时，女儿会哭，会主动照顾妈妈，晚上给妈妈掖被子。妈妈受伤了，心疼妈妈，给妈妈拿创可贴。上初一后，胃疼不跟父母说，发布在网络空间，妈妈看到后只是告诉女儿吃什么药，爸爸多对女儿说教，女儿的情感被忽视和压制。女儿学会了压抑和回避情感需要，很小就开始扮演照顾者角色，对父母的依恋偏向回避型。女儿压抑自己，以一种独立、不需要照顾的方式满足父母的要求，构建了一个虚假自我。

六、亲子依恋发展的影响因素

（一）父母的依恋模式是子女形成依恋关系的模板

梅因向父母提问题，让他们回想和反思与自己父母的关系，包括丧失、拒绝和分离的体验，评估他们当前"在依恋方面的心理状态"，结果发现，父母的依恋模式对儿童的依恋类型具有预测作用。[6]

安全依恋模式儿童的父母能够自主评价和客观反思其依恋关系，回忆纠结体验时，能够保持一种平衡视角，能够看到自身的努力，也可理解或者原谅父母的养育失误。此类父母是开放灵活的、自我调控的，可以对孩子的需求做出恰当、快捷的反应，能够较为全方位地接收到孩子的人际沟通信号，更容易帮助子女形成安全依恋模式。儿童形成了内在的安全情感关系，也就更愿意积极探索外界，具有更强的自我调节能力，比较顺利地完成分离个体化。

回避型依恋模式儿童的父母往往会贬低依恋关系的重要性和影响力，描述生活中拥有理想关系，与实际的人际关系状态矛盾。父母本身往往处于情绪隔离状态，否认自己的需求、脆弱和愤怒，与自身和他人的最深切情感渴望保持距离，阻碍了对自己孩子所传递信号做出恰当回应的能力，完全屏蔽子女对于身体和情绪接触的需求，孩子内化父母形成回避依恋模式。

矛盾型依恋模式儿童的父母被过去的情感体验所淹没，影响了当下进行反思的能力，叙述时内容冗长又抓不住重点，情绪看上去很脆弱，和孩子互动时上一刻还对孩子有反应，但下一刻反应又带有侵入性，或者干脆没反应了。会激起孩子放大自己的情绪体验，引起不稳定父母的持续关注，或者孩子会强烈对抗内在不稳定父母的照顾体验。

混乱依恋模式儿童的害怕和惊吓体验，往往伴随着与其父母解离的互动。儿童经常与愤怒或虐待的父母互动，会真切体验到父母带来的恐

---

[6]王朝，肖晶，王争艳，等.成人对父母的依恋经历调查问卷的编制[J].中国心理卫生杂志，2012，26（8）：626-630.

惧感，还会感受到父母自身也是遭受惊吓的状态。当父母与儿童的互动中出现了恐惧或者身体退缩，还有恍惚状态，都会导致儿童的混乱。

（二）分离创伤影响儿童、青少年的依恋关系

分离创伤严重影响亲子依恋关系，甚至成为儿童心理病理的直接诱因。鲍尔比认为幼儿对母亲的爱和存在的渴望与他们对食物的渴望相当，母亲不在场，会不可避免地造成一种强有力的丧失和愤怒感。

鲍尔比研究母亲离开一段时间后回到家中的母子关系变化，孩子一方面会出现"对母亲的强烈依赖，可能持续数周、数月甚至数年"；另一方面会出现"疏离"，是"对母亲作为一个爱的客体的拒绝，可能是暂时性的，也可能是长期的"。鲍尔比强调无论作为唯一因素还是与其他变量共同作用，母亲角色的丧失都可能会引发儿童心理病理的反应。被生命早期经历丧失困扰的成人，一方面对他人提出过高的要求，在无法被满足时，感到焦虑和愤怒；另一方面又无法与人建立深层次的关系。

（三）母亲养育行为制约儿童依恋模式的形成

安斯沃斯梳理了有利于儿童形成安全依恋的母亲养育行为指标，包括四个方面：一是婴儿和母亲频繁而持久的身体接触，尤其婴儿出生后六个月内，母亲抱着婴儿来安抚；二是母亲对婴儿信号的敏感度，尤其根据婴儿节律选择干预时间；三是有规律的环境，婴儿感到自己的行为会引发特定的结果；四是母亲和婴儿在彼此陪伴中获得的共同喜悦。条件具备时，母婴双方活跃而愉快的互动得到保障，安全依恋模式发展起来。当部分满足，会有一定程度的断裂与不满，发展出的依恋就没那么安全。条件都不满足，可能导致依恋严重缺失。

第二节　分离个体化与自我

徐力、吴谢宇弑母案，都能看到母子粘连未分化的影子。徐力认为母亲太累了，吴谢宇表示母亲太痛苦了，杀了母亲是帮她解脱。他们感觉自己拥有母亲的生命权，可以替母亲决定生死，他们与母亲是一体的，甚至包含母亲的生命权。

吴谢宇的高中同学回忆，吴谢宇和母亲保持着紧密的情感联系。住校时吴谢宇每天会跟母亲打很长时间电话，就聊每天学了什么，上课讲了什么，哪些老师有意思，谁找他问一些问题。上北大后，吴谢宇仍然每晚和母亲通话约5—20分钟，聊当天的饮食、活动和学习情况。父亲病逝，母亲在丧夫之痛中难以自拔，吴谢宇尝试了很多办法帮母亲解脱，但"无论怎么做母亲都不快乐"。母子之间依然是一种"你中有我，我中有你"的共生状态，上大学的吴谢宇精神上并未与母亲分离、分化。

徐力的父亲常年在外工作，母亲独自照顾他，不允许他课余时间打球、看课外书、看电视，审查儿子的日记，发现儿子出去玩就打骂，表示"反正你是我生的，打死了也无所谓"，要求儿子一定考上清华、北大。母亲将徐力当作自己的一部分而不是一个具有独立人格、独立意志的个体，甚至觉得儿子的命也是自己的，母子间处于一种高度融合的未分化状态，彼此没有边界。

马勒的分离个体化理论探究亲子间的联结与分化。子女在两三岁的第一反抗期和青春期的第二反抗期，是儿童分离个体化的两个关键期，在亲子关系稳定联结基础上促进子女的分离、分化，在安全、信任中促进子女自主性的形成，以及个体自尊、自信的顺利发展。

一、分离个体化理论

（一）幼儿分离个体化的三阶段

玛勒（Mahler）将幼儿分离个体化过程划分为三个阶段[7]：

1. 自然封闭（1个月前）

婴儿主要就是睡觉，把所有能量投放给自己，与世界好像并没有什么联系，与在母体中相似。

2. 正常共生（2—4个月）

婴儿区分不了自己与他人，跟母亲组成了一个无所不能的系统、无所不能的全能感，无论什么需求只是用哭来表达，饿了、渴了、尿了、身体不舒服，妈妈来照顾，他会认为这一切都是自己做的，是一定程度的自恋满足。妈妈要辨别出孩子的需求并及时满足，如果妈妈没有充分满足孩子的需求，孩子可能产生缺乏感。

3. 分离与个体化（5个月—3岁，分四个亚阶段）

第一个亚阶段，分化与躯体意向（5—7个月）：婴儿从母子共生体分离，用微笑回应母亲。孩子开始探索新的世界，在尝试之前寻求母亲的意见，会有陌生情景焦虑。健康婴儿开始扩展自己的世界，对陌生人好奇和审视，能够冲陌生人笑，发展不理想的婴儿看到陌生人会退缩。

第二个亚阶段，实践（7—16个月）：孩子能区分自己与父母的身体，想自己站着去走，独自探索外部世界。开始在"没有母亲的空间"探索，对很多小事情非常感兴趣。父母要能够鼓励孩子获得自主性的愉悦，而不是阻止说"不"。孩子能自己抱着奶瓶喝奶、自己吃饭，

---

[7] 郭本禹.精神分析发展心理学[M].福州：福建教育出版社，2009.

就不要再喂了。孩子对外部世界的好奇和探索欲得不到恰当的回应,也可能会产生难以弥补的心理发展缺陷。

第三个亚阶段,和解(16—24个月):孩子探索的时候,会遇到困难,如摔倒等,孩子自己探索是以能看到父母为前提的,遇到困难时孩子会哭,向父母求助。父母要及时意识到孩子的需求并给予帮助,但扶起来之后的态度会影响孩子的自主性。如果扶起孩子并抱起来舍不得放下了,孩子就会形成这样的体验——我还是没能力离开父母,只能依赖父母。父母给予合适的回应,先把孩子扶起来安慰一下,等孩子平静后鼓励孩子继续探索,认真倾听孩子的新鲜体验,强化孩子探索新世界的动力而不是减弱。

第四个亚阶段,情感客体永恒化(24—36个月):孩子越大,可以离父母越远。上幼儿园是一个标志,表明孩子可以离开父母自己独立面对世界。前提是,孩子对父母形成固定意象,容忍与父母的分离,在家庭之外跟老师、小朋友等能发展客体关系,与小朋友快乐玩耍,对老师产生替代性依恋。儿童没有形成恒定的情感客体,难与父母分开,待在幼儿园会很难受,说明他对外部世界是害怕的。儿童内化了母亲永久的形象,可使儿童在一些困难情景下能够独立面对。

(二)青少年时期的第二个分离个体化阶段

布洛斯(Blos)强调青少年必须摆脱对家庭的依赖,脱离内在父母的影响,作为一个独立的个体在成人世界发展。[8]布洛斯将青少年时期视为第二个体化阶段,青少年必须与内化父母分离,脱离对父母的情感依赖。他发扬了儿童分离个体化的客体关系理论,区分了童年期和青

---

[8]王菁,刘爱书,牛志敏.父亲缺位对青少年分离—个体化的影响[J].文化学刊,2016(5):76-78.

少年期的分化经验，认为心理分离成功与否决定个体成年人格和社会关系的健康。

约瑟尔(Josselsn)整合了联结和分离，认为个体心理发展"实践阶段"为迈入"和解阶段"铺平道路，在青少年尚未成熟、有些盲目的独立之后，他们常渴望与父母更加亲密。安德森(Anderson)和弗莱明(Fleming)认为，个体化是内在、主观的过程，是个体在心理上与父母分离，并建立自己作为独立的个体形象的过程，个体化完成后就不再那么依赖父母了。[9]

二、父母缺位对青少年分离个体化的影响

（一）父亲缺位

父亲缺位指父亲与子女的交流互动很少，缺乏对子女的养育和教导。通常包括几种情况：①父亲死亡或离婚；②父亲在外工作；③父亲疏远、忽视孩子，交流少；④父亲经常打骂或过度保护孩子。前两种情况看作是父亲客观缺位，后两种则视为父亲心理缺位。父亲是联结儿童和现实社会的纽带，与父亲的情感链接可以更好地帮助儿童适应社会，父亲缺位是儿童分离个体化困难的重要因素。

父亲客观缺位造成孩子缺失父亲客体与男性榜样。父亲引导孩子探索外部世界，母亲给予孩子情感支持，母亲一个人难以胜任父母两个角色。离异家庭较特殊，孩子1岁后，尤其3—18岁之前，继父出现对孩子的分离个体化带来新的适应问题，已经建立的父亲意象与共同生活的继父融合，父亲意象可能分裂破碎。继父自尊水平高，处理继父子关系温暖且有边界，能够帮助继子女整合父亲意象。反之，则对继子女的父

---

[9]涂翠平，夏翠翠，方晓义.西方心理分离的研究回顾[J].心理科学进展，2008，16（1）：134-142.

亲意象造成摧毁性打击。父亲在外工作，很少和孩子面对面交流，给不到孩子及时的支持，也不容易对孩子给予社会规则的引导和教育，导致母子链接过于紧密、彼此依赖、孩子分离个体化出现障碍，甚至发生严重的徐力和吴谢宇那样的极端案例。

父亲心理缺位是指父亲对孩子忽视、冷漠，亲子互动方式不恰当。希尔兹（Shields）发现，父亲拒绝或冷漠导致青少年分离个体化困难。[10] 父亲与子女情感互动少，孩子的分离个体化水平低，分离个体化发展缓慢甚至受阻。在《红楼梦》中，贾宝玉的父亲贾政客观上存在，但除了会要求学业，并时不时进行打击、否定、斥责，甚至使用暴力外，几乎没有其他亲子互动内容，贾宝玉对贾政只有恐惧，无法形成男性的榜样认同，整日与姐姐、妹妹、丫鬟一起，无法完成向外探索，成为世俗眼中的不学无术者。

（二）母亲缺位

母亲缺位指母亲与子女的交流互动很少，缺乏对子女的养育和教导。母亲缺位主要包括：①母亲死亡、离婚等；②母亲在外工作，与孩子长期分离；③母亲和孩子沟通少，情感疏离，甚至关系恶化；④母亲用不合理的方式对待儿童。前两种属于"客观缺位"，后两种属于"心理缺位"。

母亲缺位会对儿童的身份构建产生不可弥补的影响，有研究者借助拉康的他者概念，指出"母亲和婴儿的分离，母亲的缺失会造成主体身份的缺失"[11]。在小说《仁慈》中，农场主雅克·瓦尔克都遭遇了母

---

[10] 王菁，刘爱书，牛志敏.父亲缺位对青少年分离—个体化的影响[J].文化学刊，2016（5）：76-78.

[11] Lacan J.The mirror stage as formative of the function of the I as revealed in psychoanalytic experience (1949). in D Birksted-Breen, S Flanders & A Gibeault (eds), Reading French psychoanalysis[M].Routledge/Taylor & Francis Group，2010：97 - 104.

亲缺席后的身份缺失，他不接纳自己的孤儿身份，对孤儿怀有无限的怜悯和同情，身份与人格出现明显分离。刘霞等认为，父亲缺位与母亲缺位对儿童的孤独感会造成不同影响，母亲的影响大于父亲。[12] 母亲更多扮演情感陪伴型角色[13]，会使儿童产生更强烈的依赖感。母亲缺位更容易使儿童难以形成信任感和安全感。《红楼梦》中，贾环的母亲——赵姨娘客观不缺位但心理缺位。赵姨娘虽然疼爱儿子，但贾环更多是其满足自身愿望的棋子，她对贾环动辄责骂，温柔的母亲是缺位的，造成了贾环怯懦、自卑的个性特点。

父母缺位对儿童青少年的成长带来种种消极影响，影响他们认知、情绪情感、意志品质、行为发展等，尤其影响分离个体化水平。

三、青少年分离个体化发展情况调查

本书研究者调查发现，12—15岁的青少年分离水平最高，18岁以上的分离水平最低（见表4-5）。12—15岁的青少年开始寄宿生活，与父母空间分离，沟通内容侧重学业，情感交流减少。男生的亲子分离水平高于女生，可能缘于社会对男性独立自主的期待。

---

[12] 刘霞，武岳，申继亮，等.小学留守儿童社会支持的特点及其与孤独感的关系[J].中国健康心理学杂志，2007（4）：325-327.

[13] 范辰辉.半流动家庭父母亲职角色研究——以河南省X县E乡为例[D].华东理工大学，2014.

表 4-5　不同性别与年龄段青少年的亲子分离方差分析

年龄＼性别	12 岁以下（n=73）	12-15 岁（n=440）	15-18 岁（n=105）	18 岁以上（n=358）	合计（N=976）
男	25.9 ± 6.22	24.4 ± 6.3	24.5 ± 5.92	21.1 ± 6.83	23.6 ± 6.6
女	25.3 ± 6.44	25.6 ± 5.74	24.4 ± 6.03	23.8 ± 6.17	24.7 ± 6.04
合计	25.6 ± 6.31	25 ± 6.04	24.4 ± 5.96	22.9 ± 6.52	24.2 ± 6.31
F	性别	\multicolumn{4}{c}{2.290}
	年龄	\multicolumn{4}{c}{12.010*}
	性别 * 年龄	\multicolumn{4}{c}{2.552}

四、儿童的分离个体化案例

B 女士，40 多岁，儿子现在上高中。孩子从出生开始到五个半月是自己和丈夫照顾，B 上班后雇了保姆。

孩子白天被送到保姆家，保姆对孩子的照顾非常周到精心，甚至有些"保护"过度。比如，保姆会换着花样给孩子做辅食，将食物碾成泥让孩子吃，导致孩子上幼儿园后不会自己吃东西，遇到了饮食适应困难，动手能力比较差，自我怀疑；保姆担心孩子弄脏或磕了碰了，基本不让孩子下地走路，到两岁多还是用推车推着或抱着走。孩子没有完成分离个体化实践期的探索任务，一直困在推车或大人的怀抱中，缺少了探索外部世界的机会。更为严重的是，孩子 1 岁 3 个月时，B 和丈夫连续离开孩子 13 天。保姆说孩子睡觉时突然坐起来说糖葫芦，等夫妻俩回来后，孩子看到妈妈愣了一下才让抱。此时儿童未形成内化父母形象，父母的离开对孩子是一种恐慌、威胁性体验。

分离个体化时期，孩子需要与父母建立亲密的情感联结，接受父母必要的保护，也需要父母鼓励孩子勇敢进行外部探索，遇到困难时，能够及时安慰和支持。

五、青少年的分离个体化案例

来访者 A，大二男生，小时候父母离异，与母亲共同生活，父母关系较疏离，互动交流很少，他对父亲基本没有什么印象。

通常孩子到了青春期，会有更多独立的看法，有了自己的秘密，并变得闭锁，与父母分歧逐渐增多，呈现亲子间的追逃模式。A 似乎并不存在这种亲子分化迹象，与妈妈处于高度融合状态。交什么朋友会参考妈妈的意见，买衣服妈妈带着去买，重大决定征求并听从妈妈的意见；高考报志愿时，妈妈听说某个专业有前景，A 就接受了。A 和妈妈几乎没分歧，觉得妈妈不容易，从不惹她生气，大一离开妈妈生活很是混乱了一段时间后才适应。A 未完成与妈妈的分化，心理上处于母子共生状态，严重阻碍了他的自我和社会化发展。只有父母接纳孩子与自己是不一样的，允许孩子跟自己有不一样的想法，孩子才能慢慢与父母分化，成为一个有独立思想的个体。

A 很少跟陌生人交往，遇到烦恼困惑时，投注在妈妈身上，恋爱会先征求妈妈的意见，妈妈也会询问详情。妈妈过多地参与了孩子的生活，孩子自我力量比较弱，完全依附于妈妈。只有父母鼓励认可孩子的同伴交往，并能够接纳因为与孩子分离带来的情感上的失落，孩子才有机会建立家之外的关系，并将关系发展深化。相反，若父母牢牢将孩子抓在手中，孩子便无法走向家外，即便身在外，心却一直在家里。

疫情期间，A 不能与妈妈见面只能视频，在宿舍偷偷哭，母子都有些不适应。此前，从大一开学到十一放假是与妈妈分开最久的一次。A 对母亲高度依赖，不能忍受与母亲空间上的分离，希望待在母亲身边照顾她，这极大限制了 A 的独立性发展。如果孩子能够保持情感客体恒常性，就能忍受与父母空间上的分离，无论外出求学、打工，都可在情感上与父母保持亲密联结，不会因空间距离而被阻隔。

青少年不能完成心理上的分离个体化，导致自我力量弱，独立性和自立性不足，可能会演变为"啃老一族"。因此，父母要给予青少年更充分的自主发展空间，鼓励他们向家外探索，扩展自己的同伴关系，并能接纳子女与自己的分离感，在子女探索受挫时能够张开怀抱接纳他们，并在适当时候推其出门。

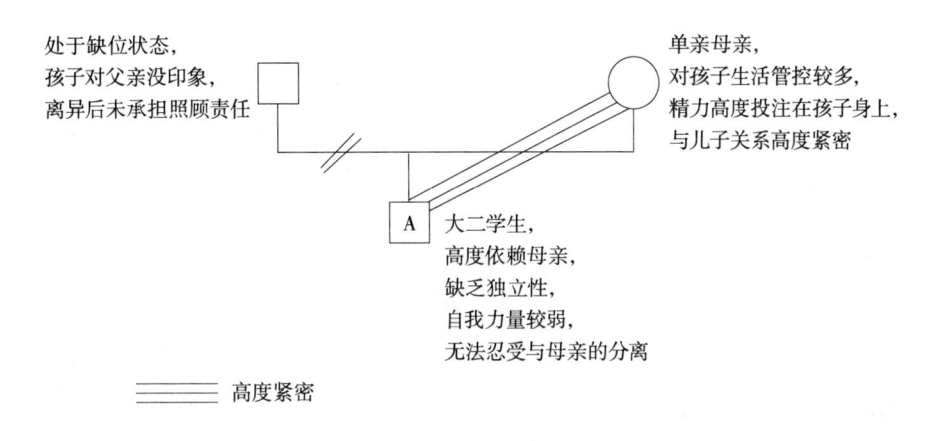

处于缺位状态，
孩子对父亲没印象，
离异后未承担照顾责任

单亲母亲，
对孩子生活管控较多，
精力高度投注在孩子身上，
与儿子关系高度紧密

A 大二学生，
高度依赖母亲，
缺乏独立性，
自我力量较弱，
无法忍受与母亲的分离

═══ 高度紧密

图 4-2 青少年的分离个体化

第三节　亲子互动

电视剧《以家人之名》展示了多种模式的家庭亲子互动。漂亮乖巧、成绩优异的齐明月是"别人家的孩子"，但身体却习惯性弓着，总像犯了什么错，别人撞了她，她却不敢反驳，一直道歉说"我真的什么都做不好，我真的很容易犯错"。买衣服时，明月选白色，妈妈说"选什么白色，不爱干净还爱穿白色的，以后自己洗想买什么颜色都行"；明月选黑色，妈妈看到一把夺过来说，"黑色不适合你，这么年轻要多穿点鲜亮的"；明月选妈妈推荐的粉色，妈妈又一脸嫌弃地说，"跟你爸爸一模一样，一点主见都没有"。明月妈妈也会说，"月亮，妈妈不指望你能挣多少钱，妈妈只希望你这一辈子能够过得平平顺顺的就可以了"。明月母女拧巴的互动，让孩子感受到的是无处不在的控制、否定、攻击和无所适从。

李尖尖由开面馆的父亲李海潮独自抚养长大，却是敢爱敢恨、阳光自信。父亲一个人带着女儿，对她呵护备至，对她的问题都耐心回答。当女儿问妈妈去了哪里，他说"妈妈去了很远的地方，将来我们也会去那里"；女儿问"那我们什么时候去找妈妈"，爸爸满含爱意，刮了小尖尖鼻子一下说"那得等小尖尖长成罗锅老奶奶的时候……"原本很伤感的情境被爸爸转化为充满温情的瞬间。

凌霄小的时候妈妈外出，把他和妹妹留在家中，妹妹因为吃核桃窒息而亡，妈妈将责任推至凌霄身上，认为是他害死了妹妹，对他百般挑剔，面对母亲的神经质，父亲消极回避，凌霄在家里充当妈妈的出气筒，生活在恐惧与黑暗中。他变得独立、乖巧、懂事，学会了察言观色。成年后的凌霄时常被噩梦惊醒，被失眠困扰。

李爸不仅对尖尖温暖，对子秋和凌霄也是充满爱与尊重。当子秋被邻居吓唬"你不懂事就把你送走"，李爸说"会伤害孩子的"，并蹲下来告诉子秋，他不会被送走的。尖尖选择凌霄，子秋很失落，李爸跟他谈心，同理他的失落，让子秋觉得尖尖依然是亲人，他是被这个家接受和爱着的。

单亲爸爸李海潮在与子女的互动中非常尊重孩子的意愿和想法，在孩子走了弯路的情况下依然能够接纳孩子的错误，并包容他们，这让三个孩子对李爸充满信任与尊重，彼此间建立了亲密的关系，虽然没有血缘关系却是比亲兄妹、亲生父母还要亲密的关系。如何避免以爱的名义做伤害孩子的事情呢？真正的父母之爱是体现在生活细节中的，是点点滴滴呈现在亲子间的生活互动中的。离开具体细节的亲子互动空洞地说爱子女，要么是由于父母没长大、不成熟、不会爱，要么是父母以爱之名控制、攻击孩子以满足自己。

一、亲子互动模式

亲子互动是指父母与子女之间的相互交往活动，即父母与子女在观念、情感和行为上的交流与沟通。家庭场景中，家庭成员基于各自角色与其他家庭成员交流互动，不同角色的权力、地位不同，不同个体的观念、想法不同，家庭成员在互动中，自然倾向于向其他家庭成员表达自己的感受体验，希望获得对方的理解和认同，期望对方能够支持自己实现愿望。

儿童小的时候，基于权力地位的自然差异，亲子互动中父母是主导者，子女是应对者，但随着子女的成长和自我力量的增强，亲子互动中权力地位也会发生变化，在子女青春期时亲子各自的自我力量呈现此长彼消的态势。有的父母家庭控制欲较强，面对子女的心理与行为发展，在亲子互动中会用比较强硬的方式占据主导地位，如果子女自我力量发展较弱，亲子间的强权控制就会一直持续；如果子女自我力量增强，对自主性要求增强，容易导致亲子间强烈的冲突；有的父母家庭控制欲适中，能够理性看待子女的成长，了解、尊重分离个体化规律，在亲子互动中就会边界清晰，支持子女成长的前提下逐渐放下对子女的控制；有的父母自我力量较弱，难以把握子女的合适成长路线，就会倾向于满足子女的种种要求，有时甚至不考虑家庭条件和自己的意愿。亲子互动的模式受到父母的控制欲与子女的自我力量大小两个维度的影响，构成了四种基本的亲子互动模式。如果再将父母的自我力量与子女的控制欲考虑进来，那亲子互动模式则会产生许多亚型。

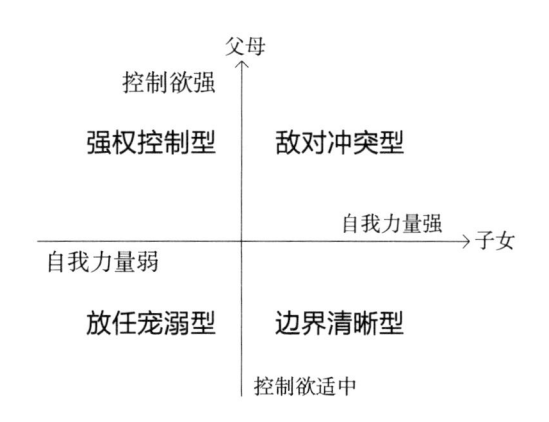

图 4-3 亲子互动模式

强权控制型：是一种单向控制，父母和子女在双向的互动过程中，一方表现出对另一方的约束和相对地位优势。一般父母在互动中居于主体地位，运用权力对子女进行约束和干预。在这种互动模式下，强权控制的一方会以正确化身自居，亲子互动的主题一般是自己设定，强调服从和尊重权威，强迫或自以为是以某种所谓正确的道理，强迫子女做自己不愿意做的事，把自己的意志强加给孩子，忽视孩子的意愿和自主性。《小舍得》中田雨岚对子悠，《小欢喜》中宋倩对乔英子，《以家人之名》中齐明月妈妈对齐明月等均属于这种类型的互动模式。在这三个家庭中，母亲在亲子互动中占据了绝对的主动权，孩子几乎没有自己的空间和自由，孩子成为母亲实现自己未完成心愿的替代品，而非具有独立个性的人。这种类型的互动模式也会有另一种表现，如果父母自我力量弱而子女自我力量强，比如小时候比较执拗或者长大后比较极端，有可能变成子女对父母的单向控制，孩子支配家长，父母对孩子的控制欲非常低，多对孩子的物质性需要做出应答，缺乏对孩子言行举止的规范化。这一类型的互动模式在隔代养育中比较常见，通常情况下，祖辈会因为隔代亲或养育观念缺乏等原因对孙代有更多纵容，认为孩子大了自然什么都懂了，因而会更多满足孩子物质方面的要求，而缺乏必要的规则要求，导致了"小霸王""小太阳"的出现。在团体中他们无视规则，以自己为中心，因此也会产生一些行为方面的问题和适应方面的困难。

敌对冲突型：父母控制欲过强，而孩子的自我力量也比较强、自主意识较高，此时父母与孩子之间的互动很容易处于一种剑拔弩张的状态。父母和子女间出现的这种矛盾状态，可能会导致亲子间的冷战局面或者激烈的冲突，但一般情况下，随着孩子的成长，这种冲突会缓和、淡化。如果父母能够意识到孩子自主性成长的需要，增加对自己的觉察和对子女的理解，通过心理辅导重构亲子关系，建立新的亲子互动模式，则会同时促进亲子间的共同成长和家庭关系的深度和谐。《小别离》中张小宇虽然幼年丧母，却有较强的自我意识，面对继母的要求，张小宇时常与继母上演家庭大战。

放任宠溺型：父母自我力量弱，控制欲也不强，生活精力不充足，在某种意义上顾不着孩子的心理成长，至多只是满足孩子物质化的需求。有时甚至以一种尊重孩子自然发展的面貌出现，实质不是尊重，是逃避父母责任的体现。他们和孩子缺乏心灵和情感的深层次交流，处于一种疏离的状态。亲子互动围绕的主题以事务性为主，彼此缺乏情感的交流和沟通。更多重视对孩子经济和物质需要的满足，对孩子内在心灵成长需求的关注和满足严重缺乏。此类型亲子互动流于表层和事务化，对于子女分离化的消极影响甚至强于敌对冲突型。《红楼梦》中薛蟠整日游手好闲，无所事事，强拆姻缘，打死冯渊，面对人命官司，他毫无悔意，竟视为儿戏，后通过贾府为自己洗脱罪名，惹了麻烦只靠家里来摆平，俨然一个败家子。然而薛蟠成为这样一个放荡不羁的败家子与薛母的纵容有直接关系，薛蟠是薛家独苗，幼年丧父，薛母对他百般溺爱、纵容，甚至在他犯下人命官司时还帮他脱罪。可以说薛蟠的生活，物质极大丰富，却缺乏精神引领。我国自古也有慈母多败儿的说法。

边界清晰型：父母的控制欲是适度的，对子女的关注是有边界的，子女是他们生命的延续，却是独立的生命。他们承担父母的责任，却不会替代子女生活，他们自己和子女的生活是温暖、有爱的，但不裹胁，不把自己生命中的未完成事件变成子女的责任。父母和孩子不是纯粹的控制关系，互动中父母同子女都是自主性的主体，分别表达自己的感受和愿望，以及对于对方的诉求。他们对子女有期待，但这个期待是可以明确表达且相互协商的。亲子间双向互动，彼此间的责任、权利、义务是清晰有边界的。这个边界基于法律和约定俗成的道德传统为前提，父母与子女沟通协商，约定共识。《小欢喜》中方圆对儿子方一凡的教育可谓这一亲子互动类型的典范。方圆与方一凡的互动既有一定的规则要求做底线，同时也能够站在孩子角度考虑问题。当儿子与妻子因为孩子成绩不理想而出现争执、冲突时,他既能站在妻子角度又能站在儿子的角度,最终让儿子理解了妈妈的关爱,让妻子看到儿子的进步,最终化解了母子间的冲突。方圆对儿子的教育并非一味地纵容,而是有边界、有规则的,一旦涉及原则性问题,方圆对儿子也是非常严厉的。当方一凡为了报复同学制作表情包群发传播被方圆知道后,他一改往日的慈爱,狠狠地教育了方一凡,使方一凡懂得哪些事是对的,哪些是错的,哪些能做,哪些不能做。

二、我国家庭亲子互动状态调查

(一)亲子互动模式分析

本书研究者调查成人和青少年的亲子互动模式,占比最多的是边界清晰型,最少的是疏离型,49.0%的成人和39.1%的青少年认为自己的亲子互动是边界清晰的。(见表4-6)当前,人们的边界意识越来越清晰,父母倾向于适度控制子女,能够理性看待子女的自主性。青少年喜欢双向交流,当父母允许与接纳他们自由表达诉求时,会真切感受到父母的尊重。

表4-7可说明,被调查者中超过半数成年女性的亲子互动模式属于边界清晰型,男性则只有四成多一点。母亲感情更丰富细腻,更愿意积极主动与孩子进行情感交流,重要事件愿意尊重孩子的意见。三成多成年男性的亲子互动模式属于宠溺型,成年女性则不足三成。与母亲相比,父亲陪伴子女的时间更短,但互动中表现更宽容,会在有限陪伴时间里满足孩子的各种需求,较为宠溺子女。六成硕士学历的父母与子女的互动属于边界清晰型,明显高于其他学历层次,说明父母所受教育水平越高,养育子女的科学知识储备越多,在亲子互动中能更加理性与民主。

四成多青少年男生边界清晰,明显多于女生;超过四分之一女生的亲子互动属于宠溺型，高于男生。儿子感知到父母对其行为上的规则管理比女儿更多，女儿感知到来自父母情感上的满足和支持比儿子更多。这样的结果提醒家长，亲子互动中，情感上要给予儿子更多沟通和支持，行为规范上要给予女儿更多示范和指引。

表 4-6 亲子互动模式分布

亲子互动模式	成人 n	成人 %	青少年 n	青少年 %
边界清晰型	635	49.0	381	39.1
控制型	187	14.4	207	21.2
宠溺型	393	30.3	253	25.9
疏离型	82	6.3	135	13.8

表 4-7 亲子互动模式的人口学差异

人口学信息			边界清晰型	控制型	宠溺型	疏离型	χ^2
成人 (N=1297)	性别	男	125	57	102	8	20.035***
		女	510	130	291	74	
	学历	初中及以下	78	30	46	28	47.148***
		高中	91	36	59	17	
		大专	178	55	115	18	
		本科	231	58	148	14	
		研究生	57	8	25	5	
青少年 (N=976)	性别	男	170	100	100	43	10.737*
		女	211	107	153	92	
	年龄	12 岁以下	39	13	16	5	31.918***
		12—15 岁	180	101	113	46	
		15—18 岁	41	30	22	12	
		18 岁以上	121	63	102	72	

被调查者中亲子互动属于边界清晰型的，12 岁以下的青少年超过半数以上，12—15 岁占四成多一点，15—18 岁接近四成，18 岁以上有三成多（见表 4-7）。可见，年龄越小的孩子，感知到与父母的亲子互动模式属于边界清晰型的越多，父母会耐心帮助年龄小的孩子建立良好的规则；随着孩子年龄的增长，父母的控制也会逐渐减少。建议父母根据孩子的年龄特征采用恰当的教养方式，与子女的边界越明确，对子女的控制要适度，可以多与子女平等沟通。

（二）亲子互动典型事件比较

父母面对子女犯错，45.1% 的父母和 43.9% 的子女选择了"讲道理劝说"，接下来依次是惩罚后与子女交流、询问原因（见表 4-8）。父母越来越重视亲子交流，子女犯错，父母也不再一味以"棍棒底下出孝子"的名义责罚或低姿态恳求，而是转向讲道理劝说，但倾听子女辩解的比例仍然很低。欣喜的是，惩罚后交流的比例较高，说明有许多父母愿意用规则与子女交流。青少年认为在其犯错后极可能会被父母责打，与之相比，父母反而认为责打是除恳求之外不得已而为之的手段，二者对"责打"的看法并不一致。

表 4-8　子女犯错后父母的处理方式

子女犯错后父母的处理方式	成人 n	成人 %	青少年 n	青少年 %
责打	19	1.5	88	9.0
忽略	37	2.9	78	8.0
讲道理劝说	585	45.1	429	43.9
恳求改正	6	0.5	9	0.9
询问原因	217	16.7	115	11.8
倾听辩解	29	2.2	30	3.1
惩罚后交流	404	31.1	227	23.3

成人被调查者中，自身年龄越大，子女犯错后讲道理劝说的越多。（见表4-9）年龄渐长，父母体力、精力减弱，子女力量逐渐增强，子女犯错后会更倾向于言语交流，劝说改变；初中及以下学历父母讲道理劝说的占比超过半数，高中、大专、本科学历父母均四成稍多，硕士学历父母接近半数，呈现两头高现象，即学历最低和最高的成年人在子女犯错后，多会讲道理劝说，可能高学历者更愿意运用学识、理性逻辑分析说服子女，低学历者对错观的观念更朴素，会以讲大道理的方式劝说孩子。成年人对待儿子和女儿犯错误后的处理方式差异显著，男孩在犯错误后被"责打"的比例明显高于女孩。可能男孩活动范围广，引发身体伤害的可能性高，犯错误的不良后果更大，容易激起父母更严厉的反应。社会文化对男性要求更高，父母对男孩子的错误容忍度更低。

青少年被调查者中，不同年龄段子女犯错后父母的处理方式存在差异显著。孩子年纪越大，父母更多会对孩子讲道理劝说，15—18岁达到一个高峰值，父母相信孩子大了更能处理好自己的错误；孩子大了自主性增强，父母有所顾虑，会采用劝说、交流的温和方式，减少严厉对待，以免激惹孩子。

不管从子女的角度，还是父母的角度，调查结果呈现一致性。随着子女年龄的增长，父母应对孩子所犯的错误，越来越倾向于言语沟通和交流，而非身体责罚和情感恳求，主动或被动接受子女长大成为一个独立自主的成年人的事实。

表4-9 子女犯错后父母处理方式的人口学差异

人口学信息			责打	忽略	讲道理劝说	恳求改正	询问原因	倾听辩解	惩罚后交流	χ^2
成人（N=1297）	性别	男	7	11	134	0	41	9	90	7.985
		女	12	26	451	6	176	20	314	
	年龄	21—30岁	2	2	23	1	10	1	22	31.214*
		31—40岁	8	12	305	2	118	20	241	
		41—50岁	8	19	235	3	84	8	134	
		50岁以上	1	4	22	0	5	0	7	
	学历	初中及以下	2	7	95	0	20	4	54	50.815**
		高中	0	10	89	2	20	3	79	
		大专	10	8	156	3	61	5	123	
		本科	7	10	198	0	98	15	123	
		研究生	0	2	47	1	18	2	25	
青少年（N=976）	性别	男	49	31	183	7	42	16	85	16.589*
		女	39	47	246	2	73	14	142	
	年龄	12岁以下	3	4	28	0	9	2	27	64.601***
		12—15岁	44	17	183	2	65	13	116	
		15—18岁	10	4	58	1	8	5	19	
		18岁以上	31	53	160	6	33	10	65	

（三）父母对子女学业期待比较

调查父母对成人子女的学业期待排序，从高到低依次是成绩随缘、快乐学习、均衡发展、自我负责、功课优秀、擅长课程、自然发展。调查青少年，他们认为父母对其期待排序依次是成绩随缘、功课优秀、均衡发展、快乐学习、自我负责、自然发展、擅长课程。（见表4-10）

表 4-10　父母对子女的学业期待

父母期待	成人 n	成人 %	青少年 n	青少年 %
功课优秀	136	10.5	209	21.4
擅长课程	32	2.5	35	3.6
均衡发展	210	16.2	188	19.3
自然发展	17	1.3	43	4.4
成绩随缘	371	28.6	292	29.9
快乐学习	369	28.4	155	15.9
自我负责	162	12.5	54	5.5

比较成人与青少年，父母对子女功课优秀的期望差异最为明显。子女认为父母较为看重自己的功课优秀，而成人则认为自己更在意子女的快乐健康。一是父母担心成绩要求会给子女带来压力，不管自己的真实想法如何，也会表示自己是随缘的态度，安慰自己也给子女减负。但子女更敏感，他们能够感受到父母客观真实的态度而不是言语化的说法。

表 4-11 的结果显示，父母对子女的学业期望存在显著的性别差异。女性更关注孩子的学习态度，其次是快乐健康；而男性更倾向于表达子女快乐健康最重要。通常父亲对孩子的期望较宽容大度，思维逻辑思辨性强，真实态度不管如何，至少意识化的表达会重视子女的健康发展。母亲的情感更细腻，对于子女的关注点更加重视细节，对孩子的学习态度感受也比较敏感。

50 岁以上的父母更注重子女的恰当定位发挥潜能，41—50 岁的父母更关注子女的学习态度，31—40 岁和 21—30 岁的父母更在意子女的快乐健康。与对应的子女学业状态有关，50 岁以上的父母，通常子女处于大学或大学毕业阶段，子女即将走上职场，父母更在意子女能否发挥专业优势并学有所长，会更注重子女的潜能发挥。而 41—50 岁的父母，子女通常在高中阶段，若面临升学任务，父母会更关注他们的学习态度。21—40岁之间的父母，子女处于初中、小学甚至学前阶段，学业压力相对较小，父母会更在意他们的快乐健康成长。

初中及以下和研究生学历的父母更倾向于期待子女快乐健康，高中、大专、本科学历的父母较关注子女的学习态度。低学历父母对子女的学业期待更简单朴素，学业很重要，但更希望子女健康快乐；高学历的父母经历过各个求学阶段的压力，对孩子能否实现学业成就，认识更客观，态度更包容。其他学历的父母，不排除在子女身上存在实现其学历提升的深层渴望，更关注子女的学习态度。

对于青少年被调查者，他们感知到父母对其学业期待存在显著差异。超过四分之一的男生感知父母期待自己功课优秀，而女生不到二成；男生和女生感知父母期待自己擅长课程均很低，但男生比例仍然高于女生；在均衡发展方面，父母对男生的期待也高于女生。上面三项，父母对儿子的期待高于女儿，反映青少年感知父母对自己的学业期待与性别有关联，父母对男生的学业要求显著高于女生。多数父母希望男孩子成绩更加优秀，认为成绩优秀代表着更光明的前途，尤其男性在成年以后会面临更大社会发展压力，因而父母对他们的学业要求更高。随着年龄的增长，青少年认为父母对自己的学业期待越来越低。孩子小时候，更容易听父母的教导，父母也希望孩子能有个良好的开始，所谓让孩子赢在起跑线上，但随着年龄的增长，孩子的自主性加强，使得父母的管教相对变难；另一方面孩子年龄增大，基础知识、学习习惯、学习兴趣等因素都逐渐固定，想要改变也不容易。

表 4-11　父母对子女学业期待的人口学差异

<table>
<tr><th colspan="2" rowspan="2">人口学信息</th><th></th><th colspan="7">父母对子女的学业期待</th><th rowspan="2">χ^2</th></tr>
<tr><th></th><th>功课优秀</th><th>有擅长课程</th><th>均衡发展</th><th>自然发展</th><th>态度认真成绩随缘</th><th>快乐健康最重要</th><th>恰当定位发挥潜能</th></tr>
<tr><td rowspan="10">成人
(N=1297)</td><td rowspan="2">性别</td><td>男</td><td>41</td><td>11</td><td>49</td><td>6</td><td>72</td><td>86</td><td>27</td><td rowspan="2">14.156*</td></tr>
<tr><td>女</td><td>95</td><td>21</td><td>161</td><td>11</td><td>299</td><td>283</td><td>135</td></tr>
<tr><td rowspan="4">年龄</td><td>21—30 岁</td><td>6</td><td>1</td><td>10</td><td>0</td><td>15</td><td>26</td><td>3</td><td rowspan="4">45.647***</td></tr>
<tr><td>31—40 岁</td><td>76</td><td>17</td><td>118</td><td>7</td><td>209</td><td>215</td><td>64</td></tr>
<tr><td>41—50 岁</td><td>46</td><td>13</td><td>78</td><td>8</td><td>140</td><td>120</td><td>86</td></tr>
<tr><td>50 岁以上</td><td>8</td><td>1</td><td>4</td><td>2</td><td>7</td><td>8</td><td>9</td></tr>
<tr><td rowspan="5">学历</td><td>初中及以下</td><td>32</td><td>4</td><td>17</td><td>4</td><td>50</td><td>61</td><td>14</td><td rowspan="5">63.605***</td></tr>
<tr><td>高中</td><td>18</td><td>3</td><td>50</td><td>2</td><td>58</td><td>56</td><td>16</td></tr>
<tr><td>大专</td><td>43</td><td>13</td><td>56</td><td>3</td><td>117</td><td>97</td><td>37</td></tr>
<tr><td>本科</td><td>39</td><td>10</td><td>73</td><td>7</td><td>127</td><td>120</td><td>75</td></tr>
<tr><td>研究生</td><td>4</td><td>2</td><td>14</td><td>1</td><td>19</td><td>35</td><td>20</td></tr>
<tr><td rowspan="6">青少年
(N=976)</td><td rowspan="2">性别</td><td>男</td><td>108</td><td>20</td><td>83</td><td>15</td><td>107</td><td>60</td><td>20</td><td rowspan="2">17.174**</td></tr>
<tr><td>女</td><td>101</td><td>15</td><td>105</td><td>28</td><td>185</td><td>95</td><td>34</td></tr>
<tr><td rowspan="4">年龄</td><td>12 岁以下</td><td>19</td><td>5</td><td>11</td><td>1</td><td>22</td><td>10</td><td>5</td><td rowspan="4">78.147***</td></tr>
<tr><td>12—15 岁</td><td>112</td><td>12</td><td>116</td><td>7</td><td>113</td><td>57</td><td>23</td></tr>
<tr><td>15—18 岁</td><td>16</td><td>3</td><td>20</td><td>2</td><td>41</td><td>18</td><td>5</td></tr>
<tr><td>18 岁以上</td><td>62</td><td>15</td><td>41</td><td>33</td><td>116</td><td>70</td><td>21</td></tr>
</table>

（四）亲子间共同活动

本书研究青少年被调查者显示,亲子共同活动依次是聚餐聊天、休闲娱乐、看电视、散步、运动、读书、棋牌或游戏（见表 4-12）。中小学生没有完全离家,大部分时间跟父母居住在一起,一日三餐双方以饭桌上的聊天为主,讨论话题大多涉及他们近期的学习生活。受子女的学业任务影响,亲子一起散步、运动的时间减少,大学生外出求学,与父母的共同生活时间有限,一家团聚时,自然主要就是餐桌聊天了。随着子女年龄的增长，青少年与父母进行亲子活动的形式日趋单一，除了吃饭时能与父母交流外，逐渐成年的子女在与父母一起参与其他活动的时间和机会都在变少。说明子女年龄越小，父母对子女的教育时间投入越多，更愿意进行亲子共读，或对孩子进行家庭作业辅导等。

表4-12 亲子间主要的共同活动

年龄		聚餐聊天	休闲娱乐	看电视	读书	散步	运动	棋牌或游戏	χ^2
12岁以下		36	11	4	9	8	5	0	45.093*
12—15岁		250	73	61	9	22	16	9	
15—18岁		61	15	15	2	6	3	3	
18岁以上		208	43	51	8	33	8	7	
合计	n	555	142	131	28	69	32	19	1550.598***
	%	56.9	14.5	13.4	2.9	7.1	3.3	1.9	

（五）亲子间感情交流方式

本书研究青少年被调查者显示，亲子间感情交流方式排序依次是谈心、下厨房做饭、给零花钱、拥抱、送礼物、一起运动、一起打游戏。（见表4-13）孩子长大了，父母不再直接表露情感如送礼物或拥抱，而青少年在课业之外的运动、做游戏等更愿意与同龄人一起，与父母之间的语言沟通成为亲子间感情交流的主要方式。近半数的男生与父母间的情感交流方式是以谈心为主，女生只有四成；约三分之一的女生与父母下厨房一起做饭，男生只有两成，与两性角色分工社会认知的差异有关。12岁以下的青少年更在意父母的拥抱而不是谈话，父母表达情感时也更直接，给予低龄孩子身体抚触更有助于情感的交流。18岁以后，青少年的认知高度发展，独立自主性增强，此时不再将谈心看作是父母爱意的表达，反之喜欢父母做一桌美食。

表 4-13　青少年亲子间的感情交流方式

人口学信息		父母对我表达感情最常用的方式							χ^2
		送礼物	下厨房做饭	一起打游戏	拥抱	给零花钱	一起运动	谈心	
性别	男	27	93	8	23	36	29	197	23.142*
	女	28	165	6	35	83	19	227	
年龄	12岁以下	9	11	1	15	1	8	28	115.510*
	12—15岁	22	100	7	33	35	22	221	
	15—18岁	6	29	1	3	8	5	53	
	18岁以上	18	118	5	7	75	13	122	
合计	n	55	258	14	58	119	48	424	956.100***
	%	5.6	26.4	1.4	6.0	12.2	4.9	43.5	

三、亲子互动的典型案例解读

（一）祖辈协助抚养的亲子互动案例

K 女士，48 岁，初中教师，儿子上大学。儿子出生后，K 邀请婆婆帮忙照看，一直到孩子 2 岁 4 个月左右。孩子上幼儿园后奶奶回自己家，姥姥再过来帮忙接送孩子，此后一直跟 K 一家生活在一起。

K 与婆婆存在一些分歧，比如 K 认为吃糖对孩子不好，限制孩子吃，婆婆表面上听 K 的，但背地里偷着买给孩子吃，K 发现后，婆婆说不让孩子吃，觉得孩子怪可怜的。K 无奈中也有一些不高兴，不自觉地给婆婆脸色看，诱发婆媳误解甚至冲突。为避免与 K 发生正面冲突，在 K 教育孩子的时候家人一般不说话，总体上还是 K 说了算。

双方母亲协助夫妻二人照顾孩子，对孩子的养育主要还是夫妻俩完成的。K 工作比较忙，孩子出生后的前两年，丈夫暂停了生意来照顾孩子。K 认为孩子小，自己不知道该怎样养，照着书养有些刻板，即便陪孩子做游戏也会有些焦虑，像在完成任务，做不到用心陪伴。K 时常觉得疲惫、焦虑，感觉自己总理解不到孩子，只知道家长和学校想让其完成作业，矛盾集中在学习上，最看重的就是有没有好的学习习惯，争论的焦点是学习。K现在意识到自己原来对孩子会有非常多的控制，孩子抗争得比较厉害。比如有一次因为孩子见了一个熟悉的邻居却不叫人，K便将其关在卫生间，孩子就在里面哇哇哭、喊、踹门，但却不肯认错。在面对升学等比较重大的决定时，孩子也不听父母的建议，高中时非要去美国，一段时间后适应不了又回来了。K发现孩子有一些人际适应方面的困难。近些年，K把注意力放在自己身上，更能把孩子看作独立的个体去尊重、去看待，亲子间的关系有一些变化。原来孩子遇到事情不跟K说，现在遇到事会跟K说，觉得妈妈可好了。

丈夫对儿子的方式与K不同，会与儿子玩一些生活化的小游戏，一个塑料袋就能玩上半天，似乎没有什么目标。遇有分歧时，丈夫会先听听孩子的思路和想法，然后找机会说说家长的想法，并与儿子就一些问题进行讨论，孩子大一些时遇到事情会跟爸爸商量。儿子高中毕业考大学时，在专业及学校的选择上，丈夫会查阅很多相关资料，提出一些建议供孩子参考，最终孩子选择了一所自己比较心仪的学校。孩子有主见，但也会听爸爸的，信服爸爸。

K的丈夫控制欲较为适中，会引导孩子，尊重孩子的想法和选择，这样的亲子互动对孩子自主性以及自我力量的发展是有帮助作用的。但孩子还是走了一些弯路，可能与母亲对孩子的养育多、话语权更多有关系，孩子在高控制的环境中呈现出一些高反抗的行为特点。

（二）亲子互动模式与子女发展案例

受访者L女士，40岁，2个男孩，上班时间不规律。丈夫正常时间上下班。老大12岁上初一，4岁前L一家跟爷爷奶奶住在一起，爷爷奶奶带得多一些。后因为爷爷生病、老二出生，所以与爷爷奶奶分开住。老二现在8周岁，出生后姥姥过来帮忙照顾，姥姥带老二多一些。因为老大三年级时学习上出现了一些问题，所以老大跟L夫妻住在一起，老二跟着姥姥一起生活居住。

老大4岁时候，全家人的精力都在生病的爷爷和刚出生的老二身上，因此那一年老大基本是今天在这家明天在那家，到5岁学前班才基本稳定下来。孩子的学习方面，很多检查作业、签字之类的事，一直是丈夫在做。L认为孩子写作业时丈夫看手机，孩子现在手机游戏成瘾是受了丈夫的影响。

由于工作原因，L很少与孩子在一起。L和孩子关注的内容不一样，孩子总关注好玩，L比较抵触，更喜欢听孩子谈谈学习的事情。孩子不说，L不知道他真实的想法。L建议孩子常跟读书很多、有才华的同学在一起，多跟他们聊聊天，孩子会说这些同学不喜欢他，也看不上他，还是喜欢跟学习不好的在一起玩。

当孩子和家长意见不一致时，孩子会对抗。比如，上辅导班时孩子不想去，他在去之前会闹脾气，什么都不弄，去了就神游，也没学习效果。所以从二年级开始，所有辅导班都以他执着的抵抗结束。儿子当前的发展状况让夫妻俩很挠头。孩子上课基本不听讲，行为也比较执拗，一件衣服可以从夏穿到冬，说"我觉得还挺好的，为什么要换"；不爱洗头，同学也因此远离他，他也不愿意出门；有时候还会发脾气、扔东西、摔东西、写骂人小纸条等；遇到冲突时他会忍着，如小学五年级被欺负没跟家长说，爸爸知道后出面让其他孩子跟儿子道歉；对老师有意见时，他会写纸条骂老师，但不会跟老师直接交流。

L夫妇按照自己的意愿和想法对孩子提出很多要求，却不太关注孩子的想法和情感需要。面对父母较强的控制欲，孩子会以对抗的方式抗争，受访家庭的亲子互动模式基本属于敌对冲突型。孩子小时候，父母依据亲子间力量的悬殊，迫使孩子遵从自己的想法，但随着孩子年龄增长，孩子内在力量增长，亲子间的冲突也越来越剧烈，父母也越来越感到力不从心，眼看着孩子的发展越来越偏离正轨却束手无策。

父母面对自己情绪的管理和应对冲突的处理模式，潜移默化影响孩子对自己情绪的管理以及人际冲突的处理模式。妈妈情绪不好，时常失控，摔东西、扔东西，儿子也学会了这种情绪处理模式。爸爸面对冲突多以冷暴力或压抑隐忍应对，儿子不满但选择沉默不语，心里积累了很多愤怒，在床铺贴满骂人小纸条发泄情绪。孩子感受到行为不被理解、委屈、担忧与恐惧，要么变得逆反，无法沟通；要么压抑，加剧闭锁。爸爸与儿子的交流，主要是学习内容，孩子感觉自己是学习的机器、成绩的傀儡，认为爸爸更在乎他的学习而不真正关心他这个儿子，从而影响自我感觉，产生自我怀疑。大儿子4岁时，弟弟出生、爷爷去世，居无定所的这段经历对儿子幼小的心灵产生莫大冲击，产生被抛弃的恐惧且无法表达，需要家长给予更多情感方面的关注与照顾。孩子大些后，学习出现困难，家长训斥、冲孩子发火，情绪发泄在孩子身上，会加重他在学习上的困难，导致孩子情感发展迟滞，难以建立与他人较亲密、深入的情感关系，进一步影响自我概念。互动良好的亲子关系是孩子自我发展的压舱石，内心安宁才能促进孩子对外部世界的探索，专注学业，发展自我统一性。

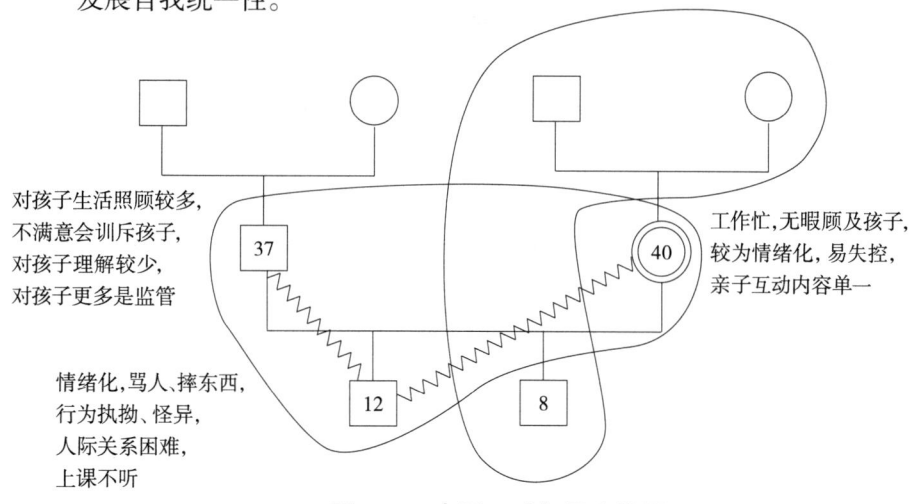

图 4-4　亲子互动与子女发展

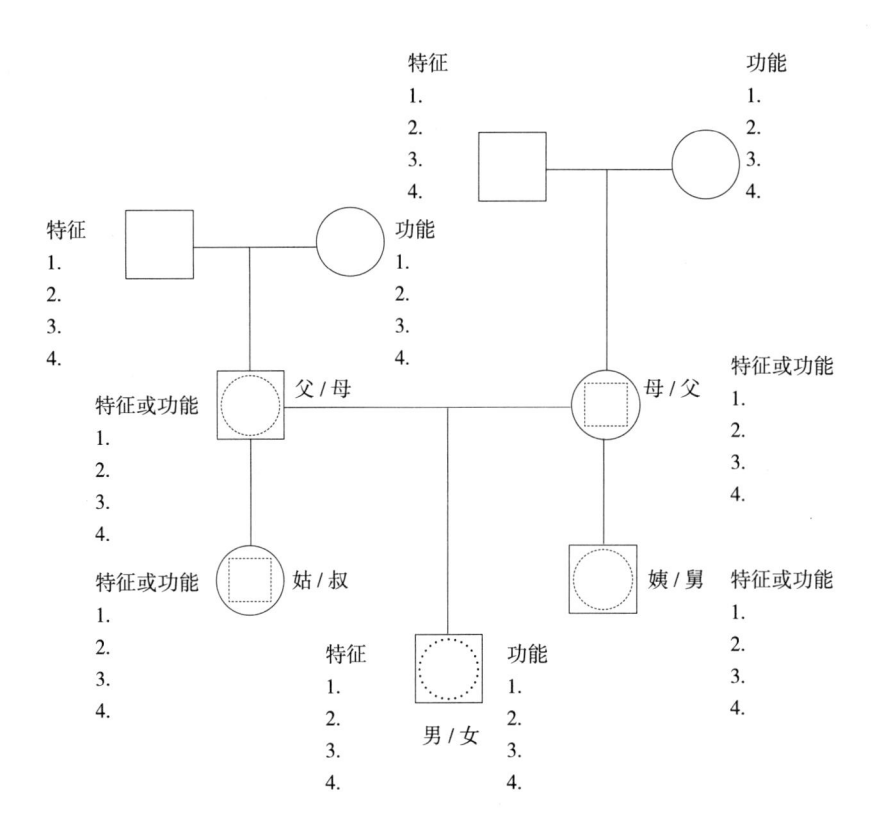

```
                        特征                     功能
                        1.                       1.
                        2.                       2.
                        3.    ┌──────────┐      3.
                        4.    □──────────○       4.
                              │          │
   特征                        │  功能    │
   1.   ┌──────────┐          │  1.      │
   2.   □──────────○          │  2.      │
   3.              │          │  3.      │
   4.              │          │  4.      │
        特征或功能   │          │       特征或功能
        ┌──────┐   │          │       1.
        │ ◯    │父/母──────母/父│ ◯ │   2.
        │      │              │    │   3.
        └──────┘              └────┘   4.
        1.
        2.
        3.
        4.
   特征或功能  ┌────┐             ┌────┐  特征或功能
   1.         │ ◯  │姑/叔        │ ◯  │ 姨/舅  1.
   2.         └────┘             └────┘         2.
   3.              特征    ┌────┐  功能         3.
   4.              1.      │ ◯  │  1.          4.
                  2.      └────┘  2.
                  3.       男/女   3.
                  4.              4.
```

图 4-5　家谱图练习

第五章
家教因素
famil

2020年，是非同寻常的一年，是家庭教育迎来大考的一年。全人类紧急应对新冠疫情，数亿家庭打乱生活节奏，居家学习状态使许多家庭教育误区和漏洞集中暴露出来，"神兽回笼"成为网络热词，中小学生心理危机事件明显多于往年。中国教育科学研究院调查显示，五成家长遭遇居家陪学困难。[1]"陪写作业综合征"朋友圈刷屏，爸爸们在辅导孩子作业过程中进入"自暴自弃"的状态："这题怎么回事？九九四十五，你说气不气人？""这道题老师没讲啊？考试能告诉吗？""你就是上天派来收拾我的！你才是我大哥！"网络恶搞导航语音变成家长辅导作业风格，"拐呀！想什么呢？我不是提前告诉你在这儿右转吗？我还得怎么提醒你呢？请直行！！你上次走这个路就走错了！能不能长点儿心啊！都这么大的人了！……磨磨蹭蹭干吗呢？逛大街呢？没看到后面压了一堆车吗？你愿意被人超车啊？您已超速！减速！前方有测速照相！我都喊八百遍了！你开车不看仪表盘啊！来，好好看看旁边那辆宝马怎么开的，看看人家，看看你，同样是司机，你差哪儿了？你自己思考思考，动动脑子……看我干吗？看路啊！你都开这么久了，还是这么不靠谱，我真替你发愁，以后你可怎么开车出门啊？！我这导航已经做到这份上了，真是没辙了！"以上种种，折射出家庭教育的怪状，疫情宅家、亲子长时共处，父母与孩子关于学习难以达成共识，控制和反控制争执不断，亲子沟通不畅，导致冲突集中、激烈爆发。孩子学习成了夫妻唯一的沟通内容，互相指责对方，大打出手者也不在少数，妈妈指责爸爸不关心孩子，爸爸指责妈妈对孩子太过严厉，情绪焦虑，对孩子非打即骂，孩子看到父母吵架感觉心烦意乱，家庭生活在一片混乱之中起起伏伏。这一场场狗血的"亲子战争"将当前家庭教育

---

[1]杨咏梅.中国家庭教育2020年十大热点[N].中国教育报，2020-12-31(9).

的诸多误区——摆到了桌面上。

家庭教育是指以血亲关系为核心的家庭成员的双向沟通、相互影响的互动教育。[2]儿童的学业直接受家庭教育影响。[3]动画片《小猪佩奇》的一集"乔治的恐龙不见了",爸爸和妈妈循循善诱小侦探佩奇,如"乔治的恐龙会在哪里呢?""不在室内,乔治经常会去哪里玩耍呢?""不在地下,会在哪里呢?"佩奇惊喜地发现恐龙在树上。爸爸妈妈理解佩奇的困难,给予及时引导,肯定了佩奇的侦探能力。佩奇对自己的观察能力认可,获得了成就感和自尊。佩奇的爸爸妈妈引导和关注孩子的困难和情绪,协助孩子解决问题。家庭教育是个体成长的基石,关键在于父母或其他家庭成员能否在深厚浓烈的亲情之爱和细致入微的关注过程中给予示范、榜样、互动和引导。

---

[2]李天燕.家庭教育学[M].上海:复旦大学出版社,2007.

[3]张东燕,高书国.现代家庭教育的功能演进与价值提升——兼论家庭教育现代化[J].中国教育学刊,2020(01):66-71.

第一节　不同家庭形态下的家庭教育

家庭形态既涵盖多样化的家庭结构与功能，也蕴含家庭角色及其家庭地位的衍变，其中核心家庭的家庭教育具有典型性和代表性。

一、不同家庭结构的家庭教育

家庭结构对家庭教育来说，是种刚性的制约。顾名思义，家庭教育的场所或发生情境是家庭，教育者是家长，主要是父母，受教育者是孩子。不同的家庭结构，意味着场所是不同的，教育者是有差别的，受教育者是不一样的。

（一）不同家庭结构的家庭教育比较

当前，我国的主流家庭结构是核心家庭，核心家庭是指由父母与未婚子女两代人组成的家庭。教育者自然是父母，受教育者是孩子，照顾分工明确，责任清晰，教育层次少。核心家庭中，如果父母在教养子女上能够形成基本共识，家庭教育同心合力，能付出充足的物质和精神投入，家长与孩子直接接触时间多，亲子间互动密切，情感链接深入，可以增加子女的安全感和确定感，有利于增进子女的情绪稳定性及人际适应。《小舍得》里的三个孩子，最幸福的当属女孩欢欢，父母尊重孩子的想法，欢欢对学业没有太大的野心，分数考低了也无妨，父母不会骂自己。母亲南俪不强调大人的权威，引导为主，对孩子有较多耐心。父母是双职工或家庭生活负担重，照顾教养子女的精力不足，对子女照顾不够周到体贴，孩子在家没有玩伴，缺乏榜样、示范和陪伴，孤独感强，安全感不高，孩子容易形成退避或攻击的人际互动模式，《小舍得》中米桃家庭条件不好，父母想让米桃上好学校，通过学习改变命运。父母想尽办法让米桃上辅导班，逼迫她学习，只关注孩子成绩，不关注孩子的感受，适得其反。

核心家庭再加上一方的祖辈共同生活就形成了主干家庭，比核心家庭成员多，关系相对复杂，孩子有机会体验多种家庭角色的感受。对孩子的家庭教育，除了父母之外，共同生活的祖辈也会参与，甚至在孩子某些年龄段成了主要的家庭教育责任人。祖辈多数已退休，陪伴孙子女的时间充裕，愿意花时间耐心地倾听、陪伴孩子，教养孩子时心态平和，利于孩子获得心理上的支持和情感上的安定。当然，教育者多了，教育观念的代际差异必然会带来冲突，祖辈的过度保护可能削弱父母教育的权威性，教育共识形成的困难程度增高，影响家庭教育边界。此外，祖辈的年龄和阅历导致自己的教育理念已不再适用孙辈。电视剧《小别离》中，张小宇是个富二代，在姥姥、姥爷的溺爱下长大，生母去世，父亲再娶，正值青春期的他变得叛逆，言行幼稚，破坏力却相当大，高中都很难考上，又难以和继母相处，父亲逃避对孩子的教育责任，想让孩子出国，导致张小宇对父亲敌意增加。

联合家庭指父母与多对已婚子女组成的家庭或者已婚同辈组成的家庭，多人在一起生活，家庭成员的价值观呈多元化，生活模式和沟通方式多种多样且灵活多变，如果家庭成员之间能够顺利磨合，形成互相尊重、接纳、包容的氛围，有助于孩子接触更多的人际关系，学习从多角度看待事物和处理问题，增加社会化功能。家庭教育的责任人和参与者也更为复杂，教育理念差异明显，教育者之间以及教育者与受教育者之间容易出现各种各样不确定的矛盾和争执，经常引发孩子的困惑与烦忧，容易使孩子形成嬗变或封闭的人际应对模式。小说《白鹿原》中，白嘉轩是白家的当家人，也是村里的族长。白家守着封建礼教，白嘉轩原则性很强，没有人敢突破封建的枷锁，俩儿子都不会冒天下之大不韪，除了被白嘉轩宠爱的女儿——白灵，可以冲破封建礼教。白孝文身为长子要做一个各方面都要讨好的人，被白嘉轩寄予厚望，从小怵头父亲，导致他一直自我抑制。绝对的父权使得白嘉轩在儿子提出进城读书时断然回绝，并教导他们各人有各人的活法，别管人家走什么路，断绝了儿子们走向更广阔天地的可能。

单亲家庭里，由于丧偶或离异，负责照顾子女的一方压力较大，经济收入减少可能形成家庭生活困难，精力、体力、经济、心理等可能受到自身情感生活的影响，教育子女力不从心，容易把子女当作自己的全部去依赖，溺爱子女，亲子关系过于亲密，或因对子女寄予全部的希望而过于苛求、过于纠缠、难以分离，双方都情感负重。过度关注和控制会给孩子过重的压力，孩子无法按照自己的意愿生活，影响孩子身心发展。单亲家庭与完整家庭相比，子女的教育获得处于更为不利的情况。[4]电视剧《少年派》中，钱三一品学兼优，但长期压抑，身心俱疲，最终反抗妈妈，离家出走。妈妈裴音按照自己的想法"爱"孩子，钱三一却倍感压力，喘不过气来。"以为这是爱你，没想到你却逃离。""我都是为了你好呀，为什么你就不能理解妈妈呢？"离婚后的妈妈，缺乏其他情感寄托，容易将全部希望寄托在孩子身上，展开"恋爱纠缠"式互动。印象深刻的场景是每晚妈妈都会给钱三一熬中药，要看着他喝下去，钱三一想尽一切办法倒掉。

重组家庭由父母一方带着孩子跟继父母生活在一起，孩子跟亲生父母关系比较紧密，与另外一方有隔阂，孩子较为敏感。如果继父母能够

---

[4]龙莹，袁嫚.家庭结构缺失对子女教育获得的影响——基于单亲家庭样本的实证分析[J].重庆工商大学学报（社会科学版），2020，37（1）：35-44.

对子女一视同仁，合理处理与继子女的关系，相处放松自然，家庭教育责任分工明确，也能够部分甚至完全补偿子女亲生父母缺位的消极影响。《家有儿女》讲述了重组家庭的三个孩子的成长故事，刘梅、夏东海重组家庭后对所有孩子没有偏袒，刘星算是让家长比较头痛的孩子，夏东海温暖抱持的继父形象，给很多爸爸做出了榜样，根据不同孩子的特点引导教育，营造了其乐融融的家庭氛围。

不同家庭结构下的家庭教育既有共性又各有特点。（见表5-1）不同家庭结构中养育者的子女观差异显著，而期望观、教育观没有显著差异。（见表5-2）丁克家庭夫妻的子女观低，对孩子的看法与其他家庭结构有明显差别；而空巢家庭的子女离开家后，父母对子女的想法发生了较大变化，可能与孩子未离家前会有明显不同。主干家庭父母在子女观上显著高于核心家庭和夫妻家庭，与联合家庭之间无显著差异。这可能由于在主干家庭和联合家庭中有祖辈成员，对父母的子女观有所影响。

表5-1 不同家庭结构下的家庭教育比较

家庭教育	核心家庭	主干家庭	联合家庭	单亲家庭	重组家庭
教育者	父母	祖辈、父母	祖辈、父母、叔伯阿姨等	父母一方	父与继母（母与继父）
受教育者	子女	子女（孙子女）	子女（孙子女或侄甥）	子女	子女（继子女）
特点	结构简单、关系稳定、资源较少	代际关系复杂、人口多	人际关系复杂、人口多、观念差异大	亲子关系紧密、人口少、资源少	关系复杂、亲子关系结构较为复杂
主要面对的问题	育儿与工作冲突	代际观念差异	恰当处理复杂家庭关系	亲子关系过于紧密、纠缠	信任的困难、子女间比较
可能产生的困扰	亲子关系紧密，孩子依赖性强，缺乏复杂人际关系体验	因家长较多，若参与育儿观念不同，儿童自我认同出现不稳定	儿童独立性较差，生活的环境过于安逸，被动依赖性强	分离个体化困难	需要应对复杂的家庭关系，容易产生怀疑、焦虑、愤怒等负性情绪

表 5-2　成人育儿观的家庭结构差异

育儿观 家庭结构	n	期望观	子女观	教育观
核心家庭	662	4.9 ± 1.44	5.3 ± 1.61	6.1 ± 0.98
主干家庭	368	5.0 ± 1.43	5.6 ± 1.48	6.1 ± 1.02
联合家庭	123	5.3 ± 1.50	5.5 ± 1.51	6.1 ± 1.13
单亲家庭	64	5.1 ± 1.33	5.3 ± 1.55	6.1 ± 0.99
丁克家庭	15	5.7 ± 1.35	5.0 ± 1.73	5.9 ± 1.16
重组家庭	14	5.2 ± 1.25	5.9 ± 0.92	6.4 ± 0.65
空巢家庭	51	4.9 ± 1.49	5.1 ± 1.60	5.1 ± 1.07
F		1.412	2.652*	0.667

核心家庭中家庭成员少，有利于家庭教育功能的发挥，更能够为子女健康成长创造温馨和谐的家庭氛围。蔡秋红研究核心家庭家长教育观念如何影响亲子关系，从成人期望角色认同、亲子沟通和父母教育的协调性等维度衡量核心家庭中亲子关系的和谐程度，发现教育观念的不当会造成亲子之间交流欠缺、教育方式不合理、家庭内教育分工不明确等，从而影响亲子之间的和谐度，提出了通过调节教育理念、增强正向关怀、注重优势互补等举措提高亲子关系的和谐程度。[5]徐凤梅关注核心家庭独生子女的教育问题，经过对幼儿家长进行调查，指出独生子女父母虽然关注到儿童自身的特点和需求，但教育观念仍存在不合理的地方，如期望值偏高、忽视劳动教育、知行不一致等。[6]

---

[5]蔡秋红.城市核心家庭亲密关系和谐状况研究[J].中华女子学院学报，2007（01）：49-52.

[6]徐凤梅.独生子女家庭教育观念的现状分析与思考——对合肥市 260 名在园独生子女家庭家长的调查[J].安徽教育学院学报（社会科学版），1992（02）：78-81.

何宏灵、刘灵等对照研究了主干家庭和核心家庭中家长教育观念对儿童个性特征的影响，发现主干家庭儿童具有偏内向、情绪情感不稳定的个性特征。[7]吴航认为，主干家庭中两代教育者的教育观念可取长补短，各自发挥自身的优势。[8]主干家庭是三代成员一起生活，家庭规模大，人际关系复杂，父母会比较重视培养孩子的角色意识、尊老爱幼的品质等。同时，家庭成员层次较多，在年龄、阅历和思想观念等多方面差异大，教育思想、教育方式冲突多，教育观念不一致时反而削弱家庭教育功能。

近年来，单亲家庭数量迅速增加。吴航指出，单亲家庭家长的教育观念存在欠缺，尤其是缺乏对子女的情感教育，导致子女存在情绪情感障碍、性格缺陷、社会性发展不良等问题，父母应提高家庭教育质量，注重同子女的情感交流，增强子女的挫折承受力、独立性等。郑丽莉深入发掘单亲家庭发展良好儿童的家庭教育特点，指出家长教育观念的积极之处。[9]单亲家庭家长的家庭教育角色缺失、教育方式简单化和不恰当情感暗示，容易导致子女存在情绪情感、心理发育不健全、人际适应不良等问题。

对于"'望子成龙'是父母最大的心愿"的观点，儿童认同度显著高于青少年，青少年高于成人，说明随着年龄增长和阅历增加，人们对望子成龙这一观念逐渐变得越来越现实，越来越理性。教育观方面，成

---

[7]何宏灵,刘灵,杨玉凤.主干家庭儿童个性和学习成绩的对照研究[C].北京:中国心理卫生协会儿童心理卫生专业委员会第十次学术交流会，2006：72.

[8]吴航.家庭教育环境对流动儿童学业表现的影响——基于流动儿童与城市儿童的比较[D].华中农业大学，2015.

[9]郑丽莉.离异单亲家庭儿童发展良好教育案例分析[D].四川师范大学，2013.

人得分显著高于未成年人，这说明成人更能理解父母的教育观念，儿童虽然接受但不一定理解。（见表5-3）

表5-3 不同群体育儿观的差异分析

育儿观	成人（N=1297）	青少年（N=976）	儿童（N=374）	F
期望观	5.0 ± 1.44	5.3 ± 1.44	5.4 ± 1.52	20.200***
子女观	5.4 ± 1.56	4.6 ± 1.89	4.8 ± 2.03	60.940***
教育观	6.1 ± 1.01	5.5 ± 1.31	6.0 ± 1.23	65.977***

（二）核心家庭家庭教育案例解读

来访者X，26岁，家中有父母、哥哥、姐姐，目前哥哥、姐姐已成家，小X与父母一起生活，属于核心家庭。父母在家务农，独自照顾兄妹三人，除了农忙时会由爷爷奶奶帮忙照看外，家庭教育没有明显隔代教养经历。

家庭分工较为明确，男主外、女主内，大事由爸爸做主，比如家庭里买房、买车等大的开销，小事妈妈操心。妈妈承担抚育和情感支持的功能，爸爸承担引导孩子社会性发展的功能。小X跟爸爸妈妈都很亲，当然更亲一点的是妈妈，没有亲子分离经历。小X和妈妈聊的多是生活琐事，自己升学、就业会和爸爸沟通。

小X的父母分工明确，在教养子女方面基本能形成共识。小X谈到最难忘的事情，是她五六岁时需要做手术，爸爸妈妈带着她乘坐公交车去医院，在座位上换各种让她舒服的姿势抱着她。冬天家里很冷，妈妈会让她和哥哥、姐姐钻到被窝里给他们讲故事，然后一起等着爸爸下班后给每人打包一份羊汤回来，一家人围坐在一起开开心心地吃羊汤。一家子的关系都很融洽，有什么事情都会说出来，不藏着掖着，姐姐、哥哥对自己很宠爱。偶尔也会有分歧和矛盾，比如在一起吃方便面，父母给分好之后，大家都会争着说谁大谁小，父母会跟哥哥、姐姐协商，长的让着幼的。

小 X 父母能够尊重孩子的需要和感受，会为孩子独立成长而感到高兴，小 X 对父母的回应也反映了亲子关系的融洽、自由民主。父母对小 X 很关心，也允许她有自己的想法。比如在着装方面，爸爸妈妈对自己也没有明确要求，开始是妈妈给自己买衣服。后来自己能买后，妈妈很开心，觉得孩子独立了。对于买的衣服，妈妈从来也没有觉得不满意，即使偶尔会觉得浅色的衣服不耐脏，也会说："小孩子穿什么都好看。"家人会哄着小 X 吃饭，不想吃了，爸爸会说："再吃一口就三口了，就不用吃了。"但自己会反驳："明明我已经吃了三口了。"爸爸拿小 X 没办法。生活上基本没有冲突，通常小 X 都会先把事情做了然后再告诉父母，虽然有时候他们不愿意，但自己会努力去说服他们，"我做的事情都是安全的，你们无须担心"。会和父母解释为什么，通常是站在自己的角度，父母则会表达他们是怎么想的。在不断沟通中，父母都是以子女的感受为第一位，尊重和配合自己的决定。

小 X 从小到大学习成绩好，爸爸妈妈很放心，不怎么过问自己的学习情况，也没有辅导过作业。与父母最激烈的冲突是大学开学时，爸爸非要送自己去，自己坚决不让他送。爸爸很生气地说："别人家的孩子上学都让送，你为什么就不让送？"小 X 表示知道他担心，解释说："票我只买了我自己的，况且你去了也没什么用。我长这么大，完全可以自己照顾自己。"爸爸最终听从了小 X 的安排，只是送到了火车站，然后又给了一些钱，叮嘱小 X 注意安全。

父母在子女期望观上态度一致，希望孩子按照自己的意愿生活得开心快乐。他们对自己最大的愿望是健康平安、开心快乐地成长。妈妈比较乐观，鼓励孩子"自己的事情自己负责，努力做就好"。爸爸则相对保守，会说"你想的有些理想化"，然后给小 X 思想上打预防针，像在大学填报志愿时，小 X 没有按照父母的要求去填他们想填的学校，父亲会说"怎么报的志愿里就一个省内的高校，离家近些多好啊"之类的。子女遇到困难时，父母从没说过"你看你当时要是听我们的就……"的话。想念父母，想念家中的饭，父母都会说"等你放假回来了给你做，我们都等着你"。父母积极地回应子女的要求，会耐心地问："你看我们能做什么？"他们能帮小 X 做的都会尽力去做，但如果他们实在帮不到小 X，他们也会鼓励小 X"要靠自己去努力"。

小 X 表示受到妈妈的影响最深。母亲乐观，凡事都去努力争取，面对不好的结果选择接受或者换一种方式去看待，和谐的家庭氛围，兄弟姐妹间平等对待，对小 X 的成长产生持续影响，教她学会和周围的朋友进行分享，在亲密关系中学着平等相处。和父母在一起，他们传达出来的永远都是：无论你怎么样，无论你做的事情怎么样，我们都爱你。

小 X 的父母在教育上偶有分歧，但可以互相协商达成一致。与子女之间建立的是平等的类似朋友之间的关系。父母提供给孩子稳定的物质保障和情感支持。家庭地位平等，分担家庭责任，家庭关系比较和谐。

二、家庭功能对家庭教育的影响

家庭功能良性运转是家庭教育的前提条件，家庭教育是家庭功能的重要成分。经济、情感与教育作为家庭三大功能相互依赖，相互促进，缺少一环或者运转不畅通，家庭的存在价值就可能出现危机。

良好的家庭经济条件为家庭教育提供物质基础。良好的家庭经济资源让夫妻更有能力实现繁衍及对子女教育；[10] 收入稳定、文化层次高的

---

[10] 赵可欣，张红. 严母慈父：家庭教育中的夫妻权力与行动逻辑[J]. 现代交际，2017（8）：173-174.

父母能够为子女提供更好的教育环境和额外的教育补习机会[11]；家庭经济条件好的父母可以给子女提供更优良的教育资源促进子女未来更好的发展。[12] 家庭经济压力巨大，家长要花费更多时间在工作上，无暇投入大量时间给孩子，也无力让孩子享有良好的教育资源，教育受阻，孩子的社会化程度无法提高，规则化程度低，在自我认同、理想志向、职业发展等诸多方面处于匮乏的状态，可能引发自卑感，心理承受能力下降。

家庭包含了夫妻、亲子、同胞、祖孙等各种关系，有各种各样的情感互动，良好的家庭情感互动如同耦合剂，帮助家庭成员增进感情联结，并给予家庭成员以滋养、帮助、支持。研究显示，家庭沟通、情感介入、家庭亲密度与中学生的学习适应和人际适应均有显著相关，家庭沟通可以预测中学生的学习适应，家庭沟通和家庭亲密度共同预测人际适应。[13]

有些家庭负担重，家庭成员的时间、精力也大多放在工作和赚钱上，家庭功能在时空上相互冲突，迫于经济压力，父母主要忙工作，陪伴养育子女的时间也会减少，夫妻情感维系较差，亲子关系出现失衡，家庭功能紊乱，致使家庭呈现无序状态。

初中男孩小P，是家中的独子。父母生活、工作不如意，希望孩子不再重蹈自己的覆辙，追求好的教育资源，家庭经济条件难以承担，爸

---

[11] Bourdieu P. Passeron J C. Nice R. Reproduction in education, society and culture, 2nd ed. [M]. CA: Sage Publications, Inc. 1990.

[12] Hango D. Parental Investment in Childhood and Later Adult Well-Being: Can More Involved Parents Offset the Effects of Socioeconomic Disadvantage? [J]. Social Science Research, 2007, 36（4）:1371-1390.

[13] 陈安飞. 家庭系统的情感功能对中学生学习适应与人际适应的影响研究 [D]. 江西师范大学，2009.

爸打两份工，很少在家，妈妈接送孩子上各种辅导班，不允许孩子干除了学习以外的事情，严格控制小P与朋友玩耍，家长和孩子不堪重负，夫妻间冲突不断，互相指责，孩子觉得自己被控制倍感委屈，除了学习再无其他，像被监视着，毫无学习兴趣。父母为弥补自己的缺失，过度牺牲自己的时间，降低生活水平，忽略了孩子的心理发展，一系列问题将父母的"辛劳"打得体无完肤。母亲执意要孩子读最好的学校、最好的辅导班，家庭经济始终处于紧张状态，经济压力使父母关系长期处于紧张状态，情感维系上出现困难。只有家庭的各项功能需要相辅相成、协调发展，才能为家庭成员提供涵容、支持、滋养的环境。

三、家庭角色对家庭教育的影响

教育者的家庭角色清晰、规则意识明确，家长可以耐心地教育和培养孩子，孩子具有安全感和确定感，有利于提升自尊水平。家庭角色混乱、缺乏明确规则的家庭状态会给子女带来过分紧张的生活气氛，无形中使子女产生精神压力和心理负担，不利于其自尊的发展。父母是孩子的榜样，父母的角色意识和角色状态影响子女的家庭角色意识和社会化水平。比如，孩子小时候对父亲有强烈的崇拜感情，心中会将父亲当成智慧与力量的象征，母亲是情感的依恋和日常生活中的依赖，会把母亲看作心灵的港湾和温暖的鸟巢。

父亲主要扮演着权威者和保护者角色，代表规则与惩罚。权威角色不是强权角色，不是父亲完全控制孩子的行动和意志自由，而是父亲扮演着孩子行为边界的警察角色，孩子活动前明示什么是禁止条款，当孩子的行为触犯这些条款后，父亲要制止孩子的越界行为，并适度给予惩戒。保护者角色是指父亲陪伴孩子，要负责孩子未知的安全问题。孩子在活动或游戏中，他的认知经验不足以判断哪些行为可能给自己或别人带来危险，父亲的保护者角色就要随时监控，排除可能存在的风险，适时教导孩子发现危险并保护自己。此外，父亲给孩子指明一个方向，让孩子用自己的力量去抵达，锻炼自立的能力，做好玩伴就可以。父亲给孩子最好的教育，不是事无巨细的体贴照顾，而是指引方向、明确规则、自我保护。电视剧《乔家的儿女》中，父亲乔祖望对子女不管不问，大哥乔一成充当了父亲的角色，保护妹妹，监控弟弟的行为，给予教导，使得弟弟、妹妹在父母亲缺位的情况下，能够感受到来自大哥的保护和教育。

母亲主要扮演着照顾者和抚慰者角色，代表温暖与激励。照顾者指母亲在孩子小的时候，照料他的生活，示范、教导他学会自己照顾自己，在被照顾的生活过程中觉察并清晰准确地表达自己的需求，理解照顾者的需求，与照顾者交流分享，感受温暖，也学会给予温暖；抚慰者角色，要关注孩子的情绪、情感状态，理解孩子的心情起伏波动并能抚慰，使其平静，引导孩子体验自己情感发展变化的线索和情境条件，也能将自己的情感表达给孩子，提升其理解他人的能力。母亲陪伴孩子更多是探索自我内在精神和情感世界的过程，促进孩子人际和自我觉察力的敏锐度，帮助孩子自控情绪，示范、引导孩子进行流畅的情感分享、交流。2019年的动画电影《哪吒之魔童降世》，携"魔丸"出生的哪吒，成为人人惧怕、躲闪不及的魔童。面对如此顽童，家是最温暖的港湾，性格火暴、斩妖除魔的殷夫人抽空也要陪哪吒踢毽子，温柔哺育儿子。哪吒被冤枉时，母亲的爱让哪吒感受到善良和安全感。在面对他人的误解、偏见时，父母开导他，肯定他。这份情感的力量也使得哪吒勇于承担。

父亲与母亲的角色并非一成不变，现实中的家庭角色是可以互换、替代、补偿的，但是不能缺乏甚至缺失，也不能替换过于频繁。承担父母角色要有清晰的角色意识，有良好的角色状态，能很好地实现角色功能。反之，孩子的家庭教育可能会有很多不足、缺陷，甚至是失败的。《哪吒之魔童降世》中，母亲温柔耐心地安抚哪吒，捕捉孩子的需要，陪他聊天，开解他，父亲对哪吒有约束，会赋予哪吒责任和担当，哪吒心里埋下了责任与担当的种子。母亲也有力量的一面，在孩子受到伤害时，勇于挡在孩子面前保护孩子、相信孩子；父亲也有温柔的一面，接受哪吒犯错并用行动耐心引导他，给予他包容和等待，准备替哪吒赴劫，含泪说出"他是我儿"，深沉的父爱令人潸然泪下。

四、家庭地位对家庭教育的影响

家庭地位本质是家庭成员掌握或拥有的资源差别导致的，资源包括经济收入、传统习俗等社会性条件以及情感价值、自我力量等心理性条件。父母基于地位的权力角色与行动逻辑是子女心理发展认同和模仿的范本，影响着子女的社会化过程。家庭成员的权利、责任、地位是现实社会关系的家庭缩印版，家庭教育会复制或扩展以家庭关系为模式的现实社会关系，孕育着未来的整体社会风貌。

传统社会男性是家庭的主要劳动力，是家庭经济收入的主要来源，自然掌握家庭的经济权力，强调"子不教，父之过"，父亲作为子女家庭教育的主要责任人，与父权社会一致。当代社会，女性的经济资源增多、变强，在家中事务尤其是家庭教育中的权力、地位显著提升。电视剧《虎妈猫爸》讲述了都市白领的亲子教育观念以及幼升小、择校、兴趣班、早教、隔代疼等社会热点问题。剧中妈妈承担了家庭教育的主要职责。"我在单位能管好一百多号人，还管不好自己亲闺女？""孩子，你还小，妈妈替你做出正确的选择。"职场女强人同时也在家庭教育中占有绝对权力地位。

传统社会崇尚男性父权，家庭教育中体现为"严父慈母"形态，女性对子女的教育发展没有太多发言权，只是主要负责子女的日常照料，被迫也必须成为"慈母"。当代社会，女性主体意识觉醒，对夫权意识造成冲击，"男尊女卑"的影响渐趋弱化，女性对自身价值和情感自由的追求不断提升，人们更加注重独立和自主，以个体为本位成为现代人伦秩序的基础。《虎妈猫爸》中，毕胜男在工作和家庭生活中拥有绝对话语权，丈夫屈服在她的权威下，孩子得了抑郁症，毕胜男才知道孩子教育的重要性，最后解决孩子的抑郁问题是和孩子一起成长起来的经验累积。女性反思能力的提升，能够促进夫妻关系、亲子关系的改善，这在家庭教育中至关重要。

情感需求是亲密关系中最重要的链接，是推动亲密关系良性发展的主要动力，也是影响双方家庭地位的关键因素。夫妻对于对方都具有高情感价值，彼此依偎、相互取暖，家庭地位是亲密而平等的，夫妻双方在家庭教育上更易达成一致，也更愿意积极地参与家庭教育，促进整体家庭情感价值的提升。如果一方具有高情感价值，另外一方具有低情感价值，低价值一方会以低家庭地位等补偿，求得双方价值的平衡，家庭教育更多受感情上位者的影响和控制。夫妻对于对方都具有低情感价值，亲密关系呈现疏远而平等的特点，情感价值的天平出现过大倾斜的一方彻底失去价值的时候，另一方就没有了维护亲密关系的动力，双方要么对家庭教育失去耐心，忽略子女，要么情感上捆绑子女，作为索取另一方的筹码。比如一位妻子嫁给了没有多少钱的丈夫，除了喜欢外，还有对他成功的希望，对短暂的艰苦日子并没有怨言，支撑妻子信念的是心中向往的丈夫价值，丈夫的家庭地位抬高了。随着一天天过去，如果丈夫没有让妻子看到希望，失望增添一分，多年积累使妻子从满怀期望到彻底绝望，"我就是瞎了眼，当初才会嫁给你"。丈夫在她的心目中彻底失去了期盼的价值，如果婚姻维系，丈夫的家庭地位会一落千丈，丈夫接受不了这个变化的落差，双方冲突会加剧，关系可能崩裂。对子女的教育理念和方式很可能起先是丈夫的影响和控制，在妻子对丈夫失望后，家庭教育的主要内容则可能变成丈夫无能的声讨。

　　自我力量外强中干的父亲或母亲控制欲强，希望家庭成员都听自己的，就会承包大多数家庭事务，掌握话语权，但由于自身能力不足容易精疲力竭，还难以得到其他家庭成员的理解，子女不听从其主张；而自我力量外弱内强的父亲或母亲家庭控制欲表现得不明显，家庭成员不听自己的，会消极怠工，冷嘲热讽，被动攻击其他家庭成员，遇到事情不明确表达，但坚持自己的主意，子女有时难以理解其真正意图，面对问题时情绪化的处理方式占主导。比如全职妈妈没有掌握家庭的经济权力，个人自我力量再不够的话，很难成为子女信服的教育者，可能被子女裹胁，事事听从子女的要求，事实上放纵了孩子。同时父亲不在家或者管教孩子少的话，妈妈对孩子的教导则基本演变成了唠叨和琐碎。电视剧《少年派》中，林妙妙妈妈控制欲极强，对林妙妙的控制体现在学习和生活的方方面面。在选科时不顾林妙妙的偏科和喜好，坚持让其选择理科，虽是为将来的就业着想，但完全忽略了孩子内心的渴望。在生活上连按时上厕所都要进行干预。林妙妙近乎完全失去了自由的生活空间。林妙妙的老爸却是佛系的教育方法。林妙妙面对接二连三的家庭矛盾，歇斯底里地说出了："你们的生活都还没有过明白，为什么把我给生出来。"

　　夫妻的资源差距越来越小，家庭中夫妻权力越来越平等化，父母的家庭地位平等，子女会耳濡目染地感受家庭相互尊重、安宁和善的氛围。女性家庭地位的提高影响子女教育投资的增加，尤其是农村家庭，母亲家庭地位的提高对子女家庭教育的影响更大，甚至可以在决定子女前途和发展的问题上享有同等的发言权。许多家庭中监管子女的学业主要成为母亲的责任，母亲素质能力提升，能够帮助解答子女的家庭作业，部分家庭夫妻双方在子女学业监管上选择合作。女性的情感天生较为丰富，在子女的人际交往中，母亲参与子女人际交往的内容和范围更加广泛，更具有亲和的性格优势，子女也更愿意与母亲分享自己的朋友关系。

夫妻平等的家庭地位使家庭事务的责任、权利不再如传统家庭一样约定俗成，家庭教育成为夫妻沟通协商的主要内容之一。这会形成两种结果：一是分歧无法协调，冲突加剧后的家庭教育各行其是，子女无所适从或者学会看眼色；二是达成共识，形成家庭教育的合力，父母努力寻找适合自己的行为、态度与表达方式，父亲适合家庭教育的工具性角色，子女更习惯于母亲的表达性角色。《少年派》中江天昊的家里，父母关系和谐，事事共同商量，没有过多干涉他的学习和生活，坐在一起讨论江天昊的考试试卷，不一味地施加压力，而是鼓励式教育。同时也给够江天昊打游戏、休息的时间，其学习和生活都能得到家长的支持。他的成绩也不错，与人相处更是积极向上的心态。江家父母在有钱时不觉高人一等，对待儿子的朋友平等有爱。没钱时不是抱怨指责对方，而是相互扶持。教会了儿子家人相处的真谛，让孩子有了直面生活的勇气，江天昊的包容与担当、乐观积极，都与家庭给予的教育力量有关。

五、家庭形态影响家庭教育的案例解读

小D，初二女生，爸爸常年在外工作，与姥姥、姥爷、妈妈、弟弟一起生活，主干家庭。小D弟弟出生后，家庭资源匮乏，小D三年级时父母将她送回老家交给姥姥、姥爷照顾，家庭经济和教育功能多有缺失，爸爸没有赚到钱，给家庭的经济带来更大困扰。

小D家里男主外、女主内，爸爸性情暴躁、固执，从小对她管得严，经常打骂，妈妈性格随和、温柔，有些懦弱，几乎不会阻止，爸爸扮演强权角色，对小D惩罚多过保护，小D妈妈无能为力，父母都很少关注到孩子的情绪、情感状态，小D长期处在对爸爸的恐惧和愤怒中。

小D爸爸掌握家庭经济权力，爸爸希望自己是家庭教育的掌控者，认同"子不教，父之过"的观念，希望女儿按照自己的意愿做事。小D小学二年级时，头晕发烧，写作业比较慢，被爸爸打得鼻子出血，爸爸检查小D作业不满意，会撕书、摔书。小D从上海转学回姥姥家，教材不同，口音不同，成绩下降了，被同学欺负，被打骂、捉弄、嘲笑，书本被扔到垃圾桶、书包被别人随便翻等，爸爸知道了也会骂小D，"为什么人家只欺负你，不欺负别人"。小D喜欢写作和绘画，说想报班学习时，爸爸一口否决，"你先把学习搞好，再来和我谈兴趣和特长"。爸爸还经常骂小D。小D偶尔和爸爸讨论一些事情稍占上风时，爸爸就说："中考考这个吗？你知道这些有什么用？还不赶紧去学习！"爸爸出国不在家的一年，小D的内心比较放松，爸爸回来后，小D又经常处于紧张状态，担心爸爸会突然进屋检查，翻看她的东西。

姥姥对小D比较纵容，爸爸嫌姥姥对孩子溺爱，管教不严，嫌孩子们不听他的管教，便对孩子们变本加厉地责骂，将一部分怒气发泄在孩子们身上，家庭氛围紧张。小D家里教育者较多，但教育功能反而弱化，孩子们处在紧张错乱的环境里，容易引发难以处理的情绪体验。正月里爸爸与姥姥大吵一次，姥姥查出癌症，小D担心姥姥身体，一方面自责，觉得姥姥为自己操心太多，对爸爸有愤怒，认为是他把姥姥气病了，小D长期被多种复杂情绪纠缠，无法安心发展自己。小D上课经常走神，成绩不断下降。期中考试小D年级排名下降了三四十名，老师表达了对小D的失望，小D觉得天都塌了，在学校也待不下去，很烦老师和同学，但又不想回家，感觉自己是大家的累赘，经常想为什么自己比不上别人，觉得所有的错误都是自己的。最近一个月，经常自残，用刀片划伤自己时，才感觉不那么难受。

小D的家庭经济功能不良，其父母对孩子的教育形式单一而匮乏，以学习为唯一标准，忽略了孩子的情感需求，小D长期被忽视，孤独无助的感觉强烈，自伤自残，心情绝望。

父母的家庭角色不明确，规则意识不强，教育孩子明显没有耐心，按照自己的意愿控制孩子，较少沟通和协商，采用暴力方式教育，父亲角色更多体现在强势控制上，在引导和保护孩子方面几乎缺失。小 D 自我力量很弱，与爸爸对她的打压和过度惩罚有关。妈妈存在感很弱，在小 D 的成长中作用小。孩子需要母亲角色提供情感慰藉和支持，提供安全岛的作用，小 D 母亲并不具备这个作用。小 D 的姥姥、姥爷扮演了关爱者的角色，但爸爸强势介入，姥姥癌症住院，小 D 的自我变得更加弱小，飘摇不定，负性情绪积压，不堪重负。

小 D 爸爸外强中干，妈妈则回避冲突。爸爸的过度控制，较难调控个人情绪，妈妈的懦弱和纵容，对小 D 身心造成不同程度的伤害，小 D 目前既要面对爸爸的过度控制，又要面对陪伴她的生重病的姥姥，其生存空间和生命活力被一点点地挤压，自我价值感很低，自我认知严重扭曲。小 D 自残既是自救又是求助，自述是别人的累赘，死亡是一种解脱，只有一点希望活下去。

父母的控制行为与孩子心理健康关系密切，家长对孩子的过度控制，对孩子造成的负面体验与痛失至亲的影响程度相近。

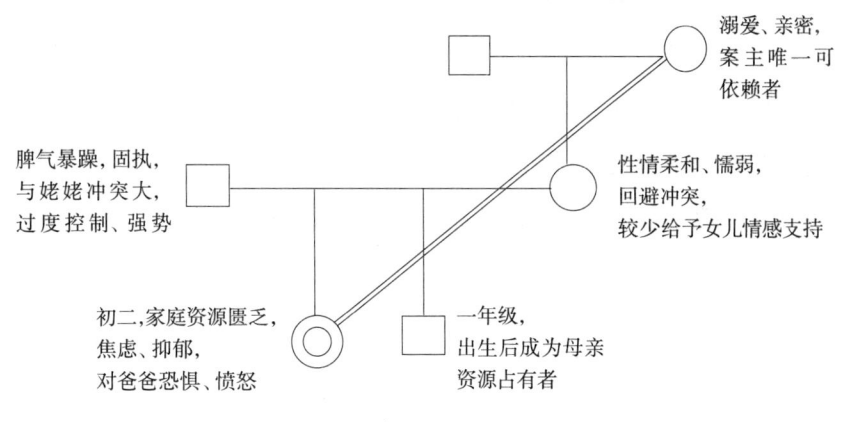

图 5-1　家庭形态（小 D 一家）

第二节　家庭文化对家庭教育的影响

《小舍得》中,丈夫颜鹏是甩手掌柜,决策权都交给田雨岚,看似不会产生冲突和矛盾。田雨岚习惯了颜鹏听她的话,做事不会顾及颜鹏,母亲住在自己家,她不询问颜鹏的想法,颜鹏想让岳母回去,她就对他甩脸子;她想让儿子颜子悠上钟老师的课,不征求颜鹏的意见,说他的意见根本不重要。在子悠发病后,夫妻之间发生剧烈冲突,才引发了田雨岚的反思。田雨岚是付出最多的,遭到丈夫和儿子的反抗,她感觉到委屈、愤怒,家庭分工严重不平衡,各自的情感被忽略,各人都委屈、愤怒。田雨岚承受丧偶式育儿,是颜鹏的幼稚及自己的强势共同造成的,双方都在各自的世界前行,忽略了夫妻共同体的作用。

田雨岚的家庭情感表达是单向的,颜子悠当着其他家长表达对妈妈的怨气,妈妈喜欢学习好的子悠,而不是真实的自己,田雨岚以"我都是为你们好",关闭了双向情感表达的空间。伴随子悠发病,全家压抑已久的冲突爆发,夫妻之间,婆媳之间,亲子之间,一层层的矛盾冲突显现出来,家庭在冲突中获得重新思考的机会。

家庭文化对家庭情感的密切联结和家庭气氛和谐具有重要的作用。家庭成员的良性互动和交流,体贴到位的关怀与温暖,善于倾听的深度理解,会促进子女情绪、情感的自我觉察与管理。

一、家庭分工对家庭教育的影响

（一）家庭教育的家庭分工态度差异

表 5-4 显示，家庭分工态度的主效应显著。赞同和非常赞同"男外女内"分工态度者的期望观、子女观、教育观得分高，非常不赞同和不赞同者期望观、子女观、教育观得分低。认同"男外女内"的，关注子女培养遵循男女教育方式的差别化，更想望子成龙，强调父母在家庭教育中的作用。"男外女内"分工态度体现着男女两性角色的传统认知，期望男性赚钱养家，期望女性照顾子女，对子女期望也具有性别定位。

表 5-4 青少年与成人不同家庭分工态度的育儿观差异

男外女内分工态度	期望观 青少年	期望观 成人	子女观 青少年	子女观 成人	教育观 青少年	教育观 成人
非常不赞同	4.9 ± 1.51	4.6 ± 1.85	3.9 ± 2.20	5.3 ± 1.88	5.4 ± 1.53	6.0 ± 1.15
不赞同	5.0 ± 1.66	5.0 ± 1.54	4.4 ± 2.00	5.2 ± 1.81	5.6 ± 1.27	6.1 ± 0.86
倾向不赞同	5.3 ± 1.36	5.2 ± 1.24	4.6 ± 1.85	5.3 ± 1.49	5.4 ± 1.38	6.3 ± 0.82
视情况而定	5.4 ± 1.42	4.9 ± 1.39	4.4 ± 1.84	5.4 ± 1.53	5.5 ± 1.31	6.1 ± 1.02
倾向赞同	5.3 ± 1.35	4.8 ± 1.43	5.1 ± 1.61	5.5 ± 1.37	5.6 ± 1.22	5.9 ± 1.00
赞同	5.7 ± 1.19	5.5 ± 1.36	5.4 ± 1.65	5.4 ± 1.59	5.7 ± 1.30	6.1 ± 1.15
非常赞同	6.1 ± 1.14	5.3 ± 1.69	5.6 ± 1.81	5.9 ± 1.50	6.3 ± 0.94	6.5 ± 0.72
变异源	F					
态度	7.505***		8.804***		7.064***	
人群	14.761***		39.637***		58.470***	

人群的主效应显著。在期望观上，青少年的得分高于成人，这可能是因为从期望观上，青少年是实现成人期望的主体，青少年从父母身上感受的期望观有放大效应。父母常常描述对孩子期望不高，只要能够在自己原有水平上提升即可，但孩子表述觉得父母有更高的要求，自己感

到压力很大，导致双方无法对父母的期望值评估达成一致；在子女观、教育观上，青少年的得分低于成人，可能是因为成人对子女观、养育观上执行的主体更多是父母，且他们在代际传承的过程中，也经历着被自己的原生家庭所灌输的"父母教育对子女成长起作用""男女教育方式不同"等观念，在养育选择中也会更多地深化这一想法，而子女观、教育观在青少年成长过程中大多时候处于被动接受一方，还未形成自己特有的观念。

（二）家庭教育的家庭理想分工差异

表 5-5 显示，对理想分工态度和人群进行两个因素的方差分析，态度的主效应显著。对理想分工持不同态度的育儿观也不同，认为"男外女内"是理想分工的人群中，他们的期望观、子女观、教育观得分最高。这可能与认同"男外女内"分工，也越强调对子女的不同教育作用、子女在学业上的期待值及子女在社会中的分工有关。与长期以来男女分工模式沿袭社会传统认知有关，男女根据性别角色定位来承担家庭的分工，从而对子女的期待也沿袭着传统的社会认知模式，即望子成龙、光耀门楣以及男女采用不同教育模式等；认为理想分工是"一切随缘"或"视与配偶关系密切程度而定"的教育观得分较高，这可能是因为随着人们的思想和认知发生变化，更加注重自由发展，在分工中没有固定模式，在教育态度上也更可能倾向于多样化和随机化，由此也会认为子女能否健康成长不以父母的教育和引导为唯一影响因素。

认为理想分工是"男主内，女主外""视二人收入水平而定""男女平等，共同承担"的得分趋低，可能随着社会发展，男女平等的态度，影响着是否需要对子女教育根据性别进行区别对待的态度，二者保持了一致性。认为理想的分工态度是"据年龄、精力和健康水平而定"的期望观得分最低，这可能与分工态度根据实际情况来定，相应对子女的期望也根据子女的实际情况来决定有关,实施个性化养育,而不是仅仅以某些标准来衡量,期望观、子女观、教育观都有了很多不确定性和可能性,同时也对父母提出了新的挑战,目前对大多数父母来说还存在一定困难,还需要更多地提升父母功能。

人群的主效应显著。在期望观上,青少年的得分高于成人;在子女观、教育观上,青少年的得分低于成人。这与前述在青少年与成人对于男女分工态度上的结果一致,表现出在期望观、子女观、教育观上不同承受主体的不同感知程度。

表 5-5 青少年与成人不同理想家庭分工的育儿观差异

理想分工态度	期望观 青少年	期望观 成人	子女观 青少年	子女观 成人	教育观 青少年	教育观 成人
一切随缘	5.4 ± 1.17	5.0 ± 1.35	4.7 ± 1.56	5.4 ± 1.56	5.1 ± 1.23	6.0 ± 1.09
据年龄、精力和健康水平而定	5.0 ± 1.62	4.6 ± 1.43	4.5 ± 1.84	5.6 ± 1.42	5.6 ± 1.34	6.0 ± 0.95
视与配偶关系密切程度而定	5.3 ± 1.39	5.1 ± 1.28	4.6 ± 1.89	5.5 ± 1.25	5.6 ± 1.33	5.7 ± 1.20
视两人收入水平而定	5.4 ± 1.53	4.8 ± 1.41	4.9 ± 1.82	5.5 ± 1.30	5.5 ± 1.10	6.1 ± 1.01
男女平等,共同承担	5.3 ± 1.46	5.0 ± 1.44	4.5 ± 1.94	5.35 ± 1.61	5.5 ± 1.32	6.1 ± 1.00
男主内,女主外	5.4 ± 1.30	5.0 ± 1.00	5.1 ± 1.73	5.3 ± 2.08	5.3 ± 1.39	6.0 ± 0.00
男主外,女主内	5.7 ± 1.31	5.3 ± 1.45	5.4 ± 1.78	5.5 ± 1.60	5.8 ± 1.30	6.2 ± 1.04
变异源	F					
态度	5.204***		4.057***		3.142**	
人群	4.774*		10.902**		15.739***	

二、家庭互动对家庭教育的影响

《小舍得》中,南俪因学历原因升职受挫,父母离异感受创伤,田雨岚再以孩子攀比,心态变化后开始希望女儿欢欢好好学习,甚至跟辅导老师联合故意拿其他孩子做比较,打击欢欢以激发其上进心,使得欢欢心理压力很大,丈夫失望愤怒,夫妻矛盾升级,不再是能够鼓励支持孩子的妈妈,情感互动呈现单向性,家庭和孩子都没有喘息的空间。最终以欢欢离家出走为爆发点,引发了家庭反思,最后归于平静,回到原点。

(一) 家庭成员的情感互动

家庭成员的情感互动包括性质、方式、时间(频率)和流向四方面,性质可以区分为积极情感分享和消极情感倾诉,交流方式包括言语(口头、书面)和非言语(动作、神情),交流时间可以按时长或频率来界定,流向可以区分为单向、双向、多向。当家庭里常常以鼓励支持为主,能够发现成员身上的亮点,以欣赏的口吻和眼光对待彼此,或者某人遇到困难时,其他人能够安抚和积极协助应对,属于积极情感分享,抱怨、指责、挑剔则属于消极情感倾诉;交流方式是通过言语和非言语信息传递的,如鼓励支持的语言、欣赏理解的表情神态;有的家庭较为重视家庭文化,定期出去旅游、玩耍、参加活动,有的家庭只有在家庭成员需要时才会交流或家庭活动,频率不同;以一方发号施令为准,属于单向沟通方式,成员间情感表达不通畅,而双方都可以表达情感属于双向或多向的沟通方式。情感互动模式固定下来形成家庭氛围,"爱与接纳"的家庭氛围对于塑造孩子的人格是一种无言的教育,正如卢梭所说:"家庭生活的乐趣是抵抗坏风气毒害的最好良剂。"

父母的积极情绪表达与青少年心理行为问题显著负相关,消极情绪表达与青少年内外化问题显著正相关。近三分之一父母在亲子互动时不习惯用语言表达自己的情感,如果父母对孩子过分严格、粗暴、缺少关注、情感忽视，子女的亲子依恋关系会产生阻碍，孩子不能获得被爱的感觉，父母与子女情感链接不够。[14]家长要有意识地加强和孩子的情感交流，做孩子的情绪教练，还要在和孩子的互动中，让孩子学会感知和识别情绪，为孩子的情绪命名，还要让孩子学会管理和疏导情绪，在接纳情绪的基础上通过改变信念扰动原有的情绪模式，达到管理情绪的目的，同时为孩子建立强有力的家庭情绪支持系统，呵护、尊重孩子的情绪体验。父母的支持和教导会让亲子间的情感、情绪表达更顺畅，促进亲子之间的关系。亲子情感上的亲密有赖于家长创设温暖、积极的心理支持环境，而紧张的家庭情绪氛围会引起亲子关系的疏远和紧张。

（二）家庭文化影响家庭教育的案例解读

小M，高二女生，家中有父母和弟弟，核心家庭。

小M家庭积极情感分享较多，写作业大多是妈妈陪伴，妈妈会问问进展，但不会干预太多。玩手机、打游戏，父母也不怎么干涉，小M自制力不错，自己会规划好，较少为此与父母争执。考试成绩波动、不理想时，妈妈会焦虑，但彼此会积极沟通，一起想办法，父母依然相信、鼓励小M。小M较少有无力感，从父母那儿学习到如何面对困难和挫折，不会沉浸在焦虑情绪里。

小M自述："我们家家风挺优良的，妈妈比较民主，也很善良，爸爸很勤劳爱家，一直处于和谐欢乐的氛围里。家风对我的学业还是有一定影响的，比如考试考得不好的时候，妈妈更多的是鼓励我，不会打骂我。爸爸是一个中庸的人，比较听妈妈的话，父母观点也很一致，很少吵架。妈妈平时挺喜欢读书的，家里有一个书房，都是妈妈的书，妈

---

[14] 欧阳爱辉，刘璇.专制型家庭教育模式对青少年犯罪行为的影响——以依恋理论为中心视角[J].青少年学刊，2019（05）：38-42.

妈喜欢看文史类的，她特别喜欢秦始皇，经常给我传播一些思想，有时候一起读书分享。"

小 M 的家庭交流时间和频率并不固定，时间较多。休息时父母会带着自己去科技馆、博物馆、图书馆等，增长见识。爸爸比较忙，妈妈陪自己的时候比较多，高中压力大，妈妈常常陪自己去公园散步放松。小 M 的父母平时有较多的时间关注孩子的心理需求和情感动态，能及时沟通，缓解孩子的情绪压力，孩子会获得力量应对压力。小 M 与父母的互动经常是双向的，父母间和谐融洽，亲子间沟通顺畅，情感亲密又独立。小 M 认为自己学习状态良好，家庭氛围温暖，父母关系融洽，对自己信任、鼓励和支持，允许自己有独立自由的空间。

小 M 表达流畅，情绪稳定，家庭满意度较高，家庭文化氛围浓厚。良好的家庭文化氛围对孩子保持良好的学习状态及理性看待遇到的困难，有很大促进作用。

（三）家庭成员的文体活动

家庭文体活动指父母与孩子在家庭场所中共同参与的文化活动，既包括家庭内部举行的游戏文艺活动，也包括父母带孩子参观博物馆、美术馆，去图书馆、看文艺表演、听音乐会等，家庭文化活动的开展体现了父母与子女之间的良性互动，使父母与子女的沟通更为通畅。多彩和富有特色的家庭文化活动对家庭教育有积极的推动作用，[15]可以扩大孩子的知识面，使他们通过多种途径了解世界和认识事物，家庭文体活动等家庭文化对儿童的智力发展、情感发展、学习经验、学校适应等都有潜移默化的影响。[16]

---

[15]宋佩佩.浅论家庭文化对家庭教育的影响[J].教育实践与研究(理论版)，2017（03）：36-38.

[16]何平.试论家庭文化与家庭教育[J].学习与探索，2002（4）：30-31.

表 5-6　家庭文体活动与父母育儿观、榜样示范的相关

相关	期望观	子女观	教育观	父母榜样
家庭文体活动	-0.095**	0.004	0.137***	0.340***

本书研究者调查结果显示，家庭文体活动与父母的期望观显著负相关。（见表 5-6）这表明注重家庭文体活动多样性的父母更愿意鼓励孩子发掘自己的兴趣，父母更愿意带孩子参与到家庭文体活动里，允许孩子自由发展，自由探索自己的兴趣爱好，更多鼓励个性化发展，父母期待更加灵活和富有弹性，较少设定期望值；家庭文体活动与父母教育观呈显著正相关，王伟宜等认为家庭文化习惯越好，家庭文化期待越高的大学生的学习投入也越多，父母受教育程度、家庭文化习惯、家庭文化期待三种家庭文化资本均对大学生的学习投入产生了积极的影响。[17] 愿意投入更多时间带孩子参加文体活动的家长，更愿意投入对孩子的教育，有更多的教育反思功能，家庭文体活动也能够增加亲子互动，更加促进了家庭教育的进行。刘天元等认为家长教育参与在家庭文化资本与孩子习惯塑造之间具有中介作用，家庭文化资本通过影响家长参与的深度和广度进而间接作用于孩子的习惯培育。[18]

家庭文体活动与父母的榜样作用正相关显著。肖兰兰研究认为父母的教育背景与家庭结构对儿童的运动行为的发生有较为直接的影响，父母的体育观念与运动参与是儿童体育活动的关键，而此观念的有效落实

---

[17] 王伟宜，刘秀娟．家庭文化资本对大学生学习投入的影响实证研究[J]．高等教育研究，2016，37（04）：71-79．

[18] 刘天元，王志刚．家庭文化资本真的利于孩子形塑良好惯习吗？——家长教育参与和教育期望的中介作用[J]．教育科学研究，2019（11）：51-57．

基于父母在体育上对儿童的"言传"与"身教",父母支持、家庭体育设施各因子得分越高,一定程度上可以减少儿童行为问题的发生。[19]父母和孩子一起参与家庭文化活动,会起到示范作用,在情绪调节、应对问题、行为规范等方面都可言传身教。

三、家庭冲突对家庭教育的影响

家庭冲突会对儿童的心理健康产生消极影响,对家庭冲突事件的干预比干预孩子不良适应更重要。[20]父母冲突多的青少年和使用应对策略少的青少年出现的不良行为、学习问题和抑郁要显著高于父母冲突少、使用应对策略多的青少年,前者感受到的主观幸福感要显著低于后者。[21]如果长期处于父母冲突的环境中,子女容易出现社会适应障碍、行为问题、人格障碍、心理健康问题甚至心理疾病,子女如果在小时候就经常看见父母正在冲突,他们长大后心理疾病的发生率会大大增加。[22]学龄前儿童比年龄大点的儿童会对父母冲突的体验更加强烈,对于冲突的知觉更加敏感,更可能导致他们产生各种适应性问题。

冲突并不可怕,它会传递给家庭一个信息:"家庭里有些地方需要修理和调试了",需要家庭成员投入更多的耐心、情感,共同面对问题。

---

[19]肖兰兰.家庭体育设施与父母支持对儿童行为问题影响的调查研究——以九江市濂溪区为例[D].江西师范大学,2019.

[20]梁丽婵等.父母冲突的稳定性及对初中生心理健康影响的时间效应:一个追踪研究[J].心理科学,2015,38(01):27-34.

[21]杨阿丽,方晓义,林丹华.父母冲突、青少年应对策略及其与青少年社会适应的关系[J].心理发展与教育,2002(01):37-43.

[22]彭后鹏,罗五金.小学生心理健康问题及其影响因素研究[J].医学与社会,2004(05):37-38.

（一）家庭冲突与育儿观、父母榜样示范作用的相关

表 5-7 显示，家庭冲突与父母榜样示范作用呈现显著正相关，这与已有研究相符，雷辉等认为家庭环境既可以对青少年的攻击行为产生直接作用，又可以通过父母冲突使观察能力间接作用于攻击行为。[23]朱丽等认为冲突强度、认知威胁、冲突内容与青少年焦虑患者呈正相关，说明父母冲突对青少年焦虑有影响。[24]父母在发生冲突时的情绪处理、行为反应等方面的能力，会影响青少年、儿童的情绪和行为管理能力，如果父母或养育者在家庭中常处在焦虑、烦躁或抑郁状态，在交流中常以暴力方式沟通，孩子也会潜移默化受其影响，使得亲子间也充满冲突，这也进一步加剧了整个家庭的冲突。因此，父母提升冲突的觉察能力，在家庭生活中能够理性处理问题，以非暴力形式面对家庭关系，作为行为示范作用，孩子的心理弹性也会随之增加，在面对矛盾和困难时，才可能积极理性应对。

表 5-7　家庭冲突和育儿观、父母榜样的相关

相关	期望观	子女观	教育观	父母榜样
家庭冲突	0.011	0.041	0.043	0.119**

（二）家庭冲突影响家庭教育的案例解读

小 A，男生，11 岁，五年级，跟父母一起生活。一、二年级时成绩较好，学习积极性高，三年级学英语后成绩一直不太好，对学习的

---

[23] 雷辉，文峥.家庭环境对青少年攻击行为的影响：父母冲突观察能力的中介作用[J].中国健康心理学杂志，2021，29（07）：1096-1100.

[24] 朱丽，程丽，张免，等.父母冲突知觉对青少年焦虑的影响及家庭治疗效果评价[J].中国学校卫生，2021，42（03）：389-391.

兴趣下降。小 A 面对学习成绩下降时采取回避策略，面对学习上的挫折难以忍受，近来开始和父母对抗。

小 A 爸爸带儿子比较多，儿子遇到事情和爸爸说的也比较多，遇到作业中的困难，爸爸会鼓励儿子做，最终爸爸会替代儿子做那些困难的作业。儿子心里不高兴时，爸爸会采用讲道理的方式试图帮助孩子处理情绪和心理上的困难，儿子对于爸爸的帮助看起来比较服从，但在行为上改变不大。

父母对小 A 期望值高，用自己期望的方式教育孩子成才，以孩子为中心，甚至过度牺牲自己的生活去关注孩子的需求，使得孩子在发展中较少受到挫折和约束，以自我为中心。父母每周都会和孩子一起看电影、逛商场、爬山，或者去科技馆、博物馆等文化类场所，放暑假会带儿子去各地文化类博物馆以及当地名校参观。为了培养小 A 的阅读习惯，妈妈专门投资做了绘本馆，从孩子上幼儿园起，每天晚上睡觉之前爸爸妈妈都会和小 A 一起读书，或者一起讲一讲当天发生的事情，四年级之后睡前读书和谈话的习惯没有再持续。父母支持小 A 的音乐和体育兴趣发展，曾尝试过吉他、小提琴等，运动类曾尝试过游泳、足球等，目前除了网球，其他兴趣班都已经放弃，父母对小 A 的兴趣爱好虽然有期望但是并没有非常严厉的要求，基本上是作为兴趣爱好自由发展。父母对小 A 期待较高，注重对小 A 的教育。爸爸认为小 A 英语不好和自己英语不好有关系，因为自己对英语不太重视。

小 A 爸爸较为温和，妈妈脾气暴躁，在家庭中也常常发生冲突，妈妈和小 A 对爸爸讲道理的方式从心里不接纳，家庭遇到事情常常处在爸爸无奈不解、妈妈暴躁发脾气的状态下。小 A 置身看似民主、温馨实则缺乏真正情感交流的氛围里，很多时候采用冷处理、回避的方式应对父母。最近一次考试失利，爸爸要求小 A 把试卷带回家做分析，但是小A一直没有把卷子拿回来,对于爸爸谈到的成绩下降情况不作回应或者借故回爷爷奶奶家住回避谈成绩。爸爸不理解为什么小A对谈学习下降的事情比较回避,除了试图和小A谈谈之外也不知道怎么帮助孩子。妈妈对孩子成绩下降很着急,会因为作业训斥孩子。家庭中妈妈脾气比较暴躁,对小A学习要求比较严格,经常会因为学习严厉批评小A,家里气氛很压抑,小A有时候甚至不愿意回家,影响了孩子的学习兴趣。在三个人无深入情感交流的状态下,较难形成小A独立成长、父母协助的家庭氛围。

父母思想冲突,情感交流较少,多以讲道理为主,教育观念不一致。爸爸放任的教养方式让孩子无法形成明晰的边界感,会让儿子保留自大的感觉,这也会让他在人际关系领域的发展有些问题,妈妈过高的期望,可能会使得孩子无法客观看待自己并发展属于自己的能力。

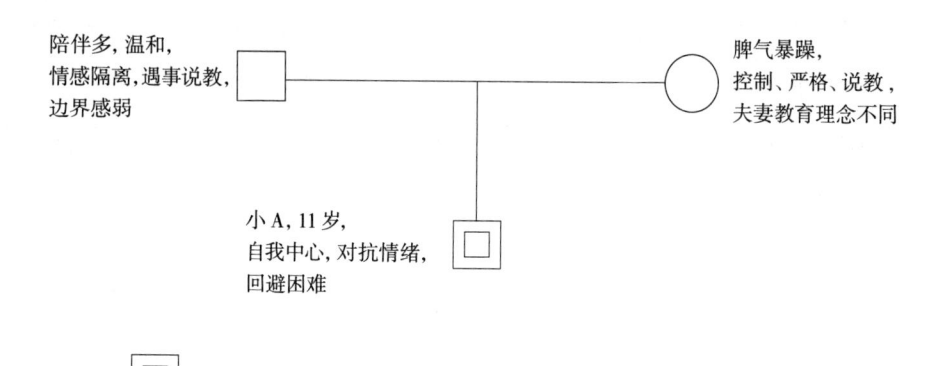

图 5-2 家庭冲突对家庭教育影响(小A一家)

第三节　家庭关系与家庭教育

电影《万箭穿心》讲述了一对貌合神离的夫妻在经营家庭中出现的种种悲剧，展示了亲密关系、亲子关系及家庭教育的诸多细节。城市姑娘李宝莉嫁给了来自乡村、大学毕业后成为国企小领导的马学武，生育了儿子马小宝。二人的结合是一次"等价交换"，马学武看上了李宝莉的年轻貌美，李宝莉看上对方的稳定工作和老实个性。直到马学武升职分房后，妻子对着搬家工人大声训斥，随后马学武提出离婚，李宝莉不明所以，借助儿子求情。但丈夫对此不屑一顾，甚至出轨，妻子暗地报警，丈夫被降职，直到因作风问题被要求提前下岗，选择自杀。李宝莉扛起了整个家庭，做起了"扁担"，卖力气帮人送货赚钱，一心一意地抚养儿子。儿子马小宝认定妈妈害得自己没了爸爸，一方面花着妈妈辛苦赚来的血汗钱，一方面又暗暗努力考上好大学脱离她的掌控，最终长大后将妈妈赶出了家门。

妻子刻薄，丈夫冷暴力。两个人貌合神离，很难站在对方的角度上考虑其感受，缺乏关爱、理解和尊重，都以自己认为正确的方式生活着，最终导致悲剧的发生。

儿子长期处在父母的冲突中，压抑痛苦。妈妈是个虎妈的角色，操持一切家务，包括对老公和儿子都强势控制，对儿子没有什么耐心，儿子表现出惧怕和反感。爸爸不用操心家事，下班了就辅导作业，对儿子温柔又百依百顺，儿子会更喜欢这个爸爸。爸爸自杀后，儿子认定造成悲剧的是妈妈。妈妈把精力放在赚钱养家上，根本没时间管孩子，她以为孩子肯定看得到她的付出，然后理解她、尊重她，可惜事与愿违。儿子也不具备理解他人的能力，对父母的冲突和矛盾不能理性地看待，卷入父母的爱恨情仇中，以自己的想法对待母亲。虽然考上了大学，但在情感能力上很难理解他人和共情他人。

家庭关系是个复杂的系统，包括夫妻关系、父子关系、母子关系等诸多人际联结，这些关系的状态和质量对子女尤其未成年人的心理发展影响可谓深远。

一、家庭关系与家庭教育的相关调查

表 5-8　家庭关系与父母育儿观和榜样示范的相关

群体	家庭关系亲密度	父母育儿观和榜样示范			
		期望观	子女观	教育观	父母榜样
成人	亲密关系	−0.002	−0.056*	0.042	0.181**
	原生家庭亲子关系	0.062*	0.023	0.062*	0.151*
	与公婆（岳父母）关系	0.075**	−0.037	0.074**	0.186**
	新家庭亲子关系	0.041	0.024	0.100**	0.242**
	与姑叔（舅姨）关系	0.089**	−0.078**	0.023	0.135**
	同胞关系	0.030	−0.096**	0.016	0.056*
	家庭关系总分	0.079**	−0.067*	0.074**	0.230**
青少年	父子（女）关系	−0.028	−0.081*	0.184*	0.375**
	母子（女）关系	−0.098**	−0.096**	0.134**	0.249**
	叔侄关系	−0.013	−0.072*	0.126**	0.222**
	祖孙关系	0.035	−0.045	0.097**	0.241**
	（外）祖孙关系	0.024	−0.044	0.094**	0.209**
	同胞关系	0.006	0.001	0.004	0.030
	家庭关系总分	−0.008	−0.078*	0.152**	0.323**

由表5-8看出，在对成人的调查中，亲密关系与子女观呈显著负相关，与父母榜样呈显著正相关。当一个家庭中夫妻之间的关系越亲密，对子女的育儿观念越平等和多样化，不再以单一的"男孩要用男孩适用的方式"或者"女孩要用女孩适用的方式"来区别对待，更可能以男孩、女孩相同的观念去养育。同时，父母更愿意也更能够以身作则为子女做榜样。原生家庭的亲子关系与期望观、教育观、父母榜样呈显著正相关，父母与自己的原生家庭之间的亲子关系越紧密，对自己新家庭的子女也更愿意执行"教育在子女成长中起重要作用"的理念，对子女抱有的期望更多。与公婆（岳父母）关系、姑叔（舅姨）关系、同胞关系以及新家庭亲子关系，与父母榜样呈显著正相关。公婆之间、姑叔（舅姨）之间、同胞之间及亲子间的关系越紧密，情感交流和沟通越多，父母对孩子养育过程中执行的育儿观念和行为也更一致。

在对青少年的调查中，父子关系、母子关系、叔侄关系与子女观呈显著负相关，与教育观、父母榜样呈显著正相关。祖孙关系、外祖孙关系与教育观、父母榜样呈显著正相关。当子女与父母以及亲属之间的关系紧密而和谐时，更能感知到父母在育儿中的平等和民主，而非专制理念。子女在家庭中，也更能感受到来自父母的榜样力量。

二、亲密关系与家庭教育

知觉到父母关系和谐的子女在人格特征和心理健康水平上有更多的优势。和谐的父母关系给子女提供了一个安全的氛围，有利于子女身心的健康发展，反之会容易形成矛盾的、消极的、情绪不稳的心态。[25]

---

[25] 张凤，姚凯南，杨玉凤.3-7岁儿童气质的影响因素研究[J].中国校医，2002（02）:110-111.

(一)高质量亲密关系下的家庭教育

稳定的、高质量的亲密关系对子女教育具有渗透性的影响，亲密关系是家庭三角中最核心的一维，亲密关系的质量影响甚至决定了家庭功能是否可以有序运转。父母的亲密关系稳定持久，内心的安宁和情感满足促使双方爱屋及乌，更愿意在家庭教育中付出耐心和细心，更愿意积极参与家庭教育，就子女的家庭教育非常容易达成共识，步调一致；来自父母高冲突水平家庭的青少年会表现出更多的社会退缩行为，以及存在更多的早期性行为，在成长过程中长期有父亲陪伴的女孩，在与人交往方面，会有更多的主动性，心情也会更加愉悦，有较多的主动性非语言表达行为（例如，长时间的眼神接触）。

"足够好"的看护者是"给予宝宝平凡的爱和奉献的妈妈"。足够好的养育能够保证给予儿童的关心和爱不会过度，也不会缺失。在足够好的教育下，儿童应该能够学会信任，形成安全依恋，发展对他人的认识，发展自我意识和形成自尊调节。而"足够好"的亲子关系，需要夫妻亲密关系作为强大后盾，父母良好的亲密关系会让子女学会如何与异性相处，让他们对未来的婚姻充满憧憬和希望。夫妻双方心情愉悦，相互支持，充满爱意，会创造关爱、温暖的家庭氛围，有助于给孩子提供良好的家庭教育环境。

(二)低质量亲密关系下的家庭教育

父母的亲密关系不稳定，缺乏安全感，情感需求不满足的一方容易迁怒子女，情感上勒索子女作为家庭稳定的筹码。来自离异家庭或父母高冲突水平家庭的青少年，会表现出更多的社会退缩行为，以及存在更多的早期性行为。经历过父母离婚或父母分居的成年人与未有此经历的成年人相比，他们组建的家庭在情感上更加疏离，而且更加杂乱无章，其中家庭亲密感又与子女的自我概念呈显著正相关，预示着父母离婚后家庭亲密感的缺失会对孩子的长期心理适应问题造成负面影响。子女对父母离婚的看法因自我对婚姻承诺的重视程度、父母间发生冲突的频率及严重性以及父母离婚前的婚姻质量而异。陈思帆等的研究也发现，父母的婚姻关系与子女的婚恋心理存在一定的关系，子女对父母关系有更多的消极评价与感受，将会在描述"对爱情的期待""婚恋的态度""与家人关系"和"评价自己的爱人"等方面使用更多的负面词汇。[26]

孩子成长过程中发生的所有阻碍发展的事情，包括不敏感的教育方式、溺爱、忽视、社会压力和负性生活事件，都会对孩子造成影响，事件发生时孩子的年龄越小，往往会影响孩子多个领域的发展。其中最为关键的就是父母对待儿童的教育态度，父母亲密关系的破裂常常伴随亲子关系充满纠缠、疏离或矛盾。如果父母的生活改变，可能出现家庭经济状况或者定居地点的改变，这些事件都可能对发展中的儿童产生影响。尤其在青少年期问题会凸显，青少年自我同一性的形成首先是要综合这种早期认同，如果父母的价值观、人生观、生活态度是错误的或混乱的，势必会影响孩子自我同一性的形成。青少年期也是认知问题和情感问题初次显现的时期。

三、亲子关系与家庭教育

（一）母子关系质量与家庭教育的关系

母子关系质量主要体现在亲密性和冲突性两个方面。高质量的母子关系指母子间有较高的亲密性、较低的冲突性。比如，儿童的人际关系、学习成绩等都与母子关系质量有关，如成绩前5名的儿童，母子亲密性

---

[26]陈思帆,范雪,张俊蕻.父母婚姻关系与子女婚恋心理的主观体验研究[J].电子科技大学学报（社科版），2013，15（1）：107-112.

显著高于其他成绩的儿童，学习成绩中上等儿童的母子亲密性得分高于成绩中下等儿童；学习成绩前5名的儿童，母子冲突性得分低于学习成绩中上等、中等及中下等儿童，有显著的差异。[27]母子关系的亲密性和冲突性体现在生活细节方面，主要表现在子女对母亲行为控制的满意度、子女对母亲的信任、母子沟通质量等方面，研究表明母子间的控制、信任和沟通较父亲更为积极。[28]

母亲与子女的亲密性是儿童发展心理、社会功能的基础，安全的母亲能够让儿童成长为一个健康、有安全感的人。早期缺乏母亲（主要养育者）陪伴的儿童容易患得患失，儿童可能未完成分离个体化，继续以自我为中心，对理解他人的情感较为困难，多以自我为中心，以非黑即白的方式面对世界，自然无法很好地与他人相处，长期处在焦虑恐惧中，极度敏感多疑，常表现为回避型依恋或矛盾型依恋，长期处在既渴望又回避的矛盾状态中。

作家张爱玲的很多文学作品都映射她与母亲的关系，她浓墨重彩地描写了各类女性，母亲都是缺席的，张爱玲从未得到母亲的一丝温暖，她与母亲的亲密关系是矛盾型的，在渴望亲密和无限冲突中煎熬。母爱缺失给张爱玲一生的情感生活带来了巨大影响。作品《半生缘》中的顾太太没有管过曼桢的死活，投射出母亲放弃了与她的亲情。《小团圆》中流露着张爱玲对母亲积蓄已久的怨恨和难以释怀的淡漠。文字中透露着金钱的价值远超越亲情感，亲子关系中缺少了亲近感和理解。另一方面，张爱玲渴望母爱，《心经》中蕴含了她对母亲藏有的思恋之情。

---

[27]孔箴.关系质量问卷与行为系统问卷自评版的修订及在儿童中的应用[D].山东大学，2012.

[28]石丹理，韩晓燕，李美羚.对父母亲职及亲子关系质量的调查及观点——以上海青少年为例[J].浙江学刊，2007（2）：185-191.

童年时期的张爱玲感受到了深深的被抛弃感，在潜意识中孩子会认为自己不够好，母亲才会抛下自己，影响到了自我认同感。影响是一生的，影响孩子的自信心、自尊水平、人际关系、亲密关系等方方面面，正呼应常说的"幸福的人用童年治愈一生，不幸的人用一生治愈童年"。

（二）父子关系质量与家庭教育的关系

父子关系是指父亲与子女之间的关系，作为母子关系中的第三者，父亲的存在，让孩子得以走向外界社会，学会适应复杂人际关系，学习社会规则，能够成为一个功能良好的社会人。父亲与子女间的亲密性和冲突性也是衡量父亲与子女关系质量的重要部分。研究显示，父子关系的质量高低对儿童人际关系和学习成绩同样有显著影响。[29]父子关系在心理控制、信任、沟通等方面对父子亲密性和冲突性产生影响，心理控制与亲子质量呈负相关。[30]

高质量的父亲与子女的关系，父亲能够在情感上理解和支持子女。比如《少年派》中，林妙妙学习成绩下滑，与妈妈发生冲突，爸爸带女儿出去谈心，理解女儿当时做自己喜欢的事情的心情，也分享了自己少年时期的故事，在情感上支持和理解女儿，又从人生经验上引导女儿找准自己的方向。父女之间朋友式的谈心分享、信任、情感沟通都在这一刻展现出来，林妙妙顺利渡过了高考这一关，与高质量的父女关系分不开。

唐纳德·温尼科特描述了父亲角色的重要性：一是父亲对母亲的支

---

[29] 同[27]

[30] 石丹理,韩晓燕.对父母亲职及亲子关系质量的调查及观点——以上海青少年为例[J].浙江学刊,2007（2）：185-191.

持作用，家庭生活幸福美满，最先察觉的人会是小孩，会因此活得更轻松、更满足，也更容易养育，以此来表达他的感激。二是父亲与孩子的关系为设立规则、适应社会提供了支持，父亲成为规则与秩序的代言人，因为规则与秩序向来是母亲努力在孩子的生活中培养的。父亲并不需要随时在场才能做到这件事，可是他必须常常出现，让孩子晓得他是真实存在的，是一种权威的存在。三是父亲给予孩子安全感，有父亲参与教育的家庭里，孩子更容易建立规则，也能学习父亲身上的正面特质。孩子通常会想要了解父亲的为人，父亲就在身边，也愿意了解自己的小孩，这个小孩就很幸运，而且最快乐的是父亲会大大充实他的世界。当孩子注视父亲时，至少有一部分是根据自己所看到的或是以为自己看到的，来塑造理想的父亲形象。当父亲逐渐透露早出晚归的工作性质时，孩子也会觉得，仿佛有个崭新的世界向他展开。

再以张爱玲为例，胡兰成已有妻妾，她并不在意，张爱玲是卑微的。回顾张爱玲与父亲的关系能发现端倪，父亲性情暴戾，封建家长式的专断、粗暴、虐待多于父爱，渴望拥有父爱的温暖，是"张爱玲一辈子都在追逐父爱"的缘故。电视剧《以家人之名》的主人公李尖尖由父亲一个人抚养长大，李爸爸温和、有力量，在挫折中总能保持乐观积极的态度应对生活，耐心地陪伴和养育女儿，以父亲的胸怀和力量支撑女儿成长为一个阳光自信、勇敢善良的女孩。

亲子关系对孩子教育的影响，一方面源于家庭的完整性，夫妻和谐、共同携手养育固然是理想的，但并不是所有家庭中的父母都具备足够好的父母特质。父母受到原生家庭的影响，在养育孩子的过程中自然会出现各种各样的问题，但是亲子关系质量对家庭教育的关键在于敢于面对问题、愿意反思成长，哪怕是单亲家庭，愿意用爱滋养孩子的父母都会养育出内心充盈的孩子。

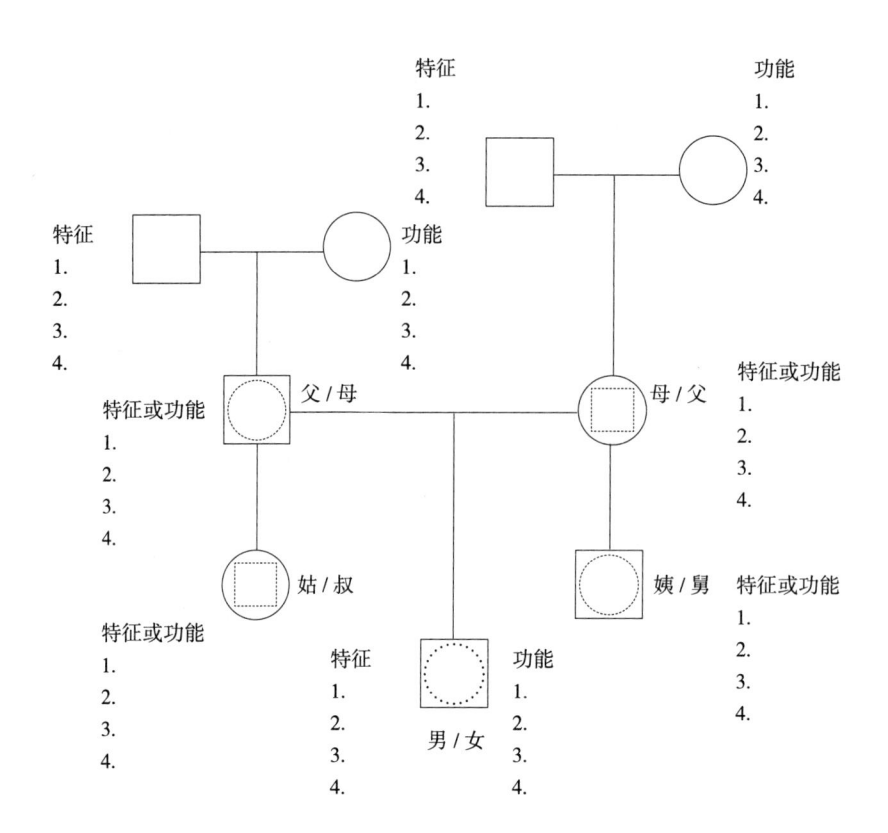

236　家庭心动力：青少年成长的原点与突破

```
                              特征              功能
                              1.                1.
                              2.                2.
                              3.                3.
                              4.                4.
                            ┌─┐              ┌─┐
                            │ │──────────────│○│
                            └─┘              └─┘
    特征      ┌─┐      ┌─┐  功能
    1.        │ │──────│○│  1.
    2.        └─┘      └─┘  2.
    3.                      3.
    4.                      4.
              ┌┈┐            ┌┈┐
 特征或功能   ┊ ┊──父/母────母/父──┊○┊   特征或功能
    1.        └┈┘            └┈┘         1.
    2.                                    2.
    3.                                    3.
    4.                                    4.
            ┌┈┐                    ┌┈┐
            ┊○┊ 姑/叔              ┊ ┊ 姨/舅  特征或功能
            └┈┘                    └┈┘         1.
 特征或功能                                      2.
    1.          特征    ┌┈┐  功能              3.
    2.          1.      ┊○┊  1.                4.
    3.          2.      └┈┘  2.
    4.          3.      男/女  3.
                4.              4.
```

图 5-3　家谱图练习

第六章
家教效能
famil

我国自古就非常重视家庭教育，强调"养不教，父之过"，既有《诫子书》《颜氏家训》《曾国藩家训》等家教经典名篇存世，也流传有曾子杀彘、孟母三迁、岳母刺字等教子故事。梁启超用亲和平等的态度教育引导子女，培养出"一门三院士"，他对孩子说，"天下事业无所谓大小，只要在自己责任内，尽自己力量做去，便是第一等人物"。[1]心理学家陈鹤琴从儿子陈一鸣出生长达三年的观察实验，记载文字和照片达十余本，他提倡"凡是儿童自己能够想的，应当让他自己想"。[2]画家丰子恺反对把孩子培养成"小大人"，充满欢喜地与子女一起玩耍，重视孩子的独立精神，他提倡子女独立后与父母分居，"双方同意而同居者，皆属邻谊性质，绝非义务"。[3]作家钱锺书在女儿成长关键期一直陪伴，鼓励女儿自己查找、自己解惑，夫妻在家经常讨论古诗和学术问题，感染着女儿钱瑗，拨动了女儿对文学的好奇心，促使她最终成为才女教授。

西方文化也非常注重家庭教育，达尔文出版了《一个婴儿的传略》。美国第40任总统里根12岁时，不小心踢碎了邻居家的玻璃，需要赔偿12.5美元，父亲说，"我先借给你，一年后还我。"此后他节假日外出打工，经过半年努力还给了父亲，父亲引导里根认识到，做错事了可以被安慰，但要学会面对错误并承担责任。

父母的育儿观念，教养子女的方式方法，父母对孩子的榜样示范作用，在孩子的成长中发挥着不可缺少的作用。电视剧《家有儿女》中，父亲夏东海把自己当作孩子们的朋友、知己，以平视角度面对孩子们，

---

[1] 梁启超. 梁启超家书[M]. 北京：中国言实出版社，2017.
[2] 陈鹤琴. 家庭教育[M]. 北京：中国青年出版社，2012.
[3] 丰子恺. 子恺画集[M]. 北京：海豚出版社，2013.

共同交流和剖析问题，既对孩子有明确的规范要求，又充分尊重孩子的话语权和个体差异性，看到孩子们身上的闪光点及时肯定鼓励。在日常生活中他也树立积极的榜样示范作用，当遇到困难时能以乐观诚实的态度应对，积极寻求解决问题的方法，合理进行自我情绪调整。

第一节 育儿观

《家有儿女》中，古灵精怪的刘星说起父母对待他与夏雪不一样，"凭什么她能旷课我就不能旷啊，同样的家庭、同样的父母，同一件事情她是对的我就是错的呀"。青少年来访者也经常出现类似的拷问，"我弟做什么都对，我怎么就不行？""我妹在家什么活儿都不做，为什么挨骂的总是我？"有些子女敏感地觉察到父母对自己兄弟姐妹间的差别化对待，个别父母对待男孩女孩的态度、期望更是明显不同，"一碗水端平"似乎难以实现，"厚此薄彼"常在不经意间发生。

《诗经·小雅·斯干》中："乃生男子，载寝之床，载衣之裳，载弄之璋。其泣喤喤，朱芾斯皇，室家君王。""乃生女子，载寝之地，载衣之裼，载弄之瓦。无非无仪，唯酒食是议，无父母诒罹。""弄璋""弄瓦"一字之差，含义却大相径庭。传统社会，男孩被寄予高期望，女孩则期望她"老实本分，多做家务"。男女有别的育儿观念传承千年，至今或多或少影响着现代人的家庭教育。

一、"重男轻女"育儿观的演变

父系宗法制度，世系由男性传递，财产也按父系继承，"养儿防老"指儿子是赡养父母的责任承担者，没有儿子传承，意味着"断了香火"，家族中男子众多在社会各方面均明显占有优势。"嫁出去的女儿泼出去的水"，女孩长大后要嫁到别的家庭，不再是原生家庭的成员。男孩成为被重视的一方，而女孩则变成了无足轻重的存在，"不孝有三，无后为大"演变成了基本伦理规则，女性婚后没有生育男孩，会成为一种罪过，列入"七出"之一。

现代社会，人们对男孩、女孩的期待发生了变化。社会保障制度的建立使得养儿防老不再是一个刚性需求。养育儿子反而花费更多，教育成本更高，青春期的逆反更激烈，成家后需要买车买房，父母心身压力更大，核心家庭成为主流，也不太需要男性的武力来保护家族利益；女孩更加贴心，在父母步入老年后能给予更温暖的照顾，女性的细致和顾家，使得有些父母出现了"重女轻男"倾向。不可否认，重男轻女传统的影响仍然存在。《都挺好》中的苏明玉、《欢乐颂》里的樊胜美、《安家》里的房似锦，依然上演着"重男轻女"观念对女性的束缚和伤害。

重男轻女的育儿观念在现代社会中呈现出多元化特点，既有传承保持，也有改进扬弃。具体到每一个家庭中，父母的育儿观对子女心理成长发展的影响则是深远持久的。

二、现代家庭的育儿观

学术界对于育儿观这一概念并没有明确且统一的定义，通常说到育儿观，往往是指父母对于孩子的发展、可塑性及教育子女过程中表现出来的观念。

有学者将育儿观念区分为儿童观、父母观、发展观；[4] 也有学者认为家长教育观念包括家长的人才观、教子观、幼儿发展观、亲子观四个方面；[5] 还有研究者认为家长教育观念包含儿童发展观、教育观、

---

[4] 徐勇田，刘芳.浅谈新时代家长应该具有的"三观"[J].好家长，2019（29）：3.

[5] 黄河清.父母教育观念误区及导向探讨[J].天津市教科院学报，2002(03)：46-49.

期望观；[6]另有些研究者将家长教育观念分解为两大方面，一是"什么是幼儿发展"的理解，二是"幼儿应如何发展"的理解。[7]

本书研究者界定家长的育儿观，是指家长对儿童发展与家庭教育的认识和看法，包括子女观、教育观、期望观三个方面。子女观，指家长对儿童及其发展的认识和信念，包括对儿童的身心特点、儿童期的意义与价值、儿童的身心发展规律、亲子间的关系等方面的认识。教育观，指家长对于子女教育方式、途径、态度的认识和看法。期望观，指家长对子女人生发展方向的想法、态度和价值取向。

（一）成人育儿观与青少年、儿童觉察的父母育儿观比较

儿童觉察的父母育儿观三因素均不存在显著的性别差异，说明现在的父母看待小学生没有明显区别。成人的期望观与青少年觉察到的父母期望观均存在显著的性别差异，父亲对子女的期待要高于母亲，青少年男性感受到父母对自己的期望要高于女性青少年，青少年感受到父母看待儿子与女儿的观念还是有差别的，说明望子成龙、男女有别的传统观念总是以这样那样的方式影响着人们。（见表6-1）

---

[6] 邹萍，杨丽珠.父母教育观念类型对幼儿个性相关特质发展的影响［J］.心理与行为研究，2005，3（3）：182-187.

[7] 李凌艳.国外父母教育观念研究综述［J］.学前教育研究，1995，54（06）：60-61.

表 6-1　育儿观的年龄与性别差异

群体	育儿观	期望观	子女观	教育观
成人 （N=1297）	男（n=292）	5.3 ± 1.44	5.5 ± 1.65	6.2 ± 0.99
	女（n=1005）	4.9 ± 1.43	5.4 ± 1.54	6.1 ± 1.01
	t	4.462***	0.626	0.508
青少年 （N=976）	男（n=413）	5.8 ± 1.19	4.8 ± 1.90	5.6 ± 1.33
	女（n=563）	5.0 ± 1.52	4.5 ± 1.88	5.5 ± 1.30
	t	−8.551***	2.072*	0.372
儿童 （N=374）	男（n=193）	5.5 ± 1.54	4.9 ± 1.97	6.0 ± 1.27
	女（n=181）	5.3 ± 1.49	4.7 ± 2.08	6.0 ± 1.20
	t	1.466	1.012	0.259

（二）父母育儿观与儿童、青少年心理发展的关系

家庭治疗理论认为某些家庭成员之间存在一种循环因果归因方式。[8]比如，孩子说"我之所以表现得像个孩子，是因为你把我当作一个孩子对待"，家长则回应"我把你当作一个孩子，是因为你表现得像一个孩子"。重新组织此论断，"我表现得像个孩子是因为你把我当作孩子看待，这使得我表现得更孩子气，而这又使得你继续把我当孩子对待"。当一个家庭成员对其他成员的行为产生反应，行为的相互作用就联结在一起，建立一连串互动关系，对上一个刺激的反应行为既作为反馈又作为新刺激来引发后续互动，父母与儿童之间不仅是单向输出的因果关系，更是一种交互影响、互动共生的密切关系。父母起初的育儿观是家庭教育中的启动因素，影响着儿童的心理发展，接下来儿童的发展状况又会影响父母新的育儿观和教养行为。

西格尔（Sigel）和麦吉利库迪·德利西（McGillicuddy-DeLisi）发现，

---

[8]（美）尼科尔斯,施瓦茨.家庭治疗基础[M].林丹华,等译.北京：中国轻工业出版社，2005.

3-4岁儿童的认知水平和家长的教育观念显著相关；约翰逊（Johnson）和马丁（Martin）发现，父母持儿童发展观积极影响儿童，持遗传论则产生消极作用。帕拉斯基沃普洛斯（Paraskevopowlos）指出，母亲对儿童判断越不准确，儿童的发展水平越差。[9] 本书研究者调查发现，父母的育儿观与儿童、青少年自我认知、心理脚本和心理图式间的相关，证明了类似的结果。（见表6-2）

表 6-2　儿童、青少年心理发展与其父母育儿观的相关

父母育儿观	自我认知		心理脚本		心理图式	
	青少年	儿童	青少年	儿童	青少年	儿童
期望观	0.012	−0.028	−0.164**	−0.059	−0.247**	−0.231**
子女观	0.080*	0.060	0.091**	0.008	0.186**	0.155**
教育观	0.218**	−0.029	0.105**	0.050	−0.270**	−0.274**

青少年的自我认知与父母的子女观、教育观显著正相关，父母对两性的态度、观念越趋于平等，并且重视家庭教育的作用，子女的自我认知评价越正向。青少年的心理脚本与父母的子女观、教育观显著正相关，与父母期望观负相关，儿童的心理脚本与父母期望观、子女观和教育观相关不显著，父母对年龄较长子女的期望值高于子女的实际能力，子女的情感和人际关系出现困扰的可能性增大，此种影响在儿童身上并不明显，可能年龄较小的儿童对于父母的期待的实际含义并没有深刻理解，还有，父母对儿童的期待可能并没有清晰明确的要求，儿童感受到的父母的期待可能是模糊的。儿童与青少年的心理图示与父母的期望观、教育观呈显著负相关，父母对孩子期望值过高，教育要求过高，孩子的认知发展水平趋于封闭，看待问题容易固执，不够灵活，父母对子女平等

---

[9] 李凌艳.国外父母教育观念研究综述[J].学前教育研究，1995，54（6）：60-61.

对待，可促进子女心理图式的开放性。

（三）原生家庭影响父母育儿观的案例解读

F先生，已婚，儿子9岁。父亲在F幼年时期长年不在家，是一个缺席者。F从小与母亲关系亲密。F母亲强调学习改变受苦命运，但对他的学习具体支持并不多，偶尔调皮捣蛋，母亲会拿笤帚疙瘩打他。初中前学习压力不大，高中时一次考试成绩不错，F的学习自主性被激发了，学习成绩直线上升，F学习靠自主，父母对F学习的陪伴、指导等经验基本没有。

F的儿子上一年级时，老师反馈孩子跟不上，F开始焦虑，觉得以前太溺爱孩子了，应该严加管教，尤其陪着写作业特别生气的时候，就忍不住会发脾气。现在儿子回来不让F看他的试卷，不告诉F在学校发生的事情，有一次跟别人打架，带伤了忍着，问他才说。儿子对F的教育方式表现出不满意，考得好就跟父母要奖励，考得不好就不说。最近一次打儿子有还手的迹象，F强势镇压了，给了一巴掌，儿子才安生了，但感觉儿子心里应该不舒服。

F希望儿子的人生成就超过自己，可又担心自己的期望太高不理性，还想让孩子像自己小时候一样自由发展，有一个健康快乐的童年；学习方面不用太管，靠其自主性，现在孩子学习成绩不理想，引发了F的焦虑，责怪孩子没有上进心，开始增加对孩子学业的干预。F面临自己无法处理的内心冲突，无意识地将压力和焦虑转嫁到孩子头上，采取的应对措施相对简单粗暴，并不得法，给自己的理由是"说别的都不管用，打孩子比较有效"，以求自我安慰。

F的育儿观和教养方式明显受到原生家庭的影响。幼年时惹怒母亲会被追着打，现在自己对待孩子会不自觉重复此方式。父亲缺席，F没有学习到父亲面对孩子的困扰时如何处理，他也不会沟通、理解、共情孩子，也难以引导孩子解决困难，当孩子表达自己的想法、愿望和情绪时，他的反馈、理解、支持不足，孩子感到失望、委屈，这种负性经验不断累积，孩子也学习到了父亲的应对模式，经常"心事重""爱生闷气""受了委屈也不说"，发生了消极事件也不愿向爸爸述说，对父亲的信任依赖度较低，变得比较封闭。F持有"树大自然直，子女不用太操心"的育儿理念，对孩子是放任的，其实是放弃父亲的责任。比如孩子的学习意识需要父母的引导，勤奋感的建立需要父母的督促和陪伴。

F反思养育孩子不够客观，将自己的成长艰难投射到孩子身上，看到与自己的成长过程相似的部分，但并不能真正理解孩子基于自身成长背景的感受体验。F看到儿子上辅导班很辛苦，体谅儿子，给到孩子一些支持，对孩子的陪伴确实多，孩子需要家长陪伴，不希望儿子再重复自己的经历，但更多是象征性地补偿自己幼年时父亲的缺失，而非平等地询问孩子需要什么样的帮助。经过辅导，F觉察到自己和儿子成长经历的差异，比如他的自主性相对强一些，孩子的自主性相对差一些，而自己出于补偿对儿子的陪伴甚至溺爱多。现在的父母陪伴教育孩子，要能够与孩子平等开放交流，管理好自己的情绪，与孩子的互动起到积极的示范作用，耐心呵护，促进孩子的自信。

（四）家长育儿观与儿童心理成长关系的案例解读

受访家庭由父母和一儿一女组成。儿子13岁，六年级；女儿6岁，一年级。儿女的生活与学习主要由妈妈照料，爷爷奶奶住同一小区，也会参与孩子的养育。

妈妈对儿子的期待非常高，认为儿子天赋好，学习能力强，希望他能保持第一名，至少保证前三或者前五。妈妈认为男孩是家里顶门立户的，地位重要。爷爷会对孙子说："咱家都没有出过这么牛、这么厉害的读书人，爷爷就有一个目标，你出国留学需要花几百万，我都可以供着你。"男孩考了第一名，家里给他买了很贵重的礼物，全家人更是不吝鼓励表扬。儿子提的要求通常都会被满足，比如他喜欢陀螺，一周买一个，前前后后买陀螺花费将近1万块钱，因为他喜欢，家人还会陪着去参加比赛。同时对儿子管教多，要求严格。儿子从小到大，爸爸没怎么带过，对儿子的照看陪伴缺失很多，孩子也觉得父亲没什么存在感。近两年，爸爸想参与孩子的管教，但孩子不认同，父亲恼怒时会吼甚至打孩子，孩子就更不服气。父子间冲突明显，父亲想管教却无力。儿子一年级时妹妹出生，妈妈要照看女儿，对儿子的生活照顾减少，也顾不上督促学习，儿子放学回家会先写作业，学习自主性很强。

对待女儿，家长们均没有过高期待，只希望她保护好自己，生活、学习尽力就好。女孩考了满分，父母高兴，但不会有特别的奖赏，担心夸奖女儿会让儿子心里别扭，就选择无视。女儿考试不理想，父母会用哥哥做比较："你看你哥哥，像你这么大的时候什么都能做好，你就做不好。"妹妹日常不会提太多要求，父母对女儿态度很温柔亲切，爸爸每晚会先哄她睡着再回自己屋。妈妈每天会陪她打卡，给她读故事，检查作业。

儿子大方从容，但遇到困难就会发脾气，躺沙发上、躺地上，躺那儿就哭，怎么也哄不下来，只有自己哭够了，才会停下来。有一次背诗，说为什么第二句总也想不起来，在家里哭了半个多小时，怎么安慰都不管用。儿子在意"你真好，你真棒"之类的称赞，更想着轻松获得赞许，如果需要付出较大努力，他觉得麻烦，就会放弃。遇到困难任务，担心自己做不好，比不过别人，干脆就不做了，父母即使鼓励他，他也没有信心。儿子遇到难题容易情绪化，一次丢了一本书，自己没办法了，出现极端的情绪爆发，需要家长劝他，给他想办法才能缓和过来。与别人意见不一致，会感觉对方不理解他，特别生气，"凭什么就得按你的呢"，老师反映说和他关系友好的同学很多是与父母冲突激烈的学生。

女孩上学后当了班长，见人会有点忸怩，又很愿意表现自己，不高兴了也会大哭，但一哄就不哭了。女儿写作业拖拉，父母批评说："算了，别做了，烦死了。"她会说："妈妈，你相信我，我一定能做好的。"

遇到困难时会想各种办法，自己承担、解决。女儿善于表达自己的情绪，不高兴会说我不高兴了，遇到事情容易变通，更讨家人喜欢，会对长辈说一些特别贴心的话，哄着你开心，愿意满足她的愿望。朋友特别多，在一块儿会很开心。

父母面对儿子和女儿，育儿观念明显不同。望子成龙，期望男孩将来顶门立户，对女儿则只是希望她简单快乐生活就好。爷爷奶奶的重男轻女观念更重，对女孩的出生没有太在意，只是女儿越长大越可爱，祖辈和父母的喜爱就逐渐增加了。对男孩的学业要求严格，符合期望就鼓励和表扬，充分满足要求；对女儿则多是淡然处理，不要求也不鼓励，偶尔还会借助与儿子比较打压女儿。但对孩子的陪伴反而是男少女多、男疏女亲。

妈妈的原生家庭"重男轻女"，她需要外部评价证明自己的优秀，自我认可度不高。当了母亲后，更激发了自己不被接纳的创伤，将高期待、高要求转嫁到儿子身上，也没有识别儿子物质要求不断背后的精神和情感需要。当儿子的学业能够满足这种高期待时，家人皆大欢喜，高期待似乎还是孩子努力学习的动力来源；当孩子因各种原因无法满足父母的高期待时，则会被家人认为不再努力了、受到错误的诱惑了，等等，而没有去探触儿子心灵深处的诉求，此时高期待纯粹转化为压力，孩子面对无法消除的压力可能逃避，甚至行为变形。男孩的情感依恋需求满足不够，安全感有所欠缺，通过各种互动反复试探和确认自己在父母心中的地位，包括跟父母发脾气、提各种要求，可能是一种不断试探父母态度的尝试。男孩被理解、被接纳的情感体验不足，导致对自身负面情绪不容易识别、接纳、化解，孤独感更强。父母并不怎么表扬鼓励女孩，但彼此间却存在真实的互动。男孩与同伴意见不一时，会对控制与反控制更敏感，会问自己为什么要被对方控制，潜台词是他生活中被家人控制的部分多。他喜欢结交与父母有冲突的同学，这些可以看出他将家庭中的被控制与反抗投射到同伴关系中，借助朋友表达了自己的负向情绪和自主性。

父母反思自己，认为对待儿子像陪伴女儿一样沟通交流多些，儿子与父母的关系会更亲密些，对女孩没有过高期待，给了女儿自由成长的空间，她能自主地发展自己的兴趣爱好。总体上，这个家庭的长辈对男孩高期待、高要求、高满足，少陪伴，男孩在成长中要面对更多家长的张力，自主性明显受限，尤其当孩子能力不足、条件不够、不再能满足家长们的高期望、高要求时，父母反而变成了压榨孩子的一条绳索，诸如"我们做父母的，这么辛苦为了什么呀，不都是为了你好吗，而你现在却是这样"，等等，自我力量不足的孩子再加上青春期的身心冲突，很容易就会出现心理和行为问题；对女孩则属于低期待、低要求、低满足，多陪伴，女儿稍有一些讨好型人格的倾向，但整体发展还算积极。案例中父母的育儿观有一些不恰当的方面，但家庭关系还算和谐，父母也具有较强的反思能力。在此基础上，调整育儿观念，修复亲子关系，子女发展应该能走入满意的轨道中来。对子女的适宜期待、恰当要求、理性满足和充分陪伴，能够形成相对更有利于他们成长的家庭心理环境。

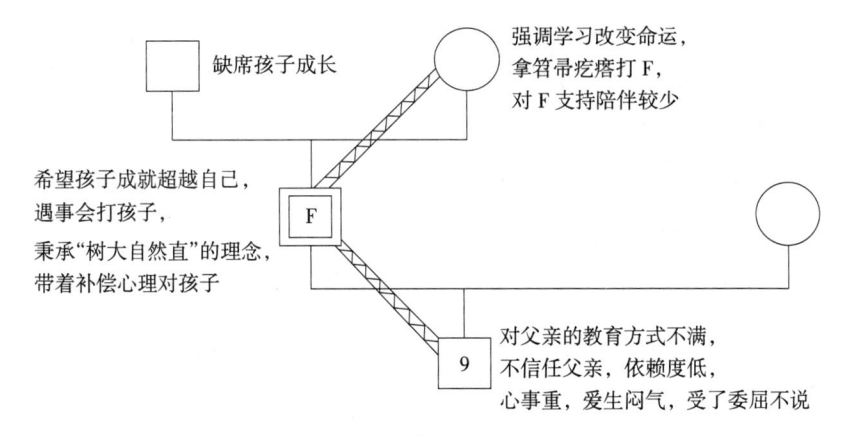

图 6-1 原生家庭影响父母的育儿观

第二节　父母教养方式

"严父慈母""棍棒底下出孝子""虎妈猫爸""要跟孩子做朋友",展现了种种不同的教养方式。《小欢喜》中,方家父亲方圆并不一味施压,创造了充分宽松的家庭氛围,给儿子很多理解和支持。乔家母亲宋倩则对女儿英子高度管控,导致英子想用自杀解脱;父亲乔卫东充满内疚,会充分满足孩子的需求,但对孩子的心灵困境也无力纾解。季杨杨正处于关键成长期,因父母缺席,表面看着潇洒张扬,背后实则心理创伤严重。父母养育孩子难免延续各自的风格,依据父母养育子女责任、权力水平的划分,教养方式可以区分为民主、权威、溺爱、放任、混合五类。

一、什么是教养方式

弗洛伊德最先注意到父母的养育方式,他认为父亲负责家庭的规则和纪律,而母亲负责爱与温暖。[10]西尔斯(Sears)提出了教养方式的两个概念:温暖和控制。[11]1967年,美国鲍姆林特提出"父母教养方式",做了观察分类,包括专制型、权威型、放纵型。[12]鲍德·温将

---

[10] 梁春光. 小学生父母教养方式与学业自信的关系研究 [D]. 天津师范大学, 2018.

[11] Seeman M, Sears R R, Maccoby E E, et al. Patterns of Child Rearing [J]. American Sociological Review, 1957, 22(5): 604.

[12] Baumrind D. Current Patterns of Parental authority [J]. Developmental Psychology, 1971, 4(1): 1-103.

教养方式界定为"情感温暖—敌意"与"依恋—干涉"两个维度。[13] 霍夫曼重点研究对儿童的惩罚，分为"强制"与"爱的收回"两类。[14] 前者主要指体罚、拒绝、剥夺、威胁等行为强制，后者指冷漠、孤立等情感断裂。达林（Darling）和斯腾伯格（Steinberg）认为，父母的教养方式是由父母的态度、行为和非言语表达组成的，是一个跨情境稳定的组合。[15] 父母在对子女的抚养和教育过程中，不仅仅会通过言语、行为方式和生活态度影响他们的观念、行为模式等，还可能由于他们无意识的非言语信息对儿童的情绪、情感等产生影响，而且这些影响往往不会发生变化。

本书研究者定义教养方式为父母在抚养教育子女过程中，常常表现出来的具有一定不变性的对待子女的方式，是父母各种教养行为特征的概括。

二、五种主要的教养方式

界定父母的教养方式存在两种思路，一是考察教养行为所具有的鲜明典型特征，贝克（Becker）、奥尔森和沙格尔（Shagle）提出父母教养方式的三个维度：控制—自主、温情—敌意、焦虑—平静，并划分出民主型、骄纵型、权威型、保护型、控制型、专制型、忽视型、过敏型

---

[13] 孔克勤，叶奕乾，杨秀君．个性心理学［M］．修订版．上海：华东师范大学出版社，2006．

[14] 赵汗青．家庭教养方式研究的发展进程［J］．商丘师范学院学报，2006（6）：160-162．

[15] Nancy Darling& Laurence Steinberg, Parenting Style as Context: An Integrative Model［J］, Psychological Bulletin, 1993: 113（3）, 487-496.

等八种教养类型。[16]另一种侧重考察具体的教养行为，佩里斯（Perris）、杰克布森（Jacobsson）、林德斯特姆（Linndstrm）、克诺林（Knorring)和佩里斯（Perris）提出了剥夺、惩罚、宽容、鼓励在内的十五种父母教养行为，[17]Van Leeuwen 等从积极养育、监控、规则教养、给予自主等九个维度评估教养行为，不足的是对教养行为的共性作用关注不够。

结合两种思路，美国的鲍姆林德（Baumrind）提出要求和反应性两个维度，据此进一步区分为权威型、专制型、溺爱型、忽视型四种父母教养方式。[18]麦科比（Maccoby）与马丁（Martin）指出了回应与要求的二维结构，据此分为权威型（高要求—高回应）、专制型（高要求—低回应）、宽松型（低要求—高回应）、忽视型（低要求—低回应）四种教养类型。[19]本书研究者在调查与访谈中将父母的教养方式区分为民主、权威、溺爱、放任和混合五种类型。

（一）民主型教养方式

父母将子女视为独立个体，注意调动子女的主动性，促进子女的生活自我管理，家庭事务尤其涉及子女发展的决策会听取子女的意见。父母积极关注子女，对孩子存在无条件接纳，对孩子更多真诚关心；父母

---

[16]陈颖.父母教养方式相关研究文献综述［J］.中外企业家，2010（4）：215-216.

[17] Perris C, Jacobsson L, Linndstrom H, Knorring L, Perris H. Development of a new inventory for assessing memories of parental rearing behaviour［J］. Acta Psychiatrica Scandinavica, 1980, 61（4）: 265-274.

[18] Baumrind D . Parental Disciplinary Patterns and Social Competence in Children［J］. Youth & Society, 1978, 9（3）: 239-267.

[19] Maccoby E E, Martin J A.Socialization in the Context of the Family: Parent-Child Interactions［J］. Handbook of child psychology : formerly Carmichael's Manual of child psychology, 1983（4）: 1-100.

对规则的制定明确清晰，会与孩子具体约定可做的与不可做的事情的范围与清单；父母通过协商方式处理孩子的不合理行为，而非严厉地约束；父母尊重孩子的自主性，对孩子自己的和自己能力所及的事务，尊重他们的决定，对孩子的要求则事先限制而非单纯事后指责。父母能积极参加子女的活动，分享子女的快乐，对子女的尝试和成就给予更多的赏识和鼓励。当子女遭遇生活挫折或情感困扰时，父母能够给予积极的情感抚慰和心理支持，陪伴子女顺利度过心理危机，收获人生经验。

陈晓燕调查显示，宽松、民主且边界清晰的教养方式对青少年良好心理品质的形成最有利，父母对子女的理解、关心、信任和鼓励显著影响子女的积极心理状态。[20] 父母的民主型教养方式有助于减少子女的学业倦怠感，有利于孩子人际的和谐交往，可以帮助子女降低焦虑、孤独、沮丧等负性情绪，减少发怒争吵、打架斗殴、冲动行事等行为问题风险。卡尔森发现，父亲与子女联结紧密、互动频繁、陪伴温暖，子女会明显降低撒谎、毁物、酗酒、外宿、过早性行为等负面行为风险。[21]

拜尔斯指出，父母民主平等的教养有利于子女隔离环境负面信息，内化家长的积极价值观。[22] 库珀史密斯（Coppersmith）[23] 发现，民主型教养方式的孩子高水平自尊的概率更大。钱铭怡等发现，父母更多

---

[20] 陈晓燕. 昆明市中学生心理健康现状及原因调查分析[D]. 云南师范大学，2003.

[21] Carlson M J. Family structure, father Involvement, and Adolescent Behavioral Outcomes [J]. Journal of Marriage and Family, 2006, 68（1）: 137-154.

[22] Beyers J M, Bates J E, Pettit G S, Dodge K A. Neighborhood structure, parenting processes, and the development of youths' externalizing behaviors: A multilevel analysis[J]. American Journal of Community Psychology, 2003, 31（1-2）:35-53.

[23] Coopersmith S. The antecedents of self-esteem [M]. San Francisco: Freeman, 1967.

的情感温暖，有助于子女形成高水平自尊及自我效能感。[24]朱李婷等指出，父母缺少情感温暖是子女人格障碍的危险因子，民主型教养方式更容易激发子女的非侵犯性、合作愿望和成就动机，促进子女社会生活领域的舒适感和愉悦感，容易善解人意，与人和平相处，行为处事稳重，自尊自信水平高。[25]

（二）权威型教养方式

父母将子女视为自己的附属品，通常会用强制性手段逼迫孩子对自己言听计从，不接受孩子有自己的想法，不能容忍他们表达和父母不同的意见。漠视子女的个人兴趣和意见，对自己认为正确的价值观固执己见并力求灌输给子女，当子女违背父母的意愿和想法时，轻则训斥，重则打骂，多以粗暴的方式面对亲子冲突。如果父母像高高在上的法官，出现问题就将责任推到孩子身上，批评辱骂孩子，过分干预孩子学习，就会引发孩子对学习的倦怠感，逃避课堂。[26]迈克比（Maccoby）发现父母的奖惩与青少年子女的攻击性行为高度相关，[27]父母奖赏多、接受度高，子女呈现更多社会需要行为，父母惩罚多、拒绝度高，子女缺乏安全感，容易出现叛逆、攻击行为，呈现神经质等特质。权威型的父母判断子女行为多以自己的价值观为对错标准，难以接纳自己眼中子女的微小错误，多训斥或惩罚子女，孩子的自主性和创造性被极大压制，

---

[24] 钱铭怡，肖广兰.青少年心理健康水平、自我效能、自尊与父母养育方式的相关研究[J].心理科学，1998，21（6）：553-555.

[25] 朱李婷，刘远亮.大学生人格偏离与父母养育方式等因素相关性的实证研究[J].南京航空航天大学学报（社会科学版），2003（2）：5.

[26] Baumrind D. Current patterns of parental authority[J]. Developmental Psychology, 1971（4）:1-2.

[27] 同[19]

容易引发孩子对惩罚的恐惧感、敌对感与不合作,如果压制超过孩子的心理承受能力,子女更能体验到较强恐惧、焦虑等负性情绪,出现歇斯底里、攻击甚至自伤行为。

(三)溺爱型教养方式

父母娇宠孩子,将孩子放在家庭中的中心地位,对孩子的要求无条件给予满足,或者包办孩子的一切事情,不让孩子自己面对问题,子女处于一种被过度保护的状态。许多独生子女家庭的"四二一综合征",双方祖辈四个老人和父母都将自己的关注点放在独生子女身上,"捧在手里怕掉了,含在嘴里怕化了",呈现家长包办的极端状态。溺爱型与权威型教养方式,两者的本质是一致的,都是不尊重儿童自主性的发展规律,区别在于后者是父母对儿童自主性的完全压制,而前者则是父母对子女自主性的完全纵容,而不管儿童是否有能力实现自己的自主性。

(四)放任型教养方式

父母忽略儿童,任由其自己成长,没有能力或精力对子女进行管教,对孩子的学习、生活漠不关心。也许是家庭经济条件比较富裕,但父母忙于自己的工作、事业而无暇照顾子女,将子女交给祖辈或者保姆来带,长大后将其送往寄宿学校,交由老师和宿管人员管理;或者是家庭经济情况较差,父母外出打工,儿童留守家中,交由老人或亲属照管,父母对子女的生活、成长等比较疏离,参与度不够,任其自然发展,给予子女的抚慰温暖和榜样陪伴都较为缺乏。放任型教养方式对青少年精神病性问题影响深远,缺乏温暖与亲密体验,并疏于对子女的照看与监护,使得这些家庭的孩子更容易出现压力感、低自尊感、无助感等负面情绪,以及更多的焦虑、抑郁、沮丧等精神健康问题。洛伯发现,家庭教育中父母参与过少,对子女照顾缺乏,导致孩子问题行为和违法犯罪的风险更高。[28]

（五）混合型教养方式

许多家庭并非上述某一种教养方式贯穿始终，家庭教育往往融合不同的教养方式，父母在家庭事务某些方面较为民主，在另外一些家庭事务中会强调自己的权威。这种教养方式的融合，可能是由于父母在家庭教育中的分工不同；或者是大家庭中，孩子的教养有祖辈或其他亲属参与，但家长们的教养方式并不统一，造成子女感受到的家庭教养方式因人而异，差别很大；或者在孩子的不同成长阶段父母的家庭教育参与度不同，而父母的教养方式有很大差异；或者父母自身对孩子的教育比较随性，受自身情绪波动影响较大，此类教养方式称之为混合型或波动型。祖辈帮助带孩子的话，教养方式往往倾向于溺爱型，更加注重对幼儿生活起居的照料，容易忽视对幼儿社会行为和心理发展等方面的关注。父母放任型的教养方式加上祖辈溺爱型的教养方式，使得自我中心阶段的幼儿调控自身行为的能力发展受限。

（六）父母教养方式的调查

本书研究者调查教养方式的结果显示，在被调查的所有家庭中，民主型1865个，占比70.5%；混合型358个，占比13.5%；权威型169个，占比6.4%；溺爱型162个，占比6.1%；放任型最少，仅93个，占比3.5%。（见表6-3）当前的家庭，多数父母具备民主平等的教育理念，尊重孩子的自主性，能给予子女必要的温暖支持和安全保护。也有一部分父母仍然受"棍棒底下出孝子"等观念影响，延续原生家庭的权威型教养方式。对子女成长忽视、放任的比例最低，某种程度

---

[28] Loeber R, Stouthamer-Loeber M. Family factors as correlates and predictors of juvenile conduct problems and delinquency[J]. Crime and justice, 1986（7）：29-149.

表 6-3 不同教养模式影响青少年心理成长的差别

心理发展	民主	权威	溺爱	放任	混合	F
n	1865	169	162	93	358	
自我认知	20.0 ± 2.48	18.0 ± 4.11	19.4 ± 2.74	17.7 ± 3.73	19.0 ± 3.13	17.143***
心理脚本	21.7 ± 5.3	17.5 ± 4.96	20.5 ± 5.27	18.4 ± 4.88	20.8 ± 4.9	17.175***
心理图式	22.4 ± 5.83	23.9 ± 5.12	23.5 ± 4.95	24.9 ± 4.30	22.9 ± 5.53	4.439***

上反映了现在家庭教育的"内卷"现象，父母虽然难以把握子女的成长规律，采用恰当的教养方式，但重视子女教育成为主流，放任或忽视子女教育多受客观条件制约，是极少数父母的无奈之举。调查结果也可能与被调查者有关，积极参与调查的家庭，通常比较关注家庭教育和孩子成长，采用放任型教养方式的父母，参与此项调查的意愿相对较低，也会影响调查结果。

三、教养方式对子女心理发展的影响

（一）教养方式影响子女心理成长的调查

如表 6-3 所示，教养方式不同，青少年的自我认知、心理脚本和心理图式均存在显著差异。民主型、混合型及溺爱型教养方式家庭的青少年，自我认知得分显著高于权威型和放任型，父母积极平等的教养互动能够让子女明显感受到被父母所关注、所支持，远比不尊重和没有被看到的教养方式有利，即便父母或养育者有所溺爱也比压制和忽视要好，能够让子女的自我认识更积极。民主型教养方式家庭的青少年的心理脚本显著高于其他教养方式的家庭，他们的社会化水平和情绪自我管理水平相较于其他教养方式更加自然与成熟。权威型和放任型教养方式家庭的青少年，心理脚本得分最低，说明父母过于压制，或者放任忽视，子女的情绪自我管理和人际关系等存在更多需要关注的发展问题。民主型

教养方式家庭，子女的心理图式得分略低于其他组，其认知发展水平与年龄相适合，思维方式较平和、不极端。

（二）民主型教养方式影响子女心理成长的案例解读

小X，家中成员包括父母和姐姐、哥哥，从小跟随父母一起生活，没有分开过，姐姐和哥哥都已结婚独立成家。

小X感觉自己的家庭氛围很温馨，父母的教育理念有一些分歧，妈妈比较乐观，鼓励小X"自己的事情自己负责，努力做就好"；爸爸相对保守，遇到事情会提醒女儿仔细。小X更喜欢母亲的说法，感觉这样自己具有一定的独立性，相处比较自在。小X学习成绩很好，爸爸妈妈对她很放心，基本不过问她的学习，也没有辅导她做作业，都是自己独立完成。填报高考志愿时，小X没有按照父母的要求而是自行决定，父母只是说"怎么报的志愿里就一个省内的高校，离家近些多好"，当小X遇到阻碍时，也从不说"你看你当时要是听我们的就……"之类的话。

父母不同意她的一些意见，小X会努力与父母沟通，和父母解释自己的理由；父母也会说明他们的想法，只要不是大原则问题，父母能够接纳小X的想法，尊重和配合她的决定。遇到情绪困扰和父母谈时，他们会积极地回应她，通常会耐心地问："你看我们能做什么？"也会尽力去做，如果帮不到，会鼓励小X"自己去努力""无论你怎么样，如何决定，父母都理解支持你"。

小X的父母对孩子基本能做到平等、尊重，将子女看作一个独立的个体，孩子可以有自己不同的想法和主张，能够理解、支持并接受孩子在能力范围内的自主性。当孩子需要时，他们能够给予孩子积极的情感抚慰和心理支持以及无条件的积极关注，对孩子的爱是真诚饱满的，营造的家庭氛围是温暖而快乐的。在孩子的成长过程中，父母对孩子有要求和规则、有不同意见时，可以跟孩子进行有效的沟通和交流来处理问题，并且当孩子按照自己的想法做了选择时，不会对孩子做出的决定进行事后指责。父母能对孩子的尝试和成就给予更多的赏识和鼓励。母亲的心理分化水平很高，欢迎和欣赏孩子的独立和个体化。父亲既有对孩子充分的关爱，也有适当的规则和提醒，能够尊重女儿的决定，有爱心又有原则，却没有强制、固执己见。

民主型教养方式，重要的一点就是能够倾听孩子的心声，这一对父母的表现是非常突出的。父母对孩子的情感需求，能够做出恰当而及时的回应，反馈给孩子的情感信号是敏锐、及时的。

用民主型教养方式来养育孩子的父母，自身的人格是比较成熟的，他们的情感也是比较饱满而充沛的，他们对生活持有乐观的态度，在与人交流沟通方面也是比较灵活的，能够给予孩子情感上的温暖，能够给予孩子足够的理解和支持，在孩子需要引导的时候也能够提供恰当的指导和引领；能够在深层次上接纳孩子、信任孩子、欣赏孩子，并且对孩子的独立和成长抱持鼓励和欢迎的态度。

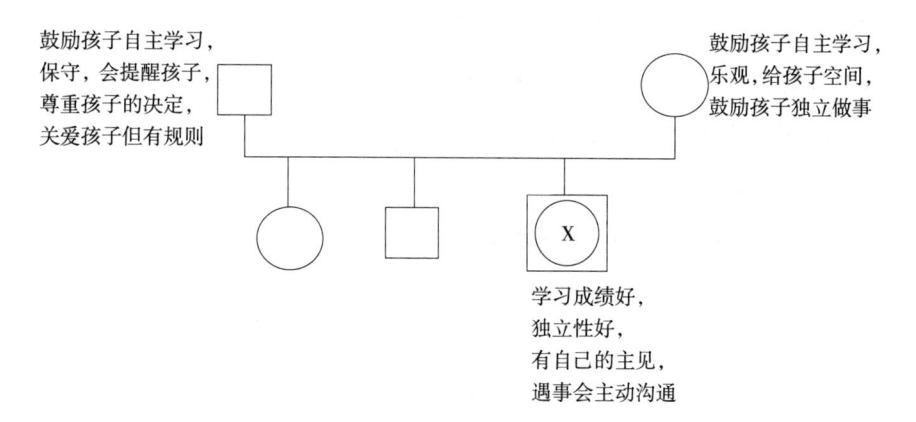

图 6-2　民主型教养方式对子女心理成长的影响

（三）权威型教养方式影响子女心理成长的案例解读

M女士，女儿小Q 13岁，上初二。

M觉得女儿学习主动性不强，需要父母催促，担心女儿考不上高中。小Q对妈妈表达略微多一些。爸爸比较专制，不在意别人的感受，有时候夫妻吵架了，爸爸还会把情绪发泄到孩子身上。

小Q平时总是兴高采烈的，偶尔会急躁，写不完作业时，会表达"烦死了，写不完了"，特别反感老师提问，担心回答不出问题，压力会很大，会影响小组的得分。小Q小时候喜欢跳舞、弹琴，特别喜欢电子琴，老师说小Q有天赋，乐理好，音准、节拍都很好，小Q就主动报班长期学习，坚持了很久。其他兴趣班都是父母给小Q报名学习的，需要爸爸妈妈催促完成。爷爷奶奶觉得兴趣班浪费时间，认为学习最重要，爸爸也这么认为，家长们意见不一致，很难统一思想鼓励孩子学习。当孩子遇到困难时，家里其他人不怎么支持，慢慢就放弃了，几乎没有坚持学习下来的。目前小Q喜欢做饭，疫情时候在家里做各种烘焙食物，摆出各种花样，M女士觉得这些耽误学习，不愿意让女儿做这些。小Q也会控制不住发脾气，情绪不稳定又不太会调整，遇到困难会用比较激烈的、发泄的语言来表达内心的不满。

M觉察到自己平时为女儿安排得多，很少让她自己做主，造成女儿依赖心理比较重，自主能力被剥夺了。现在，M认为父母应该适当放手，培养孩子的自主性。

夫妻二人略有差别，教养方式属于权威型。父亲简单粗暴，对孩子比较严厉，导致孩子产生害怕和反感的心理。母亲的控制比较突出，只是采用了温和的方式，孩子不愿意，M会采取哄骗、讲道理、鼓励等方式，直到孩子按自己的意愿去完成，让孩子放弃自我，遵从母亲的意愿和想法。

父母不能平等对待自己的女儿，孩子被父母淹没，很难发展出孩子的独立自主性。母亲不满意女儿不承担责任,但恰恰与父母很少给孩子尝试自己做主有关,孩子真正的想法和意愿没被看到,即使看到了也不被允许和尊重。父亲的情绪发泄到孩子身上,女儿内化了一个比较糟糕的权威形象,这个形象是令自己害怕的、反感的,但又是不敢反抗的,投射转移到了老师身上,内化了一个惩罚性的、令人失望的权威形象。妈妈认为自己宠爱孩子,女儿是个听话的孩子,女儿的各种情绪、情感,妈妈也往往是忽略的。身边两个重要的人,一个爸爸一个妈妈,都是权威的教养方式,一个直接一个隐蔽,女儿要么奋起反抗,要么放弃自我,变成听话、顺从的"木偶",或者时而叛逆,时而顺从。孩子的自主性发展受到极大的阻碍,初步呈现变形的趋势。

作为父母,在必要的时候,需要给孩子提要求,让他们来完成,或者给予一些必要的引导。但是随着他们年龄和心理的发展,尤其是到青春期的时候,这些要求或者指导就需要讲究方式、方法,甚至需要父母做出一些让步,让孩子们尝试按照自己的想法去做一做。成功和失败对他们来说都是必要的经验。如果父母担心孩子走弯路或者遭遇失败,而把所有的事情都替孩子安排好,看上去像是节省了时间,走了一条笔直的大路,实则忽视了成长本就是一个过程,应该让孩子们体验不同的风景,真实地体味人生,丰富经验,然后获得认知上的完善和能力上的提升。父母为了规避风险,一手包办孩子的事情,其实对于孩子的感受来说,他们就像一只提线木偶,并不是真实活着的个体,而是替别人满足心愿、缓解焦虑的工具。

权威型教养方式的父母,需要学习心理学知识,了解孩子不同年龄阶段的发展特点,及时调整自己对待孩子的方式,要学会相信孩子,尝试放手,适当让渡一些权力给孩子,让孩子自己实践,学着为自己的事情拿主意、负责任,更有利于孩子的自我建设。

第三节 榜样示范作用

《家有儿女》中有个片段，制片人为了利润，虚假宣传了夏东海在美国的导演经历。夏东海则在孩子们面前拒绝了电视台的夸大采访，说："我一直就教育他们，做人要诚实、老实，该说什么就是什么，是什么样就是什么样。如果我必须说假话才能导的话，我宁肯拒绝。"父母作为孩子最重要的教育影响人，不只是口头上讲道理给孩子听，更应重视以身作则的示范。家庭教育"身教大于言传"，父母的榜样示范作用对孩子的影响最大，身教是家庭教育的压舱石，父母自我力量强、担当负责，子女才会自觉、坚韧。

一、榜样示范作用的内涵

父母是孩子成长的第一任老师，是孩子最重要的学习对象，是孩子客体关系的重要塑造者。"榜者，所以矫不正也"，榜样之"榜"是一种矫正弓弩的工具，"样"一般指样式、模式，"榜"和"样"的结合，是一种矫枉正曲的样式。《辞海》中，"榜样是指值得学习的好人或好事"。杨继昭指出"榜样是指对社会主体的人生发展有所启发并具有意义的人及其事迹，是值得学习的好人或好事"。[29] 赵翰章认为"榜样是在人们头脑中的先进典型、突出的人物形象"。[30] 在这里，我们借

---

[29] 杨继昭.榜样文化建设校正[J].甘肃社会科学，2004（01）：187-188.
[30] 赵翰章.德育论[M].长春：吉林教育出版社，1987.

用"榜样"一词，表达父母是孩子模仿对象的含义，榜样示范是指父母作为孩子最重要的学习对象，父母的言行举止对于孩子起到模板和示范作用。"榜样"蕴含了被模仿对象的意思，示范则强调了榜样的主动性。

榜样示范作用，既可能是积极的，也可能是消极的。积极的示范指符合及促进孩子发展的示范，婴幼儿阶段，做到以孩子为中心，父母的陪伴照顾是全方位的，哺乳、抱孩子、与其玩耍、情绪上的快乐平和满足等；青春期，父母顺应孩子的发展节奏，逐渐放权，允许并鼓励孩子自己的事情自己拿主意，相信孩子，接纳并允许孩子与父母存在分歧。消极的示范是指父母低于或者超越孩子发展的示范和要求，比如跟婴幼儿讲道理或情绪性惩罚，或者有些父母面临孩子的成长性分离，焦虑、不接纳，亲子之间产生激烈的非必要冲突，不但无效，长期重复会给孩子造成严重的心理创伤。

（一）观察学习理论的解释

美国心理学家班杜拉指出，学习是观察他人特定情境中的行为，将他人示范作为对象的模仿活动，分为四个阶段：一是注意过程，始于学习者对示范者行动的注意；二是保持过程，示范者虽不再出现，他的行为还持续影响着观察者；三是复现过程，学习者再现以前所观察到的榜样示范行为；四是动机过程，学习者受到行为结果的影响后经常表现出示范行为。观察学习理论解释的榜样示范作用强调父母外显的言行举止，注重父母外显行为层面的榜样示范作用，同时指出被模仿者参与其中，起到强化或者弱化的作用。

（二）客体关系理论的解释

客体关系理论认为个体内在的人际关系会终其一生，外在真实客体是心理客体的模板或原型，心理客体是主体投注情感能量的对象，自体是自身的内在意象，自体与心理客体二者的情感联结构成内在人际关系，联结外化到真实实体上会展现外在人际关系形态，人际关系的实质是主体情感关系的内部意象。孩子在与父母的家庭互动中，内化形成自体意象和父母的心理客体意象，意象与真实的自己及父母有些一致，有些并不一致。孩子的感受、体验愉悦舒适，会倾向于接纳认同较真实的父母意象，父母的言行举止产生直接正向的榜样示范作用，孩子愿意模仿内化。孩子感受、体验痛苦烦恼，会倾向于歪曲修改父母意象，真实的父母样子在孩子心中被压抑调整后修改成虚幻想象，体验越痛苦，父母的意象与真实的父母差别越大，此时父母的榜样示范作用是混乱的，有时是真实的父母意象产生影响，有时是想象的父母产生影响，引发儿童消极体验的父母行为模式会被子女否定但潜在模仿持续发生，幼小孩子容易混淆，难以区分真实与幻想的父母，孩子意识化与无意识化的行为模式会有明显反向差别。比如，父母惩罚多甚至有些施虐倾向的，子女意识上不认同攻击行为，但情绪唤醒状态下会自发呈现攻击行为；高控制型的父母，子女价值感低，容易顺从，但遇到特定冲突时反而容易被激怒而极端逆反。

客体关系理论讨论的榜样示范强调内在的人际情感关系模型，指出父母与孩子之间的情感联结极其重要，孩子借助体验内化父母意象与自体的关系，注重亲子情感层面的示范互动以及精神层面的交流引导。

二、父母榜样示范作用的调查

（一）不同年龄段人群父母榜样作用认识的差异

本书研究者调查发现，成人、青少年、儿童对父母榜样示范作用的认知存在显著差异。（见表6-4）

表 6-4　不同年龄段人群对父母榜样示范作用认知的比较

群体	方差分析 M±S	F	多重比较 (I)群体	(I)均值	(J)群体	(J)均值	均值差(I-J)
成人	15.7±3.09		成人	15.7	青少年	14.1	1.599***
青少年	14.1±4.25	62.927***	成人	15.7	儿童	15.9	−0.200
儿童	15.9±3.74		青少年	14.1	儿童	15.9	−1.799***

儿童的父母榜样示范认知分数最高，青少年最低，成人居中，成人和青少年没有差异，两者与儿童间均存在显著差异。儿童期子女更倾向于认同父母，对大部分儿童来说，父母是他们心目中的权威，形象高大，是正确、正义的化身，是模仿学习的榜样。青少年正在进行第二次心理断乳，与父母分化，完善自我认同，对父母认同感降低。成人对自己父母的认识会越来越趋于客观。父母的榜样示范作用，需要根据孩子的不同成长阶段不断调整亲子关系，给予子女需要的正向积极榜样示范，减少消极示范，对客体关系模型重新审视和觉察。

（二）不同年龄段人群父母榜样作用与其心理成长的相关

儿童感知到的父母榜样示范与自我认知相关不显著，青少年和成人的父母榜样示范作用与自我认知正相关。此外，无论成人自己，抑或是青少年、儿童感知到的父母榜样示范与心理脚本显著正相关，与心理图式显著负相关，儿童的父母榜样示范作用与心理脚本间的相关明显高于青少年和成人。（见表 6-5）父母的榜样示范作用越大，子女的自我认识越明确，自身情绪、情感的觉察和管控越强。父母的榜样示范作用与子女心理图式负相关，可能意味着知识信息、认知观念相比情感模式获取的渠道更多，受到的影响更多，同伴、老师和网络都会影响青少年们对世界的看法，父母只是主要来源之一，父母的视野可能变狭窄，青少年到成年人的认知明显与父母有差别，而儿童的差别则明显小些。

表 6-5　不同年龄段人群父母榜样示范作用与其心理发展的相关

相关		自我认知	心理脚本	心理图式
成人	榜样示范	0.144**	0.072**	−0.189**
青少年		0.288**	0.170**	−0.271**
儿童		0.008	0.261**	−0.127*

（三）三代同堂家长榜样示范作用的案例解读

Y女士，丈夫长年不在家，儿子7岁，上小学二年级，日常Y和儿子及孩子姥姥、姥爷一起生活。

Y希望儿子目标兴趣明确，且努力坚持；能够快乐，脾气要温和。Y有意识地示范给儿子，她会努力学习、准备考试，对孩子说："参加考试也是因为我要努力，每个人都要去为他自己想做的事情努力。你爸爸每天奋发工作也是因为他要努力，他要挣更多的钱，要让我和你过上更好的生活。我们都是这样的。你学习也不是为了我，是为你自己。你现在可以不学习，也可以放弃，但是这个时间早晚都会补上来。人是要不断地努力学习的，努力真的很重要。"但孩子会故意反着说，考试0分，反而非常开心，"我考了个鸭蛋"，妈妈不清楚儿子说这些的真实想法。

儿子自主性较强，不需要家长去管，自己写作业不需要提醒，每天晚上自己收拾书包，有一天忘了，10点多钟躺在床上要睡觉了，突然想起来，说"我得去收拾书包"，然后自己就收拾完了。Y交流的方式主要是讲道理，让孩子明白为什么妈妈会要求他这么做，或是要如何去做才是正确的，选择英语辅导班，告诉孩子英语的重要性；在孩子因自己聪明沾沾自喜时，教育孩子努力是更重要的；在孩子情绪爆发的时候，会讲"打人是不对的"，等等。面对妈妈的灌输与控制，孩子会采用反向态度应对，表现他与家长不同的理解：父母选择课外班要同自己商量；

考试总要有人得最后一名；会标榜自己智商很高，并且说努力不重要等。对于一个 7 岁二年级的小男孩，可以清晰准确地表达自己的想法，难能可贵。

儿子遇到冲突会很情绪化，不让看电视、不让玩手机的时候，他就会哭，就会喊叫，情绪爆发，不可收拾，说"气死我了，气死我了，你气死我了"。Y 觉察到儿子的情绪反应很多都是模仿家人，孩子曾对她说，"你和姥姥也老说'气死我了'"，Y 这才意识到确实如此。在 Y 印象中从小到现在父母对自己诸多控制，甚至特别琐碎细小的事儿也要管，高兴时要啥都满足，不高兴时就使劲吼，Y 有时会很烦躁，通常会沉默，长大后会采用对立方式回应。母亲特别爱推卸责任，父母经常吵架，Y 劝说的时候，母亲反说："要不是因为你，我俩能吵架吗？"现在对待外孙也是"高兴的时候就管一管，没事就过来凑热闹，没规划，没计划；不高兴的时候就吼一吼，完全随心情"。还会训斥孩子："你这孩子怎么这样不听话，你怎么脾气这么大，这孩子，还管不了你了，你要再这样，我就给你爸爸打电话，让你爸爸来管你。"

Y 及家人对情绪的辨识、觉察、管理均是有所欠缺的，面对冲突，要么哭、喊、闹、威胁、反抗或者动手打人，采用一些破坏性的方式来发泄情绪，要么隔离、回避、压抑。Y 和父母关系紧张，累积了许多负性情绪，难以自我消化。父亲缺席，母亲高期望、低温暖，姥姥、姥爷喜怒无常，孩子生活中的这些重要他人，其意象偏于不稳定，孩子需要的温暖、理解和欣赏不充分，家人生活中的这些尤其长辈缺少积极正向的示范榜样，反倒是传递了较多消极的情绪模式，导致孩子安全感不足，信任感不够，投射到现实人际关系中，与同伴、父母的关系均不太和谐，遇到冲突处理不佳，易形成情结甚至创伤。

情绪两极化、易怒、处理冲突困难的特点在外祖父母、母亲到孩子三代人之间存在明显一致性，说明孩子更多会无意识模仿家长的做法，家长的榜样示范，孩子经过感受、模仿、内化三个环节，成为自己的自我力量和行为风格的一部分。父母需要关注子女的情绪和行为，尝试理解他们的想法。如当孩子哭闹时，发生了什么，孩子的情绪和行为是怎样产生和演变的，孩子的想法可能是什么，需要耐心地陪伴并借助语言帮助孩子描述发生了什么，他是怎么了。这样，孩子才能慢慢学会表达诉求，命名情绪，述说想法，在此基础上调节、管控情绪，内心才能形成和谐的客体关系模型。

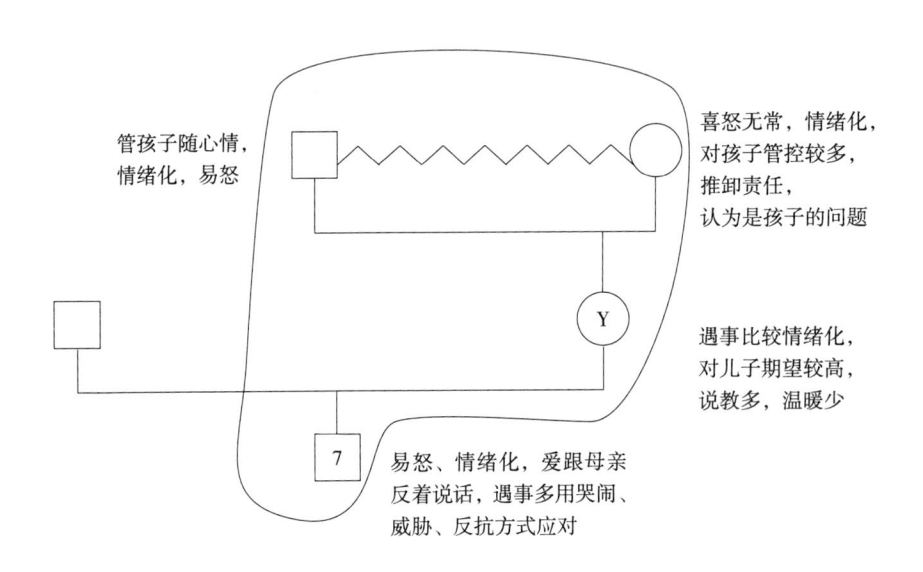

管孩子随心情，情绪化，易怒

喜怒无常，情绪化，对孩子管控较多，推卸责任，认为是孩子的问题

遇事比较情绪化，对儿子期望较高，说教多，温暖少

易怒、情绪化，爱跟母亲反着说话，遇事多用哭闹、威胁、反抗方式应对

图 6-3　榜样示范的作用

第四节 家庭教育的干预效能

分享一个案例，发展性育儿观、民主型教养方式、良性榜样示范作用，促进了子女的自立性和创造性，自我和社会化呈现平衡发展，反映了家庭教育恰当干预的正向效能。

受访者 M 先生，50 岁；妻子 53 岁；长子 16 岁，高中二年级；次子 12 岁，小学五年级。

M 希望孩子具有自主性，学有所长，幸福快乐。妻子希望孩子健康快乐，家庭团圆。夫妻对孩子的期待有所不同，有时会演变成夫妻争执。夫妻教育观念一致，孩子表达意愿相对放松，压力较小；夫妻态度不一致，尤其面临父母强烈冲突时，孩子表述自己想法压力大，会拘谨小心。

M 述说自己仍存一些光宗耀祖的观念，强调"家庭成员的行为关乎后代对前人的感受和价值感"。养儿防老的想法却不强，但对祖辈而言，现实层面，老年生活确实需要儿女更多的照看，他们没有经济来源，担忧、不安；精神层面，老人依赖被孩子们接纳、认同、喜欢、需要的感觉，这样才体验价值感，子女言语或行为上带有嫌弃、厌弃的感觉，会让父母有"活着没意思"的感受，进而会激活老人衰老的动力与死亡动力。M 有不信任的担忧，有心疼孩子无力支撑的隐忧，有孩子能够照顾自己的期待。同时，积极锻炼身体、调整思想动态确保老年后能够自理，不落入"不被赡养"或"不被好好赡养"的境地；开始思考、构想老年后的生活。妻子的养儿防老期待更低，将来不想影响孩子的家庭生活，不指望儿子争光，"不给儿子添腻歪""我为儿子骄傲，不让儿子为我服务"。夫妻俩会笑谈年老和死亡："你可得对我好些，到时候老了我好照顾你。"

孩子出生前，M 幻想让孩子多读经典，学富五车，孩子读小学后顺从学校教育的要求，儿子上高中后，M 对他说："关于读书上大学，你的眼界应该是世界性的，而不是受限于地理上的中国或者河北，哪里适合你，就去哪里，哪科喜欢，就学哪科，做自己喜欢的事！" M 鼓励孩子讲真话的态度，儿子能直接跟 M 分享他的意见、看法，对学习要求上坚持及格是底线；必须做的作业完成，不强调满分或多加课业，会让他自行安排时间；学钢琴，只是坚持让他去上课，听老师讲，提升音乐素养就好，并不要求完成考级之类；接受孩子喜欢或者放弃某种兴趣爱好。孩子学习进步，M 会及时赞赏与表扬，也会让孩子自主选择物质奖励内容和方式。当孩子和自己有不同的想法或意愿时，非原则问题，M 会尊重孩子的想法，鼓励孩子以自己的语言风格表达，支持他的主见；M 陪伴孩子不太够，接送、陪伴孩子以妻子为主，但会坚持每周接送孩子 2—3 次，路上会跟孩子聊天交流。孩子与母亲冲突时，他会主动接送孩子，帮他消化一些情绪困扰，每个月都有固定的亲子时间完全陪孩子，比如家庭餐、电影节、滑雪、游泳之类的活动。

妻子在意孩子的健康和快乐，也在意孩子的学习成绩，会因孩子作业完成得不符合要求发火，也会因 M 不大同意她的做法起冲突，孩子会对抗妈妈的干预，甚至将厌恶转移到学习上面。当父母发生冲突时，孩子会无所依从，有时不得不选边站队，有时孩子会发脾气或者退缩等，遇到类似情境难以做决定。妻子比较注意孩子的生活细节，照顾得很精细，对孩子的学习非常关注，赞赏与表扬比较及时，但是对孩子的"错误"或出现的"问题"容忍度很低。比如跟孩子拼图游戏玩得很好，但遇到不同意见时容易着急、发脾气，比较强调自己的意见，甚至有时候会强迫孩子接受，在情绪上引起新的冲突。目前，当妻子和孩子有冲突，或面对自己处理不方便或无法处理的事情时，她会选择"通知"M去处理。

M工作负责，善于理解他人，遇事倾向理性分析，思维方式对孩子影响很大，孩子遇到事情时会主动分析事理和关系，谈话的方式和语气都带有父亲的痕迹。比如，中考前一天晚自习后，M去接儿子，问他学习情况。

他回复说："老爸，连你也不能免俗？"

M问："怎么讲？"

大儿子说："几乎所有的父母都在问孩子学习怎么样，很担心孩子的学业，我以为你和他们不一样。"

M感到惊奇也很开心："是的，爸爸也不能免俗，一方面爸爸很相信你，另一方面因为爸爸不了解你各科的进展，会有少许担心。这是爸爸的担心。"

大儿子慢条斯理地说："那是你的担心，需要你自己消化，不用转嫁到我身上。我这样问你吧，如果我考好了，你要我吗？"

"要呀！"

"那如果我考不好，你还要我吗？"

"要呀！"

大儿子有点小兴奋："那不就得了？无论我考好还是考不好，你都要我，这是根本问题。根本问题解决了，还有什么值得再担心的？关于你自己的焦虑，就自己担着吧，我相信你会处理好的。"

从初二开始，大儿子读了《梦的解析》，会与父亲一起讨论梦，准备考取大学的心理学专业。大儿子中考前，有一段时间比较焦虑，易被激怒，妈妈过度关心，孩子会吼，强调"我需要的时候会找你，不需要的时候不要来烦我"，妈妈会受伤，认为儿子不理解、不尊重妈妈。M

需要做母子两方面的工作，焦虑的母子都想照顾自己，没有精力和能力顾及对方，M错开时间单独陪伴妻子或儿子，也会单独分享母子各自的状态与焦虑来源。

M对小儿子的影响也很明显。比如一次他送小儿子弹钢琴，孩子不愿意学，说："你想让我学习钢琴，是因为你是音乐专业，想让我继承你的事业，但是我并不喜欢钢琴，我喜欢的是画画。虽然你可以强迫我学习钢琴，但是我并不开心，你的钱也就白花了，是吧？与其浪费钱财，还不如让我在我喜欢的方面多用功呢，是吧？"思维方式承续了父亲，同时"是吧"也是M一贯的口头禅。

小儿子五六岁，正是习惯养成的重要阶段。一天睡前，妈妈叫他洗澡睡觉，小儿子说不想洗澡只想睡觉，母子俩僵持了近半个小时，妈妈向M求助，M讲道理讲不通，决定惩罚他，两手配合让孩子趴在床上，抽出右手，巴掌打在孩子屁股上，M第一次打他，孩子暴哭，半个小时停不下来，"好爸爸"不见了，他要对抗这个"坏爸爸"。M请妻子给孩子准备好水放在孩子床边，只陪在那里，不要说话。

哭了将近一个小时后，M走到床边蹲下身子跟孩子道歉："儿子，爸爸来向你道歉！不该动手打你。"

孩子的回应让他惊讶："你一个大人打小孩子，算什么本事？！"

父亲继续道歉："是的，一个大人打小孩子真的不算本事。爸爸是因为生气觉得无能才动手打了你，所以来请你原谅！"

孩子仍旧带着哭腔表达自己的愤怒，对爸爸惩罚："你走吧，我要睡觉了！"

M配合："好的，我走，你好好睡，明天见！"

第二天早晨，M被脸部的痒痒唤醒，睁眼看到儿子蹲在床边鼓捣自己呢，提起头天晚上的事："儿子，对不起，爸爸昨天打你了，今天好点没？"

儿子笑说："我昨晚就放下了，你还记着呢？没事儿了。"

M后来再跟孩子提起关于惩罚的事情，一是想消除惩罚带来的阴影，二是将孩子压抑的负性情感表达出来，保持沟通渠道的畅通。

孩子说："爸爸，你以后可以不必采取打我的方式，可以跟我讲道理，一次不通就讲两次，总有讲通的时候，对吧？你要相信我是可以想明白的，但是可能需要一点时间，我也不是不明白事理的人。否则，你打我你也生气，我也生气难过，还得闹别扭。行吧？"

M表示赞同："儿子讲得好，让老爸感到羞愧，咱以后不动手，你也提醒我，或者当老爸快忍不住的时候，你就躲一下，或者你说'让我再想想……'"

第一次的惩罚与善后结束，M认为，必要的惩罚是为了建立边界，而不是因为孩子不听话而惩罚；真诚的道歉和平等的沟通是父子关系的稳定剂。

孩子愿意跟M多去分享一些自己的想法和事情，儿子对游泳的喜爱与学习速度，让M惊喜。儿子结束了一周的游泳训练后，邀请M与自己一起游泳。小时候溺水的恐惧经验至今并未完全修复，儿子们在深水区游得如鱼得水，M却只有憋一口气的水平，恐惧而无法完成换气，M坚持在水里泡着，以自己的方式和儿子们共同参与。儿子们看到M像浮标一样漂浮在水上，笑话M的同时会伸手拉住或者游过来"抢救"要下沉的M，平时威严的M此时只是一个坚强的弱者，儿子们体会到成人的脆弱和需要照顾。

M倡导身教，每周五是固定看望孩子爷爷奶奶的时间，一家人一起去陪爷爷奶奶吃晚饭，孩子跟爷爷握手问候是常态，在爷爷或奶奶生病住院手术前，一定是孩子亲自将病床推到手术室门口，平时去病房看望时也会坐在床边拉着爷爷或奶奶的手说话，再到后来帮爷爷洗澡也是父子一起完成。在 M 生病住院时，也往往是孩子惦记着分好药，按时端水递给 M，M 走路晃荡时，儿子会上前架着 M 的胳膊扶稳他。

案例为一个典型的核心家庭，由父母和两个学生阶段的儿子组成。在育儿观方面，M 和妻子共同希望孩子未来能够家庭和睦，差别在于父亲的期待倾向于精神层面，母亲的期待更倾向于现实世界。儿子更认同父亲，喜欢探索生命的真相。感到父母不同的期待，如果在一个开放平等的交流氛围中，孩子可以学会分辨，独立思考，选择认同，构建自我。什么情况下父母之间的分歧会对孩子产生不良影响？如果父母由于分歧而努力想改变对方甚至逼迫孩子表态站队时，孩子感受到自己无力应对的冲突和威力，感受到被裹挟而愤怒，可能会选择逃避、不参与，要么选边，指责一方，怨恨另一方，要么混乱，以病态方式中断父母的冲突，只有少数自我强大的孩子，能够理性或者强力停止父母的无意义冲突，引导父母成长。对于大多数父母，尽量不呈现给孩子无力面对的冲突，可以避免子女的混乱情绪化应对。引导孩子独立思考，心理能量灌注在自己负责事务的决断和责任上，而不是父母关系上。

作为父亲，M 依然有养儿防老的期待，说明了时代因素的折射。类似心态可能是一代人所面临的共同话题。妻子对养儿防老的低期待，可能更具有现代父母的代表性，父母不将孩子当成自己的附属品，不让孩子们成为养老服务的工具，表现出对孩子们较少的控制，允许他们按照自己的意愿去自由发展。

M 的家教理念随着孩子年龄的增长不断变化：孩子出生前带有理想化色彩；小学阶段与现实相妥协；孩子再大后，接受孩子的独特个性，鼓励孩子自主探索。越来越熟悉孩子成长的特点，越来越能够接受孩子的变化，顺应孩子的成长，及时调整自己的行为，"增加带孩子的时间，增加跟孩子讨论的时间，增加支持孩子、陪同孩子自在实践的行动"。父亲的陪伴是非常重要的，利于子女对父亲的认同，自由与父亲进行谈话，甚至辩论，具有滋养作用，帮助他们内化与权威角色的交流沟通，能在未来的生活和工作中自由表达自己。

M 的民主型教养方式的风格，对孩子要求明确、标准清晰，会给予孩子必要的引领和支持，也会尊重孩子的自主想法，鼓励孩子自由表达，宽严并济。孩子相对自信且有主见，会主动跟 M 夫妻沟通他的学习进度、优势与困难以及改进措施，也包括他希望获得的具体支持和帮助，帮助家人更好地理解自己、理解对方，化解矛盾，增进情感的沟通。

M 的亲子关系既有较适当的权威引领，也有明显的开放和平等的色彩。儿子面对父亲，直接而明确表达自己的不同观点，并坚持自己的想法，具有较强的独立自主性，作为儿子的重要客体，被模仿、接纳、认同、内化。父母作为一种人生的角色，不是生而就成，而是需要不断去成长、去完善这一角色的。如何看待孩子的意义，对孩子持有怎样的期望，孩子在不同阶段的发展特点是什么样的，关于这些问题的思考，父母是不能回避的，对"父母角色"的理解越深化全面，越是能实现对子女的不教自教、润物无声。

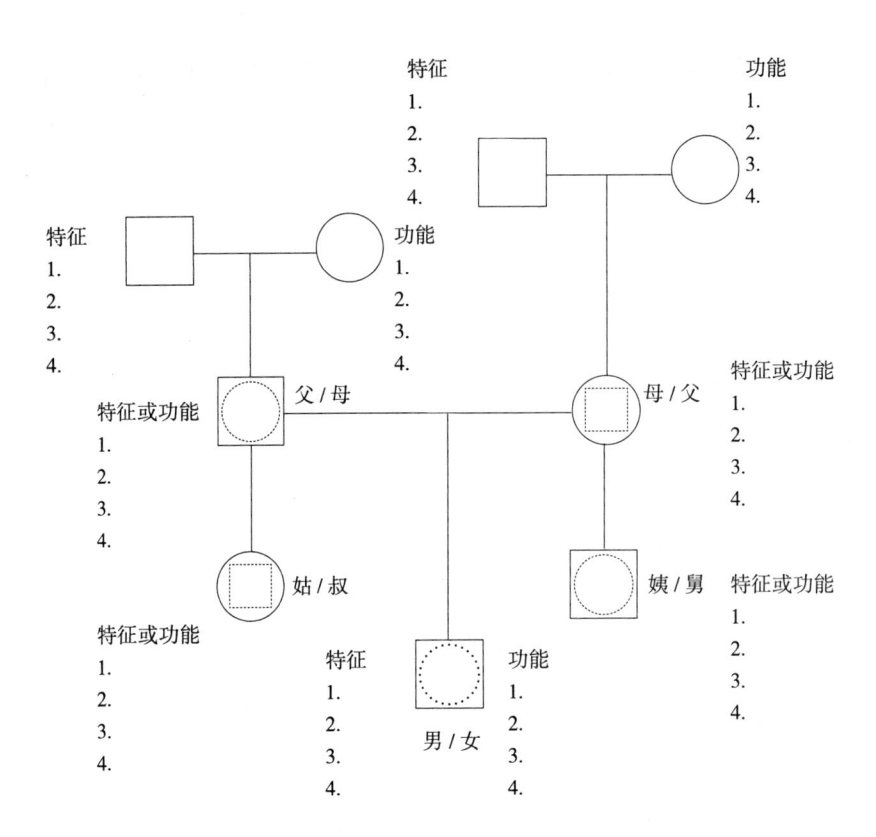

276　家庭心动力：青少年成长的原点与突破

特征
1.
2.
3.
4.

功能
1.
2.
3.
4.

特征
1.
2.
3.
4.

功能
1.
2.
3.
4.

特征或功能
1.
2.
3.
4.
父/母

母/父
特征或功能
1.
2.
3.
4.

特征或功能
1.
2.
3.
4.
姑/叔

姨/舅
特征或功能
1.
2.
3.
4.

特征
1.
2.
3.
4.

男/女

功能
1.
2.
3.
4.

图 6-4　家谱图练习

第七章

超越家庭
famil

徐凯文指出，如果子女认同接受"一切向分数看"，以此指导自己的学习和生活，难免导致"空心病"，提到为什么教师家庭的孩子出现这么多问题。他认为，只关注学生的分数，忽视对学生品德、体育、美育的教育，已经成为很多教师的教育观——他们完全认可这样的教育观，对自己的孩子也同样甚至变本加厉地实施，可能是导致教师家庭孩子心理健康问题高发的主要原因。[1]李孟潮以黄凌空的故事来呈现"好学型人格障碍"，[2]他幼年时，家人嫌弃，母亲说读书是他唯一的活路，他认同了这种想法，于是拼命学习，成绩成为他人生价值、生命意义的所在，母亲的说法成为他生命的唯一行动指南，只有学习和工作时自己才能感觉到是活着的，是有价值的，甚至生死时刻，此观念都不会动摇。

"空心病"和"好学型人格障碍"并非天然而成，家庭养育者自身的经验、观念、人格特质会潜移默化影响子女，发生着意识或无意识的代际传递。父母能够发现子女成长问题的自身原因，及时自我调整，通过学习或接受专业辅导等方式进行自我重建，增强自我力量，重建价值体系，与时俱进，重构亲子关系，给予子女新的积极影响；同时，具有"空心病"和"好学型人格障碍"特征的学生，可以重新审视成长过程，反思自己的内心世界，也许会避免悲剧发生，生命会有全新的发展方向。

"妈妈爱的不是我，而是考满分的我。"电视剧《小舍得》中，颜子悠哭着说出的这句话，引发了大家对其妈妈田雨岚教育模式的思考。

---

[1]徐凯文.时代空心病与焦虑经济学[C].北京：第九届新东方家庭教育高峰论坛，2016.

[2]李孟潮.啊哈，学习终于学死人了[J].私房心情，2007（06）：6-7.

频繁活跃在各个家长群交流孩子成绩,每时每刻都在强迫孩子学习,研究各种小升初政策,成为班级群中当之无愧的"鸡妈之首"。她主张孩子一定要顶尖,她内在形成的信念是:一个人要想在社会上立足、走到社会上层、拥有社会更多资源,就得不断地追求、不断地努力,首先在学业上你就得超越他人。经历告诉她如果不优秀的话,就会成为别人的鱼肉。田雨岚与儿子之间的互动都基于"一切向分数看",愈演愈烈,每次儿子想要反抗,妈妈都会说"妈妈都是为你好"。儿子认同了妈妈的信念,他的眼神没有了光芒,整天无精打采,最终出现幻觉,在考场上崩溃。母子关系发展到"病态",才让田雨岚开始觉醒,尝试着调整和修正家庭关系。

父母是子女心理成长的主要模板,子女会感受知觉到父母对待世界的想法、态度,父母养育自己的方式、家庭成员的互动,认同扬弃后内化到自己的心理意象中,代际传承自然发生。父母消极的观念和行为方式通过无意识的代际传承影响下一代人,或者亲子关系恶化影响子女人际关系的建立与维系,需要自我提升和专业干预对消极的家庭负性影响进行修正与调整,改善或重建家庭关系。

第一节　代际传承

影片《春潮》中，同住一个屋檐下，姥姥纪明岚在外热情，回家却判若两人；记者母亲郭建波报道新闻犀利，回家则一味隐忍；小学生郭婉婷夹缝中生存，机智早慧。

纪明岚认为自己享有特权，期待自己受到特别的优待，希望别人遵照自己的想法行事，需要过度崇拜，惯于进行人际关系上的剥削，缺少同情心，年轻时她为了城市户口嫁给并不认可的人，数十年如一日地贬低、咒骂女儿郭建波，不惜将血淋淋的真相直接告诉外孙女郭婉婷，而不在意是否会对孩子的心灵造成影响。

女儿郭建波容易吸收"我有价值，是因为我做了什么，而不是因为我是怎样的人"的观念，高成就动机和自我破坏。在工作上，她出书、写很多高质量稿件，周围人对其专业素质非常认可；在生活上，作为未婚妈妈住在母亲家，被咒骂不还嘴，把手按在仙人球上，放水淹自己家，存在种种自毁倾向。

女孩郭婉婷被卷入上两代人的纠缠中，正如童年时无助、成年未离家的郭建波。郭婉婷替母亲说出未表达的话，在外婆咒骂母亲的时候，及时泼洒牛奶打岔，逃掉钢琴课在家中扯彩带跳舞。家中压力骤增，郭婉婷就自己成为"问题"来消解冲突。

情感的匮乏和勒索在三代人间传递，年轻时候的纪明岚每天只吃一顿饭，省下细粮给母亲寄去，母亲还怪她不寄钱回来，母亲只有索取，缺少对女儿的理解、关注。郭建波作为母亲的角色有变化，会带女儿看长颈鹿，骑自行车，在河堤玩耍，能够带给女儿温情，但还是在夜里，在不熟悉的环境里丢下女儿，会重复母亲带给她的冷漠的部分。郭建波对母亲的反叛只是一种负向共生，本质一样，都无法重新完成自我整合，自我分化程度低，会被情绪张力驱使，难以走出原生家庭的羁绊。郭婉婷在同学崔英子家中，看到英子母亲唱歌，英子与父亲舞蹈，父亲背着英子玩闹，流露出深深的渴望和羡慕。一个有边界、保护、指引的父性之爱，有关注、抱持、镜映的母性之爱的家，是同学的家，郭婉婷终究只是旁观者，代际创伤就这样重复延续下来。

一、心理图式和心理脚本的代际传承

子女长期耳濡目染父母的言行举止，会内化扬弃父母的观念、情感和行为方式，形成与父母表现一致、相近或者相反但实质关联密切的心理图式与脚本，每一个家庭的心理图式和脚本如果没有意识化的重新调整，会自然代际传承。代际传承是指通过亲代与子代间的互动作用，亲代的观念、态度、情感和行为方式传递给子代。心理图式是个体看待世界的客体模型，心理脚本是个体应对人际互动的客体关系模式，指个体应对人际关系和处理情绪、情感的人际互动模式。当前，家庭教育的关注点从关注孩子物质需求的满足，转变为关注孩子的认知与情感发展。

（一）心理图式

图式概念可追溯到德国康德提出的认知图式。[3]美国鲁梅尔哈特将图式解释为以等级形式储存于长期记忆里的一组"相互作用的知识结构"或"构成认知能力的建筑砌块"，他认为人们头脑中已有的图式会

---

[3] 王菊.图式理论在大学英语写作中的应用[J].东疆学刊，2007（4）：85-88.

影响或支配其对于新信息的理解，人们认识新事物时，总是设法将其与已有的事物联系起来以促进对新事物的理解。[4]罗伊·德安德雷德认为图式概念可以被用来表示多种分析对象，如文化意义、语法规则、认知过程等，图式的基本功能在于帮助个体对认知对象进行分类，图式的形成有着特定的心理机制。[5]信息加工理论认为，图式是指代表个人对事物、人或环境的知识的认知结构，它包括对所认识的对象的特点以及这些特点的相互关系的认识。[6]图式是对一个整体的抽象，侧重于许多事例的相似之处。图式可以帮助人们简化现实。更重要的是，图式指导人们处理新的信息。图式会建立对未来信息的期待，帮助人们把外在刺激的若干细节与一个总体概念相联系，而与之不一致的信息则会被过滤掉。

本书研究者所定义的心理图式是指对个体认识客观事物后的概括性意象，是感知分析客体后形成的关于客体的心理表征模型，是对客观世界的框架性或结构性认知。如同电子地图一样，既有对这个世界的总体印象，又可以聚焦某些领域逐步展开，观念可以随之具有针对性和具象化。

（二）心理脚本

心理脚本是自我和他人的关系模型中包括个体如何进行社会交往和妥善处理压力及负性情绪的程序性知识。与温暖、可爱、具有支持性依恋对象的交往可以表达成"如果—那么"的假设："如果我遇到困难，或感到苦恼，我能向一个重要他人寻求帮助；他/她会是可及且支持的；亲近这个人后我会感到轻松和安慰，然后我就能去做其他的事了。"这

---

[4] 林崇德.心理学大辞典：下卷[M].上海：上海教育出版社，2003.

[5] 胡安宁.社会学视野下的文化传承：实践—认知图式导向的分析框架[J].高等学校文科学术文摘，2020（05）：135-155，207.

[6] 孙东山."图式"在中学地理教学中的价值——基于哲学之思[J].地理教学，2018（5）：4-8.

种个体心理中关于人际关系的互动模式表达，就像一个电影脚本一样，设计出了遇到什么情境，我会怎么做，对方可能怎么做，最后会怎么样，如同一个影视桥段的剧本，指导着个体判断当前的情境，适用哪个脚本，自己怎么应对。在实际的情境中，脚本一旦被激活，就作为在此情境下与他人交往的指示线索，并被固定内化下来，此后类似的人际情境，会无意识地或者选择性套用这个脚本。当然，随着情境的变化和对承担角色的深入理解，脚本也在不断调整、修改、更新。我们这样定义心理脚本，个体应对客体关系，进行人际互动，整合自己情感状态的内部程序，具体表现为主体与客体建立链接的过程中，识别情境，明确角色，选择或套用应对模式的一系列内部心理操作流程和相关线索。

（三）代际传承

关于"代"的定义比较有共识的是库珀施密特（Kupperschmidt）的说法，"代"是指由具有共同的出生年代，处于相同年龄阶段，共同经历过关键成长阶段的重大的人生事件的个体构成的可识别群体。[7] 广义的代际，是基于社会宏观角度而言，指的是整个社会范围内老年一代、中年一代和青年一代之间，或是成年人与未成年人之间，或是以其他标准划分的不同代之间的交往关系。狭义的代际，是基于具体的家庭或家族内部而言，指亲代与子代之间。"代"具有自然与社会两重属性。父辈、子辈的形成是"代"的自然属性；而一代人与另一代人的社会心理特征差别是其社会属性。表征"代"的文化特征的主要有价值观念、思维方式、生活和行为方式、情感方式和说话方式等，它们辩证综合构成了"代"的基本文化特色和特征。每代人之间差异的核心是价值观念和

---

[7] 杨锡雨，范琳琳. 代际人力资源内涵、划分、差异和管理［J］. 财讯，2017（16）：105.

思维方式上的差异，这些差异通过两代人不同的行为方式、情感模式等体现出来。美国玛格丽特·米德将文化分为前喻、并喻、后喻三种基本文化形式，前喻文化指晚辈向长辈学习；并喻文化指同辈人之间的学习；后喻文化指长辈反过来向晚辈学习。[8]她指出社会变迁下将出现新的代际传承模式，晚辈不仅仅充当被教化者的角色，还可能反客为主，充当教化者的角色。

贫困具有长期性，即贫困家庭及地区存在代际传承的现象，提出了"贫困代际传递"，也就是说，父母的贫困会传递给子女，导致上一辈人经济地位差别的条件在代际间传递，即富人的后代依旧会是富人，穷人的后代依旧会是穷人。某种社会性和心因性特点的亲代、子代继承性就是"代际传递效应"。

上一代将他们的道德观念或行为模式传递给下一代的过程，在特定情况下，也包括下一代将其观念或行为模式传递给上一代，通过这些过程使下一代人具有与他们相似（或者相反）的观念或行为模式。代际传承具有两层含义，除了直接的可观察到的代际传承的结果外，还包含代际传承的整个过程，既涉及上一代对下一代的教育与传递过程，也包含下一代对上一代的接纳和继承过程。

贾萌萌、任艺等人选取了50个家庭128人，深度访谈了他们的生活历程和成长体验，获取了60万字中国家庭生活叙事资料。[9]早年的家庭生活经验让父母认识到教儿育女的职责，上一代父母教育子女的责任和模式被下一代父母认同、接受、扬弃、扩展，随着时代发展，父母

---

[8]（美）玛格丽特·米德.文化与承诺：一项有关代沟问题的研究[M].周晓虹，周怡，译.石家庄：河北人民出版社，1987.

[9]贾萌萌，任艺，沈可心.父母责任的代际传承：家庭教育百年回眸——基于50个中国家庭的教育叙事研究[J].教育学术月刊，2018（7）：46-54.

的责任也会不断地被赋予新内容，传统社会父母的责任主要承担子女的物质生活和道德发展，当代社会父母更多是要支持促进子女心理成长为基础的全面发展。

我们探讨的代际传承指的是在实际生活中的家庭内部，子代对亲代的价值观念、思维模式、情感模型、行为方式等心理内容的感知、认同和接受，并在对应的心理内容上表现出与亲代相同或近似的特点。

父母对子女的管教严厉与自身儿时所受严厉管教经历密切相关，父母严厉的管教模式存在代际传递。童年期受过体罚的父母更有可能体罚子女，经历过心理攻击的父母更有可能对孩子进行心理攻击。研究父母童年期受体罚和心理攻击的经历对其采取相同教养行为具有显著预测作用，父母体罚和心理攻击存在代际传递。儿时经历过严厉管教的父母更可能认为严厉管教是有效的管教方式，会赞同严厉管教。[10]

父母的受教育水平越高，对子女教育的投资越多。高教育水平的父母会更加注重对子女提供好的学习环境，促进子女的学习竞争力，争取让子女的受教育程度超越自身。高教育水平更加注重教育理念的传承，会和子女交流讨论文化的延续、家庭教育的传承，会促使子代重视教育，形成积极的家庭文化和家庭教育的代际传递。

二、心理图式和心理脚本代际传递的调查分析

（一）成人与青少年心理图式和心理脚本间的代际差异

本书研究者调查结果显示，成人、青少年和儿童的心理图式、心理脚本差异显著（见表7-1）。儿童的心理图式分数最低，从低到高依次

---

[10] 宋占美，王芳，王美芳.学前儿童父母严厉管教的代际传递：基于主客体互倚性模型的分析[J].中国临床心理学杂志，2020，28（3）：556-560.

表 7-1 成人、青少年、儿童的心理图式和心理脚本比较

心理发展群体	成人（N=1297）	青少年（N=976）	儿童（N=374）	F
心理图式	21.9 ± 5.53	22.9 ± 5.59	21.1 ± 5.89	14.777***
心理脚本	22.5 ± 4.50	20.9 ± 5.35	21.4 ± 5.30	33.057***

为儿童、成人、青少年。相比而言，成年人虽更加成熟，但在新媒体等具有时代特色的社会影响下，视野范围和开放度并不如青少年；成年人更偏传统保守，儿童处在模仿、接纳学习阶段，心理图式较为单一。

比较心理脚本，成人分数最高，青少年分数最低，说明成年人在情绪和人际关系方面比儿童和青少年都要更成熟、更理性，心理脚本更为丰富，适应性更强；儿童的人际互动情境简单，包括亲子、师生和同伴关系，产生复杂人际冲突的可能性小，心理脚本虽然单调，但适应性足够了；青春期的少年，情绪相对不稳定，对人际关系更加敏感，自我认同正在发展形成，面对人际互动更感性，内在冲突增强，冲突外化的场景也在增多，而复杂的心理脚本没有学习或掌握到，适应性较差。

（二）留守儿童和青少年与成人心理图式及心理脚本的差异

留守儿童和非留守儿童在心理图式和心理脚本上差异不显著，说明留守与非留守儿童的代际传递模式是一致的。（见表 7-2）

留守青少年和非留守青少年在心理图式和心理脚本上均呈现显著差异，说明心理图式和心理脚本的代际传递在留守和非留守青少年间有差别，留守儿童可能存在独特的传递模式。（见表 7-2）

留守青少年在青春期的特殊阶段更加倾向于具有探索世界获取新知的开放性，而且也更多地相信自己需要依靠自身的力量来获取成功，这或许跟他们与父母不在一起生活的经历有关，在他们的内心感受和认

表 7-2　留守与非留守青少年和儿童心理发展的比较

群体	心理发展	心理图式	心理脚本
青少年	留守（n=435）	23.4 ± 5.53	20.5 ± 5.25
	非留守（n=541）	22.4 ± 5.61	21.2 ± 5.42
	t	2.528*	2.172*
儿童	留守（n=110）	20.8 ± 5.66	21.5 ± 5.13
	非留守（n=264）	21.3 ± 5.99	21.4 ± 5.38
	t	0.816	0.191

知中更多要靠自己。在留守青少年中，很多人是与自己的祖辈一起生活，需要充分考虑到老年人的认知与青少年的认知之间的差距性，也是造成留守青少年与非留守青少年心理图式具有显著差异的原因。此外，他们需要更多独立面对生活和学习中的各种问题，缺少父母的示范、支持，他们应对环境的心理脚本的变化性可能更复杂。

（三）心理图式与心理脚本代际传承的个案解读

1. 成年已婚者个案

成年人能对影响自己心理成长的家庭因素深入反思。受访者 G，独生女，37 岁，幼年时在老家与爷爷奶奶生活过一段时间。后来父母刻意搬出来，远离爷爷奶奶，一儿一女分别读幼儿园和小学，丈夫是军人。G 经历过两代人交叉抚养，G 和祖辈、父母有非常多的相似之处。

在心理图式方面，G 兴趣爱好与妈妈类似，都喜欢音乐；G 尽量提供给孩子充足的物质需要，不会吝惜，与祖母相似。在心理脚本方面，父母冲突时，父亲会观看拳击节目转移注意力，排解烦恼，父母间交流不够通畅。同样，在丈夫抱怨"我都不知道家里发生了什么事"时，G 认为丈夫不在家，就剥夺了他表达参与的权利。G 没能看到丈夫的抱怨蕴含了参与家庭的愿望，G 对丈夫参与家庭事务的积极性反应迟钝，做不到准确接收和理解丈夫的信号，内化了爷爷、爸爸在原生家庭中的角色，形成稳定的"疏离丈夫"意象。客观上，丈夫难以亲自参与许多家务，如果妻子信赖丈夫，就会主动征询他的意见和建议，不会屏蔽丈夫为旁观者。G 还内化了"以我为中心的妻子"角色，照顾不到丈夫的需要，与母亲非常相似，夫妻相处的模式出现了一致性的代际传承。父母情感比较冷淡疏离，与 G 互动非常少，G 感到失望，感受到父母的忽略。爷爷、奶奶给予了她强烈的情感刺激，奶奶温暖，对 G 关心疼爱，代表了 G 的理想长辈意象，G 继承了奶奶的温暖部分，而应对冲突则复制了爷爷模式，爷爷虽然对 G 严厉暴躁，但是互动强烈，比父母的冷淡更能引起 G 的感受。（见表 7-3）

表 7-3 成年人心理图式与心理脚本的代际传承

角色	心理图式	心理脚本
祖辈	1. 军属奶奶拉扯四个孩子，管理一大家子。2. 爷爷、奶奶对钱财的观念较豁达。3. 奶奶开朗，乐意与人分享，愿意帮助他人。	1. 爷爷经常跟奶奶吵架。2. 爷爷脾气暴躁，一起生活时对 G 较严厉。
父辈	1. 妈妈掌握经济，爸爸不管不问，但会抱怨。2. 妈妈兴趣很多，偏爱音乐但不精通；爸爸喜欢拳击。3. 妈妈喜欢与朋友交往。	1. 父母比较忽视 G，自己心情不好时会冲 G 发火。2. 父母发生冲突，一般是爸爸忍让、委屈，自行转移注意力。3. 妈妈烦恼时跟 G 倾诉。
G 与丈夫	1. G 喜欢音乐，兴趣广泛。2. 愿意尽量满足孩子的消费。3. G 负责家庭事务，丈夫抱怨"怎么什么事情都不跟我商量"等，回应"你都不在家，怎么跟你商量"，丈夫不再操心家里事情。4. G 喜欢交朋友，目前照顾孩子精力不足，交往活动减少。	1. 当孩子不听话或者达不到 G 的要求时，G 训斥孩子，甚至会打骂和体罚，当时不能自控，事后懊悔。2. G 与丈夫发生冲突会先交流，说不通时按照各自意愿处理。3. 不满意，产生不良情绪后，会针对家人训斥、恐吓、威胁、打骂、体罚等。4. 烦恼时会跟妈妈唠叨。

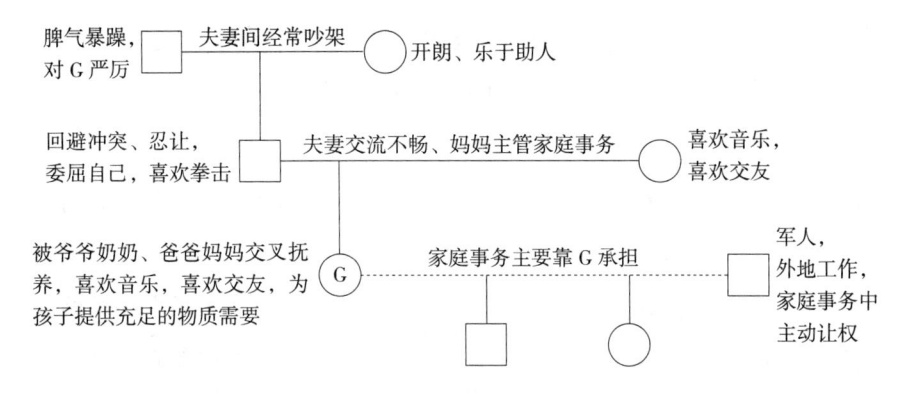

```
脾气暴躁,           夫妻间经常吵架
对G严厉     □──────────────────○ 开朗、乐于助人
                   │
回避冲突、忍让,     夫妻交流不畅、妈妈主管家庭事务    喜欢音乐,
委屈自己,喜欢拳击 □──────────────────────────○ 喜欢交友
                   │
被爷爷奶奶、爸爸妈妈交叉抚    家庭事务主要靠G承担        军人,
养,喜欢音乐,喜欢交友,为   ○┄┄┄┄┄┄┄┄┄┄┄┄┄┄┄┄┄┄□ 外地工作,
孩子提供充足的物质需要       G                          家庭事务中
                         ┌──┴──┐                      主动让权
                         □     ○
```

图 7-1　代际传承

2. 青少年大学生个案

受访者 L，大学生，独生子，父母由于工作原因无法照顾他，L 一直跟着爷爷、奶奶生活，和抚养者代际差大，隔代人的心理图式和心理脚本上虽有相同之处，但更有较大差别。

L 与抚养者在心理图式中有相似之处，对金钱的态度均倾向于理性而有节制，但爷爷、奶奶强调金钱主要是满足物质生活需要，而 L 则更注重金钱对于心理层面的作用；两代人看待成功都强调个人能力，但 L 会在意仪式感，对事件发展结果信心不足；L 对世界的看法较为理性，多从宏观方面看待世界，而爷爷、奶奶则从个人层面去看待世界，关注个人日常、子女生活等；L 处于青年期，对自己的未来有美好的憧憬和规划，爷爷、奶奶处于晚年，更想安稳，祖孙两代所处的生命阶段不同，心理状态和对未来的向往差异较大。

心理脚本方面，L 和爷爷、奶奶在面对困扰时，均会采取与人诉说的方式来缓解情绪；在遇到难堪的情况时，受访者和抚养者都会及时停止错误行为，会主动去化解潜在问题，若化解不了则会采取隔离的方式；L 与抚养者在面对人际冲突时，会主动寻求解决的办法，解决不了，都会把事情搁置在一旁，通过时间来化解，回避问题；在亲友遇到问题时，L和抚养者都会在自己的能力范围内主动去帮助对方。

　　受访者与抚养者有非常多的相似之处，尤其受访者与抚养者的心理脚本（情绪反应、人际冲突）等方面，只是认知图式存在一些明显的不同之处。一是受访者与抚养者的受教育程度不同，受访者受时代因素的影响比较多，而抚养者知识更新缓慢。二是抚养者长年生活在小县城，而受访者则在省会城市接受大学高等教育。三是老年人多关心安稳，而年轻人关注发展。虽然隔代抚养，受访者仍然表现出与抚养者非常多的一致之处，在精神世界的传承上，直接抚养者都能对受访者产生深远的影响，孩子成长也会受到时代风气、教育背景等环境影响，难免造成两代人的观念碰撞，作为抚养者，更需要对此思考，学会以开放性的胸怀接纳孩子的成长变化甚至逆反。

表7-4 大学生心理图式与心理脚本的代际传承

角色	心理图式	心理脚本
祖辈	1.爷爷、奶奶认为金钱是帮助人实现需求的工具。2.爷爷、奶奶强调做事主要靠能力和付出。3.爷爷、奶奶认为科技进步会有较多负面影响。4.爷爷、奶奶认为生活时代特别好,温饱问题解决了,没有不满意的。5.爷爷、奶奶相信活着的生物就是生命。6.爷爷、奶奶的人生愿望就是生活安稳。7.当他人遇到困难时,爷爷、奶奶能帮就帮,很热心。	1.爷爷、奶奶应对情绪困扰时与人倾诉。2.当遇到尴尬事情或与人发生冲突时会回避。
受访者	1. L认为金钱主要保障内心的安全感。2. L认同做事主要靠能力,但遇到重大事情时,会在意仪式感。3. L对科学进步持积极肯定态度。4. L认为当下的时代扑朔迷离。一方面,科学技术发展快,人际更紧密,交流可以打破地理局限;另一方面,竞争压力增大,生活节奏快,人心浮躁、隔阂,贫富差距增大。5. L认为生命是自然产生的,人的生命跟其他生物的生命是不等价的。6. L对自己的未来充满期许。7.当他人遇到困难时,L能帮就帮。	1. L处理情绪困扰的方式多样化,会找人吐槽、玩游戏、睡觉、到书中找调节方法。2.当遇到尴尬的事情或与人发生冲突时会回避。

第二节　家庭心理系统的干预与辅导

电视剧《都挺好》中，苏大强看中当年的赵美兰是村里一枝花，以为自己抱得美人归，却从未看清赵美兰强烈的控制欲。苏大强一直觉得，自己的人生被老婆给毁了，前半生对老婆言听计从，老婆说东，他绝不敢往西。在二人的互动中，妻强夫弱，夫妻关系严重失衡，不仅使二人生活在痛苦中，还对孩子造成了很大影响。婚姻的不幸，让赵美兰心有不甘。于是，她希望在婚姻中得不到的东西，让儿女为她实现。她出身于"重男轻女"观念严重的家庭，从小被父母忽视，迫切需要新家庭来证明自己的价值。她只能把自己的期望寄托在学霸儿子苏明哲身上。苏明哲认同了这个期望，享受着一切资源，本科上清华，考上斯坦福硕士，拿美国绿卡，再买房买车，成功地证明了自己，他的功能是给家里挣面子。同时他也过度认同了母亲的价值观，应对繁复多样的人情世故只会"死要面子活受罪"。

赵美兰在原生家庭经常被忽视，和丈夫更是没有共同语言，她独自撑起全家，希望能"被看见"。而苏明成的依赖与讨好，恰恰满足她的爱和情感需求，但这份爱也困住了儿子，让他成为无能的、以自我为中心的"妈宝男"。赵美兰在"重男轻女"思想的影响下，对小女儿苏明玉一点爱都不愿施与，把她养成缺爱、敏感、情感僵硬、不敢轻易走进亲密关系的人。一家五口的情感仿佛冻结在这一状态，互相之间不流动。直至苏母去世，苏大强、苏明哲、苏明成、苏明玉压抑在底层的情绪、情感、需求才全面爆发。

让我们试想，如果这个家庭走入咨询室，他们家庭心理系统的干预与辅导是什么样的？具体如何进行？达到什么目标？作用机制是怎么样的？

一、什么是家庭心理系统的干预辅导

（一）家庭心理系统

电视剧《都挺好》中，苏母才是这个五口之家的中心，不论是丈夫还是子女，都不得不围着她转。她的喜怒哀乐极大程度地影响着家庭的生态。"时刻准备与男性竞争"的苏母，性格强势，与丈夫关系紧张，家庭中最基础的夫妻关系出了问题。出于平衡的需要，系统里的成员就会站出来做维护系统平衡的事情，这个角色通常是孩子。

大儿子出国留学，重男轻女的苏母又排斥女儿苏明玉，苏明成"站了出来"，他可能会越到父亲的位置，满足母亲的情感需要，此时角色发生错位，孩子通常会有罪恶感，可能会通过自我伤害式的惩罚来平衡这种罪恶感，于是，他用完败惩罚自己。苏明成面对"啃老"的指责，声泪俱下地哭诉："我为什么啃老？是因为大哥你在美国读书，苏明玉就不拿自己当苏家人，妈说就我一个儿子，她就想天天看着我，不让我抽烟喝酒，不让我应酬，我也不想混成这样啊。她说一家人平平安安地过日子比什么都强，我就一直陪着妈。妈走了，我成废物了，你们要求也太高了吧。"溺爱是一种潜意识的控制，通过溺爱可以让被溺爱的人失去生活、学习、工作与经营关系的能力，从而变得永远依赖于溺爱者。

在苏明玉的原生家庭中，母亲夹鸡腿给哥哥但不给明玉，要求明玉给哥哥洗衣服，可以卖房供大儿子读书、供二儿子找工作，但舍不得花钱给明玉买一本练习册。这些"轻视"和"打压"在她身上发生了反转，她超越了两个哥哥，但是与男人的关系遇到困难。她的自我价值是被男生打败的，所以她与男性的关系基本上是一个竞争的关系。如果不打败男生的话，就没法证明自己的价值。无论是彻底征服男友石天冬，还是彻底臣服师傅蒙总，都是苏明玉追求认可的方式：第一个是不可以被挑战；第二个是过度牺牲自我，完全奉献。

被宠爱的哥哥明哲，不断地为原生家庭剥削再生家庭中的妻子和女儿的基本利益，从不征求妻子的意见，他对女性极其不尊重，觉得女性就应该为自己的需要让步，因为他习惯了在原生家庭中为了自己的需要而任意牺牲妹妹的利益，最终导致与妻子的关系渐行渐远。

苏父在苏母离开后仿佛变成了一个婴儿般无能的人，需要人的喂养，需要有人陪、有人哄，恐惧被抛弃，用着各种婴儿般的方式去依赖子女，还经常由于婴儿般的幻想而上当受骗，不管是生活还是精神世界都无法独立。一个总依赖他人的人，往往也是一个总被他人控制的人，也是一个总害怕被抛弃的人，终其一生都很难感受到自己的力量，感受到自由与心安。

赵美兰、苏大强、苏明哲、苏明玉和苏明成的"形成"，可以较为清晰地看见家庭心理系统中成员相互影响的过程，是"家庭成员适应父母和家庭心理系统的结果"。

（二）家庭心理系统的干预辅导

家庭治疗是以家庭为对象的团体心理治疗模式，其目标是协助家庭消除病态情况，执行健康的家庭功能。家庭治疗不着重于家庭成员个人的内在心理构造与状态的分析，而将焦点放在家庭成员的互动与关系上。个人的改变有赖于家庭整体的改变。[11]

9岁男孩小A，独生子，父母近半年争吵激烈，婚姻状态不稳定。妈妈说到对爸爸的不满时情绪激动，开始流泪，咨询师注意到，小A坐立

---

[11] 邢宇.精神分析学家眼中的家庭治疗[J].大众心理学，2020（8）：31-32.

不安，问到他的感受和想法时，了解到父母的争执分歧，让小A觉得无所适从，他同情妈妈的委屈，又觉得爸爸也不容易，小A感到不安、紧张、害怕，担心父母会离婚，他甚至不自主地想象父母离婚后的生活……家庭的焦点就从小A的焦虑症转到了对家庭关系的关注和调整上。

二、家庭心理干预辅导的目标

家庭心理干预辅导是将家庭作为一个整体进行心理干预的过程，主要是把焦点放在家庭成员之间的人际交往上，需要从组织结构、交流、扮演角色、联盟等观念出发了解来访者及其家庭系统，分析家庭内所发生的各种现象和行为，减少来访者与其家属之间的负面影响，协助实现"健全"的家庭功能。家庭可以适应家庭成员的变化，促进家庭成员的成长，同时为了让家庭正常运转，家庭成员应该共同努力实现家庭功能。因为人在一生中会发生许多变化，如上学、落榜、结婚、生子、升迁、降职、退休等等，每个变化都可能成为一个转折点，如果家庭不能适应这个变化，那么家庭成员就会出现这样那样的问题。比如，孩子到了青春期想独立、自主，如果父母仍像过去那样包办代替，孩子就会产生逆反心理，并可能出现问题行为。[12]家庭心理干预辅导的目的是帮助家庭成员改善沟通，解决家庭问题，理解和处理特殊的家庭情况，创造一个实现更好的功能的家庭环境。

（一）认识、接纳和调整家庭形态

1.认识家庭结构对家庭成员心理成长的影响，接纳其支持和限制作用

家庭是一个系统，每个家庭成员都有特定的角色和功能，缺失的角

---

[12] 林甲针.爱是最好的咨询技术——一例儿童"偷窃癖"的个案报告[J].中小学心理健康教育，2011（14）：27-28，30.

色会有额外的变形，完整的家庭结构更多是功能上的。15岁女孩小C，穿衣打扮及行为方式较男性化，朋友也多为男生，父母为此感到苦恼。爸爸在外地工作，一个月左右回来一次，与母女互动很少。小C与妈妈一起生活，父亲是缺位的，女儿自动补位，限制了自己的女性认同。经过家庭辅导，父母均有觉察，一年多来父亲回家增多，与妻子和女儿沟通顺畅了，家庭氛围变得和谐。小C开始穿裙子，举止中多了女生的甜美与温柔。

2. 分析原生家庭功能，促动家庭成员主动性

小C的爷爷是军人，长年不在家，即便回到家中，对家人也多是挑剔、指责，与家人关系是疏离的。小C爸爸回忆，当年对父亲既恨又爱。家庭成员能看到这一部分的时候，小C爸爸开始有了变化，有了更多的担当，尝试着组织一家人外出旅游，一起看电影，渐渐地，家庭互动、沟通越来越好。

3. 理解家庭角色，促进家庭成员的角色采择与角色扮演[13]

小C是一个游离在家庭之外的角色，代际传承了原生家庭中的父亲角色。通过家庭治疗，看到了隐匿的代际动力，父亲就可以更自主地选择在家庭中的角色，形成良性的家庭互动。

4. 解读家庭成员地位，接纳家庭成员价值差别，创造平等和谐的家庭心理环境

从个案中看到了父亲缺位、小C努力补位的家庭格局，家人们选择了相互谅解，接纳了爸爸曾经的"缺位"，开始陪着他学习做父亲。咨询师提供了更好的沟通机会和平台，接纳了父亲功能的不足，促使家

---

[13] 刘惠音. 加强交流与沟通是现代家庭教育理念的重要内容[J]. 学理论, 2009, 24 (10): 126-127.

庭朝向平等、和谐的心理环境。

（二）建设良好的家庭文化氛围

1.合理协调家庭分工，明确界定家庭成员责任、权利、义务的内容和边界

男性、女性由于性别不同带来的特性与力量的差异，在远古时代就有了职业分工，并带来社会角色定位的不同。成为父母之后，这种分工在养育孩子的过程中体现得尤为明显。男性由于力量更强、速度更快，更具有攻击性，在原始时代就负责狩猎、战斗等等，对体力与合作要求更高的分工，纯粹由男性建立的社会结构往往等级森严、赏罚分明。父亲的职责，更多在于教导孩子规则，给出边界，同时通过认同社会规范的方式以期在将来更好地融入社会。而女性在早期部落中主要负责养育后代、贮存食物、保障后勤，这些工作不需要那么多攻击性，而是需要更多的包容、共情与分享。加之女性天性与在进化中所获得的敏感与细腻，母亲在孩子的成长中更多地担负觉察情绪、抱持孩子的工作，使得孩子在成长中通过母亲的镜映与接纳逐步理解自己，并建立起心理上的弹性，从而更好地适应未来社会生活中的挑战。

小C父亲角色的缺失，家庭中缺少力量感和规则意识，致使她潜意识补位到男性位置，致使家庭成员边界和分工错位。当父亲回归时，家庭中既有男性的力量、规则、边界，又有女性的包容、抱持、温暖，阴阳两种能量融合在一起，小C就回归到自己的本位，成为安然享受家庭滋养的幸福女孩，成长自己的身心，发展自己的学业和兴趣爱好。

2.根据家庭成员爱好，通过组织家庭成员文化活动增强互动密度

家庭文化活动的开展体现了父母与子女之间的良性互动，促使父母与子女的沟通更为通畅。小C父亲能看到自己的行为对妻女的影响，期望新的家庭格局产生。家人一起商量，组织每周一次的集体活动，在家

庭文化休闲娱乐互动中，三口之家的情感越来越亲密，沟通更加通畅，每个人都在积极地提供自己的功能，同时也享受着其乐融融的家庭带给自己的滋养。

3. 理解家庭成员彼此的情感需求差异，增进家庭成员间的人际情感联结度

家庭成员间的直接的情感交流、丰富的交流内容，能帮助子女学会正确认识自我、正确认识和接纳他人。子女需要从父母的陪伴中感受到快乐，减少孤独感，增加积极的情感体验。子女在情绪低落时，父母能够成为一个很好的倾听者，并且尊重孩子的情绪，能够以接纳的态度来面对。特别是当子女表达负面情绪时，父母能够给予恰当的回应，就会让子女在这样的互动中体验到被允许、被尊重，并增强其情绪的容受力。父母还需要经常和子女在情感方面沟通，让儿童信任，帮助他们重新建立自信，形成健康积极的人格。

爸爸不在家，小C内心无力、无助、愤怒、困惑等诸多情绪纠结在一起，使她不自觉地想要多与男孩互动，能更多地感受到阳刚之气、勇敢、有力量、幽默。她感受到妈妈的孤独和抱怨，不自觉地在家庭中成了担当和支撑家庭的角色。父母亲接受辅导后，意识到过往家庭中父亲的力量感、规则、理性功能的缺失，家中只有母女二人，情感的浓度过大，过于纠缠，缺乏边界。重建有效的互动沟通模式，促使家庭从僵化走向改变，从缺失走向完整。

4. 直面家庭人际冲突，建设积极应对模式

在小C爸爸回归家庭后相当长一段时间里，一家三口都在不断地直面冲突，磨合着彼此之间的互动和关系。小C以前习惯了独来独往，有事情也不与父母商量，现在爸爸在家的时候多了，有时会问小C一些事情，她显得很不耐烦，有时甚至爆粗口，家庭气氛很紧张。治疗师

引导一家三口重现家庭冲突的现场，看到小 C 爸爸说话的强硬和专制，激起了女儿的对抗，小 C 妈妈无所适从，不知道应该站在什么角色上。小 C 爸爸突然问了个问题："女儿，你想让我怎样说？"这一句话化解了冲突的场面。在面对家庭人际冲突时，小 C 爸爸能直面冲突，积极应对冲突。家庭的关系也由凝滞变得流动，出现了小 C 母女的积极发言现场。我们能看到当家庭有了直面冲突的能力时，也是积极的家庭关系重建的开始。

（三）解读、重构家庭关系

1. 提升亲密关系质量

夫妻良好的亲密关系，会让孩子对婚姻产生美好的感觉与向往，在自己的亲密关系中如同父母般相处，父母角色均衡呈现，孩子接收到清晰的男性形象和女性形象，对自己的角色认同及与对方相处提供大量心理脚本模版。

以 38 岁的 H 女士的家庭为例，丈夫 40 岁，大女儿 12 岁，二女儿 4 岁。H 的原生家庭对她有诸多限制与拒绝，她的成长过程中承载了很多父母的焦虑，她也难以理解孩子，对孩子的要求经常粗暴拒绝，沟通不畅，情绪淤堵。比如，二女儿饭前要吃糖，妈妈坚决地说"不行"，女儿委屈地躲到屋里不出来，谁哄也不行。女儿说："妈妈，给我买个小玩具吧！"妈妈说："不买，不能惯你这个臭毛病，总是要东西。"有一次，女儿被拒绝后，气愤地从厨房拿出了菜刀，说："要不我死了算了。"出现了一些偏激决绝的情绪反应。H 的原生家庭氛围过于理性，说教多，使她也难以理解女儿的需求、情绪。通过角色扮演，H 看到了女儿的需求以及自己对女儿的拒绝，意识到了自己曾经的被拒绝，看到自己的没被满足重现在母女互动中，认识到满足女儿的需求与纵容她是两回事。

2. 促进亲子互动水平

H一家四口从父母家搬出来，实现了个体小家庭的独立，促进了家庭成员的分离个体化。H做饭、做家务，照顾孩子，生活水平提高较多，孩子觉得被照顾得比以前暖心多了。H原来以为亲人间不需要送礼物表达感情，现在女儿送自己礼物会很开心，感觉到被重视，同时H也尝试着送别人礼物。家庭凝滞的情绪开始融化、流动，家庭成员看到了彼此的深层互动。当孩子进入父母内心时，父母就会关注孩子的情绪、困难和期盼。

（四）调整家庭教育模式

1. 更新家长的育儿观念

H回应女儿的方式通常是"行"或"不行"，现在H能够认识到，生活中没有太多原则性的问题，很坚决的"行"或"不行"的事情挺少的，她能较多地站在女儿的视角。女儿说："妈妈，这蛋糕看着好香呀，我想吃。"妈妈说："买。"女儿现在上五年级，数学成绩不好，以前从来没有报班先修过，妈妈跟女儿商量："妮妮，马上该放暑假啦，咱报个数学兴趣班吧，咱看看别的老师怎么玩数学，地面课或网课都可以，网课的话，妈妈还能跟你一起学。"女儿翻着白眼儿："不报，不想报，我死了也不报。"以前H会说："报，必须得报，不报不行，就你这数学成绩，不报怎么着呀！"母女开始怄气。现在，H会认为，目的是要提升女儿的自信："不报班也行，咱们一起商量商量，看看怎么样不报班来达到报班的效果。"母女冲突时，H变得有弹性、柔软了，能容纳问题"再飞一会儿"，开启自己的智慧，思考着从其他层面来解决问题。

2. 改善父母教养方式

以前，H接受不了充分满足，会嫉妒那些能好好享受生活、充分满足自己的人。经过心理辅导，H越来越多地看到自己与自己、自己与他人、自己与女儿互动的模式、局限。人的潜意识很奇妙,看到了,潜意识会自动运作,慢慢化解,朝向自在、愉悦的方向改变。现在,H对自我的满足和认可越来越好,也越来越多地看到孩子的需求,理解了女儿成长到不同阶段时心理需求也是不同的。今年,二女儿跟妈妈说想要养猫,H说:"可以呀,养猫猫很可爱的,但是爸爸不喜欢猫,他原来说过。"女儿情绪有些低落:"那就养不成了呗。"H说:"也不一定,我们可以跟爸爸商量。"于是母女开始兴致勃勃地商量怎么跟爸爸说,结果爸爸没同意,又进行第二次商量,第三次商量后爸爸终于同意了,二女儿开心极了。H看到孩子们变化都挺大的,以前,可能不管家长的意见,直接就把猫抱家来了,特别决绝。小猫来家后,掉毛很厉害,爸爸对猫毛过敏,整得他浑身难受,一开始爸爸不好意思说,觉得说了也没用,孩子还没稀罕够呢,H鼓励丈夫说出来,结果一家人商量着,女儿同意不在家养猫了,把猫养到姐姐的宠物店里,她可以随时去看,一家人都很开心。家庭成员都可以表达自己的意愿,同时意愿是被家人接受的,问题是可以通过商量折中解决的,每个人都感觉自己的想法和感受是重要的,是被尊重的,也可以说每个人都被尊重到了。H从原来的无所适从、生硬、混乱,变得有弹性、自由;原来只是理性说事儿,现在家庭中更多的是情感的流淌,像流动的音乐一样;现在家里所有的事情都可以谈、可以交流,不论夫妻之间、亲子之间、姐妹之间都可以。

3. 重塑家长的榜样示范作用

言传与身教,一方面在意识层面起作用,另一方面多是在潜意识层面起作用。言传大多是在认知层面上给孩子讲道理,需要孩子从意识上首先能够做出主动的反应才能接受,也就是说孩子需要认可父母的教育内容和态度,然后才会真的接受教育。孩子容易产生抵触情绪,即便不敢直接或者明确进行反抗。比如,有的孩子会假装听进去了,但坚持不了多久，孩子依然故我，家长们说孩子"道理讲了一百遍，但就是没有用"，孩子并没有真的接受那些道理，只是自己认知层面的"知道"，并没有被认同并内化到自己的心理结构中。

身教大多并不是家长刻意进行教育的结果，而是父母真实地做自己，孩子看到眼里，认同在心里，然后逐渐内化为自己的一部分，身教更多是在无意识层面进行，因此并不会让孩子感受到某种压力，或者也不需要孩子刻意去努力学习，这种过程就会减少阻抗的发生，也不需要意志力的参与，而是在不知不觉中自动完成。榜样的力量是无穷的，从神经心理学的角度来看，是因为人脑中存在一种叫作"镜像神经元"的细胞，能感知身体的动作、面部表情以及情绪，并且会让大脑准备好重复它所"看到"的，人类才在人际交往中可以感知到他人的情绪，迅速了解他人的意图，具有同理心，学会掌握语言。它不仅可以感知他人的外在行为，还可以感受到他人的情绪、情感。

三、家庭关系主题的家庭成员心理辅导个案解读

A女士，30岁，是家中的独生女，A觉得从小到大父母一直控制自己。A婚后育有一女，婆婆搬来同住，一起带孩子，小家庭从两口之家变成了四口之家。她内心淤积了大量的负面情绪，对婆婆的不满、愤怒、委屈、厌恶，令她十分纠结、痛苦，但又离不开婆婆的帮助，无法独自面对自己目前的生活。同时A觉察到，自己的情绪不能发泄给丈夫，开始接受心理咨询。

表 7-5　家庭关系心理辅导个案解读

案例解读	家庭关系主题个案			
	家庭形态	家庭文化	家庭关系		家庭教育
状态与呈现问题	原生家庭：爸爸、妈妈、A。新生家庭：A、丈夫、女儿、婆婆，婆婆帮忙照顾女儿。	原生家庭：父母事无巨细控制A，A淤积了大量的负面情绪，移情到与婆婆的关系中。	A与丈夫关系相对疏离。	A与父母分化不足，共生明显，投射到婆媳关系中。	父母以说教为主，重复强迫A接受他们的观点，A反感、抵触，情绪缺乏出口。
干预与辅导	A进行个人访谈、沙盘游戏、团体成长小组等干预活动时长超过一年。咨询师语气和缓、语调温和，A感觉放松平静，感觉到被关注到的温暖，每周一次的辅导让A感受到被包容、被接纳、被看见，可以释放一周积攒的紧张和焦虑。 A对父母、婆婆的愤怒等情绪，很难用语言表达，借助沙盘呈现，能够把压抑的情绪、想法表达出来，有些内心的东西无法直接出现在意识中。在团体成长小组中，A感受被同理了，轻松很多。在一次小组活动中，B谈到自己的委屈及对小组的不满，带领者认真关注地倾听。C对带领者非常不满，说："Y老师，你看B都那么心酸、委屈了，你就过去抱抱她，安慰安慰她，你别老坐在那儿只是听。"Y老师回答："抱歉，我没有能力，我做不到。"A听到这里，"哇"地哭了出来，小组成员惊讶了，不理解她为什么会哭。A分享，觉得父母控制自己，而自己希望他们做的一样也没做，A对父母有很多愤怒和失望。看到团体带领者的反馈，A释然了，不是父母不想给自己，是他们没有能力给，他们能做的就这些。这一刻，A与父母的隔阂在心里得到了化解。				
变化与成长	父母不仅控制A，还控制A的女儿，A会对父母的行为一笑了之，只享受父母关爱的愿望，将父母的控制行为看作父母仅有的、仅会的表达爱的方式，与父母间的关系变得和谐融洽，与婆婆的交流越来越顺畅，家庭中的张力情绪也会有，A会以开玩笑、撒娇等方式化解掉冲突，四口之家在磕磕碰碰中愉快生活。				

续表

	家庭关系主题个案
客体关系理论解析	A 被控制的经验使她很难相信可以跟父母坦诚交流，咨询师的专业视角帮助 A 对生活事件有了新的理解，看到了更深层次的自己。A 目前的关系有所松动，会尝试改变，心情变得释然自在。在团体中，团体带领者被组员们投射为权威或者家长的角色。B 会把自己对父母的不满、失望投射到带领者身上，借助团体咨询的场域去发现、表达自己跟现实中的父母不敢表达的部分；C 觉得，成员有问题"家长"应该出面解决，带领者成为那个有办法、有能力的人，而成员自身的能力和资源往往会被他们自己所忽略；带领者真实地做了自己，没有按照几位成员所期待的那样做出反应，这恰恰成为一个促使 A 产生领悟和改变的治疗契机。A 既讨厌父母的控制，同时认同父母是掌控者的角色，将自己想要获得理想对待的期望投放到父母身上，期望父母是全能的。当带领者说"对不起，我没有能力"时，A 发现父母不是万能的，掌控一切的潜意识期待落空了，才会回到一个客观中正的立场来，真实地看到父母。心理辅导促进来访者将自己的内在客体表象和客体关系放到现场，获得不一样的体验，产生新的领悟，丰富了他们理解问题的视角和层次，产生出更多具有适应性的应对问题的策略，逐渐形成新的有力量的自我。像 A 一样，将父母对自己的爱和控制分开，更有弹性地应对，一个鲜活的、内在更加完整和谐的生命重建了。
辅导作用机制	1. 容纳性环境。心理辅导工作的专业设置能够起到稳定、结构化的作用，促进来访者遵循内化规则。心理咨询师提供安全信任的、抱持性的心理环境，[14]成为一个容器。 2. 原有经验与关系的呈现。个体在关系中成长，在关系中受伤，在关系中经验一切。在与父母互动的过程中，我们借助父母对于自己的回应、反应来逐渐建构起"自己是谁"的感觉。人际之间的移情现象是进行心理辅导工作的材料，咨询师对此能够保持觉察和反思，促使来访者走出负面经验的泥潭，发展出新的建立关系的能力。

---

[14]（英）唐纳德·温尼科特. 成熟过程与促进性环境：情绪发展理论的研究［M］. 唐婷婷，等译. 上海：华东师范大学出版社，2017.

续表

家庭关系主题个案	
辅导作用机制	3. 获得修正性体验，内化新客体与积极关系模式。咨询师提供了一种不同于来访者预期的、经验中的、早年客体经常给他的反应，改变来访者原有的认知概念、情绪体验、互动模式等。心理咨询师需要不被来访者诱导出他们预期的反应，或者即便发生了投射性认同的情况，也能在随后的过程中对此进行觉察和探讨，从而提供一个新的具有矫正性的情绪经验，即提供一个稳定的、与来访者当下的心理状态相一致的反馈，这会让他们产生被深深看见、被理解、被共情的感觉。 4. 潜意识意识化，获得新的认知、理解和领悟。被潜意识所控制的人，大多会出现把过去当成现在、把幻想当成现实、把别人当成某个重要客体来对待的现象，也就是说他很难基于现实中的人、事、物去做出不同对待。潜意识意识化的方法有很多，比如心理教育、把症状看作潜意识的信号去解读、自由联想、释梦等，心理咨询就是一种可以通过潜意识意识化的方法来帮助我们获得自我领悟和内省的有效方式。 5. 学会自我觉察、自我分析，获得自我发展、自我丰富的能力。心理咨询是帮助人们学会如何与不如意相处，如何转化不如意，如何提升自己的能力，如何让自己的认知、情绪、身体和心灵持续得到发展，使自己的人格趋向于成熟。自我觉察意味着一个人开始超越自己的心智，让觉察的自我从心智中分化出来，把自我的心智作为一个对象加以认识。自我觉察和自我分析的能力不是凭空就能长出来的，需要一个有良好自我功能的模板。咨询师需要把自己的自我功能租借给来访者使用，供他们当成镜子一样来映照自己，然后逐渐内化这个功能，成为他们自我中的一部分。当自我功能变得比较成熟、有弹性以后，一个人就可以获得比较自由的发展，从而实现丰富的人生。

四、家庭教育主题的家庭心理辅导个案解读

S女士，45岁，儿子从小与姥姥、姥爷一起居住，上高中时回到父母身边，一家三口单独居住。S父母重男轻女，她和妹妹的出生让父母失望。父母经常争吵，S会不由自主地卷入父母的争斗中，试图去做一些劝解或者站队帮腔的事情，她的参与往往并不会令争吵结束。持续紧张的状态，又令她觉得无以承受，想挣脱又会卷入进去。这种卷入、挣脱、再卷入的模式不断重复，使得S内心的消耗非常严重。S与丈夫的相处也不能保持一种平和的状态，常常是情绪化沟通，遇事先起情绪，然后被情绪牵引着，说的是发泄式的语言，会威胁丈夫分开过，有时候甚至会动手，夫妻关系非常紧张。对于儿子，S总是处在一种莫名的紧张中，对孩子的衣食住行各方面照顾得无微不至，觉得不能放手。

表7-6　家庭教育心理辅导个案解读

家庭教育主题个案					
案例解读	家庭形态	家庭文化	家庭关系	原生家庭家庭教育	
状态与呈现问题	原生家庭：爸爸、妈妈、S、妹妹。新生家庭：S、丈夫、儿子。	原生家庭中S不断重复卷入、挣脱父母的争斗。新生家庭中S复制父母互动模式。	S表现出与父母明显的共生，属于矛盾型依恋，亲子关系较控制。	父母重男轻女的观念，导致S女性身份认同缺失。	父母的忽视让S期待关系，然后逃离，不断循环。	父母经常争执、冲突，边界混乱。
干预与辅导	S有近十年的团体咨询和个人咨询经历。 咨询师没有说教、出主意或者跟S一样恐慌害怕，只是陪着S跟内心的恐慌待在一起。咨询师既关注S的现在，也关注S的过去，连续一体的感受让S产生了强烈的自体体验。咨询师的某些话会深深地触动S，成为引领S进行自我探索的指路灯。S想跟父母分开，让孩子跟自己住，孩子不愿意走，还想继续跟姥姥姥爷住，团体中说到这个问题，带组老师问了一句："孩子不愿意走，还是你们并不想让孩子走？"S开启了另一种思考："有可能是我不想留在父母身边，但是离开又有内疚，潜意识中想让孩子替代我留在父母身边。"这样就清楚地看到了自己与父母的关系状态。 一位女心理老师充满了女性的柔和之美，同时自我力量强大，边界很清晰，非常吸引S。S以前不能接受女性的温柔、柔和、细腻等，认为这些特质是软弱的，拒绝这些特点出现在自己身上，同时对男性的特质也是很排斥的，也不允许力量的部分、强有力的部分出现在自己身上。S谈到自己父母重男轻女的观念，他们一直想要男孩，自己的内心其实也有成为男性的渴望，想要拥有这种性				

续表

家庭教育主题个案	
干预与辅导	别身份，但是自己又不是，无法拥有，这种矛盾的心理造成了自己在性别特质认同方面的一些心理冲突，很多的心理能量就集中在了这个方面，造成对女性特质无法认同和接纳，潜意识中认同并成为一个女孩，就意味着自己不会成为父母心目中所喜爱的孩子。而对于男性的身份一直是羡慕嫉妒的，可是想成为而不得，所以又反向形成了自己对男性特质的排斥，自己无法拥有，那就直接抛弃它吧，也许是有很多的挫败和愤怒的情绪无法面对和处理。观看一个舞蹈视频，跳舞的女子正是因为力量足够，才能把那个舞蹈的柔美发挥到极致。那一刻有一个顿悟，原来力量并不会毁掉女性的身份，反而会让女性柔美的特质表现得更加有魅力，并且让一个人变得更加丰富，S觉得自己能够接受女性身上可以有力量的部分，起码在意识层面自己接受了女人身上可以有男性的特质。 S参加成长团体，当谈到自己特别想带孩子玩的话题时，老师一句"你想带谁的孩子玩儿？你想带谁？"让S进入了一个懵掉的状态，思考却一直没有答案，是否在自己的幼年乃至成年都未曾达成过的一种愿望呢？心理咨询给S的感觉就像自己的内心有一层一层的地下室，仿佛自己看到了那一层有东西，但是可能还没有做好准备立刻就下去探索一番，那个地下室的存在本身就会引起S的兴趣，她会时不时地瞄一眼那个地方，吸引着她不断积蓄能量，想要靠近潜意识深处一探究竟。当然，也充满了焦虑、愤怒、害怕、委屈等，开始的时候不是喜悦，有时候甚至会产生想要攻击咨询师的冲动和想法，经历过这个艰难的过程以后，拨开云雾见青天，带来极深刻的触动，就像一束激光照射到自己内心深处。 S扩充了自己对情感、关系、生命等问题的理解，让自己的内心逐渐变得更丰富、更完整，很多问题也会得到缓解或者升华。咨询师曾说到"对父母的恨得以充分表达以后，爱的体验才能出现"。S对恨的部分进行表达还是非常困难的，因为道德上的不允许。内在体验中，确实有很多令人不舒服的感受，既要压制又压制不住，在心里不断积累，结果这种负面的情绪就会变形成各种形式被投射到自己生活、工作中的方方面面。这句话成为一个契机，慢慢地，S有了一些感觉和领悟。当一个人陷在恨的状态时，就很难发现恨只是一个表象，在恨的体验中其实还有很多其他的东西，比如失望、委屈、羞愧、对爱的渴望等。它不是单一的，而是复杂的、丰富的，有许多有意义、有价值的信息包含在里面。当S有了这样的体验以后，就不执着于"恨"这个字眼了。这样的解释对S来说具有足够的冲击力，也具有足够的能量，使得她不断走向一个新的自己、一种新的关系。

续表

	家庭教育主题个案
变化与成长	S从内在人格到外在关系都有改变，尤其自己在性别认同方面内在的挣扎和混乱得到了缓解与治愈。还有跟父母的关系，以前非常纠缠，深受其扰。现在看到他们两个人在那里纠缠的时候，自己能不被纠缠所扰，那是父母相处的模式，是他们自己的事情。以前对父母有很多恨的感觉，S经常想当初父母是怎么养育自己的，就是他们那种带有创伤性的养育过程，才使得自己成为今天这个样子。在S内心里既有对父母的不满意、失望和怨恨，也有对自己现状的不接纳。现在S对和父母的关系有了新的理解和领悟，与父母的关系能够在更多层面上进行，比如会跟父母撒撒娇，让妈妈给自己买衣服等；再比如妈妈喜欢腌咸菜，每次都给S拿很多，S带回家吃不完就会很生气，现在S会跟妈妈直接说"别给我拿了"，妈妈也能听到S发出的声音，就会听从。S与丈夫的争执也有变化，过去两个人争执的时候会很严重，丈夫都觉得S要抛夫弃子。现在两个人会在争执之后进行沟通，S丈夫也有机会讲一讲他内心的话，这样的过程帮助丈夫对S有了更多了解。目前两个人的沟通变得更加直接和坦诚，不像以前基本上是一种情绪发泄、失控的状态，现在的谈话是在理清问题，理性更多，人的状态也更稳定。 在与孩子的互动中，S觉得自己更有节制了，能够允许孩子跟自己分离。从控制、纠缠、分化不清的状态调整到有边界、尊重孩子，在体验层面曾经有过撕开的疼痛，心里仿佛能够听到"嗞拉嗞拉"撕扯的声音，就是那种撕心裂肺的感觉，真实体验过在心理上分离的疼痛和不易。孩子填报高考志愿的时候，父子俩决定不让S参与这件事，这次S没有不悦的感觉，反而感到挺开心的，爸爸能够辅助儿子，同时自己也希望儿子能长起来，成为一个独立的、有自主能力的人。孩子越是独立自主，母子之间的链接就越是没有那么紧密，就像那根连接母子的脐带，等到一个恰当的时机，就可以剪掉它了。这个过程虽然有点疼，但是对于S来说终于能够接受了。S说自己在关系中的变化，让她明白自己变了，他们也就变了。一个人的位置动了，整个家庭就会跟随着一起变化。在S的内在成长方面，心理干预起到了非常重要的作用。从一个对自己的性别身份有诸多冲突的、情绪控制能力不够、与人的关系分化不清、边界不清的状态，调整到了可以整合男性和女性特质于一体、情绪稳定、与人的关系既亲密又有边界的状态。

续表

	家庭教育主题个案
客体关系理论解析	心理咨询提供了一个心理发展变化的容纳性环境，S不断得到不同于父母的养育性体验、修正性体验。随着这种体验的增多，S的自体感越来越好，这样也帮助她获得了稳定的情绪。曾经那些不够好的养育过程带给S的心理创伤，能够在这个咨询的容器中得到解读、共情和转化。S内心中的父母表象是不够好的坏客体。 心理咨询师成为S一个好客体的投射对象，然后通过不断认同这些好客体身上的品质与能力，来访者不断发展自己，丰富自己。心理咨询师对S起到了引领和化解的作用。那些不同于日常生活中的对事件、对人的关注与理解，在很多时候会给S打开一扇窗，看到新的风景，这就意味着心理咨询不断帮助来访者扩大自己的意识范围，也就是把那些被埋藏到潜意识深处的重要的生命体验重新带回到意识中来，通过这样的专业工作，S逐渐走向了自我的整合，成为一个更加自在和谐的人。 S还获得了一种自我觉察、自我分析的能力。也就是说，来访者不仅可以通过心理咨询的方式进行创伤修复，促进人格发展，获得稳定的自我，还可以内化心理学的视角，学习到一种看待人的内心、理解人性的方法，而这些方法将是每一个进行自我对话、自我发展的有利因素。他们将在告别心理咨询之后，依然可以进行自我的理解和探索，可以走向人生更广阔的天地，获得生活的适应、情感的满足、人际的和谐，也许还可以走向心灵的升华，与更广袤的人生实相相遇，成为拥有更高智慧的人。

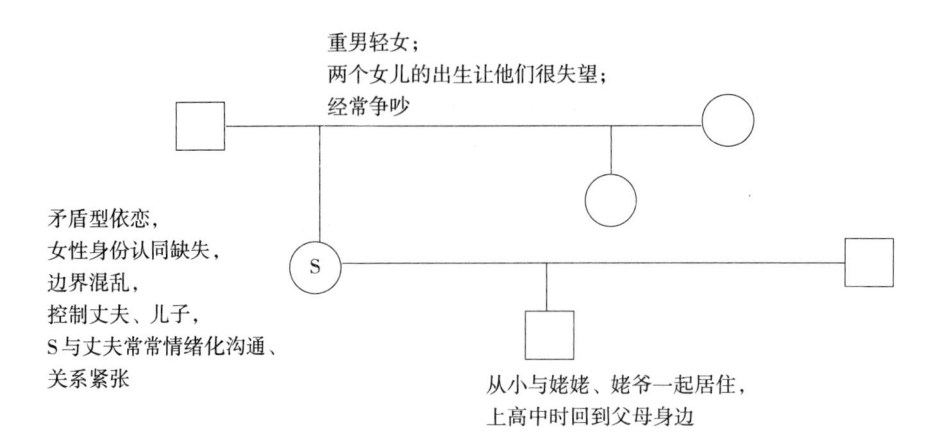

310　家庭心动力：青少年成长的原点与突破

重男轻女；
两个女儿的出生让他们很失望；
经常争吵

矛盾型依恋，
女性身份认同缺失，
边界混乱，
控制丈夫、儿子，
S 与丈夫常常情绪化沟通、
关系紧张

从小与姥姥、姥爷一起居住，
上高中时回到父母身边

图 7-2　家庭心理系统的干预与辅导

第三节　自我整合超越原生家庭

在电影《心灵捕手》中，威尔从小是孤儿，被收养了3次，每次都惨遭虐待。他的养父回家后，会拿出扳手、棍子和皮带让他选一个，紧接着就是一顿毒打，他身上常常伤痕累累。威尔的亲密模式形成了典型的回避型依恋。成年的威尔是麻省理工学院的一个清洁工，他能轻松地解答出数学教授蓝勃的问题，生活中却是个打架惹事的叛逆青年。蓝勃发现了威尔的才华，并想让他进入自己的智囊团，但同时威尔需要看心理医生。威尔建立起了信心，渐渐敞开心胸，找到潜伏在自己身上的力量，他选择去情报局工作，并勇敢地找回心爱的姑娘。看看治疗过程中发生了什么：威尔会想尽办法让心理医生难堪，其他医生相继放弃对威尔的治疗，只有肖恩每周与威尔见面。他承认威尔的话刺痛了他，但是他想办法自我疗愈，这是作为治疗师，也可以说是父母非常重要的功能——包容。当孩子刺痛我们的时候，涵容他，继续处在关系中，而并非像前两个治疗师一样抛弃他，这个过程就是在修复威尔幼年不断被抛弃的生命体验，同时建立他对治疗师的信任感。

威尔与富家女朱凯兰相识相恋，但对方太过完美，他不敢表露心意。当他意识到女友毕业后有可能离开他去加州发展，他开始恐惧到时候她会不爱他了。在一次争吵中，威尔气急败坏地说："你根本就不爱我，你就是想和我这种穷人玩玩！"

肖恩善意地点破威尔的心思："你是不想让她看到你的不完美吧？这是极好的想法，一辈子不用认识任何人。"肖恩并没有继续跟他讲"应该"如何建立亲密关系,而是将自己与妻子相处的故事娓娓道来:"你知道吗?我太太特别喜欢放屁,而且声音还很大。有一天半夜,她放屁太响,把家里的狗都吵醒了……她以为是我,我不忍心告诉她,就说是我。天呐!她知道我所有的缺点,人们称它为不完美。但不完美的东西,却是最好的东西,因为它能选择让谁进入我们的世界。"唯有坦露我们的缺点,看见、接纳彼此的不完美,才是真正建立亲密关系的起点。

父母与子女分享人生趣事和人生感悟,是朋友般愉悦的分享,而不是长辈的教育和数落,这一过程让子女感受到了平等、接纳、温暖,是彼此滋养的过程,是可以涵容彼此的情绪与误解,是子女健康成长的动力。

经过一年的治疗之后,威尔要求肖恩对自己的情况做一个评估。肖恩说了一段话,把威尔成长过程中所受的创伤经历表达了出来,他心里真实的自己很是差劲,不值得被爱。威尔神情沮丧,肖恩说道:"这都不是你的错。"

第一次听到这句话,威尔低着头,说了句"我知道"。

咨询师又说了几次。

第二次,威尔假装不在乎,继续说"我知道"。

第三次,威尔看了他一眼,还是那句"我知道"。

咨询师目光坚定,看着他,说了第四、五、六、七遍。

威尔突然哭了。到了第八遍,他抱住了咨询师,哭得像个委屈的小孩。他内心最深层的信念——我是不好的,被摧毁了。他第一次意识到真实的自己是不差的,女友没有像父母一样嫌弃自己,于是他决定去找女友。

其实心理咨询,就是一个发现自我、获得成长的过程,心理咨询师引导来访者一步步发现自己的天赋与本性,本性也得以释放。

凄惨的经历，造成了威尔错误的认知和行为：自暴自弃，认为自己一无是处。用极端的防御机制对抗世界。肖恩真诚、共情、包容和接受威尔，但真正起效的，是对威尔创伤经历的见证，让威尔感到他真正理解了他，拥抱了威尔内心那个伤痕累累的小孩，超越了原生家庭，超越了幼年创伤，成为一个有能力选择自己想要的自由人生的人。

人的一生就是自我不断整合、趋于完善的过程。埃里克森（Erikson）认为自我整合是个体对于自身是谁、价值理想是什么样的意识观念，是不断发展、成长、完善的过程。[15]个体的自我认同如果不能统合为一个完整的意象，可能引发认同危机。荣格（Jung）认为个体心理发展包括个性化和超越功能两种趋势。[16]个性化是心灵的各种成分完全分化的过程，会发生冲突和对立。超越功能是对所有对立倾向和趋势加以统一、完善和整合的能力，"整合"是个体心理发展的最高目标。自我是对自己及其客体关系的感受、认识和评价。青少年是以亲子互动作为主要客体的，青少年的亲子客体关系意象是消极的，会影响青少年对客体扩展经验，包括同伴、师生等扩展性的人际关系，也包括学业、生活方式等客体，内化消极的自我体验，自尊、自信处于低水平。在此种情况下，需要通过心理干预帮助青少年及父母，对亲子关系进行觉察、分析、叙事、重构，修复亲子关系创伤。在家庭系统的心理干预辅导中，父母是更为决定性的一方，父母能够觉察和调整自己的育儿观，改善教养方式，重塑榜样示范作用，会启动亲子关系重建的按钮，但青少年自我成长是更重要的目标。

---

[15]（美）埃里克森.同一性：青少年与危机［M］.孙名之，译.北京：中央编译出版社，2015.

[16]（美）戴维·罗森.荣格之道：整合之路［M］.申荷永，等译.北京：中国社会科学出版社，2003.

一、自我整合面临困境的案例解读

在家庭自身进行亲子关系重建的过程中，需要双方在意识上、行为上都要做出努力，充分考虑到家庭形态对亲子关系重建的影响，善加利用，成为助力关系改善的催化剂，否则就可能遇到困难。

一个在亲子关系重建中不够理想的个案，访谈对象想改变的意愿和努力都很突出，但是由于促进改变的几个因素不具备，特别是父母辈进行自我调整和改变的意识淡薄、行为不积极，访谈对象和家庭重建遇到了很多困难。

C女士，38岁，2个女儿。C有一个大她5岁的哥哥，一个大她2岁的姐姐，C幼年时母亲去世，父亲把三个儿女养大成人。C的困扰主要集中在与父亲的关系上。

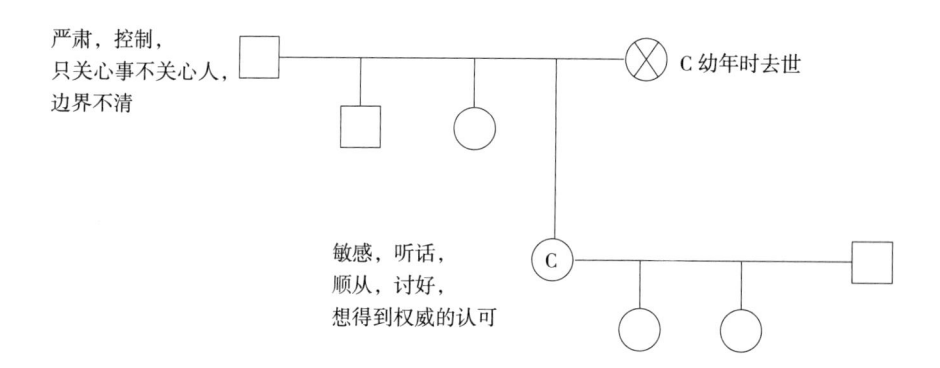

图 7-3　自我整合超越原生家庭

表 7-7　自我整合面临困境的个案解读

解读	自我整合困难个案	
	家庭关系	自我状态
问题困扰呈现	C小时候父亲很严肃，难以亲近，羡慕同学搂着爸爸撒娇，偶尔轻松的画面是，傍晚在农田里干完活以后，爸爸赶着毛驴车，他们几个孩子坐在后面，能感觉爸爸的心情比较好，从他的语气和表情中，能感受到那种氛围是跟平常不一样的。父亲开心，女儿自然感到放松；父亲压力大，女儿就会担心做错事情。父亲不允许孩子跟自己观点不一样。他觉得"你应该跟我想的一样，咱们是一家子，想得都应该是一样的"。兄妹三人中C最小，也最脆弱，从哥哥姐姐身上，能感受到哪一部分父亲接受，哪一部分父亲不接受。C上高中时，有一次父亲偷看C的信件，C非常生气，心里想着"你不要看我的信"，嘴上却不敢说。 C参加工作转正时，父亲比较关心和惦记这事，如果转正了，会让他觉得有面子。父亲只关心事，没有感觉到他对C这个人的关心。C觉得父亲对自己的关心和爱都是有条件的，需要在他关注的那些方面做得好才可以，否则就不是值得关心和被爱的孩子。每次回老家看望父亲，对C来说都是一件特别累的事情，除了路上的累，更多是情感、情绪上的，需要做长时间的心理建设，回去之后可能会被父亲挑剔、评价，还要想有没有激惹父亲不高兴。回家前，C打电话问需要什么，父亲会说什么都不需要，但是如果真的什么都不买回去，父亲就会觉得孩子们不惦记自己，让C感觉特别麻烦。C希望父亲直接说自己想要什么，她也好准备，但父亲偏偏不说，总是需要她去猜测，她感觉很耗神。	C敏感，总是看人脸色，很难轻松自在地与人交流，养成了没有想法、听话、顺从的性格。 C很多时候都不敢说出自己的想法，C觉得别人说啥都对，避免面对冲突，避免令自己害怕。 C会不由自主地拼命证明自己好，不停表现给父亲看。 C和姐姐因为父亲的比较，成为矛盾重重的竞争对手，很难跟姐姐亲近，学会相互告状、相互贬低。彼此产生了较深的情感隔离。

续表

解读	自我整合困难个案	
	家庭关系	自我状态
客体关系分析	C的母亲早逝，不论对父亲还是孩子们，都是一个很大的创伤性事件。丧失带给每一个人的影响是什么，或者说在家庭内部对于这一部分的谈论和化解是非常关键的，但是从访谈中我们似乎也能看到，在C的原生家庭中，这个话题是被回避的。母亲在家庭中扮演着或者承担着滋养性的功能，对孩子们会更多地进行一些照顾和关怀，在C家中，这一功能是缺失的。父亲也很难把这一部分承担起来，所以就会造成家庭中母亲功能的缺位。孩子们会把这些心理的需要和情感上的需要投射给父亲，父亲没有能力做到如此完美，造成孩子们内在温暖需求的缺失。给C的影响是什么，意义是什么？这需要在心理咨询或成长团体中借助与咨询师的关系，不断内射、内化、修正C的内在客体关系，使她心理更加完整。父亲的教养方式方面，很少看到比较尊重孩子们的个人意愿的部分，说教和控制的部分比较多。这种教养方式会较多地停留在道理层面、理性层面，而较少关心到孩子们在情感、情绪方面的需要。对于年龄越小的孩子，说教往往是没有什么实际的作用的，因为小孩的心智成长需要一个过程，随着年龄增长，孩子们在偏理性的认知方面才能逐渐有一个比较成熟的状态。在孩子们小的时候过多使用说教，类似于揠苗助长。控制型的父母往往需要一个很配合的、能够放弃自我、甘于顺从的孩子，这样的关系配对很大程度上是为了满足父母的内在需要的，因为可能由于某些创伤性事件或者成长经历等原因，失控的感觉是他们很难应对和处理的。所以必须把一切掌控在自己手中，不允许出现跟自己的想法、意愿不一致的现象，因为这种不听从、不一致可能直接激活自己无法掌控生活、掌控命运等的负面情绪经验。有这种特点的父母会把自己的不安投射到与孩子们的关系中，所以就很难看到一个真实的孩子，很难尊重他们个人的想法和意愿。一个人终究是想要活成自己的，亲子之间的矛盾冲突就会变得不可避免。通过个人的学习和反省，确实能够认清楚一些责任，就像C能够把父亲和自己分开来看一样，父亲的情绪是他自己的，看清这一点，她就能够较少受父亲的情绪控制。如何去做一个自由的人，自我认同的发展需要很好地把自己的情结进行梳理和处理。需要一些专业性的引导，需要一面镜子来映照出当年的一些情景以及情景中的自己，包括自己的内心情感、行为模式等，把过去的受伤经历重现，如哀悼母亲的离世、父亲因恐惧而失控的隔离和控制、自己当年的无能、无力。在自我重建的过程中，如果父母一方能够有比较积极的配合，也许这个过程	

续表

解读	自我整合困难个案	
	家庭关系	自我状态
客体关系分析	会有效得多。比如父母看到自己与孩子们之间的冲突，给大家都造成了困扰，他们自身也有动力想要去做一些调整和改变，那么在孩子们试图修正自己的过程中，就是一个利好的因素。但是我们看到在 C 的家庭中，父亲好像还没有这样的意识，越到老年的时候，似乎更需要孩子们对他进行情感上的照顾，这种需要本身是正常的，但是孩子们没有学会如何跟父亲进行情感互动；再有，就是父亲表达需要的方式可能会让孩子们理解或者感受为控制，从而被那种不舒服的情绪、感受带偏，也很难以一种大家都舒适自在的方式来相处。C 的自我重建或者原生家庭的自我调整就会变得很困难。比如其哥哥在为人父之后，也想改善跟父亲的关系，但在实际碰撞中，原有的那些创伤和负面的经验就会把心理空间给占满，无法留出可以转化的余地。这也是通过自我调整进行关系改善时，经常遇到的障碍。 C 父亲对子女很难产生信任感，有非常多的期待，但总觉得达不到自己的满意，总要进行一些负面的评价。父亲对孩子们年龄、身份、能力等方面的变化一直是忽略的，或者未曾引起他的关注，也就不会刺激他要思考自己是否需要做出一些调整。父母养育子女其实是培养其长大成人，然后学会远离、学会放手的过程，让孩子们学会自主负责自己的人生。	
自我重建与整合	C 尝试调整与父亲的关系，有了一些变化。当拉开一点距离看父亲，知道他担心什么，也认识到父亲只会以这样的方式来表达关心，会选择顺着他说话，具体的事情还是会按照自己的想法去做，较少受到父亲情绪的影响。自己的认知发生变化，体验层面变化就很困难。每次回老家看望父亲，当要离开的时候，就会有很多内疚感、担心出来，心里面亲近的感觉就出不来，当父亲变老渴望儿女的情感照顾时，C 也很难用有情感的方式来对待他。缺乏亲密感、没有被情感滋养过的成长经历，也会影响到自己的小家庭。内在亲密的、被信任的、被滋养的、很温暖的感觉，自己是不熟悉的，需要有意识地去关注、体验，去小心地尝试，不断在关系中去感受。就像在一个容器里，虽然上面有一些东西在，但是下面是空的，这种内在的匮乏感不是靠理性、靠认知就能改变的。父亲的挑剔变成了一种被继承下来的模式，孩子们也会去挑剔父亲，哥哥跟父亲是直接对抗，C 则表现为内隐的挑剔，跟父亲沟通大多不能坦诚相见，常常采用回避策略。父亲很少改变，控制没有减少，C 迁就照顾父亲的感受多，讨好型的方式导致她很难真实地做自己。	

续表

自我整合困难个案		
解读	家庭关系	自我状态
评估与解析	C的成长愿望虽然强烈，但在自我整合中还是遇到了难题，体验层面上缺乏有益的修正性的模板，而一个人的成长总是需要在与重要客体的关系互动中才能发展和丰富。母亲的去世，带给C被抛弃的体验，一种想要获得关系、想要拥有关系、想要被认可、想要确认自己不会被抛弃的动力，C用了一种在当时环境下比较适应性的策略，即讨好父亲，按照父亲的要求做个懂事、听话、顺从的孩子，努力学习让父亲高兴，察言观色让父亲觉得自己是个好孩子，一个代价就是不能真实地做自己，内心冲突很激烈，是做自己还是做父亲的好女儿，这是C要不断面对的冲突，涉及委屈、愤怒、内疚、自责等，这些无法言传的情绪、情感会成为一种令人万分纠结的心理背景，恰恰是C很难面对和化解的。认知层面和行为层面上有一些改善，但是内在情绪、情感的部分，还是有比较多的压抑和动荡。如果有一些重要的权威客体可以给到C一些不同的相处或者互动体验，比如给予她更多的理解、共情，给予她更多的允许和认可，让她不断去发现自身的力量，这可能就是一个比较好的途径，让她内化这些经验，成为一个更加完整的人。 C的案例让我们看到，通过自我调整和自我重建的方式，个人或者家庭自身会获得一些新的经验，有助于改善彼此间的关系，但也不可否认，自我重建时困难重重，需要个人、家人、环境的通力合作，否则会遇到瓶颈，无法达到一种满意的关系改善。	

二、家庭心理干预后促进自我整合的案例解读

受访者 F 女士，25 岁，跟父母的关系紧张，进行心理辅导后关系得到改善。

表 7-8　家庭干预促进自我整合的个案解读

	干预促进自我整合个案
解读	家庭关系重构
问题困扰呈现	F 小时候，爸爸经常不在家，F 主要跟妈妈在一起生活，母女关系稍微近一点。中学阶段 F 也想不起有什么特别难忘的事情，似乎也没有很强烈触动自己的记忆。平常父女间也没有什么沟通，过年父亲回来以后也不知道跟她聊点什么，最多就是说说 F 的学习情况，并不是那种很深入的谈话。母亲好像跟自己差不多，跟父亲的谈话也很少。 上大学前，F 似乎较晚才进入了青春叛逆期。父母要求自己做的事情，F 会很抗拒，甚至不听他们的话，有时会发生剧烈的争吵，按照自己的意愿去做事情，跟父母的关系非常紧张，父母说的都听不进去，也不想听。进入大学离开父母住校生活，自由了，平常联系没有那么多，遇到事情还是会第一时间跟对方说一说，父母还是把 F 当小孩来看待，什么事情也不放心，都想要掺和一下，喜欢给 F 出主意，F 选择不跟父母谈自己的想法，出现分歧的时候，F 努力按照自己的想法去做，很挣扎，父母会比较强势地对 F 的事情进行安排，大部分时候 F 会妥协。
客体关系分析	F 的家庭属于比较典型的三口核心家庭，重要一角的父亲基本是缺位的状态。F 成长早期很难有实际的经验去发展和父亲的关系，也没有机会去练习如何与父亲这样的权威角色进行互动。父亲在一年之中偶有回家的机会，似乎也很难迅速进入一个能够与孩子交流、给予关爱和支持的滋养性角色中。母亲的功能似乎也有不足，使得母女之间的连接不够，亲子之间总体是疏离的。目前，父母结束两地状态开始生活在一起，比以前亲密了，会互相尊重对方的意见。F 考上研究生之后，父母觉得孩子很优秀，是自己村子里出来的第一个研究生，感觉很骄傲，对 F 就少了很多说教，更愿意倾听、尊重和支持她的想法。
自我重建与整合	F 认为自己长大了，自主做事情，自我负责就好，也愿意和父母聊聊天，父母说的意见、建议自己选择就好。一是父母少了说教，彼此相处舒服多了；二是自己对事情的理解成熟多了，有了自己的判断，也就不再埋怨父母控制过多，而是将父母的话理解为一种心意，感受父母的支持理解就好。现在 F 也更愿意经常回家，增加和父母相处的时间，遇到困难的时候，父母也会帮助她。

续表

干预促进自我整合个案	
解读	家庭关系重构
评估与解析	F读研究生之前，亲子关系或显得疏离，或变得非常紧张，冲突不断，随着夫妻关系的变化、家庭教育方式的改变、适时适度的分离、亲子互动的平权、依恋风格方面的变化等，亲子之间变得更加和谐，互相信任和尊重，彼此之间的情感联结更稳定和深厚。 一个转机是F考上大学、离开家庭，从空间上与父母亲有了距离。这对亲子关系的改善起到了很大的作用，F说自己变得更自由了，可以自主去探索这个世界，这对于发展出一个自信能干的自我认同非常重要。父母鞭长莫及，也不再时时刻刻盯着孩子，所以就少了很多过度干涉、替孩子做决定的机会。父母能够从心理上适时适度地保持跟孩子的一些距离，尊重孩子的自主性，尤其是当孩子长大以后，父母更多学会放权，学会信任孩子，敢于让孩子去亲自体验生活，这样才是根本之道。 父亲从外地回归家庭，夫妻二人一起生活，相处渐多，彼此之间的感情变得更加鲜活，夫妻之间也能互相尊重，与之前疏离的状态相比，关系的改善更进了一步，从类似于无关系的状态走向了有关系，家庭内部从两地分居到一家三口生活在一起，对于关系的重建是有实质作用的，亲子之间有了更多接触和互动的可能性；夫妻关系变得更加紧密和亲密，积极的夫妻关系转变也让孩子感觉很快乐，显然这一点对孩子内在的稳定是个加分项。 F的家庭教养方式，从忽略型教养到激烈的控制型教养，最后调整到接近于民主型的教养方式。忽略型的教养方式让幼年F的情感、人际的发展受到了限制，该有的刺激和反馈等没有及时提供，F早年有很多没有记忆的记忆状态，似乎心理的发展处在一种停滞的状态中。随着年龄的增长，父母更多是严厉说教和强行控制，孩子变得很叛逆，给到孩子的是愤怒和不得不屈服的无奈，内心非常挣扎。研究生阶段，F更接近于成年人的心理状态，而父母也调整了对待F的方式，不再有过多的说教和替孩子做决定的行为，语言交流更多属于平和的风格，这样的转变带给F被理解、被尊重的感觉，F也更愿意与父母聚在一起，情感上的联结更加明显。伴随着教养方式的变化，亲子之间的依恋风格也从不安全、不信任、无法依赖，转变到相对安全型的依恋。在F内心中建立起一个能够看到自己成长，允许自己独立自主、相信自己有能力的父母形象。当父母的教养方式改变，与孩子的互动交流增多，更能做到关爱、关注孩子，同时能够看到孩子、尊重和认可孩子，亲子关系得到良性发展。

特征　　　　　　　　　　　　　　　　　　　　　　　功能
1.　　　　　　　　　　　　　　　　　　　　　　　　1.
2.　　　　　　　　　　　　　　　　　　　　　　　　2.
3.　　　　　　　　　　　　　　　　　　　　　　　　3.
4.　　　　　　　　　　　　　　　　　　　　　　　　4.

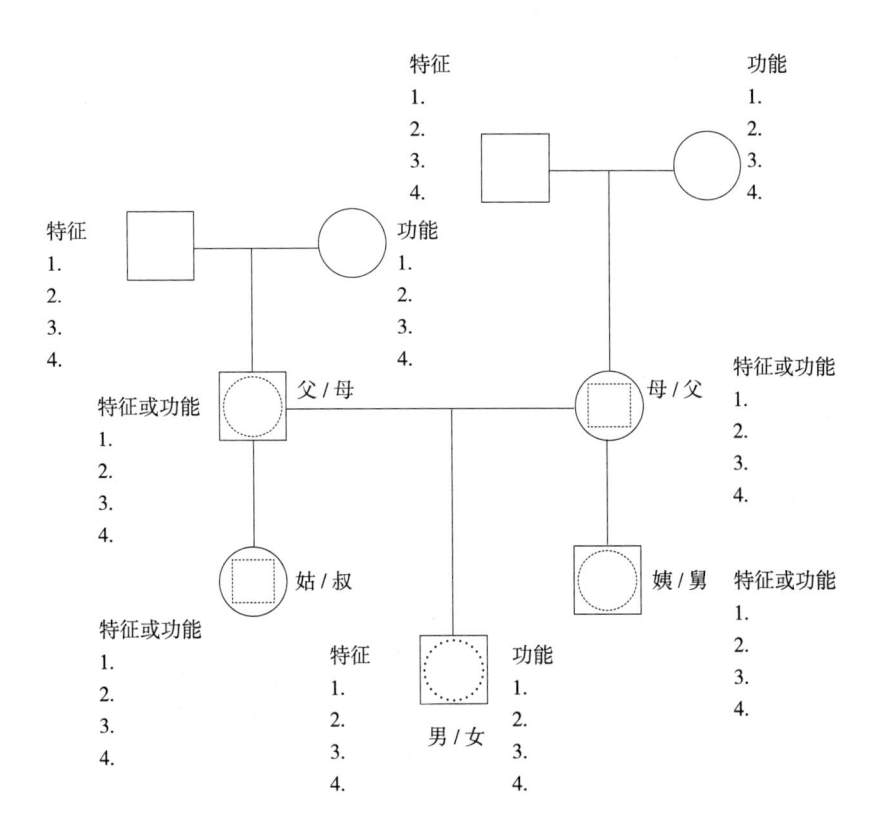

特征　　　　　　　　　　　功能
1.　　　　　　　　　　　　1.
2.　　　　　　　　　　　　2.
3.　　　　　　　　　　　　3.
4.　　　　　　　　　　　　4.

特征或功能　　　　父/母　　　　　　　　　　母/父　　特征或功能
1.　　　　　　　　　　　　　　　　　　　　　　　　1.
2.　　　　　　　　　　　　　　　　　　　　　　　　2.
3.　　　　　　　　　　　　　　　　　　　　　　　　3.
4.　　　　　　　　　　　　　　　　　　　　　　　　4.

　　　　　　　姑/叔　　　　　　　　　姨/舅　特征或功能
特征或功能　　　　　　　　　　　　　　　　　　　　1.
1.　　　　　　　　特征　　　　　功能　　　　　　　2.
2.　　　　　　　　1.　　　　　　1.　　　　　　　　3.
3.　　　　　　　　2.　　　　　　2.　　　　　　　　4.
4.　　　　　　　　3.　　　　　　3.
　　　　　　　　　4.　　男/女　　4.

图 7-4　家谱图练习

家庭心动力

青少年成长的原点与突破

马宏伟
封文波
著

河北出版传媒集团
河北教育出版社

第八章

家庭干预：
心动力的唤醒与燃起

本章为"家庭干预",意在对家庭结构与关系状态、家庭成员间的互动模式、相互影响以及咨询干预方向进行分析,以期为读者提供一个参照,为推进家庭建设提供点滴思路。因为本书取材于家庭心理文化建设的社会调查,所以本章的结构也参照本书章节进行架构,以求顺畅、前后呼应。

本章案例根据真实故事改编,并征得当事人的同意。为保护当事人隐私,对部分细节进行了删减、修饰或修改。

第一节　基本框架

家庭形态的分析（如家庭结构、结构变迁、家庭功能等）是帮助咨询师建构一个对当事人生活、心理、行为、性格等影响的立体图谱，确定影响较大的人和事，探索其内化的核心元素，再巩固正性元素的影响、矫正或修正负性的影响，达到或建构完整、健康、活性、高功能的生活与人际交往效能。

一、家庭形态

（一）家庭结构

凡语晴来自单亲家庭（父母离异，随母生活）。母亲江晓楠来自联合家庭，成员包括：祖父、祖母、父亲、母亲、叔叔、婶婶、哥哥、江晓楠、堂弟。父亲高心来自核心家庭，成员包括：父亲、母亲、高心。

（二）结构变迁

凡语晴出生于主干家庭，成员包括：祖父、祖母、父亲、母亲、凡语晴，这个家庭中有两对夫妻：祖父母、父母，形成两个夫妻关系轴：祖父—祖母夫妻轴、父亲—母亲夫妻轴，两个夫妻关系轴形成权力争夺的核心冲突。

母亲江晓楠出生于联合家庭：两代核心家庭——祖父母与父／叔、父母与江晓楠、叔婶与堂弟，一家三代人，父亲与叔叔分别结婚，但并没有分家另过，而是与祖父母生活在一起。她经验了三对夫妻关系轴：祖父母夫妻轴、父母夫妻轴、叔婶夫妻轴，也经验了不同的矛盾冲突。

她与来自核心家庭的高心结婚，生下凡语晴，进入新的核心家庭。

后来，由于多种原因，凡语晴的父母离异，她随母亲一起生活，进入单亲家庭。

（三）家庭功能

在母亲江晓楠的联合家庭中，主要经济来源是祖父母、父母的耕种收入，以及父母后期的小生意。而父亲高心的家庭收入则来源于父母经商，这与凡语晴童年核心家庭的经济收入来源于父亲经商相似。在父母离婚后，凡语晴的家庭收入陷入困境，父母曾经置办的房子被抵押还债，她们母女不得已借住在外婆家，一年后母女单独租住，靠母亲打工维持生计。凡语晴所生活的离异家庭，暂时不需要有太多的赡养义务，两边老人均可自顾，而自己是需要母亲抚养的。因为父亲生意失利，没有能力抚养凡语晴。在教养教育方面，父母之间交流时冲突较多，进入青春期的凡语晴对父母关系也有自己的看法，缺少正向的认同感。

（四）家庭角色

凡语晴的父亲高心类似一个从早期的"妈宝男"向大男子主义转变的家庭丈夫，对未来生活充满幻想，家庭责任感比较强，而情感功能较低，被凡语晴评价为大男子主义、眼高手低；而母亲则受早期三个夫妻轴组成的联合家庭的影响不大有能力面对冲突，是一个回避型的关系角色。而作为女儿角色的凡语晴则处于青春期，正在经历超我认同坍塌、朋辈认同混乱、自我认同危机的困惑。

（五）家庭地位

凡语晴的家庭地位是从属的，由于青春期的发展正在积聚自我独立的意识与力量，渐渐有独立的思考，深深生出与父母不同视角的观点。母亲江晓楠在后来这个单亲家庭中应该是主导的，把握着母女二人的经济资源与亲属网络，但是在立场与执行力方面却比较弱，形成不一致的矛盾型角色。比如在讨论自己丢手机一事中,江晓楠认为丢了就是丢了,丈夫说不去找也是节省力气,但也生气他"居然一句安慰的话也没有"。凡语晴则认为爸爸不担当,没有照顾好妻子,没有为家庭保留下一个居所。高心在婚姻解体之前的核心家庭中有足够的话语权,多数情况比较独断,不大听别人的意见和建议,有钱的时候他来支配,而生意失败后则逃离婚姻、逃离家庭。

(六)心理发展

凡语晴早期经历了父母情感淡漠的沟通与争吵,内化了父母早期争吵、沟通不畅的客体关系模式,形成了自卑、自我攻击、隔离、压抑、幻想、分裂、投射和被动攻击为主的防御模式。缺少好的女性认同经验,但是认同了孱弱的母亲和无力的父亲,而反向形成假性独立的自我照护,负性认同的结果和未成熟分化使得她将攻击转向自身,表现在对学业的拒斥上,到初三中考前几近失学。被班主任当面语言攻击"就是笨"的羞耻感和姥姥、姥爷不断演化重复"就是笨"的负性强化行为,使得她经常处于严重抑郁状态。依恋无能和独立困难使得她处于亲子关系的危机之中,对情绪调节的自我效能感较低,学业掌控的成就感很低,使得她在成长的价值感和存在的意义感方面大打折扣。

二、家庭文化

(一)家庭分工

家庭分工意味着家庭存续过程中各自的贡献、角力或控制权与支配权,究竟是推动了家庭的发展,还是阻滞了家庭的发展,可能与家庭分工存在着一定的关系。家庭分工既与经济收入、家庭地位相关,也离不开"势能"的体现——潜意识的角色认同或移情关系。心理分析的本质是照顾到现实的情势,但不会离开潜意识的关系运作,甚至是潜意识的关系模式决定着现实关系的呈现，比如创伤、移情、幻想或理想化等等。在凡语晴的单亲家庭阶段，母亲基本上负责对内和对外家庭事务，凡语晴的主要任务就是学习，居家时也会适当帮母亲分担些家务。而在父母离异之前的核心家庭阶段，母亲江晓楠是一个典型主内的家庭妇女，父亲高心则是一个主外的生意人。夫妻之间的沟通较为简单，甚至有时比较粗暴，家庭中很少出现温和细腻的场面。父亲高心生意失败后，不仅负债，且不得已承担了贷款无法偿还的抵押责任而失掉居住地，完全断掉了凡语晴母女的生活来源。

（二）家庭情感

无论是凡语晴父母离异后与母亲一起构建的单亲家庭，还是父母离异前早期生活的核心家庭，抑或是更早些外祖父母、舅舅一家形成的联合家庭，情感冲突都十分地明显。姥姥是一个情感外露的控制型老人，数落、批评、挑剔、埋怨丈夫是生活里的"正餐"，这挺"机关枪"的功力表现明显的是儿子（凡语晴的舅舅）婚后基本不回家，而女儿（凡语晴的母亲江晓楠）在家庭崩解后带孩子暂住父母家却备受屈辱，因羞愧而忍怒，最终选择离家。外公的隔离、隐忍，舅舅的逃离与母亲的回避，形成了这个联合家庭明显的情感模式。凡语晴生活的核心家庭阶段，刚愎自用的父亲以"大男子主义"决断家庭生活、夫妻关系和生意场，而母亲延续了早期家庭中回避、冷漠、抱怨的沟通方式，对待丈夫和女儿的方式则上演了一部"老母上身"的戏剧：对丈夫、女儿施加很多不满、失望和挑剔，致使凡语晴经常会感受到孤独、被拒绝、被否定，行动上常常处于逃避情感的超理智状态，也常常以胃痛等躯体化的方式应对冲突，隐藏压抑的愤怒、无助感、无力感。

（三）家庭冲突

在凡语晴的核心家庭阶段，她与父母形成的家庭三角关系中，基本上处于矛盾冲突的不稳定关系之中。父母间不稳定的夫妻关系内化在凡语晴的内心，便形成了她焦虑、不安、怀疑的人际关系模式，无法建立或形成安全、信任的亲密关系，这使得她在学业认同、向老师认同的过程中也明显地产生负性移情，而出现更多的学业冲突和师生冲突，以至于在心理咨询的开始阶段不太能够形成稳定信任的咨访关系。她将无意识中对母亲的怀疑、不信任投射到咨询师身上，很容易使曾经历母女关系冲突的咨询师认同她投射过来的信息而无法建立和保持长期、稳定、有设置的咨访关系。她与母亲的冲突，使得她无法认同一个理想的女性身份，产生自我认同危机，却反向形成了自己的正义感。与父亲的冲突，使得她无法获得一种来自异性的爱的价值感，无法形成安全稳定的依恋关系和信任能力。在俄狄浦斯期，与母亲的竞争之中未能获得父亲的爱而胜出，也会体验到蛮多的挫败感、断裂感。父母离婚和母亲带自己回姥姥家暂住而招致的屈辱感，也使得她对家庭的连接能力与归属功能产生怀疑，进而影响她的父亲情结、母亲情结或劣势情结。

（四）家庭联盟

家庭联盟发生在家庭成员之间，人格和情绪、情感完整的家庭成员往往形成的家庭联盟是整体的合力，这种家庭联结更紧密，更容易确立统一的家庭目标，更容易形成一致性意见，更容易形成资源共享、困难共担的家庭联盟，千年大家庭的兴盛与人脉连接往往与此相关，家谱或族谱是这种家庭联盟或家族联盟的常用联结方式。弱一点的家庭成员可能会形成家庭成员间的次级联盟，比如父子联盟、母子联盟、兄弟联盟、夫妻联盟，多根据自己好恶或情感需要建立而成，联盟内部往往会建立并形成有力量的支持系统，在情感互助与经济支持方面起到推动作用。而没有形成联盟或被排斥在联盟之外的家庭成员，往往缺少有力的支持、资源或认同。"富在深山有远亲"是一种情感与经济联盟的写照，而"穷在闹市人不识"也表达了另一种被经济和情感联盟抛弃的现象。杨乃武的姐姐宁可跪钉板也要上告为弟弟申冤就是一种极深重的姐弟情感联盟，岳飞背刺"精忠报国"甚至以死忠君就是他跟母亲的教育形成了母子联盟而内化在他的人格深处。

（五）家庭目标

家庭成员的个体发展目标能否成为家庭确认或支持的目标，即就家庭某个成员的发展目标是否得到家庭整体的许可、是否成为家庭目标，既影响深远，也意义重大。能够成为家庭目标的个体目标，意味着可以得到家庭整体资源的支持、帮助和推动。而没有成为家庭目标的个体发展则只能受到极少的支援，甚至是会减弱、取消支持的程度和力度。比如，在一个信仰"学习才有出路"的家庭，一定会把孩子的学习和教育放在重要的位置，然后全家确保经济供给、时间搭配、情感支持、条件保障等多方面进行协调，以保障受教育者学习的发展。而认为"女孩子迟早是要嫁人的，培养女孩子就是赔本"的家庭，则会在言语、情感、经济方面给予更多的消极反应，甚至有些家庭会用不支付学费的方式断送孩子的学业。如高考选择大学和专业时，个体目标和家庭目标的冲突往往会造成情感遗憾和创伤；而个体目标被支持到并成为家庭目标时，个体与家庭的幸福感持上升状态。一个孩子想做点小生意，或者想玩航模，或者想学习乐器，都涉及家庭是否给予经济支持的问题。许多童年没有完成的梦想或多或少都与他们的目标没有上升为家庭目标、没有得到家庭主导者的认同和支持有关。同时需要考虑的是，如果家庭目标成为某个个体的人生目标时，往往会促使个体产生更大的动力与责任感，而把家庭目标作为人生单一目标的个体则可能会产生被利用、被牺牲的悲凉感受。讨论家庭目标分层次、分阶段、分主次，有助于家庭建设，兼顾家庭目标与每个个体目标，至少被考虑、被关注，往往能够化解内心的遗憾，即便有些家庭成员的个体目标被牺牲了，也会因为家庭情感增进而无悔。

(六)家庭阻滞

未解决的矛盾和冲突与限制形成家庭阻滞，而家庭阻滞往往又会加深形成阻滞的矛盾与冲突。未被尊重或未获充分讨论的家庭议题往往成为家庭成员之间矛盾冲突的核心，形成多种分力，各自朝向自己私欲的方向发力，形成向家庭索取而没有贡献的状况，使得家庭朝向解体的方向发展。许多老年生活的悲凉与孤独，往往与家庭发展受阻滞的过往经验有关。比如孩子在童年期没有与父母形成内在"亲密"的体验，也就无法产生老年联结的动力。而青春期亲子矛盾与冲突，除了与子女青春期独立成长的需要有关之外，需要考虑父母未被解决或转化的青春期情结，这个情结可能会被父母投射到孩子身上而复现，无法识别亲子冲突情结的源起往往会制造更深的矛盾和伤害。我们常讲的有人"记仇"就是曾经的伤害没有被化解就形成了情结，而这个曾经的情结可能演变成不原谅的动力。也就是说，一个情结未被化解的过往，往往可能会形成家庭的芥蒂，成为家庭"过不去"的坎，使得家庭发展受阻，而原谅则成为化解家庭受阻最重要的力量。

三、亲密关系

(一)亲密定义

广义的亲密关系从个体间的情感依赖程度来定义，深者亲密，浅者淡漠，涵盖了婚恋关系、亲子关系、朋友关系等。而狭义的亲密关系则单纯指向亲子、恋爱或婚姻关系。亲密关系的本质是内在情感的连接与嵌入程度，它延长或扩大了情感世界的存在意义与价值，对内在情感具有镜映作用。再换个角度说，终极的亲密是自我完整的接纳，接纳自己之所以是自己，且真实地成为自己——这是从身外的二人世界而进入内在我与我的关系。正性的亲密关系往往提高自我与自他接纳度，而负性的亲密关系或亲密关系解体与丧失则会使人产生焦虑、沮丧、困惑或敌意。同样的，外界的亲密关系会影响内在体验与感受，而内在的自我接纳程度也会影响到外在的亲密关系。

（二）夫妻亲密

夫妻或伴侣亲密的表象是男女之间的关系品质，包括生理与心理两个方面，表现在自我接纳与对对方真实而非防御性的接纳、欣赏、涵容以及独立而完整的个性化存在。本文联合家庭中的姥爷与姥姥显然不是良性的亲密关系，他们的亲密关系表现为施虐与受虐、控制与被控制。如核心家庭中江晓楠和高心，是一对亲密关系受阻的夫妻，他们分别带入了各自原生家庭成员间影响的影子。高心带入了自己对母亲的依恋与分离并投射到与江晓楠的夫妻关系中，而江晓楠则带入了自己父母之间的夫妻关系模式以及自己对这种夫妻关系的恐惧与厌恶，彼此会投射非常多的理想化与失望，无意识之中启动了他们幼年时期对父母夫妻关系的恐惧与对他们分开的期待，以至于自己面对投资失败时家庭解体，无法共同度过家庭经济危机。相反，高心父母的亲密关系一直稳定而坚固，他们对革命奉献的荣耀以及被家族、国家认可与赞叹的体验支撑着夫妻二人一起走过大半生的坎坷甚至是危情岁月。

本案中的母亲江晓楠对丈夫的牵挂与思念是一个好的经验，为未来复合提供了机会。

（三）亲子亲密

亲子之间的亲密是帮助孩子内化一个良好的客体关系，形成一个高品质的价值体验的关系模式，并有能力将这种关系的亲密投射到外在的人际关系之中。而非亲密的亲子关系则被孩子内化成低价值感，甚至是无价值感的内在损耗或攻击性体验，影响人际关系的建立、稳定或信任程度。本案联合家庭中的亲子关系将无法走向亲密。姥姥与舅舅和妈妈之间的两对亲子关系，均表现不良。姥爷也无法提供有效的亲子关系来抵御姥姥制造的负面影响，造成江晓楠无法体验更无法创造良好、稳定而亲密的亲子关系。高心和母亲之间独立与依赖关系的摇摆也使得他无法体验到亲子关系的稳定与亲密，他与父母形成的家庭三角中，父母的夫妻关系轴的短边亲密无法让他体会到与父母任何一方的亲子亲密，他败于父母间的亲密关系，体验到自己被父母隔离在外，表象的家庭亲密与融洽无法抵消自己对父母任何一方独立的亲密需求的失败，这也使得他无法把内心的亲密转移或投射到女儿凡语晴身上，使得凡语晴在人际关系的建立中产生模糊、疏离、不确定、不信任，甚至常常体验到孤独、无意义、无聊、没意思等感受。

本案中的亲子亲密尤其是母女亲密是可以着力工作的地方。

（四）自我亲密

自我亲密指的是自我认同程度比较高的高品质生命态度，是一种无条件自我欣赏、悦纳的态度。比如接受自己的身高、体重、长相、学业、出身、能力与社会角色或成就感的差异以及性别优缺点等等，既不自恋性地抬高或贬低自己或他人，也不会过度认同潜意识传递的阴暗信息或负性信息；能够相对独立地思考、决策和执行自己的思想意图，也不逃避或拒绝求助以及与他人的关联；既能够保持个性自我的发展，也能够与自然生命或社会保持接触并接受生命群体的存在差异。总之自我亲密是一个能够让个体生命与群体生命保持连接的积极状态，有着清晰、有弹性的边界，也有着不违背生命天性的乐天知命的态度，行动上积极、精神上豁达、心理上安定、关系上和谐的圆融状态就是一种良好的自我亲密。"上不怨天，下不尤人""己所不欲，勿施于人""为上不骄，为下不悖""君子素其位而行""进退有度，为所当为"，是自我亲密者的行动标识。

本案中当事人的自我亲密是需要开发的重要议题。

（五）学业亲密

学业亲密指的是家庭成员对学习有着良好的认同感，能够在学习中找到快乐、兴趣和力量，能够借助学习形成系统的思维方式，汲取有益的精神营养，提高智慧思维能力。"闻鸡起舞""凿壁偷光"讲的都是非常著名的学业亲密感，关羽坐读《论语》而顺利"刮骨疗伤"也是一个学业亲密的例证，"书中自有黄金屋，书中自有颜如玉"表达的也是一种高度的学业认同，甚至是产生亲密感之后从字缝里读到的知识、技能和思想智慧。学业认同制造了自己与学习之间的支持与成就的关系。而学业亲密则制造了唤醒内在智慧、意志、韧性、生命力等更深切的关系。学业亲密可以成就与古代圣哲对话，可以邀约东圣西哲趣谈宇宙太虚。而不能形成学业认同的个体则可能无法从学习中获得成就感，无法在学习中获得美好的体验。有些父母在陪伴孩子学习的时候用不断提醒、训斥的方式，往往会破坏孩子对学习的美好认同，甚至滋生坏的认同——学习是被训斥的、会被鄙视的……长此以往，原本让孩子们学习开心、快乐、好玩儿的事情就变得令人生厌，严重破坏孩子的学业认同，更不要奢谈学业亲密的深度体验了。

本案中的父母都没有在凡语晴学业发展中促进其学业认同。相反，较多的挑剔与贬低却"离间"了孩子学业认同的机会，甚至因为班主任当着姥姥、姥爷的面说她"笨"而造成的羞耻感移情到了学业上，变成了"恨屋及乌"——因为恨老师而厌学，造成恶劣影响。

（六）职业亲密

职业亲密可以被定义为敬业的极致表现："以厂为家""长在办公

室""梦话里说的都是工作"可以被确定为职业亲密。发明家不顾惜身家性命投身于实验表达的就是一种职业亲密,"中国原子弹之父"邓稼先等舍生忘死为国争光的行动都是极致的职业亲密,这些人往往将国家的尊严与命运视为自己生命的最高追求和使命,他们能够在职业发展中把自己的命运和国家的命运、人民的命运紧密相连。家庭之中,如果有职业亲密的家庭成员可能会成为孩子终生学习的榜样,也认同为自己的学业榜样和职业责任感,但是也有些期待具有职业亲密感的父母给到更多的关怀却求而未得的子女,则有可能会偏离职业亲密而变得一事无成,究其原因多与童年爱的缺失、情感疏离无法内化亲密感有关。

本案中的父亲高心和母亲江晓楠都没有发展出职业亲密感,也就无法为孩子提供未来职业精神的榜样,使得孩子缺少对未来职业的向往,缺少理想化认同的榜样,缺少职业吸引力,也就无法激发孩子为理想职业奋斗的激情和力量。

四、亲子关系

(一)亲子依恋

亲子依恋首要的是指母亲与婴儿之间特殊照料的情感关系,是一种稳固的情感连续性连接状态,是个体安全感、价值感和信任能力的基础和来源。具有良好依恋关系的个体会将这种稳定的、持续连接的状态以及蕴含的情感温度与关系模式内化在内心之中,形成内在客体,以抵御时间与空间分离带来的孤独、焦虑与不安。本案家庭中的所有成员都没有经历长久的时间和空间分离,但是养育质量——情感交流的质量并不能总是"顺利抵达"或"健康抵达",存在着较多无法共情、无法镜映的状况,致使在人际交流中很难清楚准确地表达自己内心的情感体验,也无法有效消化对方传递给自己的负性情绪,表现为不安全的依恋模式,时有回避，时有矛盾，时有混乱。而孩子面对家人不安、矛盾或混乱的情绪状态，内心中并不具备一个"足够好"的具有容器功能的"妈妈"来帮助处理，只能透过否认、分裂、投射、认同、隔离、压抑、攻击等基础的防御方式进行沟通，造成"沟而不通"的尴尬局面，心生怨责。

本案中凡语晴的亲子依恋可以分成两个部分：与母亲的依恋和对父亲的依恋。她与母亲的依恋介于安全与矛盾之间，而与父亲则是不安全依恋。

（二）亲子分离

亲子分离包含两个层面：一是心理上的分离，二是行为上的分离。

心理上的分离，是在孩子成长过程中有了较好的独立性、健康的人格结构及清晰稳定的人格边界之后，既能够保持清晰而有弹性的身体边界，也能够保持清晰而有温度的心理边界。既逐渐成为独立而完整的自己，又逐渐保持有边界的人际关系。

行为上的分离往往侧重于时间与空间上的距离，比如一米左右的人际距离就是比较合适的人际交往距离，而不经本人同意就伸手碰触对方身体则被视为骚扰或侵犯。分离的核心是个体的独立性，适当依靠而少有依赖，越来越能够独立生活、生存或独立处理和面对一些情况，就说明分离得不错。而时时询问他人意见、事事担心别人看法则是分离不清的表现。健康的亲子分离，是孩子有一定的独立性，可以独立决定，也需要独立承担责任，能够接受自我与他人的赞美或批评，具有较好的客观性，主观真实而有弹性，客观有效而现实。本案中的凡语晴与父母的分离还算不错，但是也存在假性独立的问题，比如需要请人帮忙的时候往往退缩，担心被拒绝或不好意思，都限制了她的发展。

（三）亲子互动

亲子互动核心呈现的是家庭权力的分配与控制权结构，一般表现在两个部分：一是沟通模式，二是潜意识的信息交流。沟通模式可以借用萨提亚家庭治疗的沟通模式分类，比如根据事件、应对措施与内心指导信念的差别，可以分为指责型、讨好型、超理智型、打岔型和一致型。对这些沟通模式的理解，需要考虑潜意识层面的信息交流。

指责型沟通侧重于表达当事人受伤失望之后的生气、愤怒、挑剔、批评、指责，用以表达"你让我难过""你伤害了我""都是你的责任"，表达的是"是你的原因导致了我的受伤""你要为我的受伤负责任"，这种沟通模式只考虑事情和自己的感受，不会关注到对方的感受、体验和想法，是一种不完整、不健康的沟通模式。

讨好型沟通侧重于表达当事人受伤失望之后的委屈、难过和不被理解，用以表达"是我的错""对不起""是因为我的缘故让你失望"，表达的是"我错了""一切不好的后果都是我造成的"。这种沟通模式只考虑对方的感受、想法、需要以及事情，忽视了自己的感受、想法和权利，也是不完整、不健康的沟通模式。

超理智型沟通侧重于表达事情、说理儿，摆事实、讲道理是这些人的常态，只说客观的部分，完全忽视主观的部分，既不考虑自己的主观感受，也不考虑对方的内心体验。因为在他们的内心世界，认为情感、体验、感受这些主观的东西太麻烦、不靠谱儿，索性搁一边儿，不理睬，核心呈现的是事儿，与人无涉，其实表达的是缺少基本的信任、缺少安全感。

打岔型沟通则侧重于"逃跑"，不管人，也不管事儿，"逃离当下"是他们核心表达的意思，因为他们不愿意卷入任何事情、任何关系，也不做两难选择，不选边，不站队，断开当下情境的矛盾冲突，转移视线，另辟蹊径。高水平的打岔可以起到幽默、化解尴尬的作用，低水平的打岔则会被认为油滑、没正形，此种沟通模式所起到的作用要看情形和当事人心境，有的时候它可以断开、避免不可开交的正在进行的冲突，有的时候可以化解当下的尴尬，也有的时候可以帮助自己脱离困境。

一致型沟通是一种健康、饱满的沟通模式，它既考虑当事双方的感受、想法、意见和态度，也会遵从事件的客观性，它不逃离事件、不逃避责任、不转嫁责任，既要把事儿说清楚，也不忽视对方、不侵犯对方利益和权利，更不会忽视自己、打击自己，是一种健康的、完整的共情式的沟通模式。

案例分析中，可以结合具体的应对情形查找、确定当事双方或多方的沟通模式，借以触摸、探索当事人内心的感受、体验、想法、观念。这个分析的使用将在案例分析中具体呈现。

（四）亲子冲突

亲子冲突几乎是所有有孩子的家庭发展过程中都会发生的事情，家庭控制权、教育控制权面临着孩子成长的挑战。第一个阶段大约发生在0—1岁的口欲期——以嘴巴为探索世界的主要工具，什么东西都要用嘴尝一尝，表现在孩子不再顺从地吃奶或吸奶瓶，而是把放在嘴里的奶头用舌头顶出来，或者喂不进去。孩子可能有不舒服的感受，或者是意识的发展，开始照顾自己的感受，对来自不舒服、不愉悦的感受进行抵抗，有些母亲将这种现象理解为正常现象，便能和颜悦色地耐心喂养，有些母亲则会情绪失控而惩罚孩子，制造早期亲子冲突的场景。第二个阶段大约发生在1—2岁的肛欲期。这个时期孩子开始学习和练习独立控制大小便，一开始多数是养育者把泡，孩子顺从完成大小便，而有一天却突然发现养育者唤醒婴孩大小便的时候孩子并不会如前般的听话，反而在养育者感觉唤醒孩子大小便失败后发生。有些养育者不了解这是孩子生长的自然现象，认为是孩子捣蛋、故意为难自己而惩罚孩子，就埋下了亲子冲突的种子。第三个阶段大约发生在3—6岁的俄狄浦斯期。

这个时期的幼儿多会表现出对异性父母的依赖和顺从，而对同性父母表现出矛盾的对抗：亲昵、竞争同时又恐惧惩罚。此时的亲子冲突比较明显，但是因为孩子的自我功能尚不成熟，力量不足，对同性父母的抵抗往往以失败而告终，形成早期比较严重的压抑。此时压抑为第四次抵抗埋下伏笔——青春期亲密发生，多数人在10—20岁的青春期会发生比较明显的亲子冲突。未发生明显冲突的案例也是有的，未发生冲突者或者是消化了曾经的冲突完成关系转化，或者继续压抑至更深的潜意识，或者在未来某个时期（如下一代孩子青春期时）发生。亲子冲突的发生需要考虑养育者对子女成长规律的不熟悉、当下不良情绪和个人情结等几个方面，建议更多地考虑情结等潜意识动力，以期借解决当下矛盾冲突的同时化解早期未被处理的情结。亲子冲突表现比较明显的是对抗，用生气、愤怒或者沉默来惩罚彼此，也有施以暴力加深矛盾冲突的案例。

（五）亲子认同

亲子认同特指发生在亲子关系中的心理认同现象，一般指认同者使用被认同对象的行为、语言或思维方式来应对现实。比如向母亲认同的孩子往往会在某一行为特征方面模仿母亲：像母亲一样唠叨、像母亲一样善于砍价、像母亲一样批评父亲、像母亲一样数落弟弟、像母亲一样涂红指甲……换个说法，认同就是用认同对象的方式存在，就像那一刻被认同人"附体"一般，"成为他（她）"是认同的重要特征，在这个认同行为方面也隐含着"取代"被认同对象的味道，只不过是隐藏在潜意识之中罢了。类似于"这个行为已经完全移置到了我身上，不需要再向你学习"，也就是说"在这个行为上，我已经不需要你了"，或者说"在这个应对策略与能力方面我已经具备了和你一样的能力，不再需要你了"，也可以说得温和一些，比如"暂时不需要你了"等等。好的亲子认同是家庭建设的积极力量，比如认同父母或者母亲爱学习的品质、勤劳持家的品质、乐于助人的品质，都是家庭建设非常有意义的内容。

在本案中凡语晴认同了母亲"健忘"的特性，常常以"我不记得了"来回应问话，意味着她以遗忘作为防御机制存在着向母亲认同的可能性。

（六）亲子发展

亲子发展表达的是亲子之间关系质量与亲密程度，以及这种关系消弭或抵消掉彼此之间的张力、破坏力之后余留的力量走向。这个方向表达的不是二人共同方向的组合，而是亲子关系磨合甚至是竞合之后的力量走向，或者说这是谈判妥协之后达成的协议。这份协议表达了亲子关系中控制力量的分配、家庭目标的走向、经济支持的比重以及情感与理性的占比。一个崇尚尊老的家庭一定会把诸如"色难""孝道"作为家庭文化的主流，会比较看重老人的感受与意见，必要时可能会令晚辈做出让步或牺牲。而一个看中孩子未来的家庭则必然会把大量的精力用于支持下一代的学业与职业发展，如此则又会减少或放缓对待老人的亲密。当然，一个自我中心或者夫妻竞争的家庭则会由夫妻在竞争中掌握家庭的发展。所以，亲子发展的方向、质量与内涵取决于家庭文化的认同或创造程度。《中庸》说："文武之政，布在方策。其人存，则其政举；其人亡，则其政息。"亲子发展亦是如此，主导权在谁手里，亲子发展朝向则受此人影响更大，而心理强大者则更能影响亲子关系的另一方。

本案中对凡语晴和母亲的关系干预比较侧重孩子学业未来与职业未来，侧重凡语晴自身正性能量与积极能量的掌控与发掘，同时兼顾母亲江晓楠自身价值和母亲价值的强化与提升，细节上强调了"母亲对孩子的管理""在孩子需要的时候如期出现"以及"女儿怎样获取母亲的帮助和支持"。

五、影响因素

（一）结构影响

家庭结构对个体发展的影响极其重大。

单亲家庭长大的孩子只接受来自父母一方的信息和态度影响，好处是处理信息的系统可以单一纯粹，弊端是单一信息的浓度过大，缺少比较和参照，更容易陷入某种沟通模式的简单循环而难以脱离。除非单亲家庭的养育者的人格结构足够完整、社会功能足够强大，既可以呈现本我生物角色、社会角色和认同角色的情感世界，也能够呈现对立或相反角色的认知与行为模式，保持足够好的客观性，否则是不太容易给到被养育者多角度参照的。因为二元关系的核心是自他平衡，但是因为缺少第三方的参照与互动，情感维度的力量往往大于理性维度的力量，而更容易受制于个人主观欲望世界的情感反应。

核心家庭因其父母与孩子组成三人世界的三角结构的平衡与稳定性，对孩子的影响相对平衡。理想的家庭是子女与父母形成情感世界相对平衡的等边三角形，权利与义务的拥有或控制相对平等和平衡，会更容易让孩子体验到"公平"。而非等边三角形样貌的核心家庭则可能会出现关系的不平衡——"倾斜"。比如父母关系太近了，会让孩子感觉被隔离或疏远，比如高心家庭；而母亲与孩子过近则会把父亲推出家庭，相反父亲与孩子过近也会把母亲逼走。不良的成年人家庭出现的困难往往表现在父母的二人斗争中掺杂了孩子的角色，比如母亲会问孩子更爱谁，如果爸爸妈妈离婚孩子会更愿意跟谁，甚至跟孩子形成联盟产生夫妻对抗等，这些状况都会影响孩子内在世界的平衡。

联合家庭的特色就是父母与多对已婚子女组成多个核心家庭一起生活，既涉及大家庭的规则与运行，也涉及大家庭规则之下小家庭的运作，还涉及大家庭与各个小核心家庭、各个小核心家庭之间的关系运作与相互影响,相比单一的核心家庭要复杂得多,相互影响的内容、方式和力度也各不相同,内化形成的超我结构或沉入潜意识的阴影信息也会更加复杂。但是,联合家庭成长起来的孩子,更具有社会性,其社会化程度往往更高,正性或负性的影响也更明显。

重组家庭对孩子的影响更为特殊,一是新进入家庭的继父或继母类似于替代了生父或生母的位置,直接对孩子内心的父子(女)关系或母子(女)关系产生冲击,对孩子早期的亲子关系的亲密质量造成影响或挑战,可能会加剧孩子对离开家庭的生父母的想念或嫉恨,也许会将此种情绪转移到新进入家庭的继父母身上。二是父母婚姻解体对孩子造成的对家庭或夫妻关系的不信任,可能会制造孩子对未来家庭建立或夫妻成婚观念的偏离,甚至影响孩子对下一代的养育,产生观念或行为上的偏差,制造家庭创伤的代际传承,重复孩子曾经遭遇的分离创伤:离婚、再婚或者将分离的痛苦在无意识中转嫁到下一代身上,把自己"被抛弃""不被爱"的痛苦投射到下一代身上,形成强迫性的创伤重复。

本案当事人的分析需要思考单亲家庭和核心家庭两种影响因素以及两种家庭结构变迁带来的影响。

(二)功能影响

家庭一般需要容器功能、经济功能、教育功能、生产功能、加油站功能和港湾功能来保障家庭健康发展,家庭功能是否健全或充足是家庭运转是否良好的前提和基础性条件。比如家庭要具有容器的功能,这个容器是可以容得下家庭成员的喜怒忧思与成败,装得下矛盾冲突与荣耀光鲜,托得住成长与发展变化,它是一个巨大、稳定、平安、无条件接纳的容器,禁得起一切变化的存在,无论成长、成功还是败落、分离,家庭都可以承担港湾的容受、护持功能。而家庭的生产功能则侧重家庭成员的增减和婚姻状况的变化,以及从怀孕到生产、养育以及从业、离家等过程，并给予家庭成员以滋养、帮助、支持。家庭的教育功能和经济功能是护持家庭成员生活生长的重要支柱，缺少了经济功能的家庭往往停滞不前、无法发展，而缺少了教育功能的家庭则会使人的社会化程度无法提高，规则化程度低，在理想、志向、职业发展、自我认同、职业认同等诸多方面处于亏空、匮乏的状态，可能导致精神面貌贫乏、心理功能脆弱等一系列的功能受阻。加油站和港湾功能是家庭功能中承载家庭成员社会发展的重要辅助功能，事业的发展、学业的提升、婚后离家、出国、旅游等诸多生活、工作都可能遇到挫折或困难，而家庭的加油站或港湾功能则可以给到离家外出的家庭成员以支持、保护、休憩、疗伤、精神给养、情感连接、创伤修复等各种支持和帮助。

本案中家庭的教育功能和经济功能不是很充足，生产功能停滞、容器功能和加油站与港湾功能都处于相对比较弱化的状态，提升凡语晴和母亲江晓楠的自我功能是一个重要支持方向。

（三）角色影响

家庭角色和性别角色是对人影响更为深远的因素，家庭成员是否"在位"是一个家庭是否健康、平衡、稳定的重要基础，而性别角色的参与是家庭生活中无法替代的"人之所以为人"的真实，是一个人之所以成为自己的重要体现和参照。

母亲角色重要的功能是孕育、生产、哺乳、培育、辅导、陪伴，也是女性身份角色的榜样，是孩子认识、接触、了解女性为何的重要参照来源，也是母亲角色的重要参照体，是未来孩子组建家庭时会考虑小家庭母亲角色和功能的重要参照，还是一个人安全感和信任感产生的基础条件。成为母亲，意味着女性具有且被确认生命创造的神奇能力，具有与大地生养万物一般的功能，是一种生命价值的许可、认可、承接与托付。"刚刚好的母亲"会让孩子内化一个温润有力量的母亲，也是激活孩子内在母性功能的重要影响因素。过度控制、情感淡漠或疏离的母亲则会限制孩子情感发展，限制女性功能、母性功能的发展，影响孩子容器功能、情感弹性和复原力发展，也会影响情绪情感的连接力与控制力发展。控制力对安全感、支配能力、稳定的关系发展都有着十分重要的意义，情感的连接功能则是一个人内在世界与外在世界相连、互通、交流、相互转化的必要环节，与母亲良好的关系能力与安全基础，构成了一个人向外探索的驱动力和无忧的保障支持系统。相反，母亲功能的缺失、不良或者母亲缺位，可能会使得孩子成长过程中缺少母亲功能的映照，变得性格干涩、情感干瘪、思维僵化、行动迟滞，以及无法完成自我滋养与滋养他人，变得兴趣索然、无意义感增强。同时，母亲角色功能——母性功能的象征化提升，也让支持、帮助、创造、智慧等具有了神奇的人性味道，具备母性功能则意味着拥有了更多包容、涵容、滋养、创生、弹性、复原力等一系列的升华的功能，助人者尤其需要具备这种母性功能。

父亲角色的重要功能是规则与边界的制定和维护。父亲参与了家庭规则的制定，参与了孩子与母亲关系规则的破坏与重新建构，也参与了孩子成长过程中与母亲关系的竞争，还参与了探索世界、冒险与承担的角色与榜样。如此，孩子与父母的关系就增加了关系参照、对比，也就产生了内在情感变化乃至于受伤后的修复、社会化成长与发展。父亲角色对于男孩子来讲，是一个角色榜样，是一个性别榜样，是男孩子成长为男人、父亲、兄长、丈夫以及儿子的典范和重要参照，也是从父亲角色身上看一个男性、一个父亲、一个丈夫、一个儿子是怎样建立和发展与他人的关系的，更是男性所具备的这些角色是怎样在家庭群体中发挥作用的、是否融洽地整合在一个男性身上，承担这些角色的男性是否有能力、有思想、有空间处理好这些角色关系以及自己的幸福感和责任感。

而父亲角色之于女儿相较于儿子来讲要增加一个异性父母的认同，从一个父亲的、男性的角色角度怎样看待和对待一个女性身份。自己作为一个女性是否被异性父母宠爱，关系着未来的恋爱观、婚姻观，也关系着自己作为女性是否具有吸引异性的魅力与价值，等等。

儿女的角色对于父母或家庭而言，除了确认自己是否具有生产功能之外，还隐藏着对自己生命价值的确认。一个不能生育的父母会产生一个生命价值无法延续与连接的困惑，甚至有人会认为是上天的惩罚让自己失去了创造生命的权利，而生育子女则意味着自己在人类生命长河之中拥有了传承和创造生命的能力，让自己的生命可以以基因的方式永远参与、存留下去以达到永生。而父母对子女的教育则是显现和检验自己智慧传承与教化能力的重要参照，也就是说子女的成长与发展是父母角色功能得以应化的载体。反之，子女成长受阻则可能意味着父母角色功能的消退、弱化甚至是消失。所以，子女角色除了承载父母生命延续的生产功能之外，更多的是呈现父母教育与管理的智慧功能、人际传承与交往的社会功能，也是责任承担与反思生命现实的参照，许多父母曾经的创伤会以代际传承的方式在子女身上重现，不得不说父母角色功能缺失或受损带来的伤害是非常巨大的。同时，子女角色意味着承接老一辈的教化之功，帮助父母消化或消费经济功能也是日常生活的当然内容，并且子女也具有被动的容器功能来承接甚至是消化父母以及祖辈传承下来的压力和创伤。比如父母可能在子女身上投射自己的创伤或幻想，也可能在子女身上发现自己童年时期的样貌，或者在子女的成长过程中修复或修正自己曾经的观念、行为。所以说，子女角色除了承接父母、师长信息之外，还具有反思参照作用。

（四）文化影响

家庭文化表达的是某一家庭的家风、家训与家教状况。过年的春联上往往能够看到一个家庭体现出来的文化走向。有的家庭会侧重"财源广进",有的家庭会希望"诗书传家",有的家庭会在意"幸福小康",有的家庭会"崇尚完整"等等,什么都有。"和和睦睦一家子,岁岁年年万贯财"取家财两旺之意,"年丰国泰家家福,柳绿桃红处处春"取家国福田春常在之意,而"金银财富两路进,福禄寿喜一齐来"则赋予财富安康齐相聚首之意,总体朝向吉祥幸福安康之意,给人以奋进,也呈现现实经济目标。家庭文化还体现在家庭装饰中,中式风格崇尚稳定,多配红木、中式或新中式家居,而欧式简约则呈现自然质朴风貌,多采用极简主义元素。在某种环境中生活必然会受这种风格影响,家庭文化亦是如此。

家庭文化受家庭主导者或支配者、掌控者、实际支配者影响较大,甚至说家庭文化就是家庭掌舵者的文化亦不为过。许多孩子在父母酒文化的熏陶之下,多少也可划个酒令、饮上几盅,但也有人因为爱情或者惧内而断然戒酒或者限酒,也是家庭文化使然——"敬重妻子"是这个家庭的文化。所以,分析一个人的心理过程,必然要考虑某些问题的发生或者解决受到怎样的文化因素影响,而家庭文化的影响又从侧面呈现了这个家庭关系的走向。

(五)冲突影响

家庭冲突表现在家庭成员之间自我坚持、自我修正与自我完善的程度。冲突所在之处多是家庭成员之间并未真正拥有或接纳对方坚持的冲突观点,恰好往往是自己的限制所在,或者情结所在,或者恐惧所在,或者过度认同所在,或者理想化所在,或者威胁所在。而冲突所现之处,皆是竞争所在、维护所在、观念所在、利益所在,亦是不足、欠缺所在。某些创伤情结,往往会引发冲突,利益牵扯之处,也往往冲突频发。

比如,利益冲突往往是在情感不饱满的前提之下的补偿,过分理性地讨论对错或许与内心情感不被认同有关。所以冲突造成的影响往往是伤害和更深的伤害或者更新的伤害。或许与创伤的强迫性重复有关，而家庭冲突的影响更可能制造创伤的代际传承，使其一代一代传承下去。如某些家庭每代人到中年离婚再娶，而离婚的冲突缘由几近类似。或者某些家庭重复了一代又一代的媳妇当家驭使老公，无论作为儿子的哪代人都千方百计地选择一个跟母亲不一样的妻子，婚后不久发现自己竟然"极其精准"地选择了父亲之路，选择并成就了又一个跟母亲一样的妻子，暴露了冲突之下隐藏的"天作之合"：现实中的"反动"居然暗合了潜意识的另一种"需要"。所以评估家庭冲突，需要整合家庭成员冲突多方的原生家庭影响与个性特征，扩大意识区域，减少阴影覆盖的面积，这也是减少冲突影响的重要内容。

（六）个性影响

个性影响承认了每个人先天的禀赋与使命。相信每个人的出生都有其必然承担的使命，可能是家庭发展的使命、自我完善的使命或者自我救赎的使命。家庭、家族或国家发展的使命往往与国家、家庭发展有关，或拯救家族命运，或创新族群走向。有人研究，林姓人往往与国难相关，国家有难时，一定有林姓人出来担当参与。比如林则徐，为官时搞虎门销烟惩治西方盗寇，可惜清廷求和心切，归罪于他，将他贬至新疆。三日后《中英南京条约》签订，割香港。若干年后，香港回归，代表中方签字接收香港回归的便是林则徐家的后人。这些林家人的个性特征往往与时局相关，与国难相关，也与他们生命中的"担当天下舍我其谁"的个性特征相关。文天祥的个性使得他兵败后必死，因为他的生命就是与百姓与共的；洪承畴的个性使得他兵败后必降，因为他的贪欲始终未竭；蒋介石的个性使得他必亲历战场指挥，因为他从来不相信别人；而领袖毛泽东的个性使得他必然带领英勇的中国人民推翻三座大山，因为他深知民之所需、国之所求、历史之变。

所以，无论是自我完善的使命——成就自我、丰满自我，使自己人格、智慧得以提升，还是自我救赎的使命——反思自我、修正自我，使心灵得以净化、境界得以提升，无不是个性使然。所以，发展并形成良好而饱满的个性，是影响自己和家庭健康的重要元素。

所以，在本案的干预之中有一个主导思想，那就是强化凡语晴的个性发展，促进她成为她自己，成为真实无假、独一无二的完整自己。

六、教育效能

（一）效能定义

效能是指事物所蕴藏的"有利的"作用——强调那个"作用"是好的，不是坏的。这个"蕴藏"包含了显性和隐性两个方面的元素。它限定在"有利"方面，意味着对作用是有要求的，这是一个方向性的保障，它必须是对发起者有利的、有益的、有意义的，必须是符合发起者的核心利益和目标利益的，必须是能够帮助发起者实现某种计划和目标的。这意味着需要考虑四种可能的利益方：第一种是发起人作为发起者和参与方，二者合而为一，这个方面的效能利益可以自己把握，它的主观就是客观，它的客观就是主观。它既是发起者，也是参与者，还是受益者、监督者、评估者、承担者等等。第二种是一方发起，另一方参与。发起者需要评估自己的发起初心、发起能力、实施能力、实施方法、过程控制，以及受益方的需要与接收或消化能力，当然也包括效能的结果。第三种是一对多的效能，即一方发起，多方参与。第四种是多方发起、多方参与，其情况就要复杂得多。教育的效能，需要考虑双方或多方发起与参与。

（二）教育效能

教育效能在这里特指家庭教育有利的作用。它特指家长对孩子的教育是否有利，是否能够帮助孩子人格成长与学业发展，以及促进孩子的社会化进程。社会化进程就是一个人在特定的社会文化环境中，学习知识、掌握能力、把握规范、形成三观和行为方式以及人格特征的过程。社会化进程好的人，能够积极适应社会，跟得上社会发展的步调，不至于适应不良或被淘汰；社会化进程不好的人往往步入社会处处碰壁、时时受阻、常常受限。从这个意义上说，家庭教育的效能就是让孩子有能力、有本事、有心态在社会上立足。再简化一点说就是让孩子学得好、干得好、玩得好、过得好。

要达到这个目标，就需要把握家庭教育的效能，也就是说家长怎么想、怎么说、怎么做能够让孩子实现这几个目标？就是要求家长所实施的教育全部要有正面导向作用。达到这个目标，就达到"民用和睦，上下无怨"了。提高教育效能，简单说就两股劲儿：一个教，一个育。教，是先示范、再告知、做引导、再规范；育，是对教的质量保障——她得根据参与对象来确定怎么教，有耐心、有技术含量的。态度也是因人而异的，有的育需要强硬一点，有的就需要温和一点，独立性强的就要放开一点，性格软弱的就要温和一点，就是因材施教、有教无类。

（三）观念效能

观念体现的是一个人的三观：价值观、人生观、世界观，往大里说是生命观、价值观、宇宙观。看到没？换了词内心的感觉就发生了变化：说人生观的时候，就只限于人类，把动物、植物、花鸟鱼虫等就排除在外了，或者是不平等了，或者说是重要性降低了，要把人列到至高的核心地位；而说生命观的时候，就包括了我们存在的一切：空间、环境、空气、水、阳光、生物、微生物、动物、植物等，是包括人类在内的一切生命状态。如果我们细想想，讲人生观的时候是不是把人放在首位，是不是有鼓励和推动人类的自我中心的嫌疑？而讲生命观的时候，讲一切存在都是自然而然的存在？是的，这就是观念效能。

观念对人是有影响的，对人格、对品性的影响，对行动的影响。有时候我们说有人没有公德心，不讲社会公德，为什么？就是说这些人的观念有问题，是以自我为中心的，甚至是恶性膨胀的。为什么呢？究其原因是与家庭教育的观念有关，也就是家长的教育观念不正确，孩子长出来的样子就不会好。家庭观念较重的人比较有大局意识，正直的人就比较可信、可以依靠，有担当的人就值得托付，可以委以重任，这些观念都是可以促进人的成长和发展的。用心理学的话来说，就是让人内化一个有支撑、有品质的做人信条，成为自己做人的衡量标准和指导原则。再具体一点就是内化为"做什么样的人"，将其作为自己做事的终极标准，有了这样的观念，就会成长为一个有力量的人。

（四）教养效能

我们说一个人有没有教养，指的是什么？往往指的是他的文化和品德的修养。修，包括两个阶段：一个是学，一个是修。学，就是学习；修，就是修正。学习包括生活起居、洒扫应对，包括待人接物、处事为人，也包括向谁学、学什么的问题。学商，目标就是要创造经济利益和商业价值，目标是挣钱、用钱和用钱做什么。学贤，目标是做贤达君子，是朝向人品努力的，那个时候金钱、名誉、地位就成次要的了。学什么、怎么学都在此之列。而修呢？又叫打磨，就是把对的做好，把好的做精，要致广大而尽精微，尤其是在品德修养、行为操守上修正身心以至精微，就是做人做到极品，不留缺憾，不留遗憾。养呢？既有喂养的成分，也有营养的意思，还有涵养的意思。也就是说，供给的质量要高，品质要高，量要足，不缺少，无论是物质的，还是精神的，都要充分、充足、充沛、充满。就是说你得供给有营养的东西使其滋养润泽,也就是给的思想有高度、洞见有深度、仁爱有纯度、支撑有强度。润,是富而知足、宽而有余。富润屋,德润身,就是讲"润"要有支撑、有供给、有品质、有空间、有滋养,总是有精神的愉悦感,有心灵的富足感,有身体的轻松感,有学业的成就感,有活着的意义感。这种教养的效能可以简单概括为两个字:值得。让支撑者感到值得,不会感觉被牺牲;让受益者感到值得,不会感觉被利用。做到这个样子,就算有效能了。

(五)关系效能

我们把关系效能锁定在亲子关系质量上,更容易操作。有质量的亲子关系、有品质的亲子关系是我们所有家长认同的理念,但是在操作上却常常把劲儿使反了。为什么呢?核心问题是对"关系质量""关系品质"没有经验、没有体会,或者说是没有内化、内生为生产机制,也就是你的粮食不是自己地里长的,是集市上采购的。地里长的可以一季一季地种、一季一季地收,是因为你地里有"生长"的力量,而集市上买的无法成为你的内生机制,只能不断加油输血,也就是有的家长教育理念是在脑子里的,不是在心里的,行动上缺少后劲。教育起来就没有力度,缺少说服力,孩子不会被感动,因为这种亲子质量少了情感上的滋养,也就是情感的干涸、不滋润,制造了亲子关系质量的低下,费了很大劲,埋了不少雷,说话就吵吵,遇事就冲突。

什么样的亲子关系更有效能感呢?我们讲两个核心的点:好玩儿、有原则。一个有意思的、好玩儿的家长,更容易创造有效能感的亲子关系。这个有意思、好玩儿,是说家长是一个有生活情趣、有精神享受、有愉悦身心能力、有富足感的人。这样的家长,很容易吸引孩子的注意力,很容易唤醒孩子的依从感,因为这样的家长满足了孩子与生俱来的自由天性,遵从了孩子与生俱来的愉悦感和安全感。安全、愉悦是孩子信任家长的重要基础。如果孩子的安全感被破坏了，就会产生信任危机，就会焦虑，就会心神不宁，后面的教育也就无从谈起了。有原则的人，是有力量、有边界的人。这个"有原则"会让孩子感受到做事有章法，他跟你的关系尺度是有保障的，是可以把握的，是稳定、安全的。他知道在你面前怎么做、做多少是合适的，哪些是不能做的，哪些是可以商量的，哪个不用商量你也会支持同意的。这就叫关系质量，就叫关系效能。

（六）干预效能

家庭教育的干预效能侧重在推进孩子好的品性的发展和修正错误言行方面。也就是孩子愿意听你的，主动听你的，心悦诚服、心甘情愿地听你的，他在意你对他的态度，在意你对他的看法，在意他在你心目中的地位，他看重这份关系，甚至为了这份关系，他可以做出必要的妥协或让步。此时你作为家长的态度对他是有效力的，他是入心的，行动上是到位的，感受上是踏实的、愉悦的。

需要注意的是，高质量亲子关系前提下的干预效能才是有保障的，也就是说亲子关系的效能是家庭教育干预效能的基础和前提。有了关系质量做基础和保障，就可以放心有度地实施干预了。此时的干预要及时、有度、有余地，就是一定要在孩子需要你的时候第一时间到位，至少是态度上到位、语言上到位、行动上到位、理解上到位，这是及时。如果孩子遇到冲击或者挫折了，但是作为家长的你认为"没什么大不了""别人的孩子也这样""都能过得去"，就可能错失了干预的机会，因为你过分的"正常化"了这件事，在孩子内心的需求点上没有到位，也就是在孩子需要你的时候，你不在场、不给力。有度，指的是你实施干预的时候，没有超越孩子自己的主权，也就是孩子自己的主观意愿应该作为重要参考不能超越和忽视，而不是只管家长自己的想法、态度或意愿。家长需要知道自己的位置：我们是帮忙的，是给孩子站台的，或者吹喇叭，或者助声势，或者清障碍，或者做后盾，决策还是孩子来做。有度，就是做到合适，这个度要能够表达孩子自己内心的意愿和尺度，基本上让孩子觉得自己心里踏实，不至于太委屈，也不会太跋扈，既不太张扬，也不太退缩。讲起来比较容易，做起来要就事论事。具体的操作办法，可以在后面的案例上做以示范，供大家交流讨论。

七、超越家庭

（一）超越母亲

超越母亲意味着一个人成为自己，没有限定在母亲的情感功能和情欲限制之内，意味着他突破了母亲情结——内化了积极的母亲情结转化成自己的功能，消解了消极的母亲情结进而转化并与其分离。积极的母亲情结也是情结，仍然保持着一种牵制，它仍然受情结自我的控制，仍然持续地保持继发性情结的特点——既有独立性又有自主性地被情绪困扰，因为那个情绪脱离了意识自我的掌握而受制于情结——情结往往与创伤有关。

男孩子与女孩子对母亲的超越是不同的。男孩子超越母亲是从向母亲认同到与母亲分离，这中间掺杂着一个父亲情结，因为男孩子不可避免地发现父亲是横亘在自己和母亲之间的一个现实存在。身体的构造使得男孩子发现自己与母亲的不同，这个不同会引发男孩子的幻想——一切的差异都会激发幻想，而父亲规则的出现又硬生生地把自己限定在与母亲的距离之外。他必须向父亲认同，成为一个像父亲一样的男人；他必须离开母亲，因为儿子翻不过父亲—母亲夫妻关系这座大山；他必须离开父母，向他们夫妻关系认同，来内化一个自己将来可以效仿的关系模式。而在超越母亲的道路上，男孩子注定要经历"过度需要儿子的母亲"。过度需要儿子，指的是母亲把儿子视为己有，儿子成为母亲制衡父亲的权柄，母亲利用儿子割裂自己与先生的亲密，儿子成为母亲价值的依赖。这个超越其实意味着男孩子要超越"拯救母亲"的情结和自己的婴孩情结——以做个好儿子来取悦母亲。

女孩子超越母亲，更多的是女性的认同，向母亲学习怎样做一个女性，怎样成为一个受男人喜爱的女性，怎样成为一个有尊严的独立女性。显然母亲的角色和行为关系着女儿可以学到什么。重要的是，女孩子是要独立成为一个母亲，而不是在自己身上复制一个"母亲"。

（二）超越父亲

超越父亲与超越母亲不同，相较于女性的情感功能而言，父亲的功能更多地表现在理性、规则与社会化方面。理性、边界、担当是父亲的主要功能，这些功能里包含了保护者和支持者及榜样等内容。父亲在孩子成长过程中，首先充当了孩子与母亲的"第三者"的角色，父亲的出现拉开了孩子与母亲的关系距离，让孩子开始具备参照、衡量、比较、分析的功能。如果说二人世界主要的是情感功能和模糊的边界感的话，那么三人世界就有了比较、分析和参照的功能。当然，父亲在家庭中的权力——经济权力和话语权也进入孩子的"超我殿堂"，孩子能否与这个超我功能共事而不是被动服从，就是超越父亲更为重要的内容。

对于幼小的孩童而言，父亲是大力士、魔法师和大灰狼：大力士表达了父亲的雄伟、力量与高大，魔法师象征了父亲知识渊博、能力超群与手工精巧，而大灰狼则代表了父亲严肃、冷峻和威严的部分。因为害怕而敬畏、因为好奇而取悦、因为喜欢而崇拜，这便是父亲对于幼年儿女的意义，除了成为现实的关系存在之外，还成为孩子们内化的象征物，成为孩子成长和进步的内在导引。事物的存在总是积极与消极并存、优势与劣势同在，父亲在提供一系列荣耀引导的同时，也有可能制造孩子恐惧、害怕、畏惧的阴影世界。此种压抑与打击很大程度上会造成俄狄浦斯情结并形成青春期的反弹冲突再现。父亲情结制造的压抑与隐忍往往会演变成未来冲突的训练场，因为压抑的自我并没有消失，它只是被移置到了阴影空间不便生发而已，等到时机合适时，它仍旧会出来见识属于它自己的天空。

于是，超越父亲的意义，就从与父亲竞争、打败父亲，转化成为允许自己强大、允许自己扩张并重新定义规则。普通的成长是重新定义属于自己的、异于父亲的新规则，而高级的成长则是修改与调适自己与父亲共同的规则，坚守自己的规则，成为一个"大"父亲。

（三）超越关系

超越关系中的关系，是指母子关系、父子关系和兄弟姐妹之间的同胞关系等家庭成员之间的核心关系。许多人的困难在于，限定在"我是一个父亲必须这么做""这是我作为母亲的责任"等角色水平与亲情关系的责任之上，而没有发展出个体独立角色的关系，也就是没有在角色水平的责任之上发展出独立人格的关系，是没有发展出内在的平等性。也就使得这个关系只存在于亲情血缘水平，而不能发展、扩展至人性水平、人格水平。我们说角色水平、亲情关系为家庭成员的成长发展提供了保障，同时也限制了个体心理空间的成长与扩大，这个限定成为未来相亲相杀等矛盾冲突的种子。

所以，保持亲情滋养与亲情互动，进而发展出人性水平的平等性，是超越关系的重要内容。超越是工作标准，关系是目标，超越关系就是打破旧有关系的过度限制、落后关系的不断侵蚀、创伤关系的强迫重复。

旧有关系的过度限制，表现在父母用旧有的模式框架来要求、制约成长中的孩子，不能做到与时俱进，不能随孩子身心成长而调整自己的关系模式和关系质量；而落后关系的不断侵蚀则强调了已经对孩子成长起到负性影响的关系状态，甚至是这个负性影响在扩大的趋势；创伤关系的强迫重复则重点强调家庭关系中的伤害，它是不断重复出现却不做控制和修改，而任由创伤发生，重复在施虐与受虐的低水平人格状态而不能自拔。

所以，超越关系才会自由，超越关系才会温暖，超越关系才会家庭和睦。

（四）超越创伤

创伤的同义词是成长，一切成长都意味着突破旧有的控制和伤害，突破一切旧有的创伤侵蚀就是成长。创伤的产生突破了人固有的保护机制，未必会形成新的成熟的保护机制，但是一定会破坏人的安全防线，个体就容易固着在受伤的地方过度防卫而很难解脱和前进。创伤会制造人的无能、无力、无助的挫败感，也会使人产生自我怀疑，破坏自我信任的功能与安全保护能力致使过度警觉，甚至有人会经常体会到防御失控的深度恐惧，也就是一个人的人格体系被打散了，重建起来非常困难，严重影响身心安全、学业发展与生活情趣。但是超越创伤的难处不亚于修建一座核电站。

最关键的，创伤破坏了人对自己的信任感，它使得人很难相信自己有能力保护自己，很难相信自己有能力解除这种伤害。我们说，这是一个人把一部分能力应用到了自我保护之上，一部分能力应用到了消减自我信任之上，一部分能力用到了限制自我发展之上，因为潜意识中的个体可能认为是自己的某些功能、优势或长处引来了这个伤害，它有可能已经发生了攻击转向自身的情况。这就意味着创伤本身所造成的伤害，远远敌不过偏执性自我怀疑带来的伤害，因为它从内部解构、侵蚀、击垮了人的自我防御体系。

所以，超越创伤的核心，是重建自我信任体系。消除自我内在的、指向自身的攻击，终止指向自己的不信任、怀疑、惩罚等一系列行为和内在机制。比如过度批评、内疚或者长时间沉浸在无力、无奈、无助的负性情绪之中，都需要制止，需要在内心原谅自己曾经没有能力保护、保障自己致使自己受伤，接受自己并非无所不能，接受自己会受伤，接受自己也有办不到的，接受自己的不完善、不完美。

（五）超越情结

情结是一系列固着的情绪和思想集群，它包含了一种不大变化的、因受伤而产生的一系列情感基调。情结往往会因为受伤而将自我分裂成两大阵营：一个是自我意识控制的较为安全的现实功能，一个是受伤之后的情感、认知、防御族群。后面的防御族群拥有一个反抗意识自我的、并不隶属于意识自我的强大帝国，它隐藏在意识自我监控的安全模式之下，呈现隐藏状态不易被觉察和发现；而一旦危机发生，它们则不必通过意识自我的同意、理解、授权而独立参战或宣战，这个状态有点"平时为民，战时为兵"的味道。识别创伤情结有一个简单的办法，就是关注情绪，几乎所有的情绪失控都与创伤有关。

所以，超越情结需要有一个正确识别情结、然后稳定自我、保持安全进而恢复心理自由或心灵自由的过程。在这个过程中，自我的稳定性是核心，保持自我的稳定，进而腾出一个意识的观察、觉察功能空间，持续地保持清醒，不掉进情绪的漩涡，不被情绪带走。持续地这么做，就会渐渐增强自我的稳定性，提高自我信任度，提高自我管控能力，渐渐地消融创伤及其带来的伤害与信任危机，重建安全、稳定、信任的自我关系。

另一个方面，识别了情结，不代表情结会被消除或转化。所以需要有一个对情结识别后的使用问题，怎样识别情结——看情绪的失控程度，怎样运用情结——情结提醒我有一个危机要发生，谢谢它的提醒，即把识别出来的情结的意义和作用重新定义。

情结的转化与使用，最好请资深的专业人员来帮忙，以避免自己独立处置时重新陷入危险的创伤体验之中。也可以看一些贤达的人生传记，比如《曾国藩家书》、王阳明的《传习录》、任正非的《华为的冬天》和曹德旺的《心若菩提》，都是不错的励志内容，书中蕴藏了许多转化的机遇。

（六）超越自我

超越自我相比于超越母亲、超越父亲、超越创伤、超越情结和超越关系更难。因为父母是"我"之外的"他者"，创伤是外来的"入侵者"，情结是深藏于内心的"卧底"，而关系又是我们深陷其中共谋而成。我们既是被动参与者，也是主动共谋者，还是潜意识阴影之中的积极认同者。外来的可以隔离、否认、压抑、理智化，可以视而不见，可以充耳不闻，可是自己本是自己的建设者和破坏者，怎么超越？

超越自我的困难在于人以为自己不可自知、不能自见、无法解脱、无法转化。其实，超越自我的核心是自知，明了自己的一切：知其长而不囿于长，知其短而不弃于短。怎么做呢？

自知是核心，知自是前提，这个知有一个重要的操作方法：观察、内省（醒），向内观察、反思，只观察，不能跟着跑，不认同、不卷入、不放弃、不逃离。就是专注地看，持久地看，一门心思地看，也只是看，别的不做。

只观察，就是俗语里说的"老僧只管看"，无论脑海里、心里出现什么：平静如初也好、山崩海啸也好、痛彻心扉也好、喜极而泣也好。也就是只管看，不进入。脑海里发生的一切就只当作看电影一样，不去改变那演员的命运，不为那演员做任何事，只是看，看看就算，看看就了。

不跟着跑，针对的是我们"入圈"能力超群的人们来讲的，稍有情绪发生自己马上生情，立马成为剧中人，丢掉了自己作为一个观察者的身份，改行做了不收钱的演员、编剧，入戏太深，不能自拔。所以不跟着跑就需要你有定力，不盲从。

不认同，现实中的不认同容易做到。因为你有个清楚的现实功能，意识在帮忙识别；而潜意识的认同却不一定归你管，它稀里糊涂地就发生了，它逃脱了意识的观察和稽查，也逃脱了你的真我监督，它会骗过你的"智商"行走在你的阴影世界。所以，不认同得需要你时刻清醒保持觉察。

不卷入，就是你能分得清自己与他人的相同与不同，界限分明。现实功能中可以相互帮忙、彼此关怀，但是心理层面你需要尝试看清楚并基本能够做到各人自扫门前雪。在心理层面上看清楚了，就知道终极是谁的事，现在是谁的坎，多做了就延迟了别人的成长，少做了就耽误了人家的提升。所以，需要做到：不卷入。

不放弃，是我们面对挫败最重要的态度和行动。这个挫败包含了无奈、无力、无助、难过、忧伤等这些常见的消极感受。所以不放弃是让我们能够沉在这种感受里待一会儿、浸泡一会儿，不能进入很深，也不逃得太快，稳稳地守在那里。

不逃离，这不容易做到。遇到创伤会因为创伤时的疼痛和恐惧而选择逃跑，这个"跑"就表达了"我怕""我不行"等一系列的创伤后反应，那个"怕"把人控制了。不逃离，就是"知道怕，但是'不怕'那个'怕'"。或者，我知道怕，也知道害怕那个"怕"，但是我仍然盯着不跑，看看自己怕到什么程度。这个硬顶着的状态，就是不逃离。

好吧，这个超越自我是人生最困难的事，也是最有意义的事。只有自知了、自明了、自恰了，才能做到"来而不迎，去者不追"，也就超越了。

第二节　分析干预

此部分是马宏伟老师（以下简称"马"）接待来访者凡语晴（F）和妈妈江晓楠（J）的一个片段，内容依据真实访谈录像记录整理，在保持当事人的语言风格和情绪状态的前提下，根据出版要求，适当做了删改。录像和出版使用得到了母女的授权。在此表示感谢！

（注：凡语晴和江晓楠为化名）

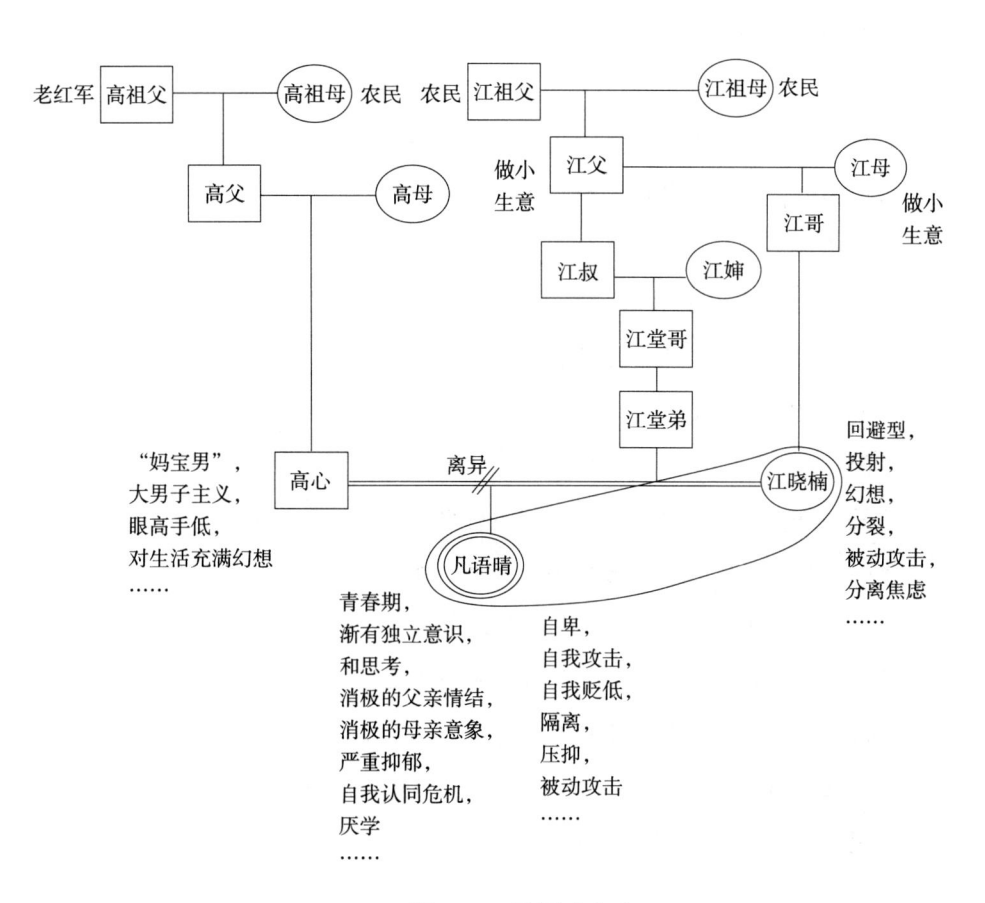

第八章　家庭干预：心动力的唤醒与燃起　361

老红军　高祖父━━高祖母　农民　农民　江祖父━━━江祖母　农民

高父━━高母

做小生意　江父━━━━━江母　做小生意

江叔━━江婶　江哥

江堂哥

江堂弟

"妈宝男"，
大男子主义，
眼高手低，
对生活充满幻想
……

高心━━离异━━江晓楠　　回避型，
投射，
幻想，
分裂，
被动攻击，
分离焦虑
……

凡语晴

青春期，
渐有独立意识，
和思考，
消极的父亲情结，
消极的母亲意象，
严重抑郁，
自我认同危机，
厌学
……

自卑，
自我攻击，
自我贬低，
隔离，
压抑，
被动攻击
……

图 8-1　凡语晴家庭

咨询片段一：初见

咨询师（马）进到咨询室，母亲（J）和女儿（F）站起来，见面。括号里的内容为马的分析注解，所有注解全部为一孔之见，不必当真，权作参照。

马：可以吗？（指着座位、距离）

J：可以。

F：（点头表示同意）

马：来，你们两个坐这边。这边有水，自己倒点儿水喝。（女儿坐在了咨询师常坐的位置，与妈妈分开坐。这是一个很重要的信息，需要考虑母女之间的张力。同时，马借机调整她们的座次，坐到自己的固定位子上；而女儿则坐在了距离马最近的沙发上，妈妈坐在与女儿同一个长条沙发的另一头，与女儿稍有距离）

J：行，行，不用了。

马：坐。看见它有什么感受？（指着录像设备）

F：嗯，不舒服。

马：不舒服啊？

F：是。

马：嗯，有什么担心吗？

F：没什么担心。（至此之前的问话，是在评估母女两个对于咨询室这个陌生环境和咨询师这个陌生人的适应性。女儿采用了"否认"的防御机制。刚刚讲了"不舒服"，又说"没什么担心"，说明这是女孩处于防御状态，需要帮她先放松，增加信任感，才能建立信任关系。也说明女儿对咨询的期待并不高，或许她的到来更多的是应母亲的要求而来，而非自愿；或者对以往的咨询存在着某些不信任、不满意的经验）

马：嗯，就是有它就不如没它放松是吧？

F：嗯，都一样，就是挺难受的，没事儿。

马：嗯嗯，会觉得有人监督我们吗？

F：嗯。

马：会的。（将F的"嗯"，明确表示为"会的"，意在鼓励她可以明确表达）

F：嗯。（这里看到了女儿很真诚，也承认"挺难受的"，这是一个切入点，解决、转化或关注到这个点，就是一个关系的推进）

马：嗯，因为这是一个教学活动。教学，就是在我们之外有十个人，就是靳老师他们一起学习的人。

J：嗯，靳老师跟我说了。（妈妈参与感很好，很积极，是一个很好的"合作"对象，建立关系阶段需要参与感较好的人的合作，或者说咨询师应该选择对咨询有期待的人建立关系来破局，带动并建立整体的咨访关系）

马：对，说了一起学习。

J：啊。（表示确认）

马：所以呢，这个（指录像）除了这些人，没有人可以看见这个资料。（重复咨询前的约定）

J：嗯。（来访者不断地说"嗯"表示认同，是建立安全、稳定、信任的咨询关系的重要过程和技巧）

马：那如果说在过程当中，你觉得我讲了一部分内容不合适，不想让别人听，你可以停下来。好不好啊？

J：嗯。

马：所以这个活动呢，是我们一起要完成一个教学。〔解释这个活动是为了完成一个教学，会有人收看，但是除他们之外不会（当时）有人听到或看到，告知她们的权利和义务，既是尊重，也是强化关系同盟〕

马：两个地方，第一个是什么呢？就是之前，靳老师已经给你们做了些工作是吧？靳老师是女儿的咨询师，她们一起进行过一段咨询工作？

J：嗯，对。

马：然后呢，今天我给你们两个一起，啊，讨论一些内容。（不断地确认，继续强化关系同盟）

J：嗯。（"嗯"的过程就是"达成一致"的过程）

马：啊，所有的过程当中呢，这个——这个录像全部是为教学服务的。之后我们会跟靳老师讨论，我们谈了什么，怎么谈的，为什么这么谈。（交代我们一起合作的目的，商讨工作目标，以期达成一致）

J：嗯。

马：对吧？我们自身的困难在哪里？孩子的困难在哪里？家长的困难在哪里？我们可以想什么办法来解决呢？就等于说我们一起来讨论怎么去帮到咱们这个家庭。（介绍我们工作的目标，强调对她们家庭的意义。用"咱们这个家庭"来表达咨询师主动"入局"的意愿，消除陌生感与距离感）

J：嗯。（妈妈表现得很合作，依从性很好，女儿有些担心或不舒服，所以需要加强一下跟女儿的关注）

马：我说清楚了吗？（我把头转向女儿，询问她有没有听清楚，但用的是指向我的句式："我说清楚了吗？"而没有将压力投注在她有否在听上面，仍然使用促进关系建立的"嗯"句式）

F：嗯。

马：嗯。（用她使用的"嗯"句式来表达咨询师的认同感以及和F的一致性，促进关系联盟的建立）即便是录像完成之后，或者是说你回到家或者一周两周之后，你觉得，哎，有一些地方我不想再被别人知道，你仍然可以告诉我们，我们就把那个录像给你取消。可以吧？（再次强调她们的权利，以消除或减少对录像观摩的阻抗，以示尊重）

J：嗯。

马：啊，这个是你们的权利。（再次强调她们的权利！增强她们的安全感与控制感，提高其防御水平是帮助其建立信任关系的重要内容）

J：行。（这是一个明确的意思，表示她的安全指标达到了）

马：啊，所以签的那个（协议）就是告诉你们，你们可以在什么地方去拥有这个材料，我们在什么程度上可以使用。可以吗？（看到女儿F点头，转向母亲J征求意见，再次强调她们的权利和我们的义务，继续消除她们的阻抗和担心）

F：嗯。（到这个时候才算是与母女达成一致，才可以进入咨询访谈的正式环节）

马：好，我叫马宏伟。

J：马老师好。（母亲依旧很配合）

马：要介绍一下自己吗？（女儿F没有明确表示，我便再次发出邀请）

F：我叫凡语晴。

马：凡语晴，嗯哼。介绍介绍咱们家庭情况吧。

J：嗯。从那个小时候吧，就是我带她比较少，从上小学开始的时候，我才带她比较多。（到这里我会在心里记下"需要留意分离创伤、信任危机以及亲密关系方面的信息"）

马：嗯。

J：我们之前一直跟姥姥、姥爷住在一起。她上小学的时候，我就跟她爸爸离婚了。（再次确认"分离创伤、信任危机或亲密关系"方面的信息，同时留意探索离婚带给母女的伤害程度）

马：嗯。几岁？她几岁的时候？

J：咱几岁的时候啊，妞？（我有点惊讶：是她不记得了？使用了遗忘的防御机制，还是她在用这个方式拉动女儿的参与？）

F：四年级。

J：十来岁的时候吧。

马：嗯。

J：四年级的时候是 12 岁了，大概就是 10 岁多，12 岁……

马：你不记得她几岁的时候你离婚？（这是一个面质，一个挑战，也是在试探母亲的承受力。同时观察女儿的反应，她对于母亲的"遗忘"会是一个怎样的态度，这也是对她们亲密关系的一个评估）

J：嗯，不记得，2016 年，2016 年是……

F：10 岁。

J：10 岁，嗯。

马：你怎么理解你离婚的时候，你不知道女儿几岁了？（我的问话很慢，边问边观察母女的反应，以进一步面质，同样的，是试探母亲的承担力，观察评估母亲的防御方式，再次观察、评估女儿对于母亲"遗忘"的反应）

J：我……这个……记不住东西，什么也记不住。（是否认还是遗忘？抑或是掩饰？）

马：嗯，你哪年结的婚？（进一步了解评估母亲的防御方式和机能健康状况，仍旧保持缓慢的语句和平稳的语调表示很平常的态度，就像例行填表调查一样自然）

J：2003年。

马：那时候你多大？

J：那时候二十八九了。（不记得确切的年龄——或许是某个年龄带给她怎样的创伤？忘记年龄有时是将创伤的记忆模糊化）

马：嗯，然后结婚几年生的？

J：呃，两年吧。

马：确定是两年？

J：嗯，应该是。（模糊化的忘记，往往是创伤性的反应，先建立安全关系、建构她内在的安全感是很重要的，不必急于探索）

马：嗯，好，你继续。

J：然后，嗯，从去年吧，我们——我俩就搬出来，就没有跟姥姥、姥爷生活在一起了。（话题从结婚、生小孩儿一下子转变到"去年"，这个时间跨度够大，时间被切割了，连续性被打断，考虑创伤的可能性及其程度）

马：就是离婚之后就回到你的娘家？

J：对，嗯，现在就是我俩……（强调"现在"就是我俩而没有回应"离婚之后就回到你的娘家"，借以掩饰在娘家的某些痛苦、创伤性的体验或是不愉快的经历）

马：你们离婚没有分房产吗？（了解她们的经济状况和生活状况，评估其经济能力、社会化程度，或者应该改问"离婚后你们怎么安排居住？"）

J：没有，离婚也就是因为那个财产问题吧，嗯，过不下去了，也没什么财产，有一个房子呢，也有很多纠纷，所以一直在那里放着吧，我们也没有……因为也不在本市。（因为重点不是妈妈的咨询而是女儿的学业，所以了解大概就可以，暂时不需要了解得过于深入或具体。她

的迟疑呈现了她内心的焦虑、难堪甚至是对羞耻感的掩饰，这是需要保护和支持的地方）

马：嗯，方便简单讲一下那个纠纷吗？（问"纠纷"的目的仍然是为了评估她的经济能力和对创伤的承担力、康复力，以便考虑在什么层面帮助她们才是有效的）

J：嗯，那个房子吧，就是之前我们在外地买的这个房子，因为她爸爸做生意嘛，赔了好多钱，然后，因为——因为他借了很多钱，这个房子也被抵押出去了，现在这个房子呢，就是因为他借了很多钱，就是要把这个房子拍卖，但是一直处于这个拍卖的程序中，一直没有去拍卖。

马：嗯。（我心里感受到这个过程的艰难和不容易）

J：嗯，就是这样。然后，这两年就我俩一起过。

马：一个人带孩子不容易的……（一个很重要的共情，看到她的不容易，建立情感连接）

J：哈，都这么说，其实我也没觉得有什么，反正……（妈妈也使用"否认""隔离""掩饰"的防御机制，这个保护的意义需要被评估）

马：尤其你又住在妈妈家。（我试图拉她"回娘家"看一眼，来评估她们在娘家相处的状况，同时再次评估她的防御功能）

J：嗯，对。（回答这个问话时看到她有明显的沮丧，确认她们的支持系统比较弱，防御程度并不深，也不固着，较容易支持到或帮助转化）

马：那个环境对你有什么影响吗？（既是关心，又是进一步的评估）

J：嗯，影响的话（语句缓慢，若有所思的），嗯，其实那时候住在妈妈家，我这个人可能也是比较软弱，生活上大部分都是靠父母（自知力尚可），后来，在父母家住着心里边不舒服吧，然后……

马：发生什么了？（这是一个关系，也是一个具体化、澄清一下事实，这里隐藏了她的难堪和羞耻感，还有艰难、失望、沮丧与伤心以及

信任危机）

　　J：老是跟他们吵架，生活上一些事儿也不舒服，嗯，然后包括他们对待孩子方面，我也不喜欢（她用了"不喜欢"而不是"不舒服"或者讨厌之类表达强烈情感的词，可以判定她压抑了许多的不满，她照顾了父母的情面，承受了许多委屈），所以我就带着孩子出来了。出来之后……

　　马：嗯，是怎么样的不喜欢？（我没有从那个"不喜欢"离开，需要具体化地了解那个"不喜欢"是怎样产生或构成的）

　　J：哎呀，一些生活琐事吧，反正是跟老人生活方式也不一样。（母亲情结或父亲情结困扰着她，无法表达她对父母的不满。她依然选择掩饰、模糊化、搪塞）

　　马：说说他们对孩子有什么影响？（她固着在"子不言母丑"的思想观念之中，或者要掩饰、压抑那个羞耻感，而不能去谈真正发生了什么，害怕引发更深的痛苦或难堪）

　　J：他们，他们不会说去……嗯，怎么说呢，他们不会去鼓励孩子，总是说我孩子不好，这儿不好、那儿不好。

　　马：具体怎么说？（具体化澄清事件是我们化解问题的重要过程而能言说那个"不好"便是将那个感受上的混沌压抑状态变成意识化的语言符号，说出口，即是象征"离开身体"）

　　J：嗯，比方说，你看你不如人家王××心眼多了，你不如人家王××学习好了，你不如那个孩子怎么怎么样了，你看谁谁谁怎么怎么样了，就老是说这样的一些东西，我就很……（用一个具体的词语来表达情绪、情感很困难，一般意味着早期分化的不成熟）

　　马：这样说的时候你什么感受？

　　J：我就不舒服呗。（"不舒服"是一个宽泛的、比较粗略的感受，

是一种并不清晰的感受的表达）

马：具体说说怎么不舒服。（引导她朝向具体的、精细化的情感体验）

J：好像觉得我的孩子不好似的。（"好像觉得"——粗略的、不清晰、不具体的情感体验；"觉得我的孩子不好似的"——用"不好"这样一个很宽泛的词来表达不满，更加呈现出她未成熟分化的状态）

马：嗯，觉得被嫌弃了。（我提出"被嫌弃"一词供她参照，以确认她是否做好准备谈论她跟父母之间的负性情感）

J：对。

马：姥姥姥爷怎么说的？说你的时候。（此时转向女儿，一是因为女儿是当事人，二是已经跟母亲有了话题的延展，借着话题的深入连接到跟她的关系之中）

F：别的我就忘得比较多（痛苦的遗忘），然后主要是记得小学，给我开了一次家长会，呃，我姥姥、姥爷回来就会说，就对着我妈说，你看老师都说了，"这个孩子就是笨"（我感到惊讶，创伤就是这样造成的，一种贬低，把姥姥、姥爷的自恋性损伤直接投射给孩子），就这样。然后，"笨"还特别强调……（"然后"成为一个连接前后句的"连接词"，意味着什么呢？切割成一段一段的东西被"然后"连接起来，或者是一种强调？）

马：你在场吗？

F：啊，对，我经常在场。

马：经常在场？（我又一次感到惊讶，在场，还经常在场，重复发生过很多次吗？创伤的重复）

F：对，她（指母亲）也经常说，然后上了初中，然后我有什么办得不好的，然后她还会拿这句话出来。（把自己的自恋损伤多次重复地投射转移到女儿身上，成为对孩子的精神压榨，进而毁掉孩子的自尊，破坏孩子的信任关系与信任能力，制造孩子对环境、人群或者是对世界的敌视甚至是破坏自我价值感，制造"价值黑洞"，不断侵蚀自我）

马：嗯，她（指女儿）这样讲的时候，你听了以后心里是什么感受？

F：一开始是挺难过，然后，呃，确实挺难过，然后还有一点儿羞愧、羞耻什么的。

马：羞耻？（从难过的受伤到羞愧的自我贬损，再到羞耻的深度攻击，是对尊严的践踏，也是被这个世界抛弃的孤独、厌弃和绝望）

F：对，现在就习惯了，对。

马：因为……也没办法。（面对那个羞耻感的失望甚至是绝望、无力、无奈、无助、悲凉、孤寂的感觉）

F：嗯，确实。

马：嗯，心里有责怪妈妈吗？（因为是初次会谈，咨访关系并不稳定，也不牢固，不便进行更深度的探索，便暂停话题，记在心里，再觅良机处理，同时探索她受伤时支持体系的运作状况）

F：没有。（女儿回答"没有"可能是否认，也可能是压抑，还有可能是没有意识或觉察到，也有可能是无奈——责怪她有什么用？另一种可能是"不允许"——超我的限定，也不排除是她深度理解了妈妈，接受了妈妈的处境与无力状态，变成"同病相怜"，或者是一个感受的集群，打个包放在那里。需要继续观察）

马：觉得妈妈没有能力保护你？

F：没有。（是说妈妈"没有能力保护"？还是"没有觉得"？）

马：因为如果她不离婚的话，或者你们单独住的话，可能就没有这些事情。

F：没有。（她说"没有"的时候眼睛是直视前方的，反应很快、很直接、很干脆，能够体会到她想维护母女关系或保护母亲）

马：那你听到这个话的时候是什么反应？（这个过程妈妈全程观察到了，她也是当事人，她对这个事件的反应至关重要，是她和女儿修复自身以及她们之间关系的重要元素）

J：我就觉得非常对不住孩子。（很真实、勇敢的反应，是化解母女间隔阂的重要贡献，但需要考虑妈妈的"对不起"是否表现为一种防御）

马：然后当姥姥、姥爷这样讲的时候，你会怎么说？你有什么反应吗？（我们需要了解女儿受伤时妈妈是否在场，若在场她会有怎样的反应，如果没有反应或反应不当，女儿会感觉自己被抛弃了，那个伤会更深，会制造信任危机）

J：刚开始的时候我也不知道怎么反驳（或许她进入了一个类似木然、僵住的状态，惊呆了，失去了反应的能力），后来我只是觉得自己很生气（这个生气里包含了对妈妈和自己以及孩子与老师的多重情绪：失望和愤怒），但是也不知道怎么说，我就说，她没有一个聪明的妈妈，你怎么能要求她那么……她多么多么聪明呢？（"她没有一个聪明的妈妈"，通过自贬、自我攻击来向父母表达攻击和不满）

马：意思是你也没有一个聪明的妈妈？

J：对，我就是这么说！

马：你跟你的妈妈说过这样的话吗？

J：说过。

马：怎么说的？

J：哎，我也记不住她怎么说的，反正我俩就经常吵。（经常的争吵往往是陷入了一个投射性的认同：一方投射了一个内容的想法、情绪给另一方，另一方按照对方投射的内容"亲身实践"了——成为对方投射的那个样子。发生投射性认同不仅是对方投射过来一个潜意识中的强烈的信息，更重要的是，自己确实存在着对方投射过来内容的相似元素，否则无法"无缝链接")基本上就不怎么说话，一说话就是吵。

马：你俩？你跟谁？（确认跟她发生投射性认同的对象，以分析她的情结所在）

J：跟我妈、跟我爸。（或许她受父亲情结和母亲情结的双重困扰，而无法有一个好的认同发生，也就无法建立一个信任的、高价值的关系，无法内化一个高品质、有价值的、爱的体验）

马：争吵的内容都是什么？

J：争吵的内容什么都有，什么都有，就是有时候——哎！因为一些生活的琐事。打比方说，这个东西放哪儿了，那个东西放哪儿了，或者是做的饭怎么样了，哎，反正无论大事小事都吵，包括一些大事上也是。

马：比如说。（仍然需要具体化澄清，越具体越能够把情绪与情感锁定，便于分析解决，若不能锁定到具体的人、事、物、语言、感受方面，则需要考虑更深的创伤或创伤的泛化）

J：嗯，比如说，家里的一些经济问题啊……谁谁造成的呀？嗯，就是我们哪一方面、哪一步没有做对呀，造成亏钱了或者是挣钱了，反正他们说话都是埋怨的口气。

马：嗯。（我点头示意：我听到了，蛮艰难的）

J：全都是埋怨。（埋怨，情绪、情感责任的外化，是用来防御自己的责任的。埋怨他人，既表达了自己对于这个事儿是关心的——道德感上"我还在"，又表达了自己无力承担的无能感——这件事与我完全没有关系，完全不要让我承担责任。道德感的胜利表达了她生活在深度的阴影之中）

马：他们都是做什么工作的？（了解他们的生存背景以推断"埋怨"的生成原因）

J：没有工作。我妈也不认识字儿，她就是农村老太太。我爸呢，嗯,他就是出来得比较早,做点小生意,然后在市里买了房子,然后就把我们一家子都带出来了,把我妈、我哥、我,就把我们都带出来了,但是……

马:那你们在你娘家住,其他人有什么意见吗?(探索被埋怨的家庭因素与可能成因)

J:没有,我哥一点意见也没有,他们倒是没什么意见,因为我哥跟我爸妈住得比较远,我哥他们也知道我爸妈什么性格,从来都不过去。他们有时候打电话叫人家过去人家都不愿意去,因为他去了也是吵架。

马:他们之间也吵?

J:她就是从来都没说过我哥好。

马:嗯。(这个浓重向下的"嗯"在深表同情,似乎看到了他们生活中浓重的阴霾)

J:反正我哥去一次,就是最早的时候,我哥每次去,就每次把我哥训一顿,每次去每次就训一顿,反正我哥浑身都是毛病,就没有好的地方。后来我哥再去的话,我哥就开始跟她吵,去一次俩人吵一次,去一次俩人吵一次,所以我哥就几乎不怎么去,除非她有病了或者是有事了人家才去。

马:所以,你妈妈对你、对你哥还有对孩子的态度是一样的。(以此确认父母的人格水平的低下,可能处于人格障碍的程度,比如偏执型人格障碍)

J:嗯,她态度是一样,但是她从心里边——她可能想着,想着对我好点或是偏向我一点(强烈的道德感把自己从对父母的愤怒或怨恨中拉回去,以此来表明自己仍然是"被爱"的,制造这样一个幻象来维持自己"没有被爱抛弃"的存在性的自尊感),但是,其实她伤害我更多,因为她离我最近,因为我跟她生活在一起嘛。我哥,她成天不跟人家在一起，她也够不着人家，看不着人家。

马：她会怎么说你呢？

J：啊？（这是一个惊讶，也表达了她体验到那个令人惊讶、令人痛苦、难堪甚至是羞耻的情感记忆）

马：你妈妈会怎么说你？（把"她"——第三者的旁观状态，置换成"妈妈"——亲密的情感世界，其实是加强情感浓度和冲击力）

J：哎呀，怎么说呀？就是不停地唠叨，反正她几乎——她其实说话也不多，但是她一说话就是——就是埋怨的口气，就是不论大事小事，一说话……（忘掉细节，是从理性、记忆功能上抹去痛苦的内容，而痛苦的情感体验却潜藏在无意识之中成为侵蚀情感的无形"硫酸"）

马：举个例子。

J：嗯。（我感受到她的羞愧感，不好意思再多提及）打比方说，这个东西放在这儿了哈，她觉得这个东西不应该放在这儿，她说，你看你又把这个东西放这儿了，或者是谁谁谁把这个东西放这儿了，好像就是，哎，你看你放这儿了，你就是不对了，你就是不好了，怎么怎么样了，哎呀。

马：你会怎么说？（这样问是想了解她的自我功能，看看她保护自己的功能以及应对冲突的能力如何，也是进一步评估她的人格防御水平处于怎样的状态）

J：我都说不上来，有时候我会说，就算是把这个东西放这儿了，那也是无心的，也是无意的哈，就放这儿了，我——我把它再改过来不就行了吗，至于那么说话吗？（以萨提亚的沟通类型来看，她的沟通方式应该是以讨好型为主的，有很多失望，承担着很多委屈，需要更多的理解和赞赏）但是她改不了她的说话方式，没有办法。（这里包含着无力、无奈，失望、自恋受损的状态）

马：那你离婚之后，你的经济收入怎么办？（常规的咨询应该在此时贴着她的感受，比如生气、失望——继续探索。今天的初始访谈侧重整体情况的了解，不宜一下子探索更深，于是转向关注她的现实生活。此时，既要了解她的经济来源、经济能力，又是了解女儿的学业发展有没有足够的支撑？有没有什么困难？是否会影响女儿离开学业而自立生活）

J：所以我就说嘛，我离婚这几年基本上都是，嗯，都是靠着父母的，我其实比较——比较依赖他们。（她成年之后的依赖恐怕也制造了父母教育方面的低价值感——培养了一个走不出家庭的女儿，一个无法分化、无法分离、无法独立的女儿。而这种依赖也制造了她自己的低价值感和自我攻击）

马：嗯。（指向她说的自己其实比较依赖他们的现实和不好意思的感受）

J：啊，我自己没有什么收入的，我差不多都是依赖他们生活，后来老是在一起的话，其实我也是自己特别懦弱，特别软弱，我总觉得我自己身体差不能出去……挣钱，不能出去干活（这是一种被消极母亲情结控制的功能极度弱化的状态，在强势母亲控制之下得不到发展的"婴儿"状态，也是攻击甚至是歼灭了成长力量的毁灭状态，被负性母亲淹没或吞噬），其实你要是出来了，你该干活干活，该挣钱挣钱，只是说挣的多少而已。

马：你觉得"身体差"指的是什么？（我怀疑这是一种躯体化的表现。躯体化表现在哪里，就可能存在与相关器官功能相似的象征性意义，同时她用"身体差"来规避自己的某些责任）

J：我一直就是脾胃差，就是只要这胃一难受了就浑身一点力气都没有，躺在床上不能动，然后，我还头疼，然后我还记不住东西，什么也记不住。（脾胃为先天之本，先天掌管消化食物的功能不足，象征着精神上消化困难、吸收营养的能力不足甚至是匮乏，于她而言是无法消化母亲带给她的精神食粮——挑剔、批评、指责以及无休止的怨气）

马：嗯，从什么时候开始记不住？（记不住是一开始的话题，现在有机会把话题拉回去看看当时到底发生了什么，那个"记不住"到底意味着什么？）

J：从小时候吧，小时候也生过一场病，然后就什么东西也记不住。

马：嗯，我大概了解了，就使得你自己没有班上。（因为不确定能够见这个家庭几次，所以没有做更深层次的探索。只开这个头，也会帮她创造一个机会——暗示她"小时候生过一场病"是跟"什么东西也记不住"有关系的，这会成为一个提醒，待未来时机成熟可以讨论、探索，或者时机成熟时她会自己破茧。同时帮她找一个没有班上的责任点，把问题悬置起来，等她哪天有力量了再接过来担上、破掉）

J：啊，对。

马：那孩子的学费从哪儿来？（这是她们家庭的现实状况，也是孩子求学路上关键的支撑。心理咨询需要优先解决现实困难，再进入心理困境来解决）

J：孩子的学费现在基本上都是透支我的信用卡。

马：那你怎么还呢？

J：这没办法，现在每个月挣点工资就还一点，挣点工资就还一点，除了我俩的最低生活费的话，就还一点。（靠借贷生活，既是一种生活策略，也是一种生活窘迫的状态，仍然缺少现实的经济支撑）

马：你做什么工作？

J：我就是在一个服装店打工。（确认了她从事低技术含量的工作收入不会高的现实困境，也体会到这对母女困窘的现实）

马：嗯，那生活除了你们的日常开销之外，还有点儿结余吗？

J：没有，一点儿都没有。

马：大概能挣到多少钱？

J：嗯，两三千块钱。

马：两三千？

J：嗯。

马：有保险吗？

J：没有。

马：都没有。

J：嗯。（确认了她们母女生活的实际困难，思考未来可能的和可以提供的帮助，同时也在思考现实生活的困难带给她们的心理感受）

马：这比较难，她爸爸会给点钱吗？（一方面是了解她们的经济支撑，同时了解她们家庭的情感连接情况）

J：没有。前一段时间，就去年有段时间吧，跟她爸爸联系上了。跟她爸爸联系上了，她爸爸吧，还是嗯——还是给她买东西，就是时不时地要给她买个鞋呀，买个衣服呀。（基本的情感连接还在，是一种支撑）后来有一次，我就跟她爸爸说到这个债务的问题，其实我也没有想着让他去偿还或者怎么样的，但是她爸爸就特别敏感，他一看我跟他说这个问题，马上就再也不理我了，也不理孩子了，后来就一直没有联系。（断掉的支持体系，既暴露出她们之间情感关系的脆弱性，也提醒我们需要重点关注她们分离创伤的发展情况与修复的可能性）

马：你们只有这一个孩子吗？

J：对。

马：嗯。那之前她跟那个靳老师做咨询工作，嗯，你对她们的这个工作有什么看法？

J：哎呀，我感觉吧，嗯，没有——就是没有让她变得更严重，好像比以前稍微好点了，比以前稍微好点，但是，还是有一些根本的问题，好像没有——没有解决。（听得出她对咨询效果与功效的担心，甚至有些不满、失望，但理性和道德感把她唤醒，或许她觉察到靳老师等人正在观摩我们的谈话，担心会影响孩子未来的咨询机会，她便掩饰了不满，不情愿地给咨询师一点点的肯定——比以前稍微好点，她没有忘记真正的咨询目标——还是有一些根本的问题，好像没有——没有解决。这个"好像——没有解决"的"根本的问题"浮现了她对咨询的失望，也投射了她既往自恋受损的挫败感）

马：比如什么样的根本问题？

J：比如说，她不像正常孩子一样那么活泼。（这是一个评价性和侮辱性、贬低性的话语，是一种语言攻击，表达了她对女儿状态的拒绝、贬低、羞辱和排斥，带有明显的嫌弃味道）

马：正常孩子？（我的疑问之中也夹杂着我的反移情：生气与不满。尽管我从语气中掩盖了不满，但我内心中确实升起了批评性的声音——怎么可以这样讲孩子？或许这也是孩子内心的疑问，以我相对于孩子的一致性反移情的方式呈现出来。如果相对于妈妈来说，这个反应可以视作女儿的生活和愤怒，是相较于妈妈的互补性反移情）

J：嗯。

马：什么样的算正常孩子？

J：嗯，就是，比方说跟爸妈交流也少，也不说自己的想法。

马：嗯，你觉得这点不正常。（我用"你觉得这点不正常"指代"跟爸妈交流也少，也不说自己的想法"，滤去了她内心中的嫌弃、贬低、排斥和嫌恶，有意地保护了一下她们的母女关系）

J：从来不说自己，就问她什么她也不说，还有特别敏感。（这可

以看作是一种投射性指责，只不过这种投射的内容隐藏在这话语当中，以情结的方式存在着）

马：你呢？你是个什么样的人？（我想讨论一下孩子"什么也不说""还特别敏感"的来源）

J：我也是一个特别敏感（的人），我以前是特别敏感，现在好像没有那么敏感了，现在可能——我也不知道我现在是什么样的。（她还是蛮真诚，可以直面自己的状况，类似一个社会化程度不高的质朴女孩）

马：在找靳老师之前找过什么人做咨询吗？

J：没有。在之前的话，我就一直以为她身体有问题，然后带她去看颈椎呀，看眼睛啊，呃，然后做那个CT啊，头部CT啊，她是头疼啊，这个不舒服呢，胃不舒服呀就做胃镜啊，做了各种检查，然后……

马：医生怎么说？

J：都没事儿。

马：都没事儿？（透过前面的询问，确认是心理问题的外化，确定是躯体化的问题，需要考虑分化程度）

J：嗯。

马：从什么时候开始做这些检查的？

J：咱是从去年吧？

F：嗯。

J：去年。

马：去年是你几年级的时候？（女儿的参与很重要，说明我们的话题始终在围绕着她的方向是对的，是被她关注着的，她的内心一直是参与着的。所以我可以把话题转向她。这个提问是一个邀请，邀请她可以直接参与到我们的对话中来，这个关系更直接、更有力量，更充满信任的力量）

F：嗯，初二的时候。

马：初二的时候。（初中二年级进入了青春期，独立意识觉醒，与父母分化、分离更明显；从权威认同向自我认同的过程和程度更明显，自我认同的混乱程度更高；性别意识更明显，性诱惑与无意识性的觉醒更清晰，早期的性别认同与母亲情结和父亲情结可能会集中爆发）

F：嗯。

J：因为后来她有一段时间不去上学，嗯，她自己其实也说不上来为啥不想去上学。

F：就是初二的时候，那些症状就特别严重，然后等到初三的时候，呃，就之前我也跟我妈提过好几次，但是都没有怎么重视，然后等初三的时候，我就有点受不了了，就上课也没办法认真听进去，然后我就跟我妈仔细地说了一下，然后就带我去医院，去做这些检查什么的。（之前借妈妈谈话锁定孩子的有关话题成功吸引她，把她从一开始的"否认"对抗状态转化过来，是咨询关系好的进展。有些话是在跟妈妈谈，其实也是循环提问式的工作方式，用以吸引女儿的参与——关注、倾听即是参与。后面的谈话转向女儿更多地参与，证明这个方向与技术是适切的）

马：医生怎么说？

F：呃，医生都说没什么大问题，除了颈椎这方面，然后就都没什么事儿。

马：嗯，你怎么理解医生的说法呢？跟你的身体的反应是不一样的？（如何理解医生的话，比医生说了什么更重要，这是在评估她的人格水平，评估她的现实功能）

F：呃。

马：医生说没事，但是你知道会有一些情况是吧。

F：很早以前，我就觉得我可能不一定是身体的原因，我觉得就有可能是类似自己想出来的这些症状，然后就把它加剧了。（她对自己内在状态的描述很贴近，是跟随着自己的内在感知的，这种觉知的能力是很好的工作方向和渠道。这种向内的觉知和反思——或者叫内在的观察，是帮助她觉醒或解除困扰的重要功能，这是她的优势功能）

马：你能给我个解释吗，怎么叫想出来的这些症状？（继续评估她的内在觉知水平）

F：因为小时候好像我就老觉得，嗯，我的情绪跟别人好像就不是特别对劲儿，然后，嗯，就一直这样，然后……（很粗的感知，需要帮助她细化，对情绪和情感命名，帮助她加强对自己的认知）

马：在什么情况之下，跟谁在一起的时候，你会觉得情绪不对劲？（具体化：什么情况下、跟谁——探索"不对劲儿"的情境或人际关系场景与模式）

F：嗯，好像什么时候都有吧，就猛地一下就感觉不太一样。（比较粗的感知：猛地一下就感觉不太一样，缺少细致、细腻的觉察力，有可能是创伤所致，使得她模糊化了当时的情绪体验）

马：嗯，举个例子。（继续具体化、澄清，探索她情绪与事件的结合点）

F：呃，可能正在特别高兴地跟朋友聊天，然后，她转下头，然后我可能立马就觉得，呃，就没有情绪了，真的就是什么感觉也没有，就没有情绪。（一转头：原来的连接掉了，像是断网了，指的是她专注的情绪、情感在对方转下头的动作之下被阻断了，这是创伤性的反应）

马：嗯，没有情绪是一个什么样的状态？（继续试图连接起那个"没有情绪"的片段体验）

F：嗯，就好像刚才还在笑，然后猛地一下就板起脸来了，然后也没有什么感觉。

马：就是你自己就板起脸来了。

F：对。

马：还是看到对方？

F：就我自己，也不是说就板起脸来了，嗯，板起脸就那种——一个人在，一个人的那种感觉。（就一个人的那种感觉——与世界割裂了、断绝了，分离性的创伤，被抛弃的、断裂的体验）

马：嗯，会有一些，心里会有一些什么样的感觉？

F：什么感觉也没有。（断裂、隔离、关闭或者是冻结了情感体验）

马："没有感觉"，就从"笑的"一下子变成"没有感觉"。

F：对。（确认她当时的感受、体验状态，就与她当时的感受和体验建立了连接，这种连接帮助她借助一个"大她者"重新建立了自己与内在世界的关联，这是一个修复的过程，让她自己重新在一个有力量的支撑体系之下去"看到"自己当时的状况，让自己与创伤性的记忆、体验产生连接，那个完整感就开始逐渐恢复）

马：就这两种感觉之间没有连接，直接就变成了这样的。

F：对。

马：断掉。（这个"断掉"是两种感觉之间的感觉，而"断掉"所代表的缺失了的情感与记忆的连接需要被填充——需要一个解释来完成对"断掉"内容的连接，使其完成对"两种感觉之间没有连接"转换过程的觉知。那个"断掉"的，就是那个制造创伤的事件，它割裂了她感知觉的连续性，割裂了她内在世界的完整感，割裂了她内在觉知系统的稳定秩序）

F：对。（两次"对"的确定，是陪伴她"看到"那个"断掉""没有感觉"，从而用"看到"将那个创伤意识化，给予观照，建立连接，进入修复的程序）

马：从什么时候开始的？

F：好像好早以前就有了，是六年级那时候好像就……

马：六年级那时候你几岁？

F：呃，六年级大概是13。

马：13岁，六年级你有什么事发生吗？

F：不，就是12。（12，初二，"2"就是1与3之间的连接物，缺少了"2"的1和3就不再具有任何关系、关联而直接表现为分裂，类似创伤制造了两种感觉无法连接）

马：12。

F：呃，没什么事情，就小学的时候一直就过得——也跟同伴相处得不是特别好，然后，就可能累积起来的吧。

马：什么样的不好？（我一边点头"嗯"了一声，一边继续跟她澄清跟同伴相处得不是特别好是一种怎样的"不好"）

F：嗯，我跟同学们关系都不是特别好，然后他们也就是那种——有一点讨厌我，然后，嗯，然后那个年级越升越高，也不知道怎么，呃，老师也对我不是特别满意的。（她把被姥姥、姥爷讨厌的氛围在潜意识中带到了同学关系之中，投射给同学们，而同学们有可能认同了这一投射，继而反映出讨厌她。或者，仅是她的投射，泛化了她与姥姥、姥爷及母亲的部分负性关系）

马：嗯，能举个例子吗？他们什么时候会对你不好？对你不满意？

F：就很多事儿我都忘了，就不是特别想回忆，所以都忘了大概。（在谈及创伤的事件和体验之时出现"忘记"，是一种否认、遗忘和压抑的防御，也是掩饰自己的不安或"不好"的羞耻感。用"忘记"来压抑、否认痛苦，是为了保存"正常的""健康的"社会功能以保持生活的连续性）

马：你跟妈妈学，都忘记了啊？（找到同质现象，或许是一种认同感，或许是一种被允许和接纳的感受——噢，我也如此；或者"噢，你也如此"，我们是一样的，我不是另类，我不是被排斥的，我不是被拒绝的……或许可以认为是一种普遍化：大家都这样！）

F：啊，哈哈，嗯，好像……哈哈哈哈……

马：有哪个让你印象比较深刻的？（暗示她可能有许多用"忘记"掩藏起来的东西，不需要全部讲，哪个压力太大了，太痛苦了，你只需要选择其中一个："印象深刻"的那个——印象深刻的那个就会自然冒出来，或者突然"脱颖而出"进入你的意识领域，它——那个"印象深刻的"而非"痛苦"的，会出来找你，而你无须寻找被你精心埋藏进潜意识的痛苦）

F：也还是说就那个开完家长会，然后就……当时好像也是当着我的面儿，就开完家长会出来，我姥姥、姥爷一起出来了。然后，老师也跟着一块儿出来了，就当着我们面指着我，就说："你就是笨！"

马：老师说的？

F：对！

马：你姥姥也说过这样的话？

F：嗯，就是因为那个之后，然后我姥姥、姥爷经常说这个话。（追根溯源，找到了原发性创伤，那个痛，那个恨，就可以聚焦到某个当事人身上，而不用弥散得到处都是，降低创伤病毒的侵蚀范围）

马：你心里什么感受？当老师这样说的时候，指着你？（具体化）

F：嗯，就挺难过，还特别羞耻。（她能够直接触及"羞耻"说明她对自己的信任已经开始恢复，并可以转移或投放给我和我们这个工作情境，这是她自我功能恢复的表现，也是力量聚集的过程）

马：羞耻？（这既是一个确认，更是一个强化，将她对"羞耻"的

感受凝结起来，拔出来，透过语言的表达，将之释放出自体之外）

F：对。（她的确认很重要，她的确认是我们工作形成联盟的标志，是一个信任的延伸、加强和巩固）

马：觉得被侮辱了？（把"羞耻感"这一深度自我觉知的毁灭感的攻击性感受与体验，转换到人际关系之中，也是将恨和力量转化出自我身心之外的过程。"被侮辱"，那个痛与恨来自外部，不来自于我自身，它原是"我"之外，意味着将它驱逐出"我"之外成为可能。此一时刻，便是将"羞耻"的自我攻击转向外界人际关系的过程，也是解除自我攻击的重要过程）

F：嗯。

马：有取笑？（从"羞耻感"到"被侮辱"再到"取笑"，是一个程度渐轻的感受与体验的暗示过程，也是带着她与她的体验从深处向浅处移置的过程，这个过程伴随着她身体的轻松与神态的放松）

F：对，有一点儿。

马：哭了吗？（"哭了吗？"延续了从"羞耻感"到"被侮辱"再到"取笑"体验与感受程度的减轻，而转移到"现象"——哭了吗？这是一个拔除痛苦的过程，是深入她内心情感世界，和她一起，一步一个脚印地，一起用力，齐心协力地，同步的，拔除痛苦的过程。这是一个"神秘参与"的过程，也是一个相互影响的过程，是一个潜意识交流的过程，也是一个在阴影处借着暗黑的力量重见光明的过程）

F：没有哭，当时是愣在那儿了。（"愣在那儿了"——情感体验的连续性被阻断了，意识觉知过程被阻断了，意识对觉知系统的指挥功能失调了，防御功能停摆，感知觉被冰冻、关闭）

马：愣在那儿了，你不问为什么要这样讲？（"你不问为什么要这样讲"启动她的思维功能，从情感体验状态转移到逻辑思维状态，从被

冻结的情感体验之中转移到具有防御功能和隔离功能的思维状态，启动她"解决问题"的模式）

F：嗯，对。（确认觉知与指挥功能停摆）

马：有生气吗？（再次唤醒觉知体验——从体验转移到思维，再从思维转移回体验，尝试让她体验自我功能的灵活转换功能）

F：当时是，啊，可能有吧，这不太记得。（"不太记得"——记忆功能受损或冰冻，造成否认、压抑、隔离或遗忘）

马：嗯，所以有个画面：老师指着你说"你就是笨"。（从"不太记得"的逻辑思维与记忆系统转移到情感记忆系统——画面）

F：嗯。

马：嗯，那个时候你看到那个画面在你心里留下的印象，如果现在让你描述的话，那是一个什么样的情景？（从情感记忆中提取信息，描述，将体验、感知转化为语言的象征性符号，是将身体之内的感知觉，借助于语言的象征化，输送到"我"之外）

F：嗯，两边是我姥姥、姥爷，中间是我们老师，然后我们老师看着姥姥、姥爷，指着我的脑袋，然后就特别大声地在那块儿跟他们说，"这个孩子她就是笨，她就是学不会，她就是傻"，大概就这样。

马：好像你听了有一件事挺伤心的？（将那个体验凝缩在"有一件事挺伤心的"上面，压缩那个负性体验的空间）

F：嗯，确实。（不断使用"嗯"句式来铆定她的认知与情感体验，在安全的治疗情境中呈现，也进一步确立咨访关系）

马：嗯，老师这样讲是不合适的。（给出一个立场，一个迟到但存在的主持正义的声音，一个支持她的声音，弥补了她现实生活中缺失了的支持系统，一个理想化的爸爸的形象，一个她被爱的、被支持、被保护的感受和她有价值、有力量保护的形象，在她内心中产生。一般咨询

中不暴露咨询师的个人立场，而保持价值中立，可以询问来访者怎么看待老师的这种行为和语言）

F：嗯。

马：之后你姥姥、姥爷就开始这样说了？

F：嗯，对。可能就是他们也觉得有一点受到了侮辱吧，然后，他们也确实没地儿撒气，然后就撒在我身上。（这个分析过程体现了她非常珍贵的分析功能和共情能力、辨析能力，是值得增强和发挥的优势功能）

马：也就是说，他们因为你被老师说笨，自己觉着没面子。（明确他们自恋受损而将这种受损的体验移置到她身上）

F：对。

马：所以，就对你不好？

F：也没怎么对我不好，主要就是生气的时候这样讲。（她的客观性不错，现实功能比较完整、蛮理性）

马：生气的时候。（强调那个画面出现的特殊性而非普遍性，也是缩小其影响的暗示过程）

F：对。

马：就是那个场景——被老师批评甚至是侮辱的那个画面，对他们影响也蛮大的。这个对你有什么样的影响吗？对你上学，或者对你对自己的态度？（从体验场景再次转换到评论的理性思维功能上，再次拉大她与创伤性情境的距离）

F：以前的话，可能还觉得老师可能就是不是特别——就不是故意的那种……呃，对我怎么怎么样（用理想化的幻想来降低自我伤害的体验，以保持跟老师的正常连接）。然后，后来就从那件事之后，可能就变敏感了。（敏感——从安全的低防御状态，演变成机警"敏感"的高防御状态，提高了防御水平，降低了信任水平，降低了安全等级，提高了觉察与保护等级）然后，老师就是一视同仁，我也觉得她可能有一点点在针对我这样。（针对：对师生关系等级的评估，也包含了对同学与老师关系的横向比较和观察）然后，以后对这些老师，对大部分老师都会有这种感觉。（创伤开始泛化，信任危机产生并影响到其他人际关系，教师尊严与权威认同感降低，甚至出现负性认知或非理性认知）

马：你的观察很细致。（强调她的观察功能，从情绪情感的体验转向理性自我的观察与超我功能的评析）你能再讲一讲她是出于什么样的原因说你笨呢？（再次检验创伤事件对她的影响，以及刚刚干预之后的效果）

F：那段时间，呃，我成绩不太好，她是语文老师又是班主任，然后那次语文也没考好，好像是多少？70，对，70多，然后老师就可能是特别生气吧。

马：嗯，原来的成绩怎么样？

F：嗯，也不是特别好，就是班级中间那样吧。

马：这70分是100分的题，还是120分？

F：100分。

马：100分，70分。

F：嗯。

马：在班里，在中间？

F：应该差不多。

马：应该差不多。（重复她的"应该差不多"，也是镜映她对自己的评价，同时提供一个观察、反思和修正的机会）

F：嗯。

马：在这个圈子里面，你的优势跟劣势是什么？比如说基础知识啊，

还是作文呢？（我试图跟她探索她的理性分析功能）

F：什么都记不住了。（再次检验"记不住"的意义）

马：记不住了？

F：对。

马：你怎么理解你这个"记不住"呢？（探索"记不住"的意义，了解她的防御水平、价值观和生命观）

F：嗯，时间太久远吧就忘了，就除了这件事以外……

马：你妈妈离婚的时候不记得你几岁，你不记得那个分数，你觉得这个有什么关联吗？

F：我觉得没什么关系，我这个就单纯是太久了，时间真的太久了就忘了。（拒绝探索，可能性更大的是拒绝与母亲有更多的关联，可能是消极的母亲情结）

马：我给你个解释试试。（探索遇到阻抗，我试着引入一些解释，试着破解这种阻抗防御，也是一个心理教育的过程，以供咨询结束之后她们自己慢慢消化或破解）

F：嗯。（征得同意，达成一致）

马：就是因为有些时候我们受到一些不太公正的待遇的时候，我们心里很难过，那个难过的程度比较深的时候，为了减少那个难过的程度，我们会获得一个功夫，叫遗忘，就是这个影响太大了，所以我们需要淡化他，淡化他——淡化他最好的办法之一就是忘记他，不是我们脑袋有问题，不是我们记忆力有问题了，而是我们必须把那个影响我们程度比较深的内容从我们的记忆当中给推出去。（遗忘，"不是我们脑袋有问题，不是我们记忆力有问题，而是我们必须把那个影响我们程度比较深的内容从我们的记忆当中推出去"，把遗忘对于我们所起到的保护作用阐述出来，以减少或降低她们对遗忘的坚固防御，进而在某一个松动的时机出现后，可以反思或观察那个"遗忘"）

F：嗯。（确认她听懂了，听明白了，才能接下去讲）

马：这是我们保护自己的方式，所以你用了这个方式，妈妈也用了这个方式，就是觉得这个不公平啊，那个羞辱啊，不是我们想要的，它会影响我们太大，所以在我们潜意识有一个东西，把它给推出去。（强调她和妈妈使用了同样的方式，强调了她和妈妈都经历了某种或某些创伤，强调了她和妈妈的相似相近性——防御机制的相似相近，在某种程度上也是人格发展程度相近的表达，还暗示了一种可能性：她们可能是相互影响的。这为她们有机会反思母女间的亲密关系打下伏笔。她点头说"嗯"表示听懂了）

还有一个办法就是，我们知道这个问题是怎么影响我们的，我们主动地把影响减少，不是要藏起来，我们是可以做一些工作的。（我提供了一个面对遗忘现象的应对策略的可能性，提供另一种视角，为未来扩展她们的思维与观察水平创造空间；暗示她们——那也是一种可能性，也可以使用的）

对你妈妈离婚，你有什么想说的？（我没有急于破解她们的"遗忘"症状以及她们采取遗忘防御之间的关联，以免制造新的防御）

F：可能就是他们离婚的时候是瞒着我的，但后来我自己也慢慢猜到了，然后，她跟我说的时候感觉也就不是太大，可能就是慢慢、慢慢自己消化了，然后，要猛地一说也没什么感觉。

马：你是怎么想他们离婚（这件事）的？为什么离婚呢？离婚对你的影响是什么？

F：嗯，当时没有去想，可能是我跟我爸待在一起的时间也不是特别长，然后我妈在就行，对，可能大概就这样。（约略化或模糊化的处理，用来防御当时的分离创伤，也在保护母亲和自己所经历的离婚或家

庭破裂带来的羞耻感）

马：对你爸爸怎么看？（从看待父母离婚而转向她与父亲的二人关系，把她从评论父母及其关系的窘迫之中解脱出来，母亲就在旁边，保护母女关系仍然是她很好的现实功能）

F：挺懦弱的，然后也不是很负责任。（评论一个不在场的人，直接、干脆，也反证出对涉及母亲的评价时的防御）

马：他的懦弱表现在什么地方？（需要了解她心目中"懦弱"的具体含义，而不是将自己内心以为的"懦弱"的内涵与之做概念的交易覆盖）

F：嗯，就别人欠了他债，他也扯不下脸皮去找他要债去，还有就是，印象里时间比较近，然后印象比较深的就是我妈去市里那边带着我去找他，应该是去谈事，呃，这个我不是特别了解，然后坐在台阶上面，我妈在跟他聊天，然后，站起来好像是去超市那边的时候，我妈发现手机丢了，然后就说想回去找找，然后我爸就一直在旁边说："别找了，找不到了"，然后还说，"反正丢了就丢了，就当给市里做贡献了，让别人捡走也没什么"。然后我妈想去派出所，他又嫌麻烦，大概就是这样。

马：你在场吗？（确认她的信息来源是否为第一手信息，直接参与者、见证者信息会减少投射、歪曲与幻想）

F：对，我在场，我一直在，就跟着他们一起走。

马：你觉得他应该怎么去做？（检验她的道德水平和现实功能）

F：不用说就是一定要找到或者怎么怎么样，但我觉得他好歹不应该是这样，跟我妈就反着走，反而还劝她。

马：你的意思是说，即便是知道找不到了，要去找一下的那个行动还是要做的。

F：对。

马：啊，那个至少是一个心理安慰：我为了那个手机，我努力了。

F：对，确实。

马：嗯哼，然后那个时候你做了什么？（检验她的现实功能与情感立场）

F：当时就一个人在后面走着，在前面还是在后面忘了，反正就是我一心想给我妈看能不能找到，呃，找不到也至少做过，也不是很遗憾，然后就一直在找，一直听他们说话，就特别生气，特别特别生气，然后也不怎么说话，就一直找。（生气和失望被压抑）

马：觉得不可理喻？

F：对。

马：嗯，你做得非常棒的行动就是要去找（及时肯定与赞赏，提高她的高价值体验，镜映她的行动力），即便找不到的话，那我努力了，我尽力了，我会原谅我。如果不找的话，就好像我们对这个财物也好、我们这个事也好，不关心。嗯，所以你的生气是生气他哪几个部分？第一个是什么？对你妈妈这个事不关心？

F：对，嗯。

马：这部分是最重要的。

F：对，然后第二个就是，虽然不是他自己的钱，但是，也很生气。（精细化语言能力不足，内在感受比较粗糙，质性被负性情感掩盖，需要有更多的机会帮助她探索并命名内在情感与思维）

马：你有跟他说什么话吗？

F：没有，就根本不能……

马：在心里生气。

F：嗯。（早期的"在心里生气"有时候是一种惩罚，通过"我不高兴"来告诫对方。但到青少年或成年之后还过多地使用这种方式，就意味着人格水平可能没有进一步发展）

马：气死了，这个男人怎么可以这样？是吧？（我不断地共情她，并进一步帮她完成表达，以示范她如何明晰自己情绪所表达的意思）

F：嗯。

马：就是哄哄妈妈，你也该去找找了。

F：对。

马：嗯。这个对你有什么影响吗？对你以后、现在？

F：嗯，如果说我以前还可能对他抱有一点点那种，也不知道什么希望啊，反正就抱着点希望，然后那件事之后就没有了。那就这样吧，放弃吧。

马：就非常失望。

F：对。（很坚定，斩钉截铁，用压抑的愤怒表达失望）

马：啊！

F：俩人过也挺好。（在内心开始或正在完成与父亲关系的切割）

马：嗯，刚才有点难过吗？（进一步的提问是为了探索她受父亲情结影响的程度，以评估她未来对男性的看法、与男生关系可能的投射内容、未来的亲密关系，等等）

F：呃，没有。（没有还需要犹豫？还是向内心询问了一下有了确切的决定？）

马：你说以前对他有点希望，指的是什么样的？（进一步检验她与父亲的关系质量，以评估她内化的父亲形象以及对她造成的可能的影响）

F：不知道，就保留一点点亲情。（一种底线思维，人性的最后一块遮羞布）

马：保留一点点亲情。

F：对。

马：以你作为女儿的身份来看，爸爸妈妈在一起他们过得怎么样？

F：嗯，他们过得——（再一次陷入评论的困难境遇，道德约束或道德限制的功能过强会影响她的自我功能的正常发展，"过得怎么样"可能会引发她的痛苦记忆或者遗憾、失望等感受）

马：或者你觉得他们这个夫妻搭档，搭班子搭得怎么样？（跳开女儿评论父母的立场，转换评论父母的合作程度与质量）

F：呃，很小的时候，大概就是他们也不是特别吵架，但好像也不是特别亲，就这样。

马：不是特别亲。（重复下说的"不是特别亲"，表示我听到了、听清楚了。她用否定的语言来表示肯定的意思，暗藏了失望、遗憾、不满意等情感）

F：对。

马：嗯。带给你的影响是什么呢？他们不是特别吵架也不是特别亲，你看到他们这个关系的时候，你心里会是什么反应？

F：嗯，小时候没有太大感觉，然后现在长大了就知道那些特别好的那种模范夫妻啊什么的，然后这之后就会比较渴望亲情啊、爱情啊、友情之类的。

马：嗯嗯。你想有什么样的爱情？（探索评估父母离婚对她造成的可能的影响）

F：嗯，互帮互助，甜甜美美，就这样就可以了。（美好的心境，伴随着不好意思的微笑、羞涩、腼腆，还好她并没有因为父母婚姻变化而让自己掉进更深的阴影之中）

马：觉得什么样的人会是这样互帮互助、甜甜蜜蜜的？

F：也不用特别好，就找一个能顾家的，然后也比较算是温柔的那样就可以。（内在的期待也是对自己过去创伤的疗愈）

马：你觉得跟他相配的那个品质和特点会是什么？比如说你具有什

么样的特点，或者是条件，或者是品质，然后跟这样一个情况是比较配的。（借此来检验她的现实功能，看看她的主观愿望与客观实现的匹配程度）

F：我希望他主要道德好就可以。（有重建自己超我宫殿的味道，也是在修复自己对父亲形象的失望）

马：道德好。

F：对。（鲜明的立场与价值观）

马：你呢，你自己呢？

F：我也希望我能成为一个那样的人。（自我理想化，作为一种修复或补偿功能是有意义的，尤其是对于青春期的少年，意味着她的生命活力没有被完全打垮，没有被阴影吞噬）

马：嗯，就比较——道义为先。（明确，也是强调，帮她巩固这个标准）

F：嗯。

马：把人做好。（换个角度巩固做人的标准，不让自己掉进失望的陷阱之中）

F：对。（很干脆、坚定，态度很鲜明）

马：有彼此的这个理解和照顾。（加入了关系语言，是提醒，也是暗示，更是强化）

F：嗯。（表示确认）

马：非常好的想法，我也相信你可以按这个标准去选人。就会使得——你虽然对父亲很失望，可是并没有降低自己去找这样的伴侣的那个标准。（这是一个催眠后暗示，强调她自己择偶与父亲形象的分离，他是他，你是你，不因他做得好不好而改变你的择偶标准，将她与对父亲的失望情感和意象剥离开，保持距离）

事儿虽然（从表面看）是个坏事情，可是呢，在你心里面反倒坚定了寻找伴侣的一个标准——把做人要放在第一位。（再次强化，帮其巩固这一信念）

F：嗯。（这个"嗯"中多了喜悦与满足）

马：蛮好。我们刚才谈的话有半个小时，对我们的谈话，你们有什么看法吗？（做一个阶段性的小总结，用来评估从开始到现在的工作状况，评估咨访关系的建立状况。同时巩固既有的交流成果，也讨论接下来可能的访谈方向与内容）

F：我觉得挺好的，没有什么看法。

马：哪个部分你觉得比较好？

F：嗯，都挺好。（转移到跟女儿的沟通，一气呵成，高密度、高质量共情，深度理解，建立了良好的信任关系）

马：哈哈哈，都挺好？

F：嗯。

马：你觉得呢？（转向妈妈，不可忽视的平衡，需要照顾到在场的每一个人，尽量做到咨询师与每个来访者的等距离交流）

J：嗯，也没什么想法。感觉说得都对，我没什么想法。

马：那如果我们今天上午有一个目标的话，你希望我们围绕着哪些部分来谈？希望我们做些什么工作？（这是建立了基本信任的咨访关系之后，需要讨论并确立咨询目标：个人的、母女共同的以及咨询师评估后的咨询目标）

截止到目前，第一个阶段——建立关系、建立咨询联盟的工作基本完成，接下来的工作便是一起讨论母女的咨询目标，以及在探索过程中修正某些创伤性体验。有关咨询目标的讨论以及创伤问题解决的部分内容将在准备出版的《咨询当下的"幕后思考"》中呈现并讨论。

案例分析片段二：尾声

（坐定）

马：暂时见你们三次了，然后我们看看最后有什么需要我做的，有事需要我们捋一捋，好吧？

J：嗯。

马：你们路上很辛苦。

J：没有没有，这是来晚了，公司有事儿我来不了，走不出来。

马：是吧？你的气色越来越好啊。（看到妈妈的气色、着装都年轻了不少，语言也轻快了许多，很为她们母女高兴！）

J：谢谢，谢谢啊。

马：那你先歇一下，刚才坐沙发上还喘呢，啊。

J：没事没事。

马：那让你女儿先说，怎么样？

F：我觉得还可以，至少过线了。

马：过线了，嗯，考了多少分？

F：呃，338。

马：338，嗯，准备去哪里？

F：没想好呢！

马：是吧？

F：对。

马：你不是想上幼师吗？（咨询师记得来访的话很重要，说明你是在意她的，说明你在场。咨询师用"记得"的方式生活在来访者心里）

F：啊？对，然后现在还没想好上哪个学校。

马：是吧？

F：嗯。

马：讲讲你是怎么备考的，这段时间。（备考是一个蛮紧张的过程，留下备考期间的积极印象，减除某些不良的情绪体验，很有必要）

F：嗯，咋说呢，该背的背，该记的记。然后，晚上大概12点之前就睡觉了。（很粗线条的记忆，能够提取出来的信息很粗略，这也是被细腻关注得很少的表现，未来需要透过积极、有品质的关注来改善这部分，恢复女孩对女性特质的认同——细腻的、连接的、有弹性的）然后上课也认真听，干平常那些事就认真了点儿。

马：认真了点儿。（我时时点头说"嗯"以回应"我在听"）

F：嗯，对。

马：怎么样就认真了点儿，你怎么做到认真的？（"怎么样做到的"是强化做前的"决定"，突显自己"认真"的起始和过程，协助起到积极内化的作用）

F：就几天了，冲过去就完事儿了。

马：哦，觉着有目标了。（"冲过去就完事儿"是一个看起来简单的目标，其实这个简单目标的完成仍然经过了诸多细致的心理活动，将活动的过程重新命名，以强化她对自身品质的认识，意义重大）

F：对。（确认我说的和她的认识理解是匹配的）

马：快结束了。（有目标了、快过去了、胜利就在眼前，明晰她对于这个备考过程的关键信息）

F：嗯。

马：胜利就在眼前。那你觉得这段时间靳老师见你几次……怎么样呀？（温习她和靳老师的工作成效）

F：呃，三次还是四次，忘了。

马：还好，你感觉怎么样？（重在体验感受，也在有意识培养她关注自我、表达自己的习惯和品质，促进她体验到被关注、被重视、被尊重的体验）

F：我觉得挺好的。

马：能说说吗？说说你们的工作，你觉得……（把那个"我觉得挺好的"具体化，把那个"好"具体呈现出来，从模糊的感觉"好"提炼为清晰、准确、鲜明的"好"，是一个意识化的确认过程）

F：就平常聊一聊，然后因为现在也没什么烦恼啊什么的，然后就聊天，然后减轻一下我这备考的压力。嗯，大概就是这样吧。

马：嗯。妈妈的表现怎么样？（备考的事情告一段落，留下提问供她闲暇时无意识思考。之后转向她们的母女关系，这是未来她们生活的核心）

F：也就那样，呵呵……（依旧是粗线条的表达，可以看作"拒绝表达细节"，也可以看作"无法体验到细节"，这个细节往往在情感上表现为亲密感。无法表达细节，往往影响亲密关系的质量）

马：哈哈哈……就那样。

F：对，就那样。

马：那样是哪样啊？哈哈哈哈……（具体化、明晰，从粗略或粗放向细腻转化，便是一个向女性特质靠近的过程，向内心靠近的过程）

F：嗯，挺好的。

马：挺好的。

F：但是，就是挺累的，她应该最近……（看得出她不太愿意谈这部分）

马：比较忙哈。

F：对。

马：你能说说你从见我到现在,你对自己最满意的三五个地方,五个?

F：嗯,我画画挺好的,然后我现在很有目标,就那种有志向。然后最近就——啊——

马：有志向,有目标。(加强记忆,也表达了"我在听,我听到了")

F：嗯,对。

马：然后呢。

F：我觉得我能坚持。

马：能坚持。(重复、强化)

F：对。

马：有志向、有目标、能坚持……(再次重复、强化、刺激扩大范围)

F：嗯。

马：还有呢?

F：也就这么几个吧。

马：嗯,尽量地找五个,对自己比较满意的……

F：人还不错吧,就人缘那种什么的。

马：嗯,人缘还不错。

F：嗯,然后挺——对朋友的话,挺温暖的。(温暖,是一个人际间的关系情感,相对于志向、目标、能坚持,温暖更侧重于内在情感)

马：挺温暖的。

F：嗯。

马：啊,那就靠到咨询师的品质上来了。嗯,能够让对方感觉到温暖,是咨询师非常重要的品质。(女孩曾经表达过喜欢心理咨询,所以在这里我强调了"温暖"是心理咨询师工作的品质,是留给来访者最重

要的人际情感）

F：啊！

马：有一项调查。大概是在美国，"二战"之后，包括越南战争，好多战士在战争当中受伤嘛，美国就安排给他们这些军人做心理治疗。大概是过了四十年之后吧，有人采访他们：有人给你做心理治疗，你能记得情况吗？不记得。记得是谁给你做过治疗吗？不知道。那您记得的是什么？想到的时候我就记得：哎，感到很温暖。所以能够让别人温暖，这个是做人当中很好的包容性（包覆性），很有力量的、有支撑的包容，有弹性，让对方觉得安全，这个是做咨询师非常好的品质，保不准哪天你就学心理学去了。（看到她的某个品质，与未来某个让她感到温暖的职业相关联，嫁接她当下感受到温暖的职业行为，强化此时此刻。这个"此时此刻"就成为她一生中重要的支持力量）

F：嗯，可以。

马：可以哈。

F：嗯。

马：不错不错，嗯哼。你对妈妈比较满意的是哪些？说三个点。（仍然回到未来与她一起生活的妈妈身上，强调她们的亲密关系质量，这个关系质量会影响到未来的幸福感）

F：我妈挺普通的，然后对我也挺那个，就——不是溺爱的那种。然后也能说，就挺伟大的吧感觉。

马：哦，体现在哪里？还挺伟大的？（"伟大"的感觉产生在哪里？意味着那一时刻女儿内心中升起的一个光辉照耀的时刻，这可能是一个高光时刻，强化母女关系的高光时刻，一定是一个被深深打动的时刻）

F：呃，好像各个方面都挺……啊，我就感觉我妈承受得蛮多的。（承受蛮多的，这是一个共情式的体验，也是一个换位的体验，还是一个允

许——允许母亲所做的全方位、完整地体验在自己的内心世界,放掉了防御与彼此过往的嫌隙,体验为一种完整的接纳)

马:哦,承受得蛮多的。

F:嗯。

马:很不容易。

F:对。

马:嗯,还有吗?

F:没什么,目前。

马:好,听你女儿讲之后,妈妈觉得怎么样?(关系是相互的,需要也是相互的,听到对方的赞赏、感谢是一种情感的享受,反馈这种赞赏与感谢是另一种情感的享受和超越)

J:嗯,就是刚才你们说的温暖这个词,我就觉得,嗯,这个孩子在家里边没有感受到我对她的温暖(挑剔出现,自恋受损后移置到女儿身上)。因为考试之前,就是她同学妈妈说,那个我跟孩子在这儿找了一间,就是考试的点,找了一间宾馆,让孩子跟她们一块儿来住吧。晚上她们一块儿,第二天就一块去考试了哈,我也就同意了。但同意了,我不能不管呀,我就陪她们晚上一块出去吃饭,放松一下,第二天好好考试是吧。我陪她们晚上出去转的时候,那个孩子呢跟她妈妈就特别地亲热,特别地——就是一刻都离不开她妈妈,特别黏着她妈妈,然后俺们妞妞跟我就总是保持一定的距离。嗯,而且都感觉跟她们融入不进去,其实当时呢,我就特别想让孩子说,我说咱回家睡吧,别在这儿跟人家一块儿睡了,哈……(羡慕嫉妒恨,总会在自己被刺伤的时候出现——你拥有了我想拥有、应该拥有而不能或无法拥有的——这当然是幻想层面的,然而在现实中发生了,幻想与现实之间的边界被无意识的情结打破了)

（嗯，就是刚才你们说的温暖这个词，我就觉得……嗯，这个孩子在家里边没有感受到我对她的温暖——这个挑剔模式的出现，是曾经被某个挑剔的痛苦经验的再现，聚集于"没有"温暖，聚集于缺失的，而不是拥有的，是一个自恋性的问题，一个负性自恋的表达——"我"跟"不好的"有着极为深情的关联，它来自早期自恋受损的经验）

马：为什么？

J：我就觉得孩子跟人家就融入不进去（母亲投射了自己"融入不进去"的想法，把自己不能融入或不被接受的感觉移置为孩子的状态），因为那个孩子一直在缠着她妈妈，跟她妈妈有说有笑的，然后有时候我跟她妈妈也说两句话，我跟妞妞也说两句话，但是这个孩子呢就跟我话特别少，而且总是跟我保持距离，我就觉得我们之间就特别生疏。嗯，还有，晚上的时候，嗯，晚上时候我们陪她到11点或10点多吧，大概10点多的时候，我回家帮她拿了睡衣给她送过去了。嗯，然后我也没见着她，因为那时候上楼不方便嘛，给她送了睡衣我就回去了。第二天的时候，那个同学的妈妈说她没走，她们三个在一个屋子里睡了。嗯，然后我就觉得我们孩子肯定是特别孤立，我就觉得心里面很不舒服，我那天晚上应该把她带回去。嗯，还有一次就是，我跟孩子不知道说什么了，反正我可能嫌她考试完了之后在家里，这几天我可能觉得她在家里边老是看手机啊，看电脑啊，就是对眼睛、对颈椎特别不好，我可能自己因为也有事儿，心情也不好，就是我忘了当时说她什么了。她就觉得特别委屈，她就说："我感觉，那话是怎么说的呢？"

F：我不知道。（不知道，意味着"不知道""我不想参与""我不知道如何参与"之类的拒绝或转移、逃离话题指向）

J：她说："我感觉我好像没有家，好像没有家的感觉。"哎呀，说得我心里特别难受。我就说，嗯，肯定是我没有让她感受到家的温暖，所以她才会有这种感觉。因为之前的时候吧，在她小的时候，她奶奶家那边也是一个大家庭，家里边人特别多，谁都喜欢她，特别宠她。然后到了稍微大一点儿的时候，到了我妈这边，就是她姥姥这边。嗯，人也挺多的，这个舅舅家的哥哥、姐姐也跟她玩儿，舅舅、舅妈也对她挺好，姥姥、姥爷也挺好。嗯，那时候我也经常陪着她，那都是大家庭。后来因为家里的一些变故嘛，我俩就搬出来了，我俩现在就是，跟家里的亲戚啊，反正也都搞得不是特别好。

马：稍等一下，是什么让你想起来这些不愉快的事情的？（这是一种消极的母亲情结。她陷入了一种痛苦的体验模式，而这个模式的特点就是将痛苦掺杂在美好的情感之中。她有一个模式，就是当美好情感出现的时候，她映现出来的是相反的部分——可理解成那个美好不曾在她的生活中发生，而与美好相对的痛苦及时生成，或者是有些痛苦总是伴随着她生活中的美好而发生，"反者道之动"。还可以用跷跷板或平衡木来描述，只要有人占据了平衡木的一端，她就必然会站在另一端，否则自己就不见了，被淹没了）

J：就是那个……

马：你觉得就是在温暖上你做得不好？（我选择了一个"温暖"切入而淡化其他，因为这个点可能更贴近她们的需要，更容易帮助到她们关系的修复）

J：对，就是那天孩子跟我说这个话，我就觉得心里特别难受，她说"我感觉没有家的感觉"，好像就没有着落似的，我心里边就特别难过。而且她……

马：那有没有一些不一样的？比如说刚才讲，孩子讲的你对她的影响，她有三个很重要的点，对你比较满意的地方？（因为是商定的最后一次会面，需要把重点放在强化有效能的地方，而不是无法停歇地漫谈，

这也是咨询的节制）

J：她对我比较满意的可能就是说，嗯，可能相对于她的其他的同学，她经常跟她的同学们去交流什么，感觉我跟别的家长比较的话，可能我稍微开明点。比方说我不随便翻她的手机啊，然后我不是那个硬性的，就是不让她玩儿游戏啊或者什么的，嗯，或者是不让她跟男孩子去玩儿啊，去接触啊什么的。可能我相对来说对这方面比其他的家长要开明一点。嗯，还有呢就是，可是我……其实真的我做饭不是特别好，但是我还是尽量地顿顿都让她吃饭，不会说——就是说早上不做饭呀，让她饿着肚子啊，或者就是在外边随便买一点儿吧。不管我做得好赖，反正这一天三顿饭，我就是尽量让她吃好。

马：这是你以为孩子觉得你比较好的地方，是吧？

J：嗯，对。

马：嗯。（我表示听到了，用点头、目光示意她讲下去）

J：我就是说，我觉得她认为可能我做得比较到位的方面了，但是很多……

马：孩子自己怎么说的？觉得妈妈哪儿做得比较好？（强调"孩子自己怎么说"比家长自己怎么认为要重要得多，一是对本人的尊重，二是减少投射，更客观。同时，我切断了她"但是很多……"后面的话，是为了集中讨论咨询目标相关的内容，而听她更多的需求则考虑建议她专门安排咨询）

F：她可能就觉得我事情太多了，就是说……（妈妈选择性的自以为是——她可能就觉得我事情太多了，一个生活在幻想世界的妈妈，一个靠投射生活的妈妈，没有办法和孩子建立深度的情感连接，只会制造更多的投射和投射性认同，在控制与反控制方面纠缠不清）

马：她说妈妈很伟大。（我清晰地点给妈妈，也清晰地让孩子听到

有人听得到她，有人听明白了她，有人重视了她的声音）

J：嗯，可能她觉得……（有了孩子现成的语言不用，而仍旧采用"可能她觉得"，可以想见这位妈妈在"我以为"方面有多么地执拗。同时需要了解到，妈妈过多地强调"我以为"的内容，既是希望别人听到"我的客观性"，希望明晰是"我的"声音，同时也是一种自我保护，因为客观更令人沮丧，它面临着无休止的批判和指责——妈妈与姥姥的关系经验）

马：妈妈承受了很多。

J：嗯，她觉得可能就我们俩，然后，嗯，很多事情，因为我们家里的事儿特别多，家里的这些变故吧，挺大的。嗯，事情挺多，所以她觉得我可能承受了很多，可能我这个情绪不由自主地就表现出来了。有时候我一回家就觉得，嗯，这个情绪特别低落，我也不想跟她说话。（烦乱的片段，碎片化的语言，埋藏着些许的创伤。但显然，妈妈被情绪淹没了，陷入自己"情绪特别低落"的回忆之中。另一个现实因素的影响是她在前面咨访中亲身体验并见证了我作为咨询师是如何理解她们母女的。渴望被父亲样的男性理解也是促发她陷入情绪回忆的重要因素）

马：稍等一下。（如果是一个开放性的咨询或访谈，应该顺着母亲的情感基调继续推进下去，这样对于母亲情感的修复是有益的。但是这次访谈是目前我们约定的最后一次，不适合停留在母亲的情绪之中，而应该锁定在她们关系的未来）

J：嗯。

马：我们刚才的话题是，孩子说了你对于她来讲三个比较好的地方。她说你承受了很多，很平常但是很伟大，然后你就卷到了自己不温暖上面去了。（再一次把母亲带回访谈的现实，拉回现实的不易让我们想象到女孩跟妈妈在一起相处的困难，她没有足够的力量把妈妈拉回现

实，反而很容易被妈妈带入情感的纠结之中，这是我们想帮到她们的地方——如何平衡关系）

J：嗯，我觉得我没有带给她这些好的，没有给她一个好的环境，也没有对她，有那么好。（又掉进一个自贬的漩涡，足见情结功能的强大与纠缠魔力）

马：你是怎么那么快就卷到那个不舒服、做得不好的方面去的呢？因为我觉得孩子说得蛮好，她理解你承担了很多，觉得你蛮伟大，而你就是挑自己毛病，觉得自己做得不好。而且找自己毛病随时、很快、很迅速地就找了。（看来委婉的语言会被她滑过去，因为相较于她母亲的语言强度，我们的温和实在是不足以令她提起注意，再一次提醒我们母亲情结之强大与顽固，也警示我们切莫放过情结自我这一反抗意识自我的奴隶领袖的作战实力）

J：以前也是，以前好像那个靳老师还是鲁老师也说过我，嗯，就总是看到自己不足的地方，我也不知道怎么了。

马：就是如果说挑自己毛病也是一个能力的话，你在这方面能力奇高。（说罢，停下来，等待两三个深呼吸，等她相对平静之后，再继续后面的话题，切记：指出她在挑自己毛病方面能力奇高，不可含有任何讥笑的成分，而是真正地换角度、调频道、转变思维方式）我们刚才跟孩子谈了什么，她对自己满意的五个点，对你满意的三个点。然后你一个没讲，"唰"一下就变成了自我批评，注意到妈妈这个特点了哈……

F：嗯。

马：你看她这样做，你什么感受？（他山之石可以攻玉，我们试着借女儿的感受来唤醒母亲）

F：感觉她也是受环境压迫，然后从小到大我觉得她是没什么自信，也不太相信我说的那些就是夸她的。（她的总结与分析功能值得肯定并

发扬，这是她不错的功能）

马：不相信自己是好的？（这是一个不合理的核心信念，这个低价值来自她与父母早期的情感关系，修正她的情感体验需要一个很长的时间来完成）

F：嗯，有一点点逃避。

马：嗯，发现一谈到自己好，她就……

（妈妈哭……）（被女儿的话击中了，女儿的话很契合她的现实情境，她知道并亲身体验到了女儿理解她的过往辛酸）

马：说说你在这段时间的咨询当中，包括靳老师的一点帮助啊，还有包括我们这次谈话啊，你觉得这个过程带给你的是什么？（关注影响性因素，巩固咨询效果，提取她们积极的、健康的品质强化下来、凝聚下来，有利于未来改善生活）

F：嗯，一开始我觉得是稍微有点负担，然后，后来就是，嗯，就感受到了那种就真的挺温暖的吧。还有就是，我跟我妈妈平时有一些就是那种什么陈年小误会什么的，然后，就在这种地方敞开了，就说明白了。然后我们两个的关系更融洽，然后就黏得也更紧了，就感觉……（呵呵笑）（这是关系好转的实证，现实的好转是经过验证的好转，就能够在现实生活中稳定下来，成为一种积极有益的因素）

马：嗯哼，这些千年小误会处理了之后，你心里什么感受？

F：现在特别轻松。

马：特别轻松。（听到她说"特别轻松"，我也感到特别轻松，为她们高兴）

F：对。（喜笑盈盈地表示认同）

马：嗯哼，你觉得自己和妈妈有什么变化吗？或者是你们的关系，或者你们每个人？（看到变化，看到差异，看到不同，用来使僵化的、

程式化的思维松动，逐渐变得灵活、有弹性）

F：呃，我是觉得我可能就是在她面前拘束，不是像以前那样多了。然后，呃，平常在她面前也就挺沙雕的吧，哎，就那样。嗯，挺快乐的。

马：嗯，然后呢？学会撒娇了？（她内在的某些形象、意象呀无法用语言来描绘，可以认为是创伤冰冻了这部分情感，也可以认为是这部分情感功能没有得到开发。跟她细化的过程，就是帮她认识内在自我的过程，与自己深层结构建立连接的过程。值得注意的是，F说自己在妈妈面前"挺沙雕"的，被咨询师听成了"撒娇"，一方面是咨询师对青少年网络名词不敏感，另一方面是咨询师投射了自己对这个家庭母女关系融洽亲密的期待。故而漏掉了"沙雕"网络语言"屌"的自黑自贬、卖蠢卖萌的幽默感，这是一个来自咨询师的反移情。客观上讲，或者再换个角度说，这个反移情还承载了母女内心深处无意识传递过来的隐藏多年的情感渴求——亲昵的温情，撒娇是一对关系彼此深度接纳与情感畅通的行动表达，这一需求借咨询师的期待之舟顺应而出）

F：对。

马：那讲讲你什么时候会撒娇？

F：不知道，不知道什么时候就……

马：嗯嗯，心里放松了。（撒娇是在放松之后的亲昵动作，这既是心理教育，也是情感确认）

F：对。

马：有了亲近的感觉。（放松之后，因亲近感产生安全的依恋关系得以形成）

F：对。（如"嗯"句式一样，"对"句式更加明确地意识化了自己的态度，从"嗯"的前意识状态，直接上升到"对"的意识状态，更加有力、更加直接）

马：蛮好，回到了跟妈妈的关系上面，而不是两个竞争对手。

F：对。

马：嗯哼。好，我们再回到你妈妈的话题上来啊，那对于你妈妈这个不断的自我批评，这个地方有什么建议吗？

F：我希望她能够对自己稍微自信一点儿。她，然后她就是不会说："啊？不会的，我咋这样啊？"就这种。

马：否认，对吧？她把自己的好都否认了。（进一步明确女儿的内在认知系统与现实情感的连接）

F：对。我希望她就大胆地接受嘛！

J：哎……

马：你"哎"了一声，"哎"什么呢？女儿让你大胆地接受！

J：我就觉得孩子比我做得好。

马：嗯，你能看到孩子比你做得好。（强调妈妈可以"看到"孩子做得好，强调"看到"，而不是强调"女儿比你做得好"）

J：嗯。

马：为什么孩子做得好？

J：我觉得在很多方面她都比我要——这个从内心里边要坚强，不能说是坚强，反正怎么说呢？我觉得她比我要有力量的，好像我经常是特别容易——这个情绪就会很低落。但是这个孩子吧，你看有时候，我经常说她，她虽然当时不高兴，但是过后她就没事了。嗯！

马：她身上的正能量比较明显。（依然是正强化，积极赋义，永远盯着"好的"地方）

J：对对对！而且她这段时间变化——这个变化是不由自主的，慢慢地让我感受到的，就是她不像以前跟我保持的距离那么远了。（目前妈妈只能从空间上感受关系，慢慢来吧，不能急的，这已经不易了）

马：嗯。（我微笑点头示意她讲下去）

J：虽然有时候偶尔还会有一点儿，但是我们有时候说话的时候，就好像故意要想想这话该怎么说。好像就是我们两个就像是，嗯，就是很客气的，就是很顾及对方的一些想法的那样。现在就是这方面少了。

马：嗯。那你是觉得好了？还是不好了？（回到她的价值体系中寻找、确认）

J：就是说想什么我就说什么，还是有时候她的情绪她能发泄，她不高兴也好，高兴也好，她能自然地流露一些了，以前没有的。以前她不高兴了，她也不搭理我，她自己就跑屋里去了。她现在就是高兴不高兴，她就会跟我说一些……虽然还没有完全地、全部地向我表露这个完整的情绪，但是她已经敞开了很大一部分。就是我们两个之间的间隙好像没有那么大了。（这个空间描述朝向精细化接近了一步，"间隙好像没那么大了"既是空间描述，也是情感亲密的描述）

马：嗯。

J：是不是啊？（要拉女儿进来确认）

F：确实。

J：我感觉反正……

马：你对这种变化……（怎么看？怎么感觉？）

J：我觉得这种变化主要是什么呀？嗯，就是靳老师每次去谈话的时候，就是孩子有哪些不足的方面，不好的方面，靳老师都说这是可以允许的，就是不管孩子有什么，呃，就是说，嗯，算什么呀？就是否定的想法或者是不太好的那个什么结果。靳老师都说，哎，这个情绪也好，还是这个问题也好，咱们都是可以被允许的。我觉得孩子呢，就是感受到这种宽容，不光是她感受到了，我都感觉到了。

马：嗯。（我微笑点头，目露光华，表示赞赏、喜悦）

J：而且靳老师这么说。（她似乎缺少一个修正性的体验，需要有一个可以取代或替代父母的现实客体来表达这个部分，用来帮助她确认这种感觉是被允许的，是可以的，是正常的）

马：你对自己可以宽容一些。（这是一个利用权威角色给予她授权：你对自己可以宽容一些！这样做是可以的，是被允许的）

J：啊？呵呵。

马：我看你挑自己毛病，挑得挺快的，而且手下毫不留情。你是怎么养成这个习惯的？把这招用得这么熟，自我批评，自我挑剔。（进一步澄清、明确问题）

J：虽然我老是这么自我批评，自我挑剔，但是我知道，这很多毛病我还是改不了，我也不知道这是怎么养成的，这个。（"改不了"是一个不合理的执念，本质上她是在强调过去发生的影响没有能够改变，未来改变的可能性太少了，强调了自己的无能感、无力感和挫败感）

马：我不觉得你是改不了，我觉得这是你的工具，因为只要你一自我批评，别人就会劝你，就会对你好一点。它成了诱惑别人帮你的一个信号。（给她一个全新视角的解释，让她不只是看到感受上和经验上的无能为力，而是要看到这一行动的积极"功能"，看到这个防御措施在怎样的程度上在帮助自己，转变她的防御观念）

J：啊？是啊！（这个"啊"就是一个打开思维功能的动作，这个惊讶背后是一个新鲜的、差异的、不同的视角）

马：对。做自我批评的人呢，总是会换来别人的同情。自我帮助不够怎么办呢？就自我批评。哎，别人就会过来说不要这样啊，你要看到好处啊，你要怎么样啊，就会有安慰。（有时候，现实中的自我批评有可能会带动潜意识中的"刹车"需求——自己踩油门希望别人踩刹车，潜意识总会传递一个与现实行为相反的意思，这样两个相反意思的表示分别从意识和潜意识两个渠道出发，分别到达对方的意识和潜意识接收系统，典型的"明修栈道，暗度陈仓"）

J：安慰，它不起作用啊，你安慰的话，你也不能让你自己有所改变。

马：但问题是别人安慰你的时候，批评你就少了。那好的就是不会被批评，很少被挑剔，它是有功能的。

J：那就是我希望得到别人的肯定，不希望得到别人的否定，太害怕了。

马：对，所以说在别人批评之前，我先批评，你看我哪儿做得不好。哎呀，我做得不好，我没注意，我怎么样的……理解吗？

J：可能是。

马：可能是。你准备这招再用多少年啊？你今年多大？（把潜意识意识化，把被动的防御变成主动的防御，变得可控，变得光明，变得正当）

J：我多大了？我……

F：47。

J：47了，是吧？我不知道我多大，应该是47了。（连自己的年龄都可以"忘记"，意味着年龄符号所承载的痛苦无法承担，无法消化，将其压抑至潜意识，不见了，似乎那个痛苦也就不见了）

马：你前面不是说你女儿知道你多大吗？

J：七五的。嗯，47岁，虚岁47。

马：那自我批评这招你准备再用多少年？

J：哎呀，我只要觉得不自信或者是害怕受到别人的这个批评，可能我就会先像你说的……（解释的意思是"希望你理解我"）

马：你继续这样做，再做多少年？（反复强调，站稳脚跟，稳定的立场，稳定地唤醒）

J：我不知道。

马：当你说不知道的时候，意思是说："我不能为我自己负责任，你们要为我负责任。爸爸妈妈要负责任，女儿要负责任，丈夫要负责任，我不负责任。"（这是夸张的说法，夸张的意图是让其醒目、觉醒）

J：嗯，我肯定得先自己为自己负责任，不能让别人为我负责任。（意识化或者说是理性化、道德化，先把自己列到"正确"的立场之上，也可以说是意识上是清楚的，需要强化意识的管控，防止潜意识"偷偷潜入"）

马：所以我们回来哈（回到咨询现场，从话题拉回来），见你这几次，包括鲁老师还在给你咨询吗？

J：嗯，在的。

马：那你从见我们这一批人开始到现在，你觉得自己有什么样的收获？（问"有什么样的思考、觉察、体会、看法"比问"收获"要更好一些，因为问对方的"收获"易含有咨询师传递的"评价"信息——我有能力吗？你满意我吗？它往往含有暗示来访者表达收获或感谢的信息）

J：嗯，我好像比原来好点儿了。

马：哪儿好了？

J：嗯，就是这个自我批评这方面比原来好点儿了。

马：批评的好了？

J：嗯，不是说批评的好了。

马：因为它水平高了。（逗笑）

J：就是说我现在呢，就能把这个自我批评的话说出来了。以前的话，我是说不出来的，不但是说不出来，就是觉得自己，嗯，就是一无是处的时候，就觉得特别地低落，没有价值感，也不去跟别人说我自己的这些感受。反正我觉得现在能说出来比以前……现在还是自我批评，反正比总体说不出来要好。（这个意识化的过程很好，从谜团、混沌、混清，到清晰可见，变得可以言说，是个很棒的提升）

马：嗯，这是一方面能说出来的。还有什么变化？还有什么收获？让你觉得相对比较满意的地方？（从粗略的、约莫的、大概的感觉变化，到评论是否满意，往清晰的感受与意识方面推进了一步）

J：就是我对孩子这个态度上，虽然以前我也会注意，但是我每一次跟鲁老师或者是靳老师啊，就是谈一次的话，我就会比以前更注意一些，就是那时候怎么说呢？嗯，多想一下她的感受，多想一下她是怎么想的，就是少批评她一点儿，我其实以前给她批评挺多的。（有了非常好的反思，或者说把个人化的、身体内的思维下的反思，变成了人际间的沟通交流，从"我内"走向了"我外"，是一个健康的成长）

马：嗯。

J：是吧，妞？你觉得是吧？

F：嗯，确实。

J：你别老是一说就"确实，确实"，说说具体的。（有点转移焦虑的意思——刚刚马老师对待我的过程让我感觉有点焦虑，你来救场呀）

F：你啊，确实，呵呵呵。（女儿在潜意识中感受到了母亲的尴尬，大人向小孩子求助，又有好玩儿的感觉，同时自己也蛮"解气"的）

J：就是之前的时候，之前她有一段时间不去上学，我那时候就特别着急，我都不知道该怎么着，就老是说她，老是批评她——你为什么不去上学，你不去上学，你对自己不负责任，以后你学习不怎么的，看着就着急得不行。（进入健康的反思状态）

马：你现在呢？（关注当下，把话题拉到当下，把注意力拉回自我

感知的状态，跟自己的情绪、情感连接，而不是停留在"理性思维"的状态）

J：现在我感觉，嗯，我虽然也是着急，但是跟那个靳老师、鲁老师谈了谈之后呢，就觉得应该——怎么说呢，像她们讲的，应该接受孩子的这种情况。首先说，你接受她这种情况，然后呢，你再根据她这种情况，就是对她这个说话呀，还有做事啊，这些方式啊，应该有一些改变。

马：你是怎么改变的？（从思想认知层面的"应该"，调整到现实的"改变"之上，继续拉回当下）

J：嗯，就是我跟她说话的时候注意点，不要那么着急，一说话就是火急火燎的，你又不去上学了，你是不是……有时候我说话就是比较爱讽刺的那种，"你是不是又肚子疼了呀？那你肚子疼又不去上学了呗"等等，就这种口气，就是比较嘲讽的那种口气，我现在尽量少用。（对自己的情绪有了觉察——有时候我说话就是比较爱讽刺的那种……又不去上学了呗，也有了决定——我现在尽量少用。尽量少用，比较现实地把控，不敢讲彻底地改变，给自己留有余地，也是一种担心，怕自己做不到。同时也是一种防御，万一有什么"不测"发生，自己还有情绪这个武器）

马：嗯，很好。

J：是吧？我是有这种，我是这样说话。

F：可不是嘛，我每回这样，你就这样……（秒懂，母女俩同频画面）

J：嗯嗯，是，那我现在是不是比原来少了呀？（强调自我觉知的现实转变，维护自己不易得来的立场）

F：可不是嘛，我这目前都没有难受过了。

马：嗯，呵呵，你觉得你妈妈气色、眼神有什么变化吗？跟以前相比。

F：我觉得比以前好了，我以前老觉得她脸色可白了。

马：嗯。

J：那时候吧，就是那时候体质差，这会儿可能稍微好点了。

F：嗯，然后……

J：我天天锻炼身体啊，让你锻炼你又不锻炼。（前半段的自我表扬，后半段又陷入批评与指责的强迫性重复之中）

F：啊哈，满面红光。（显然女儿给了妈妈足够的空间，接纳了她的自我表扬，也容受了她的不能自主的攻击）

马：嗯，现在满面红光，还有呢？（检验一下女儿的观察力，也拓宽母女关系的视野和宽度）

F：然后，感觉精神状态就——嗯，没有那些特别大的压力的时候挺好的。

马：嗯嗯，你现在有活力吗？跟以前相比。（活力就是生命力，妈妈这段时间的变化蛮大，确实是表现出了活力，青春的力量）

F：跟以前相比就是，我感觉她情绪，呃，以前的情绪好像就是一直低沉，然后，现在就是高兴一会儿低沉一会儿，高兴一会儿低沉一会儿。

马：嗯，开始往上冒了。（用"往上冒"来形容情绪从低沉向高涨过度的景象）

F：对，至少她有高兴的时候。（有越来越积极的现象发生，是她们关系好转的重要内容）

马：还有吗？

F：嗯，大概就是这样。

马：你觉得她的眼神？（具体化的指导、引导，对于这对母女尤其重要。她们生命中可能缺少了这样具体的陪伴与手把手地教导的过程，

而这个"手把手地教导"就是亲密关系发生和内化的过程）

F：啊，以前我老觉得，呃，我好像之前好长好长一段时间都没有见她笑过或者怎么样。那时候我就觉得她眼里头都没光了，现在有的时候还会笑一笑，然后感觉有神了。（啊！眼前一亮，原来如此！豁然开朗！像一道闪电划过黑云密布的天空，她的意识冲破了母亲"眼里无光"的忧愁，也是意识、觉知离开抑郁的过程）

马：有神了。（重复、肯定、确认下的状态）

F：对。

马：嗯，你喜欢哪个样子的妈妈？（用"喜欢"这种情感体验的概念来替代分析性的理智思维）

F：嗯，这个样子。

马：呃，那她得到今天的结果，你也是有蛮大贡献的。如果说你的贡献，你会想到哪些？你对于妈妈的变化带来的贡献。（你对于妈妈的变化带来的贡献，一方面讲她的努力，一方面讲妈妈的变化，一方面讲她俩的关系。强调好的部分、变化的部分、贡献的部分、联结的部分）

F：呃，我可能在她不开心的时候，呃，就哄哄她，然后开心的时候，我可能也会陪着她，就让她开心的时候更开心，然后不开心的时候尽量开心。（这个部分证实了她有功能，能够调整、变换、创造功能，这是一个了不起的功能，既是心灵的灵活性，也是心灵的自由性，还是心灵的丰富性）

马：嗯哼，你是怎么做到的？（此种询问，强调的是她"做到"的功能，植入一个"做到"的经验和"历史证明"，它存在过，并且存在着）

F：呃，撒撒娇、抱抱她。

马：撒撒娇、抱抱她，嗯哼，你这叫软骨剂是吧？哈哈哈……说一些你对未来的规划吧。（强化了她与母亲的关系转换功能之后，回到她

对未来的规划——撒撒娇、抱抱、软骨剂有一系列重要的现实功能）

F：呃，我现在就是想上个高中，然后好好学习，能考上大学，最好就考上了，考上之后，也就是好好学呗，也不能光玩儿，然后就努力七年，然后步入社会努力赚钱养活我跟我妈。然后再那个——剩余时间啊，就可以自己玩儿了。

马：嗯。有选择进什么样的学校吗？

F：现在还没什么想法，应该就是，呃，我开始是想选幼师的，就是幼师工资可能有点儿低。然后我想，呃，要么是直接就弄幼师，要么是放一放，先去开个店或者什么的，就赚钱一点儿的，然后再考虑幼师……

在某种程度上，学业是这对母女的未来，也是改变她们未来生存境遇重要的可行的渠道。无条件地帮助她们巩固这个信念、帮助她们有长久的动力前进，同时让她感觉到值得得到长久的信任和支持，是我们未来一段时间可以做的事情。再后面的内容是如何选择及进行学业规划，同时在母亲的负性情绪上构建一道拦河大坝也是必需的。这部分内容将在计划出版的《咨询当下的"幕后思考"》中详细讨论和呈现。

注：《咨询当下的"幕后思考"》案例分析结构为：①初见→②深入→③转化→④巩固→⑤检验→⑥尾声，本书选取了①和⑥两段，供大家讨论、批评。

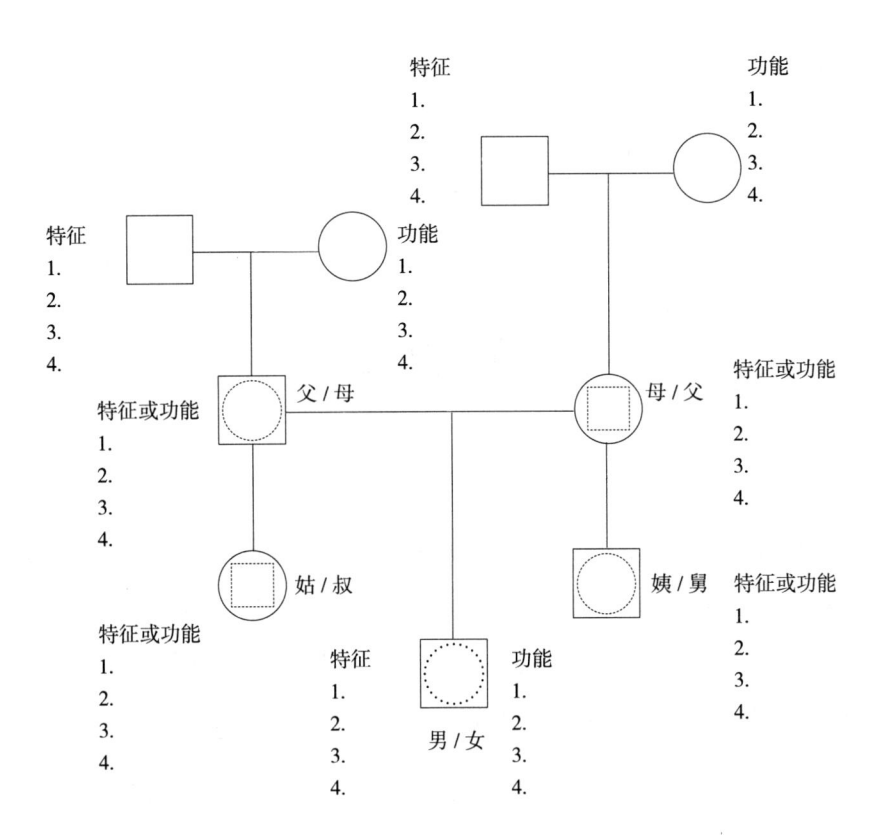

第八章　家庭干预：心动力的唤醒与燃起　421

```
                            特征                    功能
                            1.                      1.
                            2.                      2.
                            3.                      3.
                            4.                      4.
                            [□]─────────────[○]

特征                功能
1.        [□]──[○]   1.
2.                  2.
3.                  3.
4.                  4.

        特征或功能       父/母        母/父     特征或功能
        1.         [(○)]───────[(□)]       1.
        2.                                 2.
        3.                                 3.
        4.                                 4.

                              │
        [(□)] 姑/叔                [(○)] 姨/舅   特征或功能
    特征或功能                                      1.
    1.                    特征    [(○)]   功能    2.
    2.                    1.      男/女   1.      3.
    3.                    2.              2.      4.
    4.                    3.              3.
                          4.              4.
```

图 8-2　家谱图练习

附录

调查问卷

亲爱的同学/朋友：

您好！感谢您参与调查，问卷旨在了解您及家庭的一些情况，作答没有对错之分，仅用于科学研究，对您学习和生活没有消极影响，资料将严格保密，请您根据自己的实际情况和真实感受放心作答。填答时间较长，完成后将提供反馈结果给您，非常感谢您的参与。

1. 性别：男（　）　女（　）
2. 年龄：（　）
3. 学段或受教育水平（　）
①小学　②初中　③高中　④大专　⑤本科　⑥研究生

心理发展（儿童、青少年、成人）

一、自我认识

1. 我对于家人是不可或缺的（　）
①完全符合　②符合　③有些符合　④说不清楚
⑤有些不符合　⑥不符合　⑦完全不符合

2. 我的能力足以应对当前的生活和学习（　）

①完全符合　②符合　③有些符合　④说不清楚

⑤有些不符合　⑥不符合　⑦完全不符合

3. 我的魅力或吸引力（　　）

①极低　②很低　③较低　④一般　⑤较高　⑥很高　⑦极高

4. 我的心理健康水平（　　）

①极低　②很低　③较低　④一般　⑤较高　⑥很高　⑦极高

二、心理脚本

1. 通常面对心理冲突感到烦恼时我会（　　）

①独自默默承受　②通过大量吃东西或服药来解除

③通过游戏或唱歌等娱乐活动忘却

④抱怨他人或幻想问题解决　⑤通过工作学习或其他活动转移

⑥与朋友交流倾诉内心的烦恼　⑦改变观念，发现事件的积极价值

2. 生活、工作中遭受重大挫折时我会（　　）

①否认或屏蔽事情　②埋怨命运不公　③幻想发生奇迹，改变困境

④坚持自己原来的观念、做法，不屈不挠

⑤借鉴他人成熟的经验与方法　⑥调整目标，改变方向

⑦总结经验教训，求助他人力图挽回消极结果

3. 与他人产生矛盾争执时通常会（　　）

①与对方硬杠，谁怕谁　②当场哭出来　③独自默默忍受

④离开现场自己生闷气　⑤向对方赔礼道歉

⑥一笑了之，自我释怀　⑦就事论事，与对方沟通解释

4. 亲友遇到困难求助时您会（　　）

①不想或没能力帮忙，怕影响关系就找借口拖延

②个人的事情个人承担　③担心好心得不到好报

④回避与对方谈起有关话题

⑤帮到对方后会告诉对方自己很费心

⑥帮不到时给予情感支持或提供线索建议

⑦能帮就帮，力所不及会明确告知

三、心理图式

请您根据自身感受，选择与各个项目所描述情况相符的选项（　　）

①完全认同　②认同　③倾向认同　④视具体情况而言

⑤倾向不认同　⑥不认同　⑦完全不认同

1. 个人的祸福主要取决于命运的安排（　　）

2. 科学技术是我们认识和改变世界的方法（　　）

3. 金钱是个人社会价值的抽象代表物（　　）

4. 事业成功主要取决于智力水平和努力程度（　　）

5. 出身和容貌并不影响一个人的成就（　　）

6. 人类是生命进化的高级产物（　　）

7. 人生每个问题总会有一个精确答案（　　）

家庭形态

一、家庭形态

1. 与您共同生活的家庭成员有（　　）

（青少年）

①（外）祖父母、父母、父母的兄弟姐妹、兄弟姐妹

②（外）祖父母、父母、父母的兄弟姐妹　③父母、兄弟姐妹

④父母　⑤父亲或母亲单方　⑥自己住校或独住

⑦再婚父母、继兄弟姐妹　⑧再婚父母　⑨（外）祖父母、父母

（成年人）

①父母（或配偶父母）、配偶、兄弟姐妹（或配偶兄弟姐妹）、子女

②父母（或配偶父母）、配偶、子女

③父母、配偶、孩子离家住校或工作

④配偶、子女　⑤子女　⑥配偶、子女离家住校或工作

⑦再婚配偶、再婚子女、亲生子女

⑧再婚配偶、亲生子女（或再生子女）　⑨独居或其他

2. 近两年家里共同生活的人口变化主要是（　　）

（青少年）

①无变化　②家人异地工作　③家人异地就（留）学

④"二胎"出生　⑤祖辈搬来同住　⑥父母分居或离异

⑦符合前面两项以上　⑧家人亡故

（成人）

①无变化　②家人异地工作　③家人异地就（留）学

④"二胎"出生　⑤父母搬来同住　⑥夫妻分居或离异

⑦符合前面两项以上　⑧家人亡故

3. 您家庭收入的主要来源是（　　）

（青少年）

①父亲投资　②父亲工薪　③祖父母资助或遗产

④父母双方工薪　⑤外祖父母资助或遗产

⑥母亲工薪　⑦母亲投资

（成人）

①自己投资　②自己工薪　③父母资助或遗产

④夫妻双方工薪　⑤配偶父母资助或遗产

⑥配偶工薪　⑦配偶投资

4.您家庭收入和支出的管理方式主要是（　　）

（青少年）

①父亲统一管理　②祖父母统一管理

③父母分别负担约定的家庭支出　④共同账户支付家庭开销

⑤父母 AA 制支付家庭开销　⑥外祖父母统一管理

⑦母亲统一管理

（成人）

①自己统一管理　②父母统一管理

③夫妻分别负担约定的家庭支出　④共同账户支付家庭开销

⑤夫妻 AA 制支付家庭开销　⑥配偶父母统一管理

⑦配偶统一管理

5.您家中抚养子女和赡养老人的情况（　　）

（青少年）

①父母共同照顾子女和祖辈　②父母共同照顾老人，自己成家

③父母抚养自己，老人独自生活或无老人

④父亲照顾子女和祖辈　⑤母亲照顾自己和祖辈

⑥祖辈照顾自己，父母按时看望并给予费用

⑦母亲照顾自己，祖辈独自生活

（成人）

①自己照顾子女和祖辈　②夫妻共同照顾老人，孩子成家

③自己抚养孩子，父母独自生活或无老人

④父母照顾子女，夫妻按时看望并给予费用

⑤夫妻共同照顾子女和父母　⑥配偶照顾子女，父母独自生活

⑦配偶照顾子女和父母

6.您生病时的照顾者主要是（　　）

（青少年）

①父母 ②父亲 ③母亲 ④祖辈 ⑤家人谁空闲谁照顾

⑥兄弟姐妹 ⑦雇佣保姆或护工 ⑧自我照顾

（成人）

①配偶和子女 ②配偶 ③父母 ④子女 ⑤兄弟姐妹

⑥家人谁空闲谁照顾 ⑦雇佣保姆或护工 ⑧自我照顾

7. 您家庭中的日常家务打理者主要是（ ）

（青少年）

①母亲 ②外祖父母 ③雇佣保姆或钟点工

④父母分工协作 ⑤家庭成员共同 ⑥祖父母 ⑦父亲

（成人）

①配偶 ②配偶父母 ③雇佣保姆或钟点工 ④夫妻分工协作

⑤家庭成员共同 ⑥父母 ⑦自己

8. 家庭重要事项（如投资、购房、买车、教育、赡养）的决策拍板者主要是（ ）

（青少年）

①父亲 ②祖父母 ③父母沟通 ④主要出资者

⑤家庭成员协商 ⑥外祖父母 ⑦母亲

（成人）

①自己 ②父母 ③夫妻沟通 ④主要出资者

⑤家庭成员协商 ⑥配偶父母 ⑦配偶

二、家庭文化

（一）家庭分工（青少年、成人）

1. 您对"男主外，女主内"的态度是（ ）

①非常赞同　②赞同　③倾向赞同　④视情况而定

⑤倾向不认同　⑥不认同　⑦非常不认同

2. 在您看来，"男主外，女主内"的社会与文化基础主要是（　　）

①生产力水平限制　②性别差异　③家庭形态特点　④歧视女性

⑤缺乏性别平等教育　⑥风俗习惯　⑦儒家文化

3. 您理想中的家庭分工协作模式是（　　）

①男主外，女主内　②男主内，女主外　③男女平等，共同承担

④视二人收入水平而定　⑤视与配偶关系密切程度而定

⑥据年龄、精力和健康水平而定　⑦一切随缘

（二）家庭情感需求（成人）

根据自己情况选择

①配偶和子女　②配偶　③子女　④父母　⑤兄弟姐妹

⑥其他亲属　⑦自己消化

1. 工作中遇到难题或者人际困扰，最想诉说的家人是（　　）

2. 在学校或工作中取得成绩或获得奖励，最想诉说的家人是（　　）

（三）家庭冲突

请您根据自己的真实情况选择对应的选项

①冷战，不理睬对方　②批评对方做错事　③冲对方发脾气

④指责对方做人方式不对　⑤激烈的谩骂　⑥摔东西砸门

⑦与对方发生肢体冲突

（青少年）

1. 当您对父亲极度愤怒时最激烈的宣泄方式是（　　）

2. 当您对母亲极度愤怒时最激烈的宣泄方式是（　　）

3. 当您对（外）祖父母极度愤怒时最激烈的宣泄方式是（　　）

（成人）

1. 当您对父母极度愤怒时最激烈的宣泄方式是（ ）

2. 当您对配偶极度愤怒时最激烈的宣泄方式是（ ）

3. 当您对子女极度愤怒时最激烈的宣泄方式是（ ）

问卷（四）（五），根据自己情况选择对应的选项

①完全符合　②符合　③有些符合　④说不清楚

⑤有些不符合　⑥不符合　⑦完全不符合

（四）家庭控制感（青少年、成人）

1. 家里的事情基本在我掌控之中（ ）

2. 家人大多数时候会听从我的意见（ ）

（五）家庭控制欲（青少年、成人）

1. 我更愿意按照自己的意图支配家庭事务（ ）

2. 家人所做不符合我的意愿，我会去纠正他们（ ）

3. 我愿意说服家人赞同我（ ）

4. 我更愿意表达自己，交流时常会打断家人的话（ ）

三、亲密关系

（一）亲密关系（成人）

1. 您与配偶间的感情状态是（ ）

①彼此欣赏，相处和谐　②欣赏配偶，一切投其所好

③喜爱配偶，尊重顺从　④搭伴过日子，彼此相安无事

⑤感情平淡，得过且过　⑥不喜爱配偶，委曲求全

⑦厌恶彼此，经常恶语相向

2. 配偶双方性生活大多是（ ）

①自己主动对方配合　②有欲望时告知配偶

③有欲望时暗示配偶　④视具体情况而定

⑤配偶有欲望时暗示　⑥配偶有欲望时告知

3. 您与配偶的性生活频率大约是（　）

①每天1次　②每周数次　③每周1次　④双周1次

⑤每月1次　⑥每月不足1次　⑦很少

4. 您与配偶间的主要冲突方式是（　）

①冷战不理睬对方　②批评对方做错事　③冲对方发脾气

④指责对方做人方式不对　⑤激烈的谩骂　⑥摔东西、砸门

⑦与对方发生肢体冲突

5. 您与配偶谈论最多的前6项话题包括（　）

①生活　②学习　③工作　④交往　⑤财务　⑥家事　⑦往事

⑧运动　⑨休闲　⑩旅游　⑪时政　⑫新闻　⑬趣事　⑭风俗

⑮时尚　⑯文学　⑰艺术　⑱影视　⑲综艺　⑳明星

6. 您与配偶最主要的共同活动是一起（　）

①聚餐聊天　②休闲娱乐　③看电视　④读书　⑤散步

⑥运动　⑦棋牌或游戏

7. 配偶对您表达感情时最常用的方式是（　）

①送礼物　②下厨房做大餐　③陪你休闲散步　④拥抱抚摸

⑤热吻亲热　⑥一起健身参加运动　⑦谈心交流

（二）爱情婚姻观（青少年、成人）

根据自己的情况选择对应的选项

①完全符合　②符合　③有些符合　④说不清楚

⑤有些不符合　⑥不符合　⑦完全不符合

1. 人们通常不满足一生只有一段感情（　）

2. 多数人的婚姻不幸福（　）

3. 婚姻关系不能被其他关系取代（　）

4. 结婚会让人感到兴奋满足（ ）

（三）父母亲密关系（青少年、儿童）

1. 您父母的感情状态是（ ）

①彼此欣赏，相处和谐　②父亲欣赏母亲，一切投其所好

③父亲喜爱母亲，尊重顺从　④搭伴过日子，彼此相安无事

⑤感情平淡，得过且过　⑥父亲不喜爱母亲，委曲求全

⑦厌恶彼此，经常恶语相向

2. 您父母的相识结合属于（ ）

①母亲精心追求父亲　②媒人牵线适龄婚嫁

③相亲认识两相般配　④偶然相识逐渐生情

⑤青梅竹马相伴生情　⑥自由恋爱水到渠成

⑦父亲精心追求母亲

3. 您见到父母拥抱的情况是（ ）

①每天　②频繁　③经常　④有时　⑤偶尔　⑥重要节日　⑦很少

四、亲子关系

（一）亲子依恋

根据自己的真实情况选择对应的选项

①完全符合　②符合　③有些符合　④说不清楚

⑤有些不符合　⑥不符合　⑦完全不符合

（儿童、青少年）

1. 我遇到学业问题或工作难题时会告诉父母（ ）

2. 我遇到情感困扰时会和父母交流沟通（ ）

3. 我很愿意与父母一起外出踏青旅游（ ）

4. 我对父母分享内心的感受体验后会感到羞愧或觉得愚蠢（ ）

5. 放假时我和父母待在一起很放松（ ）

6. 我很喜欢父母做的家常饭菜（ ）

7. 我很喜欢和父母拥抱、抚触、打闹和撒娇（ ）

8. 我学业的选择会征询父母的同意（ ）

9. 我很在意父母对我的评价和看法（ ）

10. 我与父母很少站在相同的立场或观点上看待问题（ ）

11. 我遭遇挫折时感觉特别需要父母的理解和安慰（ ）

12. 跟父母分开久了，我会非常想念他们（ ）

（成人）

1. 孩子遇到学业问题或工作难题时会告诉您（ ）

2. 孩子遇到情感困扰时会和您交流沟通（ ）

3. 孩子很愿意与您一起外出踏青旅游（ ）

4. 孩子对您分享内心的感受、体验后，他会感到羞愧或觉得愚蠢（ ）

5. 孩子休息时和您待在一起很放松（ ）

6. 孩子很喜欢您做的家常饭菜（ ）

7. 孩子很喜欢和您拥抱、抚触、打闹和撒娇（ ）

8. 孩子求学和就业会征询您的同意（ ）

9. 孩子很在意您对他的评价和看法（ ）

10. 孩子看待问题很少与您立场或观点相同（ ）

11. 孩子遭遇挫折时感觉特别需要您的理解安慰（ ）

12. 孩子跟您分开久了，会非常想念您（ ）

（二）家庭文体活动（儿童、青少年、成人）

1. 家人共同参与文娱活动（器乐、下棋、书法、绘画、唱歌、网游、看电视等）的时长是（ ）

①每天 3 小时以上　②每天 2—3 小时　③每天 1—2 小时

④每周4—6小时　⑤每周1—3小时　⑥双休日　⑦节假日

2. 家人一起去图书馆、书店、科技馆或博物馆的频次是（　　）

①每周数次　②每周1次　③每月数次　④每月1次

⑤数月1次　⑥偶尔　⑦很少

3. 家人共同参与体育运动（打球、跑步、散步、游泳、体操、健身）的频次是（　　）

①每天数次　②每天1次　③每周数次　④每月数次

⑤每月1次　⑥节假日　⑦很少

4. 家人每年一起外出踏青、旅游和休假的时间大约是（　　）

①超过6周　②5—6周　③3—4周　④2—3周

⑤1—2周　⑥3—7天　⑦很少

5. 您家人日常饮食（　　）

①三餐全家一起　②早、晚餐全家，午餐各自

③只晚餐全家，早午餐各自　④只早餐全家，午、晚餐各自

⑤日常各自，周六日一起　⑥平常各自，节假日一起　⑦各自

（三）父母育儿观

（成人）

1. 作为父母对孩子最大的心愿是"望子成龙"（　　）

①完全认同　②认同　③倾向认同　④视具体情况而言

⑤倾向不认同　⑥不认同　⑦完全不认同

2. 我认为男孩与女孩不同，应该采取不一样的教育方式（　　）

①完全符合　②符合　③有些符合　④说不清楚

⑤有些不符合　⑥不符合　⑦完全不符合

3. 我认为孩子能否健康成长主要在家长的教育与引导（　　）

①完全符合　②符合　③有些符合　④说不清楚

⑤有些不符合　⑥不符合　⑦完全不符合

（儿童、青少年）

1. 父母对我最大的心愿是"望子成龙"（　　）

①完全认同　②认同　③倾向认同　④视具体情况而言

⑤倾向不认同　⑥不认同　⑦完全不认同

2. 我父母认为男孩与女孩不同，应该采取不一样的教育方式（　　）

①完全符合　②符合　③有些符合　④说不清楚

⑤有些不符合　⑥不符合　⑦完全不符合

3. 我父母认为孩子能否健康成长主要在于家长的教育与引导（　　）

①完全符合　②符合　③有些符合　④说不清楚

⑤有些不符合　⑥不符合　⑦完全不符合

（四）父母榜样示范

根据自己的真实情况选择对应的选项

①完全符合　②符合　③有些符合　④说不清楚

⑤有些不符合　⑥不符合　⑦完全不符合

（成人）

1. 孩子的为人处世和言行举止常以我为榜样（　　）

2. 我喜欢读书学习，经常会和孩子参与交流讨论（　　）

3. 通常我要求孩子做的自己也会做到（　　）

（青少年）

1. 我常以父母为榜样（　　）

2. 父母喜欢读书学习，经常会让我参与交流讨论（　　）

3. 通常父母要求我做的他们也会做到（　　）

（五）亲子分离度（18岁前）

1. 您18岁之前与父母的分离情况属于（　　）

①与父母共同生活，没有连续三个月以上的分离经历

②与父母一方有连续三个月以上的分离经历，期间另一方负责照顾

③与父母双方有连续三个月以上的分离经历，期间由祖辈负责照顾

④与父母双方有连续三个月以上的分离经历，期间由其他亲属照顾

2. 与父母一方或双方连续三个月以上分离的最早年龄是（　　）

①没有过　②13—18岁　③11—12岁

④6—10岁　⑤4—6岁　⑥0—3岁

3. 合计与父母一方或双方连续三个月以上分离的总时长是（　　）

①不足3月　②3—6月　③6—12月　④1—3年

⑤3—5年　⑥5—9年　⑦9年以上　⑧没有过分离

4. 与父母一方或双方分离期间，他（们）回家（或者你去他们居住地会面）的频率是（　　）

①每周　②双周　③每月　④三个月　⑤半年

⑥1年内　⑦1年以上　⑧没有分离

5. 每周与父母交流（面对面或网络视频）的时间是（　　）

①10小时以上　②7—10小时　③5—7小时　④3—5小时

⑤2—3小时　⑥1—2小时　⑦不足1小时

6. 将交流谈论的话题划分为生活、学习、工作、交往、财务、家事、往事、运动、休闲、旅游、时政、新闻、趣事、风俗、时尚、文学、艺术、影视、综艺、明星等20项内容，您与父母分离期间，与他（们）电话或网络交流（或一起生活时面对面交流）涉及的内容主要包括（　　）

①1—3项　②4—5项　③6—7项　④8—9项

⑤10—12项　⑥13—15项　⑦16项及以上

7. 在与父母分离期间电话或网络交流（如果没有分离则适时面对面交流）时主要是（　　）

①父母讲道理，我听　②父母教我具体做法

③我提问题，父母给出指导方案

④我谈困扰，父母倾听并给予情感抚慰

⑤我谈感受、想法，父母倾听并与我讨论

⑥我提问题谈感受，父母倾听并与我讨论，能够理解和我之间的观念冲突

⑦我与父母彼此分享交流自己的感受想法，平等讨论彼此的差异

（六）亲子互动模式

（青少年）

1. 父母与我交流沟通的模式主要是（　　）

①依据规则或约定管理，情感交流多

②管控严格，避免我犯错误　③尽量满足我的需求

④照顾我的生活，其他顺其自然

2. 父母对我的学习期望是（　　）

①各门功课都要很优秀　②有特别擅长的课程

③各门学科均衡发展　④顺其自然，成绩高低无所谓

⑤认真用功就好，成绩是努力的结果

⑥快乐健康更重要，功课认真对待就好

⑦自我定位恰当，充分发挥潜能

3. 我犯错后父母的对策主要是（　　）

①棍棒底下出孝子

②小错忽略就算了，孩子长大了自然就明事理了

③讲道理劝说我改正　④恳求我不再犯同样的错误

⑤问我为啥犯错误，当时怎么想的

⑥听我辩解，如果不能自圆其说就惩罚

⑦相应惩罚后，与我交流错在哪里，以后如何办

（成人）

1. 与子女交流沟通的模式主要是（   ）

①依据规则或约定管理，情感交流多

②管控严格，避免孩子犯错误   ③尽量满足孩子的需求

④照顾孩子生活，其他顺其自然

2. 我对孩子的学习期望是（   ）

①各门功课都要很优秀   ②有特别擅长的课程

③各门学科均衡发展   ④顺其自然，成绩高低无所谓

⑤认真用功就好，成绩是努力的结果

⑥快乐健康更重要，功课认真对待就好

⑦自我定位恰当，充分发挥潜能

3. 孩子犯错后您的对策主要是（   ）

①棍棒底下出孝子

②小错忽略就算了，孩子长大了自然就明事理了

③讲道理劝说孩子改正   ④恳求孩子不再犯同样的错误

⑤问孩子为啥犯错误，当时怎么想的

⑥听孩子辩解，如果不能自圆其说就惩罚

⑦相应惩罚后，与孩子交流错在哪里，以后如何办

（七）亲子活动

（青少年）

1. 您与父母谈论最多的前6项话题包括（   ）

①生活   ②学习   ③工作   ④交往   ⑤财务   ⑥家事   ⑦往事

⑧运动   ⑨休闲   ⑩旅游   ⑪时政   ⑫新闻   ⑬趣事   ⑭风俗

⑮时尚   ⑯文学   ⑰艺术   ⑱影视   ⑲综艺   ⑳明星

2.您与父母最主要的共同活动是一起（　　）

①聚餐聊天　②休闲娱乐　③看电视　④读书

⑤散步　⑥运动　⑦棋牌或游戏

3.父母对我表达感情的最常用的方式是（　　）

①送礼物　②下厨房做饭　③一起打游戏　④拥抱

⑤给零花钱　⑥一起运动　⑦谈心

五、家庭教育

（一）父母教养方式

（儿童、青少年）

1.生活、学习中我需要选择或决策时父母会（　　）

①表明他们的观点、态度，供我参考

②会说服我接受他们的态度、观点

③只要我愿意他们就没意见

④不发表意见，由我决定

2.父母对你的教养模式主要是（　　）

①依据规则或约定管理我的行为，情感上多交流

②对我的行为和想法管控严格，避免遇到危险或犯错误

③尊重我的天性，尽量创造条件满足我的需求

④照顾好我的生活，其他顺其自然

3.我不听话时父母会（　　）

①说明规则、讲解道理让我遵从　②会逼迫利诱我服从

③通常会顺从我的意愿　④随心所欲，看情况处理

4.我生活、学习上遇到难题时父母会（　　）

①关注我并给予适宜的指导建议

②全程参与，细致指导

③提出要求后父母会尽量帮我解决问题

④自己的事情自己处理

（成人）

1. 生活、学习中孩子需要选择或决策时您会（　　）

①表明观点、态度，供孩子参考

②会说服孩子接受自己的态度、观点

③只要孩子愿意自己就没意见

④不发表意见，孩子决定就好

2. 您对孩子的教养模式主要是（　　）

①依据规则或约定管理孩子的行为，情感上多交流

②对孩子的行为和想法管控严格，避免遇到危险或犯错误

③尊重孩子的天性，尽量创造条件满足孩子需求

④照顾好孩子的生活，其他顺其自然

3. 孩子不听话时您会（　　）

①说明规则、讲解道理让孩子遵从

②会逼迫利诱孩子服从

③通常会顺从孩子的意愿

④随心所欲，看情况处理

4. 孩子在生活、学习上遇到难题时您会（　　）

①关注孩子并给予适宜的指导建议

②全程参与，细致指导

③提出要求后会尽量帮孩子解决问题

④孩子自己的事情自己处理

（二）家庭人际关系亲密度

根据自己的情况选择合适的选项：

①非常疏离　②比较疏离　③有点疏离　④忽近忽远

⑤还算亲密　⑥比较亲密　⑦非常亲密　⑧无

（儿童、青少年）

1. 您与父亲的关系（　）

2. 您与母亲的关系（　）

3. 您与兄弟姐妹的关系（　）

4. 您与祖父母的关系（　）

5. 您与外祖父母的关系（　）

6. 您与父母的兄弟姐妹之间的关系（　）

（成人）

1. 您与父母的关系（　）

2. 您与兄弟姐妹的关系（　）

3. 您与配偶父母的关系（　）

4. 您与配偶的兄弟姐妹之间的关系（　）

5. 您最难相处的家人、亲戚主要是（　）

①配偶　②子女　③父母　④配偶父母

⑤兄弟姐妹　⑥配偶兄弟姐妹　⑦其他亲属

被调查者情况分布

人口学信息		儿童（6—12岁）	青少年（12—24岁）	成人（25岁以上）
性别	男	193	413	292
	女	180	563	1005
年龄	6–9	210	—	—
	10–20	163	712	—
	20–30	—	264	61
	31–40	—	—	706
	41–50	—	—	491
	50以上	—	—	39
学段（或受教育水平）	小学	373	—	—
	初中	—	399	182
	高中	—	213	203
	大专		69	366
	大学	—	235	451
	研究生	—	60	95

后记：绵延不断的心动力

《家庭心动力：青少年成长的原点与突破》即将付梓，文波教授嘱我写个后记。

此书稿起自石家庄市心理学会在市社科联的立项，要对我市家庭心理文化建设方面做一个调查，以期能够深入家庭教育的实际，做一些有针对性的心理服务。

社科联的领导对心理学会寄予厚望，希冀我们带领专业人员做些切实的、对我市家庭教育真正有益的事情，而不是停留在讲个理论、发个文章上。老实讲，讲个课、发表篇文章，对于心理学工作者来讲着实没有那么费力。但是真的要塌下心来、立足于现实样本，就需要舍得下功夫、抛掉功利心才可以。我很感动有这么一批心理专业工作者能潜下心来做学问，着实不易。但是若能根据调查结果提出一些可行性的建议给到家长，或者给到教育局、妇联等关心家庭教育以及家庭发展的政策部门，那将不是一节收费的课程或者写书换取稿酬可以比拟的。因为这涉及心灵的动力——来自我们对心灵成长的纯净动力，也来自我们对灵魂自由的真诚尊重。

立项的目标与调查的落实，关系到我们是否能够真正立足于家庭教育的实际，关系到我们是否能够紧贴家长和青少年成长的需要，这涉及调查思路、问卷的设计、参与家庭人群的广泛性和典型性，还涉及用什么样的视角分析、解读数据，乃至家庭教育的实施过程中哪些话怎么说、怎样从亲子教育过程中发现问题给予修正性的体验，打开家庭成长的心动力，都影响着我们对研究人员的选用。

最终，我们确定了以"理论指导＋操作性示范"相结合的思路：理论指导立足于调查数据，用事实说话；操作性示范立足于具体问题的分析与解答，并提供范例。于是，我们选拔了一批具有心理咨询实战能力的心理教师和心理咨询师组成主创团队，将他们日常熟悉的青少年心理发展与家庭教育的困难背书到这个项目之中，侧重于问题解决模式进行问卷设计和数据调查以及家庭访谈，乃至每章节选用的小例子，也都侧重于帮助读者对核心问题的重视与启迪。

所以，在成书的过程中，基本上沿用了心理咨询的视角来看待问题并提供解决思路，每章都列举了大量的例子，简明扼要地进行分析，力求抓住核心问题，提供核心观点。为了给到大家更为可见的范例，我们创造性地增加了第八章"家庭干预"。第八章分两部分：第一部分是总结性、分析性地对前七章的内容进行补充，从心理咨询与治疗的角度给出另外的视角，提供了心理学理论与实践兼具的分享。第二部分，我们提供了一个真实的案例访谈片段，增加了治疗师视角的心理分析，也就是增加了治疗师在接待来访过程中的心理活动，包括心理评估、症状分析以及干预策略的呈现，对于想从事心理咨询的人员来讲可以提供参照借鉴，也可以帮助家长比照咨询师、治疗师的做法对自己的教育方法进行调整。

回想从立项到成书的过程，感慨良多：

一、调查得到了研究所涉及的几乎所有类型家庭群体的支持，其中26个完整家庭参与了调查。参与问卷调查的青少年涵盖了小学四年级及以下人员374人，初中、高中、大学乃至研究生976人；从婴幼儿起到研究生的父母1297人参与问卷调查。他们的参与，使我们可以了解一线青少年和家长的真实需求。年龄阶段与家长结构具有代表性。

二、调查单位几乎覆盖了全市大、中、小、幼多种群体。其中，雷锋小学、石岗二校、建明小学、外国语小学、二十二中、三十八中、四十一中、师大附中、市八幼、四十三中、长安东路小学、金地小学、十八中、三中、四十二中、十九中、河北师范大学和石家庄学院等单位组织相关人员参加了调研。这些单位组织的学生或家长基本代表了石家庄市青少年和家长群体，经济收入和家庭类别也较有代表性。

三、独创性是此次调查与成书的重要特点。心理咨询工作的核心特点之一就是新鲜。每一次咨询访谈都是新的，无论话题多么久远，每一次的情感体验、时空记忆都带有新鲜的味道，这次调查与编写也是如此。创作人员都用心参与到课题当中，即使为呈现调查的意义引用了一些文献，却自始至终坚持着我们的原则：不抄袭，它必须是"我的"，它必须带着创作人员的精神与思想进入调研与创作中，它必须以"活"的样貌出现在读者面前。虽然水平有限，难免疏漏，但是那颗颗责任心必须是闪亮的，必须是鲜红的。

四、整个调查乃至编写过程中所有人都全力以赴。在前言中，我们着重感谢了封文波教授和他的研究生们，在结尾之时我要感谢所有参与调研以及图书编辑的心理咨询师们。她们都是在校教师，承担着繁重的课业，同时又参与着疫情期间的心理援助任务，每一次参与都是全身心在场，每一场热线或者咨询后面都跟着3—4倍于咨询时长的逐字逐句的推敲和撰写，以及至少3个小时的案例督导学习。他们是真的热爱这项工作，以至于投入起来极其忘我！

初稿交工历时19个月，570个日夜，18次线上讨论，11次线下磋商，以及反复审校就历时80余天。她们是（以姓氏字母顺序排列）：陈慧洁、耿书兰、焦俊娟、李丹萍、李海霞、刘瑞芳、刘娟、孙建欣、许晓玮、张艳、赵丹，她们的付出充分体现了心理学人的专业素养与敬业精神。

我们知道，任何一件事情的成功，都不只是前线指挥作战人员的独立作战取得的胜利，这次调研与成书过程也是如此。所有过程的集中联络、稿件收集、发放、会议召集、信息传递等，均是心理学会的秘书长刘文雅完成，很细致，很完备，很周到。曾任《心理教育》主编的邢亚静协助审校，也提供了许多珍贵的修改意见和建议，使得内容减少了许多疏漏。

还有一个话题是有关我们全体编写者的"心"动力：本书出版之后，学会所有的会员和参加调查的人员都可以得到一本纪念版图书。更重要的是，所有的参编人员将会主讲自己所负责的内容，视频内容将在"整合心理学习平台"播放，以供读者朋友学习交流。

家庭不仅是家庭的家庭，还是社会的家庭，作为理想主义者和行动主义者而言，希冀我们的社会越来越美好，让每个家庭都越来越好，让每个人过上不可逆转的好日子，这是我们诚挚的心动力！

马宏伟
2022 年 5 月 10 日于心工坊